CORPORATE FINANCE | Bücher

Schwetzler/Aders (Hrsg.)

Jahrbuch der Unternehmensbewertung 2019

Fachbeiträge – Bewertungskennzahlen

Impressum:
Jahrbuch der Unternehmensbewertung 2019
1. Ausgabe / Erscheinungstermin: Juni 2019

Herausgeber:
Prof. Dr. Bernhard Schwetzler
Prof. Dr. Christian Aders

Handelsblatt Fachmedien GmbH
CORPORATE FINANCE
Toulouser Allee 27
D-40211 Düsseldorf
Tel.: 0800/000-1637, Fax: 0800/000-2959
Internet: http://www.fachmedien.de
E-Mail: fachmedien@kundenprofi.de

ISBN: 978-3-947711-03-1 (gedruckte Ausgabe)
ISBN: 978-3-947711-04-8 (PDF)
ISBN: 978-3-947711-05-5 (Bundle aus gedruckter Ausgabe und PDF)

Satz: Reemers Publishing Services GmbH, Krefeld
Druck: Grafisches Centrum Cuno GmbH & Co. KG, Gewerbering West 27, 39240 Calbe

Dieses Werk einschließlich aller seiner Teile ist urheberrechtlich geschützt. Jede Verwertung außerhalb der engen Grenzen des Urheberrechtsgesetzes ist ohne Zustimmung des Verlags unzulässig und strafbar. Dies gilt insbesondere für Vervielfältigungen, Übersetzungen, Mikroverfilmungen und die Einspeicherung und Verarbeitung in elektronischen Systemen.
© 2019 Handelsblatt Fachmedien GmbH

Haftung und Hinweise:
Den Kommentaren, Grafiken und Tabellen liegen Quellen zugrunde, welche die Redaktion und die Autoren für verlässlich halten. Eine Garantie für die Richtigkeit der Angaben kann allerdings nicht übernommen werden. Die in diesem Jahrbuch enthaltenen Angaben dienen ausschließlich Informationszwecken. Sie sind nicht als Angebote oder Empfehlungen bestimmter Anlageprodukte zu verstehen. Dies gilt auch dann, wenn einzelne Emittenten oder Wertpapiere genannt werden.

Vorwort

Seit einigen Jahren erhält die Unternehmensbewertung vermehrt Anstöße aus der (finanzierungs-)theoretischen Forschung; nicht alle diese Anstöße sind in der Bewertungspraxis willkommen. Zum Teil lösen diese Vorschläge aus Sicht der Praktiker lediglich Randprobleme und verfeinern (und komplizieren) bestehende bewährte Bewertungsverfahren. Wenig Begeisterung lösen auch Forschungsbeiträge aus, die auf die Enge von Annahmen oder gar die mathematische Unmöglichkeit einer in der Praxis verbreiteten Bewertungsmethode hinweisen. Zugleich wartet die Bewertungspraxis immer noch auf Vorschläge der Wissenschaft zur Lösung oder wenigstens Verringerung der in ihren Augen zentralen Schwierigkeiten der Unternehmensbewertung, wie z.B. die Prognose künftiger Überschüsse bei Wachstumsunternehmen.

Auf der anderen Seite gibt es durchaus Beispiele, wo theoretische Erkenntnisse die Bewertungspraxis erfolgreich und nachhaltig beeinflusst haben. So zählt das CAPM heute zu den Standard-Verfahren bei der Ableitung von Eigenkapitalkosten bei der Unternehmensbewertung. Der Weg bis zur Anwendung theoretischer Konzepte in der Praxis ist allerdings steinig und langwierig. Bestimmte Konzepte müssen mehrfach angepasst und verbessert werden, bevor sie anwendbar sind und sich durchsetzen. Andere theoretische Modelle werden wegen nicht behebbarer Probleme, z.B. bei der Schätzung von notwendigen Parametern, von der Bewertungspraxis ganz verworfen.

Für die Weiterentwicklung der Bewertungspraxis sind deshalb der stete Austausch mit der Wissenschaft und die Diskussion der dort entwickelten Konzepte von großer Bedeutung. Zielsetzung dieses Jahrbuches ist es, interessierten und fachkundigen Lesern einen Überblick über aktuelle Themen der Unternehmensbewertung zu bieten und diese Diskussionen des zurückliegenden Jahres 2018 verständlich und nachvollziehbar abzubilden.

Wir möchten uns auf diesem Wege bei allen bedanken, die zum Entstehen dieses Werkes beigetragen haben. Besonderen Dank verdient Vera Götz, ohne deren Arbeit dieses Buch nicht entstanden wäre. Auch dem Verlag sei herzlich für die Unterstützung gedankt. Schließlich möchten wir uns auch bei den Autoren der einzelnen Fachbeiträge bedanken, ohne die dieses Buch nicht möglich gewesen wäre.

Wir hoffen sehr, dass dieses Jahrbuch den Lesern eine Hilfestellung für Ihre praktische Arbeit und den Anstoß gibt, das eine oder andere Thema kritisch zu reflektieren.

Leipzig und München, im Juni 2019   Bernhard Schwetzler und Christian Aders

Inhalt

1. Rechnungslegung und Unternehmensbewertung
Kapitalisierungszinssätze in der Unternehmensbewertung 9

2. Bewertungsmethodik
Der Liquidationswert als Bewertungsuntergrenze 25

Anwendung des IDW S 1 bei der Bewertung kleiner und mittelgroßer Unternehmen 39

3. Kapitalkosten
Die Marktrisikoprämie im Niedrigzinsumfeld 55

Unlevering und Relevering mit „falschen" Anpassungsformeln 87

4. Kapitalstruktur, Ausschüttungspolitik und Wachstum
Steuerwirkung der Fremdfinanzierung 105

Ausschüttungsquote und IDW-Vorgaben – oder: von der Kunst des Unmöglichen 129

Steady State und Wachstum in der Terminal Value Ermittlung 141

5. Rechtliche Aspekte der Unternehmensbewertung
Zur (Ir-)Relevanz der wirtschaftlichen Betrachtungsweise bei der Ermittlung des
Verrentungszinssatzes im Lichte des § 304 AktG 161

Zur Berechnung der kapitalisierten Ausgleichszahlung 185

6. Sonderfragen
Theorie und Praxis der Wechselkursprognose bei Unternehmensbewertungen
zur Ermittlung einer angemessenen Barabfindung 199

Anti-Dilution in Venture-Capital-Verträgen 221

Marktstudie über die Bewertungspraxis von Venture Capital-Managern in Deutschland . . . 247

7. Bewertungskennzahlen
Multiples und Beta-Faktoren für deutsche Branchen 255

Autorenverzeichnis 263

1. Rechnungslegung und Unternehmensbewertung

Kapitalisierungszinssätze in der Unternehmensbewertung. 9

Kapitalisierungszinssätze in der Unternehmensbewertung

– Eine empirische Analyse inländischer IFRS-Konzernabschlüsse 2017 –

WP/StB Dipl.-Kfm. Prof. Dr. Christian Zwirner | Gregor Zimny, M. Sc.

I. Vorbemerkung[1]

Die Werthaltigkeit von aktivierten Goodwills ist regelmäßig – mindestens einmal jährlich – durch einen sog. Impairment-Test zu überprüfen (IAS 36.10). Hierbei kommt in der Praxis als Vergleichswert, der dem Buchwert der sog. zahlungsmittelgenerierenden Einheit (ZGE) – auf die der Goodwill allokiert wird – gegenübergestellt wird, der sog. „value in use", d.h. der Nutzungswert einer solchen ZGE, infrage. Dieser ermittelt sich cashflowbasiert auf Grundlage der erwarteten und auf den Bewertungsstichtag abgezinsten Zahlungsströme, die der ZGE zuzurechnen sind. Die Bestimmung des Nutzungswerts setzt die zutreffende Ermittlung eines sachgerechten Kapitalisierungszinssatzes voraus. Dieser Zinssatz[2] muss neben dem risikolosen Basiszins (bspw. 1,25% zum 31.12.2017)[3] und einer standardisierten Marktrisikoprämie (bspw. 6,25% vor persönlichen Steuern für das Jahr 2017)[4] das Risiko der ZGE (ausgedrückt durch den Beta-Faktor), welches um die individuelle Kapitalstruktur anzupassen ist, sowie die Fremdkapitalkosten berücksichtigen.[5] In Abhängigkeit der ZGE-spezifischen Faktoren ergeben sich damit in der Praxis Impairment-Zinssätze (= WACC vor Steuern), die für das Geschäftsjahr 2017 auf Basis der hier angestellten empirischen Untersuchung zwischen rd. 4,55% und 18,57% liegen. Im Gegensatz zum Vorjahr[6] hat damit die Streuung der beobachteten Werte abgenommen.

---

[1] Die Autoren danken Herrn Manuel Walentin sowie Frau Michelle Wolf für ihre Unterstützung bei der Erhebung und Auswertung der empirischen Daten.
[2] Bei den Zinssätzen handelt es sich konkret um die durchschnittlichen, d.h. mit Eigen- und Fremdkapital gewichteten Kapitalkosten (WACC); vgl. IAS 36.A19 sowie IAS 36.50.
[3] Vgl. stellvertretend zur Entwicklung des Basiszinssatzes: http://hbfm.link/4064 (Abruf: 29.08.2018).
[4] Infolge der Unsicherheiten an den Finanzmärkten empfiehlt der FAUB, die Risikoprämie vor persönlichen Steuern in einer Bandbreite von 5,50% bis 7,00% anzusetzen. Vgl. IDW-Fn. 2012 S. 569. Vgl. zuletzt FAUB, Ergebnisbericht zur 124. Sitzung vom 08.02.2017. Diese Einschätzung ist nach wie vor aktuell; vgl. Castedello/Jonas/Schieszl/Lenckner, WPg 2018 S. 806 ff.
[5] U.U. sind separate Aufschläge für Länderrisiken zu berücksichtigen; vgl. zu der Berücksichtigung von Länderrisikoprämien im Kapitalisierungszinssatz Zwirner/Petersen/Zimny, in: Petersen/Zwirner (Hrsg.), Handbuch Unternehmensbewertung, 2. Aufl. 2017, S. 1053 ff.
[6] Vgl. hierzu die empirischen Ergebnisse bei Zwirner, CF 2017 S. 248-253.

II. Untersuchungsgrundgesamtheit und Aufbau der Analyse
1. Analysierte Konzernabschlüsse

Im vorliegenden Beitrag werden die Zinssätze untersucht, die für die jährlichen Goodwill-Werthaltigkeitstests (IAS 36.10) in den IFRS-Konzernabschlüssen deutscher Unternehmen herangezogen wurden und dementsprechend im Anhang anzugeben sind (IAS 36.130). Grundlage stellen die Konzernabschlüsse des Berichtsjahres 2017 für Unternehmen des DAX, MDAX, SDAX und TecDAX dar,[7] womit grds. insgesamt 160 Unternehmen der Grundgesamtheit zugerechnet werden. Von den 160 Unternehmen hat bis zum Zeitpunkt der Analyse ein Unternehmen noch keinen Konzernabschluss für das Geschäftsjahr 2017 veröffentlicht.[8] Insgesamt wurden daher 159 Geschäftsberichte analysiert. Davon haben 18 Unternehmen entweder keinen Goodwill aktiviert oder trotz der Aktivierung eines Goodwills im Konzernabschluss keine Angaben zum Zinssatz gemacht, sodass insgesamt 141 auswertbare Wertausprägungen vorliegen.

Gem. den Anforderungen des § 315a Abs. 1 HGB, wonach kapitalmarktorientierte Unternehmen ihren Konzernabschluss auf Basis internationaler Rechnungslegungsvorschriften aufzustellen haben, veröffentlichen von diesen 159 Unternehmen 158 Gesellschaften IFRS- und eine Gesellschaft einen US-GAAP-Konzernabschluss.[9] Da die Regelungen zur Werthaltigkeitsprüfung des Goodwills nach IFRS mit IAS 36 und die korrespondierenden Regelungen in den US-GAAP gem. ASC 350 bezüglich des anzuwendenden Kapitalisierungszinssatzes keine grundlegenden Unterschiede aufweisen, erfolgt für die hier angestellte Analyse im Weiteren keine Differenzierung zwischen den nach IFRS und den nach US-GAAP bilanzierenden Unternehmen.[10]

2. Analysevorgehen

Im Folgenden werden jeweils die im Anhang des Konzernabschlusses veröffentlichten Zinssätze der Goodwill-Impairment-Tests (IAS 36) sowohl insgesamt als auch für die einzelnen Indizes und Branchen statistisch aufbereitet und untersucht. Wird der Goodwill nicht einer einzelnen ZGE zugeordnet, sondern auf mehrere ZGE aufgeteilt (IAS 36.80, IAS 36.22 und IAS 36.66), weisen die Unternehmen im Anhang unterschiedliche Zinssätze aus. In diesem Fall wird für das jeweils betrachtete Unternehmen das arithmetische Mittel (aus Minimum- und Maximumwert) berechnet. Anschließend können aus diesen unternehmensindividuellen Goodwill-Zinssätzen das arithmetische Mittel und der Median je Index oder Branche

---

[7] Unter dem Berichtsjahr 2017 wird das zum 31.12. oder unterjährig im Jahr 2017 endende Geschäftsjahr verstanden. Die Grundgesamtheit basiert auf der Indexzusammensetzung zum 06.03.2018.
[8] Es handelt sich dabei um den Geschäftsbericht der Steinhoff International N.V.
[9] Dabei handelt es sich um die Qiagen N.V. Die Fresenius SE und deren Tochter, die Fresenius Medical Care AG & Co. KGaA, verzichten seit Beginn des Geschäftsjahrs 2017 auf die bisher erfolgte Aufstellung des Konzernabschlusses nach den US-GAAP. Der Analyse zugrunde gelegt wurde im Fall der Qiagen N.V. der US-GAAP-Abschluss, da dieser für das betreffende Unternehmen die primäre Berichtssprache am Kapitalmarkt darstellt.
[10] Auf eine weitere Differenzierung kann zudem verzichtet werden, da aus der Grundgesamtheit der vorliegenden empirischen Analyse nur eines von 143 untersuchten Unternehmen, welches einen Goodwill im Konzernabschluss ausweist und Angaben zum Zinssatz macht, seinen Konzernabschluss auf Basis der US-GAAP erstellt hat.

abgeleitet werden; die Medianberechnung basiert demnach im Falle mehrerer ZGE auf dem arithmetischen Mittel auf Unternehmensebene. Darüber hinaus werden das Minimum, das Maximum sowie die Standardabweichung für die Grundgesamtheit sowie der jeweils betrachtete Index bzw. die jeweils betrachtete Branche angegeben.

Falls entgegen IAS 36.A20 ein Netto-Zinssatz, d.h. nach Steuern, angegeben wird, wurde dieser mittels Hochschleusen um eine pauschalierte Unternehmenssteuer i.H.v. 30% zu einem Brutto-Zinssatz, d.h. vor Steuern, umgerechnet:[11]

$$\text{Zinssatz vor Steuern}(i) = \frac{\text{Zinssatz nach Steuern }(i_s)}{1 - \text{Unternehmensteuersatz }(s^{unt})}$$

Sofern zu den angewandten Zinssätzen keine näheren Angaben vorliegen, werden diese Zinssätze für Zwecke der hier angestellten Analyse als IFRS-konform und damit als Vor-Steuer-Zinssätze betrachtet.

III. Ergebnisse der empirischen Untersuchung
1. Gesamtanalyse der Daten

Insgesamt wurden 159 Konzernabschlüsse des Geschäftsjahres 2017 untersucht, bei denen sich auszuwertende Annahmen finden. Zusätzlich zu den aktuellen Werten aus dem Geschäftsjahr 2017 sind die Daten aus den Vorjahren 2013 bis 2016 angegeben, die indes auf einer leicht veränderten Zusammensetzung der Indizes zum jeweiligen Untersuchungszeitpunkt basieren.[12]

Bezogen auf die Grundgesamtheit beträgt das arithmetische Mittel für das Jahr 2017 9,96% bei einer Standardabweichung von 2,87%. Der Median beläuft sich auf 9,80% bei Grenzwerten von 4,55% (Minimum) und 18,57% (Maximum). Wie bereits in den Vorjahren besteht zwischen Minimumwert und Maximumwert eine relativ hohe Spannweite, die im betrachteten Jahr 2017 im Vergleich zum Vorjahr aber zurückgegangen ist.

Der Minimumwert stieg hierbei in 2017 allerdings um 1,35 Prozentpunkte von 3,20% auf 4,55%. Der Maximumwert sank im Betrachtungszeitraum um 3,49 Prozentpunkte (von 22,06% auf 18,57%). Die absolute Streuung der analysierten Werte der Grundgesamtheit sank gegenüber dem Vorjahr um 0,31 Prozentpunkte (von 3,18% für 2016 auf 2,87% für 2017). Das durchschnittliche Zinsniveau, gemessen als arithmetisches Mittel, liegt in den Jahren 2013 bis 2017 zwischen 9,87% und 10,69%. Es ist folglich – gemessen an der Standardabweichung – eine relativ konstante Volatilität hinsichtlich der Kapitalisierungszinssätze zu erkennen. Nichtsdestotrotz

---
11 Vgl. Petersen/Bansbach/Dornbach (Hrsg.), IFRS Praxishandbuch, 12. Aufl. 2018, S. 71 f.; vgl. zu den Grenzen des einfachen Hochschleusens, bspw. bei Vorliegen steuerlicher Verlustvorträge, stellvertretend Mugler/Zwirner, IRZ 2011 S. 372-375.
12 Vgl. zu den Daten für Vorjahre Zwirner, CF 2017 S. 248 ff.; Zwirner/Zimny, CF 2016 S. 272 ff.; Zwirner/Zimny, CF 2015 S. 324 ff.; Zwirner, CFB 2014 S. 381 ff.; zu weiteren früheren Untersuchungen vgl. Zwirner, CFB 2013 S. 416 ff.; Zwirner/Zimny, CFB 2013 S. 23 ff.; Zwirner/Mugler, CFB 2012 S. 101 ff.; Zwirner/Mugler, CFB 2011 S. 157 ff.

wurde im Berichtsjahr 2017 erneut die 10,00%-Marke unterschritten. Das arithmetische Mittel bezogen auf die Grundgesamtheit liegt im Berichtsjahr 2017 mit einem Wert von 9,96% auf dem Niveau des Vorjahres 2016 (9,87%).

Bei den hier untersuchten Zinssätzen handelt es sich um gewichtete Kapitalkosten (WACC). Demnach wirken sich der individuelle Verschuldungsgrad sowie die durchschnittlichen Fremdkapitalkosten des Konzerns auf den bewertungsrelevanten Zinssatz aus. Angesichts des sich in den letzten Jahren c.p. nach unten bewegenden Zinssatzes für Fremdkapital ist davon auszugehen, dass mit Blick auf die Zinssatzermittlung der Einfluss der Fremdkapitalverzinsung – ohne Berücksichtigung des spezifischen Unternehmensrisikos, das bei Kreditzusagen bzw. -konditionen eine bedeutende Rolle spielt – abgenommen haben dürfte. Den reduzierten Fremdkapitalkosten der Unternehmen dürften in den letzten Jahren vergleichsweise konstante oder teilweise leicht gestiegene Eigenkapitalkosten gegenüberstehen.[13] Das nachhaltig niedrige Zinsniveau bei beiden Kapitalkostenbestandteilen hat für das Berichtsjahr – wie bereits im Vorjahr – zu einem arithmetischen Mittel und Median unter 10,00% geführt. Aufgrund des im Berichtsjahr 2017 relativ konstanten (niedrigen) Zinsniveaus, hat sich das arithmetische Mittel im Vergleich zum Vorjahr nahezu nicht verändert.

Grundgesamtheit	2017	2016	2015	2014	2013
Minimum	4,55%	3,20%	3,40%	3,50%	4,91%
Maximum	18,57%	22,06%	18,75%	22,50%	23,95%
Arithm. Mittel	9,96%	9,87%	10,27%	10,18%	10,69%
Median	9,80%	9,93%	10,29%	10,00%	10,50%
Stand.abw.	2,87%	3,18%	3,01%	3,02%	2,86%

Tabelle 1: Zinssätze für die Grundgesamtheit

Nachdem sich der FAUB in einer Empfehlung zum Jahresanfang 2012 für einen Ansatz der Marktrisikoprämie am oberen Ende der Bandbreite von damals 4,50% bis 5,50% vor persönlichen Steuern ausgesprochen hat,[14] hat er im September 2012 eine Erhöhung der Bandbreite auf 5,50% bis 7,00% vorgenommen.[15] Explizit hat der FAUB den Anstieg der empfohlenen Bandbreite der Marktrisikoprämie mit historisch niedrigen Zinssätzen und einer gleichzeitig veränderten Risikotoleranz der Anleger begründet. Hinter diesen Überlegungen steckt die Vermutung, dass die Anleger zwar hinsichtlich ihrer Renditeforderungen im Durchschnitt nachgeben und sich einem allgemein sinkenden Zinsniveau damit anschließen, sich das Absinken

---

13 Vgl. hierzu bereits Zwirner/Zimny, CF 2016 S. 273.
14 Vgl. IDW-Fn. 2012 S. 122.
15 Vgl. IDW-Fn. 2012 S. 569.

des risikolosen (Basis-) Zinssatzes allerdings nicht eins zu eins in niedrigeren Renditeerwartungen widerspiegelt, sondern durch höhere Risikoprämien kompensiert wird. Obwohl der FAUB in seinen Sitzungen die Einflussfaktoren zur Bemessung des Kapitalisierungszinssatzes regelmäßig analysiert, sah der Ausschuss bislang keinen Anlass, seine Empfehlung vom 19.09.2012 anzupassen.

Mitglieder des FAUB haben sogar erst kürzlich bestätigt, dass die im Jahr 2012 festgelegten Bandbreiten auch im Jahr 2018 weiterhin aktuell sind, mithin kein Anpassungsbedarf besteht.[16]

> **Hinweis:**
> Im Berichtsjahr hat der bewertungsrelevante Kapitalisierungszinssatz im arithmetischen Mittel um rd. 0,09 Prozentpunkte zugenommen, während der risikolose Basiszinssatz zwischen dem 31.12.2016 und dem 31.12.2017 um 0,25 Prozentpunkte gestiegen ist. Der statistische Mittel- und Medianwert liegen erneut unter der 10,00%-Grenze.

2. Analyseergebnisse je Index

Im Folgenden werden die Werte für die einzelnen Indizes analysiert. Hierbei erfolgt die Darstellung gesondert für die in DAX, MDAX, SDAX und TecDAX enthaltenen Unternehmen.

a) DAX

Tabelle 2 gibt die Werte für die Unternehmen des DAX an. Dabei ist erkennbar, dass das arithmetische Mittel (2017: 10,68%; Vorjahr: 10,95%) sowie der Median in 2017 (2017: 10,13%; Vorjahr: 10,10%) nahezu konstant im Vergleich zum Vorjahr geblieben sind. In 2017 übersteigt das arithmetische Mittel den Median um 0,55 Prozentpunkte und ist damit, wie bereits in 2016, der höhere der beiden Mittelwerte im betrachteten Index. Die Differenz zwischen den beiden Mittelwerten zeigt, dass es hinsichtlich der Kapitalisierungszinssätze weiterhin Ausreißer gibt. Das arithmetische Mittel ist seit 2013 im Mittel um ca. 0,59 Prozentpunkte gesunken. Der Median fiel im betreffenden Zeitraum jedoch um 0,85 Prozentpunkte, wobei der ansonsten seit 2013 zu beobachtende Anstieg von Median und arithmetischem Mittel im Berichtsjahr 2017 bezüglich des arithmetischen Mittels zum zweiten Mal in Folge durchbrochen wurde. Lediglich bezüglich des Medians ist im Vergleich zum Vorjahr wieder in 2017 ein leichter Anstieg zu verzeichnen (2017: 10,13%; 2016: 10,10%). Abnehmend im Vergleich zum Vorjahr ist bezogen auf den DAX die Standardabweichung (von 3,98% in 2016 auf 3,31% in 2017). Die Standardabweichung im DAX ist zudem in 2017 die zweithöchste der betrachteten Indizes nach dem SDAX (3,33%). Der MDAX (2,47%) sowie der TecDAX (1,91%) weisen im Jahr 2017 jeweils eine wesentlich geringere Streuung auf.

---

[16] Vgl. Castedello/Jonas/Schieszl/Lenckner, WPg 2018 S. 806 ff.

DAX	2017	2016	2015	2014	2013
Minimum	4,60%	3,95%	4,00%	6,10%	6,60%
Maximum	18,57%	22,06%	18,50%	19,57%	17,70%
Arithm. Mittel	10,68%	10,95%	11,42%	11,28%	11,27%
Median	10,13%	10,10%	11,31%	11,07%	10,98%
Standardabweichung	3,31%	3,98%	3,29%	2,97%	2,60%

Tabelle 2: Zinssätze für die DAX-Unternehmen

b) MDAX

Tabelle 3 gibt die Werte für die Unternehmen des MDAX an. Das arithmetische Mittel der Zinssätze stieg im MDAX leicht von 9,47% in 2016 auf 9,75% in 2017 an. Das arithmetische Mittel bewegt sich damit weiterhin auf einem verglichen mit den weiteren Indizes relativ niedrigen Niveau. Der Median stieg im Betrachtungszeitraum leicht von 9,93% in 2016 auf 10,14% in 2017 an. Beim Median ist damit der leichte Trend zu steigenden Zinssätzen wieder zu erkennen.

Im Jahr 2017 stieg der Minimumwert des MDAX auf 5,00% deutlich im Vergleich zum Vorjahr (3,20% in 2016). Der Maximumwert ist hinsichtlich der betrachteten Unternehmen im MDAX allerdings im Vergleich zum Vorjahr mit einem Wert i.H.v. 14,29% in 2017 gesunken (16,75% in 2016). Damit weist der MDAX in 2017 anders als in 2016 nicht mehr den niedrigsten Minimumwert der vier analysierten Indizes auf. Zudem verringerte sich die Standardabweichung im Jahr 2017 um 0,42 Prozentpunkte auf 2,47%.

MDAX	2017	2016	2015	2014	2013
Minimum	5,00%	3,20%	3,40%	3,50%	4,91%
Maximum	14,29%	16,75%	18,75%	18,75%	16,73%
Arithm. Mittel	9,75%	9,47%	9,58%	9,52%	10,52%
Median	10,14%	9,93%	9,74%	9,63%	10,70%
Standardabweichung	2,47%	2,89%	3,06%	2,89%	2,57%

Tabelle 3: Zinssätze für die MDAX-Unternehmen

c) SDAX

Tabelle 4 zeigt die Werte für die Unternehmen des SDAX auf. Der Maximumwert stieg im Vergleich zum Vorjahr um 0,05 Prozentpunkte leicht auf 17,50%. Der Minimumwert stieg im Vergleich zum Vorjahr um 0,51 Prozentpunkte auf 4,55% an. Trotz des im Vergleich zum Vorjahr gestiegenen Minimumwerts weist dieser Index in 2017 den niedrigsten Minimumwert sämtlicher betrachteter Indizes aus. Das arithmetische Mittel stieg von 8,82% in 2016 auf 9,25% in 2017 leicht an. Zudem stieg der Median im Vergleich zum Vorjahr um 0,65 Prozentpunkte von 8,05% in 2016 auf 8,70% in 2017.

Der sinkende Trend der Minimumwerte der vergangenen Jahre im SDAX setzte sich im betrachteten Jahr 2017 somit nicht fort.

Neben dem Minimumwert, dem Maximumwert, dem arithmetischen Mittel, und dem Median, stieg ebenso die Standardabweichung im SDAX von 2,88% in 2016 auf 3,33% in 2017 an.

SDAX	2017	2016	2015	2014	2013
Minimum	4,55%	4,04%	5,18%	5,10%	5,30%
Maximum	17,50%	17,45%	17,50%	22,50%	23,95%
Arithm. Mittel	9,25%	8,82%	9,90%	9,76%	10,37%
Median	8,70%	8,05%	9,40%	9,05%	9,65%
Standardabweichung	3,33%	2,88%	3,07%	3,46%	3,48%

Tabelle 4: Zinssätze für die SDAX-Unternehmen

d) TecDAX

Tabelle 5 stellt die relevante Zinssatzentwicklung der Unternehmen des TecDAX dar. Der TecDAX zeichnet sich durch ein Absinken des Maximumwertes um 0,85 Prozentpunkte von 15,35% in 2016 auf 14,50% in 2017 aus. Das Minimum hingegen verzeichnet einen relativ hohen Anstieg von 1,90 Prozentpunkten auf 6,60% in 2017 (Vorjahr: 4,70%), wobei der Vorjahreswert allerdings den niedrigsten Wert der letzten hier betrachteten fünf Jahre aufwies.

Für 2017 betragen bei den Technologieunternehmen das arithmetische Mittel 10,54% und der Median 10,30%. Damit verzeichnete der Median im Vergleich zum Vorjahr einen Rückgang von 0,95 Prozentpunkten (11,25% in 2016). Das arithmetische Mittel sank im selben Zeitraum geringfügig um 0,22 Prozentpunkte von 10,76% in 2016 auf 10,54% in 2017. Der aus den Vorjahren fallende Verlauf der Standardabweichung im TecDAX wurde 2016 durch einen Anstieg unterbrochen. In 2017 setzte sich der Verlauf einer sinkenden Standardabweichung wieder fort. Die Standardabweichung sank in 2017 mit einem Wert von 1,91% unter die 2%-Marke.

TecDAX	2017	2016	2015	2014	2013
Minimum	6,60%	4,70%	5,60%	6,90%	7,56%
Maximum	14,50%	15,35%	15,23%	15,30%	18,55%
Arithm. Mittel	10,54%	10,76%	10,72%	10,80%	10,83%
Median	10,30%	11,25%	10,51%	10,86%	10,18%
Standardabweichung	1,91%	2,49%	2,07%	2,14%	2,57%

Tabelle 5: Zinssätze für die TecDAX-Unternehmen

3. Indexvergleich der empirischen Befunde

Die berechneten Mittelwerte der Indizes (arithmetisches Mittel und Median) sowie aller Unternehmen werden für den Fünf-Jahreszeitraum 2013 bis 2017 in Tabelle 6 zusammengefasst.

	2017		2016		2015		2014		2013	
	MITTEL	MEDIAN	MITTEL	MEDIAN	MITTEL	MEDIAN	MITTEL	MEDIAN	MITTEL	MEDIAN
DAX	10,68%	10,13%	10,95%	10,10%	11,42%	10,31%	11,28%	11,07%	11,27%	10,98%
MDAX	9,75%	10,14%	9,47%	9,93%	9,58%	9,74%	9,52%	9,63%	10,52%	10,70%
SDAX	9,25%	8,70%	8,82%	8,05%	9,90%	9,40%	9,76%	9,05%	10,37%	9,65%
TecDAX	10,54%	10,30%	10,76%	11,25%	10,72%	10,51%	10,80%	10,86%	10,83%	10,18%
Alle	9,96%	9,80%	9,87%	9,93%	10,27%	10,29%	10,18%	10,00%	10,69%	10,50%

Tabelle 6: Überblick über Mittel- und -Medianwerte der Zinssätze

Das (gewichtete) durchschnittliche arithmetische Mittel ist im Vergleich zum Vorjahr wieder gestiegen. Weiter gesunken ist hingegen der Median. Die beiden Werte liegen aber wie bereits 2016 nah beieinander sowie erneut unter der 10,00%-Marke. Während in 2012 das arithmetische Mittel des TecDAX noch den DAX als Spitzenreiter in dieser Kategorie ablöste, lag das Maximum in diesem Bereich nach 2013, 2014, 2015 und 2016 auch in 2017 wieder im DAX.[17] Obwohl die in Tabelle 6 aufgezeigten Mittelwerte auch für das Jahr 2017 einen kausalen Zusammenhang zwischen Unternehmensgröße und Risiko suggerieren, kann ein derartiger Zusammenhang nicht verallgemeinert bzw. weiterhin nicht empirisch nachgewiesen werden. In vorstehender Tabelle 6 ist allerdings ersichtlich, dass die Zinssätze der Unternehmen aus dem DAX sowie aus dem TecDAX im Mittel oberhalb der Zinssätze von Unternehmen aus dem MDAX sowie SDAX liegen. Auch in 2017 ist allerdings weiterhin zu beachten, dass die Kapitalisierungszinssätze der betrachteten Unternehmen im Zeitablauf teilweise erheblichen Schwankungen unterliegen. Dies zeigt sich nicht

---

17 Vgl. dazu bereits die letztjährigen Auswertungen in Zwirner, CF 2017 S. 251.

zuletzt an den im Zeitablauf hohen Schwankungen bezüglich der Maximumwerte und Minimumwerte. Entscheidender als die Größe des Unternehmens sind weiterhin die unternehmensspezifischen Einflussfaktoren auf das Risiko. Das zeigt sich auch im Jahr 2017 insbesondere bei separater Betrachtung der Zinssätze von einzelnen Unternehmen der jeweiligen Indizes.

4. Empirische Ergebnisse im Branchenvergleich

Gesondert erfolgt nachstehend eine Auswertung der Zinssätze nach den von der Deutschen Börse vorgegebenen Branchenklassifizierungen. Die Angabe zu den Ausprägungen bezieht sich dabei auf das aktuelle Jahr, d.h. die für das Berichtsjahr 2017 erhobenen Daten für die hier untersuchten 159 Unternehmen, bei denen sich in 141 Fällen Angaben zum Kapitalisierungszinssatz auswerten ließen. Es ergeben sich für das arithmetische Mittel – alphabetisch angeordnet – die in Tabelle 7 dargestellten Werte.

Mittelwert nach Branche	Ausprägungen (insgesamt)	2017	2016	2015	2014	2013
Automobile	10 (11)	10,33%	10,80%	11,03%	10,46%	11,47%
Banks	3 (3)	11,91%	9,62%	9,69%	10,33%	11,31%
Basic Resources	2 (2)	8,31%	6,90%	7,50%	8,29%	10,35%
Chemicals	10 (11)	10,68%	11,34%	10,46%	10,44%	10,85%
Construction	5 (5)	10,75%	13,37%	12,84%	13,15%	12,99%
Consumer	6 (7)	11,42%	10,51%	12,47%	12,09%	11,72%
Financial Services	14 (20)	7,53%	6,23%	7,10%	7,02%	8,21%
Food & Beverage	2 (2)	8,95%	7,20%	6,75%	7,65%	7,60%
Industrial	31 (32)	10,24%	9,49%	10,04%	10,34%	11,03%
Insurance	4 (5)	9,47%	10,43%	12,32%	12,55%	11,64%
Media	6 (7)	11,21%	10,70%	10,62%	10,65%	10,88%
Pharma & Healthcare	12 (13)	10,87%	10,34%	11,16%	10,87%	9,78%
Retail	6 (7)	9,73%	9,56%	8,60%	8,71%	9,10%
Software	10 (11)	10,18%	10,85%	11,63%	10,56%	11,00%
Technology	6 (8)	12,25%	12,57%	11,30%	12,88%	14,29%
Telecommunication	5 (6)	8,69%	8,67%	8,49%	8,41%	8,75%
Transportation & Logistics	5 (5)	6,63%	7,02%	9,57%	7,94%	9,08%

Mittelwert nach Branche	Ausprägungen (insgesamt)	2017	2016	2015	2014	2013
Utilities	4 (4)	8,19%	8,77%	9,48%	8,78%	10,85%
Summe der Ausprägungen (alle Unternehmen)	141 (159)	9,96%	9,87%	10,27%	10,17%	10,69%

Tabelle 7: Zinssatz-Mittelwerte nach Branchen

Im Branchenvergleich zeichnen sich in 2017 wie bereits in den Vorjahren ähnliche Branchen durch relativ hohe Zinssätze aus. Im Vergleich zum Vorjahr ergaben sich hinsichtlich einzelner Branchen in 2017 allerdings teilweise hohe Veränderungen. So sind die Zinssätze im Bankensektor im Vergleich zum Vorjahr deutlich angestiegen. Während der Bankensektor im Jahr 2016 noch einen durchschnittlichen Zinssatz von 9,62% aufwies, stieg dieser im Jahr 2017 um 2,29 Prozentpunkte auf 11,91% an. Der seit 2013 bestehende Trend zu durchschnittlich fallenden Kapitalisierungszinssätzen für Unternehmen aus dem Bankenbereich, kehrte sich in 2017 wieder um.

Ebenfalls einen – wenn auch nicht mit dem Bankensektor vergleichbar hohen – Anstieg verzeichnete der Finanzsektor. Während das arithmetische Mittel im Finanzsektor 2016 noch bei 6,23% lag – und damit im Jahr 2016 den niedrigsten Zinssatz im Branchenvergleich aufwies – stieg das arithmetische Mittel im Jahr 2017 um 1,30 Prozentpunkte auf 7,53% an. Vor dem Hintergrund der Vergleichbarkeit der beiden betreffenden Branchen hinsichtlich des Risikos, insbesondere in Bezug auf Finanzinstrumente, ist der gleichgerichtete (steigende) Trend dieser beiden Branchen nachvollziehbar.

Ebenfalls deutlich gestiegen ist im arithmetischen Mittel im Vergleich zu den Vorjahren der Kapitalisierungszinssatz hinsichtlich der Unternehmen in der Lebensmittelbranche. Während der Zinssatz in 2016 im Mittel noch 7,20% betrug, stieg dieser in 2017 um 1,75 Prozentpunkte auf 8,95% an. Da dieser Sektor im Rahmen der Auswertung lediglich zwei Unternehmen beinhaltet, ist ein Rückschluss auf allgemein gestiegene Risiken in dem Sektor nicht sachgerecht.

Weiterhin weisen Unternehmen aus der Softwarebranche mit durchschnittlich 10,18%, Unternehmen aus der Medienbranche mit durchschnittlich 11,21% sowie Unternehmen aus der Pharmaindustrie mit durchschnittlich 10,87% einen verglichen mit den übrigen Branchen hohen Zinssatz auf. Auch in 2017 lässt sich der im Vergleich zum MDAX und SDAX hohe Mittelwert des TecDAX mit den durchschnittlich sehr hohen Zinssätzen in der Technologiebranche erklären.

Entgegen des Trends der vergangenen Jahre, verzeichnete der Rohstoffsektor in 2017 wieder einen Anstieg von 6,90% in 2016 auf 8,31% in 2017. Allerdings ist zu beachten, dass dieser Sektor wie bereits die Lebensmittelbranche innerhalb der

Grundgesamtheit lediglich zwei Unternehmen beinhaltet, sodass die statistische Aussagekraft an der Stelle begrenzt ist, respektive keinen hinreichend sicheren Rückschluss auf das Risiko der gesamten Rohstoffbranche zulässt.

Umgekehrt zeichnete sich die Baubranche durch im Vergleich zum Vorjahr 2016 sinkende Zinssätze hinsichtlich des arithmetischen Mittels aus. Das arithmetische Mittel des Zinssatzes von Unternehmen aus der Baubranche sank im Vergleich zum Vorjahr um 2,62 Prozentpunkte auf 10,75%. Ebenfalls einen Rückgang im Vergleich zum Vorjahr 2016 verzeichnete die Transport- und Logistikbranche. Mit einem durchschnittlichen Zinssatz von 6,63% stellt die Transport- und Logistikbranche diejenige mit dem niedrigsten durchschnittlichen Zinssatz sämtlicher betrachteter Branchen dar. Angesichts der vergleichsweise stabilen Entwicklung in der Transport- und Logistikindustrie und den positiven Aussichten erscheint der geringe Zinssatz plausibel.

In den übrigen Branchen ist im Zeitablauf kein eindeutiger Trend erkennbar. Insgesamt ist bei der hier gewählten Stichprobe der Untersuchung zu beachten, dass manche Branchen (z.B. „Food & Beverage" sowie „Basic Resources", „Banks" und „Construction") nur über sehr wenige Ausprägungen verfügen, wodurch die Repräsentativität der Branchenauswertung entsprechend eingeschränkt zu beurteilen ist. Die Werte für den Median nach Branchen sind in Tabelle 8 dargestellt.

MEDIAN NACH BRANCHE	AUSPRÄGUNGEN (INSGESAMT)	2017	2016	2015	2014	2013
Automobile	10 (11)	10,38%	10,72%	11,26%	10,63%	11,30%
Banks	3 (3)	13,43%	10,60%	10,05%	10,85%	10,75%
Basic Resources	2 (2)	8,31%	6,90%	7,50%	8,70%	10,10%
Chemicals	10 (11)	10,57%	10,04%	10,29%	10,57%	11,20%
Construction	5 (5)	9,86%	10,29%	11,17%	12,59%	11,10%
Consumer	6 (7)	10,83%	9,29%	12,64%	9,60%	9,80%
Financial Services	14 (20)	6,91%	4,45%	6,06%	5,78%	7,08%
Food & Beverage	2 (2)	8,95%	7,20%	6,75%	7,65%	7,60%
Industrial	31 (32)	10,05%	9,85%	10,10%	10,83%	10,90%
Insurance	4 (5)	9,18%	9,15%	11,58%	11,83%	10,63%
Media	6 (7)	11,00%	10,39%	10,36%	10,63%	10,40%
Pharma & Healthcare	12 (13)	11,01%	10,31%	10,53%	10,55%	9,40%

Median nach Branche	Ausprägungen (insgesamt)	2017	2016	2015	2014	2013
Retail	6 (7)	10,15%	9,11%	9,36%	8,64%	8,79%
Software	10 (11)	10,21%	11,29%	11,80%	11,02%	11,33%
Technology	6 (8)	11,90%	13,08%	11,03%	12,75%	14,50%
Telecommunication	5 (6)	8,97%	8,69%	8,60%	7,98%	9,03%
Transportation & Logistics	5 (5)	7,21%	7,21%	8,35%	7,18%	8,88%
Utilities	4 (4)	7,57%	7,30%	9,48%	8,78%	10,85%
Summe der Ausprägungen (alle Unternehmen)	141 (159)	9,80%	9,93%	10,29%	10,00%	10,50%

Tabelle 8: Zinssatz-Median nach Branchen

Hinsichtlich des Medians ist bezogen auf die Grundgesamtheit zu erkennen, dass dieser im Vergleich zu 2016 mit einem Minus von 0,13 Prozentpunkten (von 9,93% auf 9,80%) in 2017 gefallen ist. Während 14 der analysierten Branchen einen Anstieg des Medians verzeichneten, fiel der Median in drei Branchen. Der Median der Branche Transport und Logistik ist mit einem Zinssatz von 7,21% im Jahr 2017 konstant zu 2016.

Bei zwölf der 18 analysierten Branchen weist der Median nur marginale Abweichungen vom arithmetischen Mittel von höchstens 0,5 Prozentpunkten auf.

IV. Fazit

Mit einem durchschnittlichen gewichteten Zinssatz i.H.v. 9,80% für den **Median** und 9,96% für das **arithmetische Mittel** sind beide Parameter im Vergleich zum Vorjahr weiter gefallen und liegen in dem betrachteten Zeitraum zwei Jahre in Folge unter der 10,00%-Grenze. Ein nachhaltiger Anstieg des Kapitalisierungszinssatzes hat sich insofern auch in 2017 nicht eingestellt. Vor dem Hintergrund des weiterhin niedrigen Zinsniveaus ist dies in der Gesamtbetrachtung auch plausibel. Damit einhergehend nehmen die Risiken eines etwaigen Impairment-Bedarfs bei ansonsten gleichen Bewertungsparametern (insbesondere künftigen Cashflows) c.p. weiterhin ab.

Auffällig an der **Zinssatzentwicklung** der Grundgesamtheit ist, dass der Maximumwert von 22,06% in 2016 auf 18,57% in 2017 deutlich gesunken ist und wieder das Niveau von 2015 erreicht (18,75%). Mit Ausnahme des SDAX ist der Maximumwert in jedem einzelnen Index zurückgegangen. Der Minimumwert ist im Hinblick auf die Grundgesamtheit im gleichen Zeitraum allerdings gestiegen (von 3,20% in 2016 auf 4,55% in 2017). Der Anstieg des Minimumwerts ist im betrachteten Jahr 2017 in jedem einzelnen Index zu verzeichnen. Im DAX sowie im TecDAX ist der

Minimumwert im Vergleich zum Vorjahr gestiegen. Im TecDAX sowie MDAX ist der Anstieg in 2017 im Vergleich zum 2016 jeweils sogar relativ hoch ausgefallen.
Bei Durchführung einer **Branchenanalyse** im Hinblick auf die Zinssatzentwicklung ist wie bereits im Vorjahr ersichtlich, dass auch die Branchenzugehörigkeit respektive die sich im Zusammenhang mit der Branche ergebenden Risiken aus dem Geschäftsmodell für die Unternehmensentwicklung des jeweiligen Unternehmens und folglich für die Höhe des Zinssatzes ausschlaggebend sind. Dabei weisen insbesondere die Bankenbranche mit 11,91% sowie die Technologiebranche mit 12,25% (jeweils für den Mittelwert) einen hohen Zinssatz auf. Die Technologiebranche verzeichnet im betrachteten Jahr 2017 insofern den höchsten Mittelwert sämtlicher Branchen.
Hinsichtlich des Medians verzeichnet in 2017 die Bankenbranche mit 13,43% den höchsten Wert.
Ein signifikantes **Absinken der Zinssätze** in 2017 konnte in der Baubranche beobachtet werden. Während der Mittelwert der Baubranche in 2016 mit einem Wert von 13,37% noch der Spitzenreiter der untersuchten Branchen war, sank dieser in 2017 um 2,62 Prozentpunkte auf 10,75%. Der Median dieser Branche sank im selben Zeitraum lediglich um 0,43 Prozentpunkte auf 9,86%. Der Median der Branche „Transportation & Logistics" blieb in 2017 im Vergleich zu 2016 konstant bei 7,21%. Hierbei sank allerdings das arithmetische Mittel um 0,39 Prozentpunkten auf 6,63%. Hervorzuheben ist, dass der seit Jahren herrschende Trend von allgemein rückläufigen Zinsen auch in 2017 weiter anhält.Es ist insbesondere in den letzten beiden Jahren 2017 und 2016 zu beobachten, dass der für Zwecke der Impairmenttests verwendete Kapitalisierungszinssatz aufgrund des Niedrigzinsniveaus weiterhin im Vergleich zu den Vorjahren gering ausfällt. Sofern keine besonderen Risiken mit Blick auf die jeweiligen ZGE bestehen, kann aufgrund des niedrigen Zinsniveaus ein Zinssatz deutlich über 10,00% kaum zu rechtfertigen sein.
Es bleibt abzuwarten, wie sich das **Zinsniveau** in den kommenden (Geschäfts-)Jahren entwickeln und welchen Einfluss der in Deutschland weiterhin anhaltende Trend niedriger Basiszinssätze auf den Kapitalisierungszinssatz zur Goodwillbewertung haben wird. Mit Ausnahme der beiden Monate Januar und Februar 2017 verharrte der Basiszinssatz nach IDW S 1 in den übrigen Monaten des Jahres 2017 auf einem Niveau von 1,25%. Ein nachhaltiger Anstieg des Basiszinssatzes ist derzeit nicht abzusehen. Per 01.08.2018 beträgt der Basiszinssatz weiterhin 1,25%. Hinsichtlich des Ansatzes der Marktrisikoprämie haben Mitglieder des FAUB erst dieses Jahr bestätigt, dass die im Jahr 2012 festgelegten Bandbreiten nach wie vor ihre Gültigkeit haben.[18] Insofern kann nicht davon ausgegangen werden, dass die Marktrisikoprämie in Deutschland zu einem Anstieg der Zinssätze führen wird.
Für die zum **31.12.2018** vorzunehmenden Unternehmensbewertungen respektive Impairment-Tests sind im Vergleich zum Vorjahr tendenziell weiterhin niedrige Kapitalisierungszinssätze zu erwarten. Die Analysen der vergangenen Jahre haben

---

18 Vgl. WPg 2018 S. 806 ff.

aber gezeigt, dass wieder vergleichbare Kapitalisierungszinssätze um die 10,00% im arithmetischen Mittel bzw. Median zur Anwendung gelangen werden. Diese Vermutung hat sich auch in dem hier betrachteten Berichtsjahr 2017 wieder bestätigt. Ob dieser Befund auch für das Berichtsjahr 2018 zutreffen wird, werden die empirischen Auswertungen im kommenden Jahr zeigen.

Quelle: CORPORATE FINANCE 2018 S. 295

2. Bewertungsmethodik

Der Liquidationswert als Bewertungsuntergrenze 25

Anwendung des IDW S 1 bei der Bewertung kleiner und mittelgroßer Unternehmen 39

Der Liquidationswert als Bewertungsuntergrenze

o.Univ.-Prof. Mag. Dr. Romuald Bertl | Boris Kasapovic, MSc (WU) BA | Markus Patloch-Kofler, MSc (WU) BSc (WU), WU Wien

I. Einleitung

In der Theorie und Praxis zur Unternehmensbewertung hat der Liquidationswert eine besondere Funktion. Er stellt die allgemein anerkannte Untergrenze des Unternehmenswertes dar. In den einschlägigen Standards der Unternehmensbewertung befinden sich dazu klare Aussagen: Das Fachgutachten KFS/BW 1 (i.d.F. 2014) hält dazu in Tz. 132 fest: „Übersteigt der Barwert der finanziellen Überschüsse, die sich bei Liquidation des gesamten Unternehmens ergeben, den Fortführungswert, bildet der Liquidationswert die Untergrenze für den Unternehmenswert." Ähnliches findet sich in der IDW-Stellungnahme S 1 (i.d.F. 2008): „Insbesondere bei schlechter Ergebnislage kann der Barwert der finanziellen Überschüsse, die sich bei Liquidation des gesamten Unternehmens ergeben, den Fortführungswert übersteigen. In diesem Falle bildet grundsätzlich der Liquidationswert des Unternehmens die Wertuntergrenze für den Unternehmenswert; [...]."

Im folgenden Beitrag wird gezeigt, welche Rahmenbedingungen bei der Liquidation eines gesamten Unternehmens zu beachten sind.

II. Begriffsdefinition und Abgrenzung

Allgemein wird der Liquidationswert als Barwert der finanziellen Überschüsse aus der Veräußerung der Vermögenswerte abzüglich der Schulden unter Berücksichtigung der Liquidationskosten und verbundenen Steuerwirkungen definiert.[1] Bei der Liquidationswertermittlung eines Unternehmens wird der Veräußerungsvorgang über einen im Vorfeld definierten Zeithorizont unterstellt.[2] Im Vergleich zur Ermittlung eines klassischen Zukunftserfolgswertes, wie bspw. mittels Ertrags- oder DCF-Verfahren, ist im Rahmen der Liquidationswertermittlung aufgrund der unterstellten Auflösung und Zerschlagung von einer (sehr) begrenzten Lebensdauer des zu bewertenden Unternehmens auszugehen. Damit stellt der Liquidationswert einen Sonderfall des Ertragswertes dar.[3]

---

[1] Vgl. KFS/BW 1 Tz. 133.
[2] Vgl. Ruiz de Vargas/Zollner, Die Ermittlung des Liquidationswerts als objektiviertem Unternehmenswert, Bewertungs-Praktiker 3/2015, 105.
[3] Vgl. Ihlau/Duscha in Peemöller (Hrsg.), Praxishandbuch der Unternehmensbewertung[6] (2015) 814; IDW (Hrsg.), WP-Handbuch 2014 Bd II (2014) Rz. A 193; Piltz, Die Unternehmensbewertung in der Rechtsprechung[3] (1994) 32.

Im Gegensatz zur Fortführungsprämisse der Ertragswertermittlung wird bei der Liquidationswertermittlung von einer Abwicklungsprämisse ausgegangen. Meist wird das Unternehmen in Verwertungseinheiten aufgeteilt und somit nicht als Ganzes bewertet. Beiden Varianten jedoch, sowohl der Ermittlung des Liquidationswertes als auch der des Ertragswertes, liegt die Prämisse zugrunde, dass der Unternehmenswert durch den Barwert der Einnahmenüberschüsse determiniert wird, deren Höhe sich aufgrund der in den jeweiligen Bewertungsverfahren zu beachtenden Annahmen wesentlich voneinander unterscheidet. Die Barwertberechnung im Rahmen der Liquidationswertermittlung ist von besonderer Relevanz, wenn sich die Liquidation über einen längeren Zeitraum erstreckt.[4]

III. Der Liquidationswert als Untergrenze der Unternehmensbewertung

1. Betriebswirtschaftliche Sichtweise

In der betriebswirtschaftlichen Literatur wird der Liquidationswert einhellig als Wertuntergrenze der Unternehmensbewertung von ertragsschwachen und verlustbringenden Unternehmen angesehen, sofern nicht rechtliche oder faktische Zwänge die Fortführung des Unternehmens verlangen und eine Liquidation somit ausgeschlossen ist.[5] Dem liegt im Allgemeinen die Annahme zugrunde, dass einerseits die Fortführung des Unternehmens möglich ist und andererseits der Unternehmer rational handelt. Ist der (fiktive) Liquidationswert eines Unternehmens höher als der Ertragswert, wird sich ein rational handelnder Unternehmer nach dem Gewinnmaximierungsprinzip für die Liquidation entscheiden. Dazu nimmt auch das KFS/BW 1 in den Tz. 13 und 132 f. Stellung bzw. das deutsche IDW S 1 in den Tz. 5[6] und 140 f.

2. Rechtsprechung zum Liquidationswert als Wertuntergrenze

Ebenso betrachtet die h.M. in der rechtswissenschaftlichen Literatur den Liquidationswert als juristische Wertuntergrenze im Gesellschaftsrecht.[7] Auf Grundlage von Judikaten aus Deutschland scheint sich eine Rechtsprechung zu entwickeln, die (aus einer gesellschaftsrechtlichen Perspektive) nicht nur darauf abstellt, ob die

---

4 Vgl. Ruiz de Vargas/Zollner, Die Ermittlung des Liquidationswerts als objektiviertem Unternehmenswert, BewertungsPraktiker 3/2015, 105; Piltz, Die Unternehmensbewertung in der Rechtsprechung³ (1994) 32; Ihlau/Duscha in Peemöller (Hrsg.), Praxishandbuch der Unternehmensbewertung⁶ (2015) 815.
5 Siehe dazu OGH 19. 12. 2000, 4 Ob 188/00a, bzw. die maßgebliche Literatur, wie bspw. in Österreich Hirschler, Spezialfragen der Unternehmensbewertung, in Artmann/Rüffler/Torggler (Hrsg.), Unternehmensbewertung und Gesellschaftsrecht (2014) 18 f.; Aschauer, Unternehmensbewertung beim Gesellschafterausschluss (2009) 192; Aschauer/Purtscher, Einführung in die Unternehmensbewertung² (2011) 110, bzw. in Deutschland Drukarczyk/Schüler, Unternehmensbewertung⁷ (2016) 452; Ballwieser, Unternehmensbewertung: Prozess, Methoden und Probleme⁴ (2014) 206; Matschke/Brösel, Unternehmensbewertung, Funktionen – Methoden – Grundsätze⁴ (2013) 326.
6 In Tz. 5 IDW S 1 wird von einem bloßen Inbetrachtziehen des Liquidationswertes im Falle eines niedrigeren Ertragswertes gesprochen, wobei mit Vermerk auf Tz. 140 wiederum von rechtlichen und tatsächlichen Zwängen als Einschränkung ausgegangen werden kann.
7 Vgl. Fleischer in Fleischer/Hüttemann (Hrsg.), Rechtshandbuch Unternehmensbewertung (2015) § 8 Rz. 15.

Möglichkeit der Liquidation rechtlich bzw. faktisch gegeben ist, sondern ob diese auch tatsächlich beabsichtigt ist.[8]

Mit Blick auf Deutschland hat sich die dortige Rechtsprechung bezüglich des Liquidationswerts als Wertuntergrenze vor allem zu Fällen aus dem Familien- und Erbrecht im Rahmen einer angemessenen Abfindungsbemessung entwickelt. Vier Zivilsenate des BGH haben dazu bisher Stellung bezogen,[9] u.a. im Jahr 2006, wo der II. Zivilsenat über die Abfindung eines Gesellschafters beim Ausscheiden aus einer GesbR entschied. Der Senat befand, dass das Heranziehen des niedrigeren Ertragswerts (im Vergleich zum höheren Liquidationswert) zur Abfindungsbemessung, basierend auf einer entsprechenden Klausel im Gesellschaftsvertrag, jedenfalls rechtsfehlerhaft sei, und zog somit den Liquidationswert als Wertuntergrenze dem niedrigeren Ertragswert trotz rechtlicher bzw. faktischer Bindung vor. Dennoch ließ der II. Zivilsenat offen, ob der Liquidationswert stets die Untergrenze der Unternehmensbewertung bilde, da im Sachverhalt dieser Entscheidung eine Liquidation der GesbR ohne Weiteres zumutbar war.[10] Bei einem jüngeren Urteil des OLG Rostock wurde für ein Unternehmen der öffentlichen Daseinsvorsorge ohne Liquidationsabsicht festgestellt, dass für ein solches mit nicht vorrangig finanzieller Zielsetzung auf den Rekonstruktions- bzw. Substanzwert abzustellen ist. Der Liquidationswert scheide aber aus, da ein tatsächlicher bzw. rechtlicher Zwang zur Fortführung besteht.[11]

Die Spruchpraxis der deutschen Oberlandesgerichte äußert sich dagegen in einigen Fällen klar gegen ein unbedingtes Heranziehen des Liquidationswerts, auch wenn dieser rechtlich und faktisch verwirklichbar wäre. Das OLG Düsseldorf hat unter Berufung auf die früheren BGH-Urteile von 1973[12] und 1986[13] wiederholt ausgesprochen, dass der Liquidationswert eines unrentablen Unternehmens nicht die Untergrenze des maßgeblichen Wertes bilde, wenn Fortführungsabsichten des Unternehmens bestehen.[14] Ähnlich entschied das OLG Stuttgart im Jahre 2010:[15] Ein über dem Ertragswert liegender Liquidationswert ist nur dann zu berücksichtigen, wenn zum Bewertungsstichtag entweder die Absicht bestanden habe, die Anteile zu verkaufen, oder die fehlende Entscheidung, einen Verkauf vorzunehmen, als

---

8 Siehe u.a. OLG Düsseldorf 29. 7. 2009, I-26 W 1/08, wonach der Liquidationswert eines unrentablen Unternehmens als maßgeblicher Wert nicht die Wertuntergrenze darstellt, sofern das Unternehmen nicht liquidiert, sondern fortgeführt werden soll, oder Ähnliches in OLG Frankfurt 7. 6. 2011, 21 E 2/11 NZG 2011.
9 Vgl. Fleischer in Fleischer/Hüttemann (Hrsg.), Rechtshandbuch Unternehmensbewertung (2015) § 8 Rz. 17.
10 Siehe BGH 13. 3. 2006, II ZR 295/04 Rz. 13 NZG 2006.
11 Vgl. OLG Rostock 6. 4. 2016, 1 U 131/13 juris RN 42, 49, 51; 6. 4. 2016, 1 U 21/14 juris RN 47 f., 57.
12 BGH 17. 1. 1973, IV ZR 142/70 NJW 1973.
13 BGH 7. 5. 1986, Ivb ZR 42/85 NJW-RR 1986, mit dem erläuternden Zusatz: „Daß der Ertragswert sowohl unter dem Substanzwert wie auch unter dem Liquidationswert liegt, kommt in der Landwirtschaft wegen des unverhältnismäßig hohen Anteils des Anlagevermögens am Betriebsvermögen häufig vor, ohne daß einem solchen Betrieb deswegen bereits die Erhaltungswürdigkeit abgesprochen werden kann."
14 Die jüngeren Entscheidungen: OLG Düsseldorf 27. 2. 2004, 19 W 3/00 AktE AG 2004; 10. 6. 2009, I-26 W 1/07 AktE AG 2009.
15 Vgl. OLG Stuttgart 14. 10. 2010, 20 W 16/06 („Daimler/Chrysler") juris RN 370 ff. = AG 2011, 49.

unvertretbar eingestuft werden müsse. Das OLG Frankfurt hat sich in einer jüngeren Entscheidung dieser Auffassung angeschlossen.[16]

Eine eindeutige Tendenz einer Veränderung der Rechtsprechung lässt sich jedoch nicht feststellen.[17] In der jüngsten Rechtsprechung zur Sicherung der Kapitalaufbringung anlässlich eines Formwechsels einer Personenhandelsgesellschaft in eine GmbH bestanden Zweifel an der Werthaltigkeit des in die GmbH eingebrachten Unternehmens.[18] Im Zuge dessen hat der 20. Zivilsenat des OLG Frankfurt entschieden, dass Unternehmen bei Sacheinlagen nicht nach ihrem Substanz- oder Buchwert bewertet werden, sondern in erster Linie nach deren zukünftig erzielbaren Erträgen. Ferner wurde festgehalten, dass der Ertragswert nicht maßgeblich ist, wenn der Liquidationswert höher liegt und insofern den Mindestwert des Unternehmens darstellt.[19]

In der österreichischen Rechtsprechung erlangte der Liquidationswert bisher wenig Bedeutung, abgesehen von einer Entscheidung des OGH im Rahmen eines Revisionsverfahrens. Darin wurde gegen das Abstellen auf eine tatsächliche Beabsichtigung einer Liquidation entschieden und deshalb der (niedrigere) Ertragswert als Abfindungsbasis verneint.[20]

In der Rechtslehre geht die noch immer herrschende Auffassung von einem Liquidationswert als Wertuntergrenze der Unternehmensbewertung aus. Vor dem Hintergrund oben genannter Rechtsprechungen werden jedoch zumindest kritische Stimmen lauter, die eine differenzierte Betrachtung verlangen und nicht nur auf die rechtliche und faktische Möglichkeit einer Liquidation abstellen, sondern auch konkrete Liquidationsabsichten berücksichtigt sehen wollen.[21]

3. Alternative Wertuntergrenze

Die Stellungnahme IDW S 1 verweist in Tz. 16 auf die Relevanz des Börsenkurses als alternative Wertuntergrenze zum Liquidationswert. So ist bei speziellen Bewertungsanlässen wie Abfindungen und Ausgleichszahlungen im Rahmen von Squeeze-Outs nach der höchstrichterlichen[22] Rechtsprechung stets auf den Börsenkurs abzustellen, um den Verkehrswert der börsennotierten Aktien zu ermitteln. Dies gilt dann, wenn die Verkehrswertermittlung bei diesen bestimmten Bewertungsanlässen auf Basis von Ertragswertverfahren geschieht. Sofern in diesen Fällen der Ertragswert unter dem Börsenkurs liegt, ist Letzterer gemäß der

---

16 Vgl. OLG Frankfurt 7. 6. 2011, 21 E 2/11 NZG 2011.
17 Siehe u.a. zuletzt in OLG München 17. 7. 2014, 31 Wx 407/13, worin der Liquidationswert als Wertuntergrenze für die Barabfindung in einem Squeeze-Out herangezogen wurde.
18 Vgl. OLG Frankfurt 19. 3. 2015, 20 W 160/13 juris RN 2 f.
19 Vgl. OLG Frankfurt 19. 3. 2015, 20 W 160/13 juris RN 35.
20 Der OGH hat bspw. in OGH 27. 2. 2013, 6 Ob 25/12p, im Zusammenhang mit der Abfindung von Genussrechten an einer Holdinggesellschaft die Entscheidung des Sachverständigen, den Liquidationswert und nicht den (niedrigeren) Ertragswert zugrunde zu legen, auch wenn eine Liquidation nicht durchgeführt wurde, nicht als „grundsätzlich inadäquate Methode" angesehen und daher deren Bekämpfung im Revisionsverfahren nicht zugelassen.
21 Siehe u.a. Strohn in MünchKomm GmbHG (2010) § 34 GmbHG Rz. 241; Westermann in Scholz[11] (2012) § 34 GmbHG Rz. 25, bzw. im Detail Fleischer in Fleischer/Hüttemann (Hrsg.), Rechtshandbuch Unternehmensbewertung (2015) § 8 Rz. 25.
22 Vgl. BGH Beschluss vom 12. 3. 2001, II ZB 15/00 DB 2001, 969.

Angebotsverordnung des deutschen Wertpapierübernahmegesetzes (WpÜG) als Mindestgröße heranzuziehen.[23] Der Börsenkurs setzt sich somit gegenüber dem Fortführungs- und Liquidationswert durch, wenn der gutachtlich ermittelte Unternehmenswert (Ertrags- oder Liquidationswert) niedriger ist. Dies ist allein damit zu begründen, dass die Abfindung nicht unter dem Wert liegen dürfe, zu dem der Aktionär zuvor am Markt seine Aktie verkaufen konnte. In der Rechtsprechung bildet das Maximum aus gutachtlichem Unternehmenswert und Börsenkurs somit i.d.R. die Wertuntergrenze.[24]

Gemäß IDW S 1 Tz. 16 ist jedoch von einem Heranziehen des Börsenkurses abzuweichen, wenn der Börsenkurs nicht dem Verkehrswert der Aktie entspricht (z.B. bei fehlender Marktgängigkeit oder Manipulation). Bei einer Unterschreitung einer gewissen Liquidität des Marktes wird der Börsenkurs nicht mehr als Untergrenze heranzuziehen sein. Fraglich ist, wie liquide der Markt diesbezüglich sein muss.[25] KFS/BW 1 äußert sich zum Börsenkurs als mögliche Wertuntergrenze nur vage. In Tz. 150 wird angemerkt, dass bei der Bewertung von Unternehmensanteilen zu beurteilen ist, ob der Börsenkurs als Wertuntergrenze überhaupt relevant ist. An anderer Stelle des Fachgutachtens wird der Börsenkurs vor allem zur Plausibilisierung herangezogen.[26]

IV. Ermittlung des Liquidationswertes

Der Liquidationswert ergibt sich aus der Summe der Verwertungserlöse aller einzelveräußerungsfähigen Objekte des Unternehmens abzüglich der für die Begleichung der Schulden sowie Liquidationskosten anfallenden Auszahlungen. Den Liquidationswert beeinflussende Steuerwirkungen sind ebenfalls zu berücksichtigen.[27] Maßgeblich für die Ermittlung des Liquidationswertes ist zunächst die Determination der für die einzelnen Vermögenswerte anzusetzenden Verwertungserlöse. Nach Moxter ist die Höhe des Liquidationswertes eines Unternehmens von zwei Faktoren abhängig: der Zerschlagungsintensität und der Zerschlagungsgeschwindigkeit. Beide Faktoren sind im jeweiligen Liquidationskonzept festzulegen.[28]

1. Liquidationskonzept

Das Liquidationskonzept legt sowohl den zeitlichen Rahmen der Liquidation als auch den Grad der Aufsplitterung der Vermögenseinheiten fest. In Abhängigkeit

---

23 Das österreichische Gesellschafterausschlussgesetz (GesAusG) sieht in den §§ 1 und 2 für die Abfindung der ausgeschlossenen Gesellschafter lediglich eine „angemessene" Barabfindung vor, definiert diese jedoch nicht weiter.
24 Vgl. Jonas, Die Bewertung beherrschter Unternehmen – oder: Das doppelte Maximum als Vorsichtsprinzip, in Laitenberger/Löffler (Hrsg.), Finanzierungstheorien auf vollkommenen und unvollkommenen Kapitalmärkten, FS für Lutz Kruschwitz (2008) 115; Budzinski, Der Börsenkurs im Squeeze Out Verfahren (2013) 84.
25 Vgl. Aschauer, Unternehmensbewertung beim Gesellschafterausschluss (2009) 185.
26 Siehe dazu KFS/BW 1 Tz. 12, 17, 125 und 129.
27 Vgl. IDW S 1 Rz. 141; Ihlau/Duscha in Peemöller (Hrsg.), Praxishandbuch der Unternehmensbewertung[6] (2015) 814 f.; Moxter, Grundsätze ordnungsmäßiger Unternehmensbewertung (1976) 50; Piltz, Die Unternehmensbewertung in der Rechtsprechung[3] (1994) 32.
28 Vgl. Moxter, Grundsätze ordnungsmäßiger Unternehmensbewertung (1976) 50; Ihlau/Duscha in Peemöller (Hrsg.), Praxishandbuch der Unternehmensbewertung[6] (2015) 815.

dieser beiden Dimensionen ergeben sich unterschiedliche Liquidationswerte. So können ungünstige Zerschlagungskonditionen bei einer unter Zeitdruck durchgeführten Veräußerung entstehen, die sowohl in der Realisierung von „Schrottwerten" als auch in der Inkaufnahme von Vorfälligkeitsentschädigungen sowie grundsätzlich vermeidbaren Liquidationskosten resultieren.

Andererseits können durch eine über einen längeren Zeitraum (u.U. Jahre) sich erstreckende planmäßige Liquidation günstigere Veräußerungskonditionen ausgehandelt und wertsteigernde Verbundeffekte erzielt werden, wenn es zur Veräußerung von lebensfähigen Teilen des Unternehmens als Gesamtheit und nicht zur isolierten Veräußerung einzelner Vermögenswerte kommt. Folglich ist es durchaus denkbar, dass bei der Liquidationswertermittlung, aufgrund der Wahl des jeweiligen Liquidationskonzeptes, neben einzel- auch gesamtwertbasierte Grundsätze zur Anwendung kommen können. Für die Maximierung des Liquidationserlöses ist daher sowohl die Bestimmung einer optimalen Zerschlagungsgeschwindigkeit als auch der optimalen Zerschlagungsintensität notwendig. Jedenfalls ist der Ermittlung des Liquidationswertes das im jeweiligen Einzelfall bestmögliche Liquidationskonzept zugrunde zu legen.[29]

2. Erfassung von Aktiva und Passiva

Im Rahmen der Liquidationswertermittlung kommt es über einen im Vorfeld definierten begrenzten Zeitraum zur Veräußerung der Substanz eines Unternehmens. Hierbei sind einem ordnungsgemäßen Liquidationskonzept entsprechend sämtliche Vermögensgegenstände sowie Verpflichtungen, einschließlich aller außerbilanziellen Vermögensgegenstände und Verpflichtungen, am Bewertungsstichtag zu erfassen.[30] Grundsätzlich können bei der Ermittlung des Liquidationswertes die zu berücksichtigenden Vermögenswerte und Schulden aus den Aktiva und Passiva der Bilanz abgeleitet werden, wobei eine verlässliche, für die Determination der Verwertungserlöse wesentliche Informationsgrundlage nicht ausschließlich durch die Bilanz als Mengengerüst gegeben sein muss, da i.d.R. die Bilanzierung sowohl der Höhe als auch dem Grunde nach unter der Berücksichtigung der Fortführungsprämisse erfolgt.[31]

Buchwerte sowie Bilanzierungsverbote sind für den Liquidationswert unbeachtlich und bei der Ermittlung desselben grundsätzlich bedeutungslos.[32] Somit sind auf der Aktivseite der Bilanz sämtliche verwertbaren Vermögensgegenstände und sonstigen Vermögensvorteile unabhängig von ihrer bilanziellen Behandlung zu erfassen. Vermögensgegenstände sind somit im Rahmen der Liquidationswertermittlung nicht auf Basis der ihnen zurechenbaren Bilanzierungsfähigkeit, sondern

---

29 Vgl. Ihlau/Duscha in Peemöller (Hrsg.), Praxishandbuch der Unternehmensbewertung[6] (2015) 815; IDW (Hrsg.), WP-Handbuch 2014 Bd. II (2014) Rz. A 196; Kuhner/Maltry, Unternehmensbewertung[2] (2017) 46; Kasperzak/Bastini, Unternehmensbewertung zum Liquidationswert, WPg 6/2015, 291.
30 Vgl. Ruiz de Vargas/Zollner, Die Ermittlung des Liquidationswerts als objektiviertem Unternehmenswert, Bewertungs-Praktiker 3/2015, 110.
31 Vgl. Ihlau/Duscha in Peemöller (Hrsg.), Praxishandbuch der Unternehmensbewertung[6] (2015) 816.
32 Vgl. Henselmann/Kniest, Unternehmensbewertung: Praxisfälle mit Lösungen[5] (2015) 442.

aufgrund der ihnen beizumessenden Verkehrsfähigkeit zu berücksichtigen. Denn der mit der Verwertung einhergehenden Möglichkeit, relevante Zahlungsströme zu generieren, kommt maßgebliche Bedeutung zu. So sind bei der Ermittlung des Liquidationswertes selbst geschaffene immaterielle Vermögensgegenstände des Anlagevermögens, wie z.B. Patent- oder Markenrechte, zu berücksichtigen, auch wenn diese aufgrund der einzuhaltenden Rechnungslegungsvorschriften einem Aktivierungsverbot unterliegen.[33] Des Weiteren sind grundsätzlich die in der Bilanz ausgewiesenen Buchwerte als nicht maßgebend anzusehen, da der Wert bzw. die Höhe des zu berücksichtigenden Vermögens in Abhängigkeit vom jeweiligen Absatzmarkt bestimmt wird und demnach die zu erwartenden realisierbaren Verwertungserlöse der Liquidationswertermittlung zugrunde zu legen sind.[34]

Bei der Bestimmung berücksichtigungsrelevanter Schulden und Kosten ist zu beachten, dass diese u.U. erst durch die Liquidation des Unternehmens entstehen bzw. schlagend werden, wie z.B. Sozialplanverpflichtungen, Abfindungszahlungen oder Abbruchkosten. Nicht zu berücksichtigen sind alle mit der Liquidation entfallenden Schulden, wie z.B. Aufwands- und Kulanzrückstellungen. So wie auf der Aktivseite ist bei der Ermittlung der von den Vermögensgegenständen zu subtrahierenden Unternehmensschulden nicht die Bilanzierungsfähigkeit und somit nicht der Bilanzansatz von wesentlicher Bedeutung, sondern vielmehr die tatsächlich zu erwartende Vermögensbelastung zum Liquidationszeitpunkt, sodass einzelne unterbewertete Passivposten mit dem höheren Ablösebetrag anzusetzen sind. Demnach können in für Rekultivierungs- oder Entsorgungsverpflichtungen gebildeten Rückstellungen stille Lasten enthalten sein, da diese generell in der Bilanz ratierlich angesammelt werden, sodass regelmäßig zum Zeitpunkt der Liquidation eine Unterbewertung dieser Passivposten vorliegt.[35]

3. Zerschlagungsgeschwindigkeit und Zerschlagungsintensität

Wie bereits erwähnt, ist die Höhe des Liquidationswertes und somit der seitens des Unternehmens realisierbare Liquidationserlös sowohl von der Zerschlagungsgeschwindigkeit als auch von der Zerschlagungsintensität abhängig.

Unter der Zerschlagungsgeschwindigkeit ist jener Zeitraum zu verstehen, innerhalb dessen die Abwicklung des zu bewertenden Unternehmens abgeschlossen sein muss. Hauptsächlich kann in diesem Zusammenhang zwischen einer plan-

---

33 Vgl. Ruiz de Vargas/Zollner, Die Ermittlung des Liquidationswerts als objektiviertem Unternehmenswert, Bewertungs-Praktiker 3/2015, 110; Ihlau/Duscha in Peemöller (Hrsg.), Praxishandbuch der Unternehmensbewertung[6] (2015) 816; Zwirner/Zimny in Petersen/Zwirner (Hrsg.), Handbuch Unternehmensbewertung[2] (2017) Kapitel F Rz. 24.
34 Vgl. Henselmann/Kniest, Unternehmensbewertung: Praxisfälle mit Lösungen[5] (2015) 442; IDW (Hrsg.), WP-Handbuch 2014 Bd. II (2014) Rz. A 196; Ruiz de Vargas/Zollner, Die Ermittlung des Liquidationswerts als objektiviertem Unternehmenswert, BewertungsPraktiker 3/2015, 110; Zwirner/Zimny in Petersen/Zwirner (Hrsg.), Handbuch Unternehmensbewertung[2] (2017) Kap F Rz. 17.
35 Vgl. Ruiz de Vargas/Zollner, Die Ermittlung des Liquidationswerts als objektiviertem Unternehmenswert, Bewertungs-Praktiker 3/2015, 110; Ihlau/Duscha in Peemöller (Hrsg.), Praxishandbuch der Unternehmensbewertung[6] (2015) 816; Zwirner/Zimny in Petersen/Zwirner (Hrsg.), Handbuch Unternehmensbewertung[2] (2017) Kapitel F Rz. 19; IDW (Hrsg.), WP-Handbuch 2014 Bd. II (2014) Rz. A 198.

mäßigen und einer sofortigen Liquidation unterschieden werden.[36] Hierbei ist jedoch zu beachten, dass die Liquidationsdauer nicht beliebig gesteuert werden kann, sondern als Ergebnis des aus dem Spannungsverhältnis zwischen Zerschlagungsgeschwindigkeit und Zerschlagungsintensität resultierenden Optimierungsproblems zu bestimmen ist.[37] Die Dauer des Abwicklungszeitraums der Liquidation und somit die Zerschlagungsgeschwindigkeit ist nicht ausschließlich von der bestmöglichen Verwertung abhängig. Vielmehr hat auch die dem zu bewertenden Unternehmen zur Verfügung stehende Möglichkeit, Unternehmensschulden unter der Einhaltung der jeweiligen Kündigungsmodalitäten vorzeitig zurückzuzahlen, einen wesentlichen Einfluss auf die Konkretisierung der Zerschlagungsgeschwindigkeit. Demnach ist bei der Wahl extrem kurzer Zerschlagungszeiträume neben sehr niedrigen Verwertungserlösen zusätzlich mit finanziellen Nachteilen zu rechnen, die aus Vertragslaufzeitverkürzung resultieren, wie z.B. Ablösezahlungen oder Vertragsstrafen. So unterscheidet sich eine sofortige von einer planmäßigen Liquidation dahin gehend, als einer möglichst zeitnahen gegenüber einer bestmöglichen Verwertung der zu liquidierenden Vermögensgegenstände der Vorzug gegeben wird, die i.d.R. mit negativen, die Höhe des Liquidationswertes beeinflussenden Aspekten verbunden ist, wie z.B. indirekten Liquidationskosten und nachteiligen Verhandlungskonditionen.[38]

Im Vergleich zur Zerschlagungsgeschwindigkeit, welche Auskunft über den Liquidationszeitraum gibt, wird durch die Zerschlagungsintensität der Einzelveräußerungsgrad und folglich die Art der zu veräußernden Vermögensgegenstände bestimmt. So kann es bspw. im Rahmen einer Liquidation entweder zur Veräußerung einer Filiale als Ganzem oder zur separaten Veräußerung einzelner Vermögensobjekte der Filiale kommen. In Abhängigkeit vom Umfang der Gruppierung bzw. Bündelung von Vermögensgegenständen können diese in Einzelteile aufgeteilt oder als Sachgesamtheit verwertet werden. Im Sinne eines bestmöglichen Liquidationskonzeptes könnten technische, personelle oder organisatorische Segmente des zu liquidierenden Unternehmens, wie z.B. Werkstätten, Vertrieb oder IT, als Gesamtheit veräußert werden, wenn damit höhere Liquidationserlöse realisierbar sind. Mit abnehmender Zerschlagungsintensität steigen i.d.R. die erzielbaren Liquidationserlöse, da bei der Verwertung von lebensfähigen Teileinheiten des Unternehmens wertsteigernde Verbundeffekte realisiert werden können. Im Umkehrschluss führt die Veräußerung einzelner Vermögenswerte zu einer höheren Zerschlagungsintensität und somit zu niedrigeren Liquidationserlösen.[39] Hierbei

---

36 Vgl. IDW (Hrsg.), WP-Handbuch 2014 Bd. II (2014) Rz. A 196.
37 Vgl. Ruiz de Vargas/Zollner, Die Ermittlung des Liquidationswerts als objektiviertem Unternehmenswert, BewertungsPraktiker 3/2015, 111 f.
38 Vgl. Moxter, Grundsätze ordnungsmäßiger Unternehmensbewertung (1976) 51; Ruiz de Vargas/Zollner, Die Ermittlung des Liquidationswerts als objektiviertem Unternehmenswert, BewertungsPraktiker 3/2015, 112. Siehe im Detail zu den die Höhe des Liquidationswertes beeinflussenden Faktoren u.a. Ihlau/Duscha in Peemöller (Hrsg.), Praxishandbuch der Unternehmensbewertung[6] (2015) 816 f.
39 Vgl. Moxter, Grundsätze ordnungsmäßiger Unternehmensbewertung (1976) 50; Hinz in Petersen/Zwirner (Hrsg.), Handbuch Unternehmensbewertung[2] (2017) Kap G Rz. 30 f.; IDW (Hrsg.), WP-Handbuch 2014 Bd. II (2014) Rz. A 196; Ihlau/Duscha in Peemöller (Hrsg.), Praxishandbuch der Unternehmensbewertung[6] (2015) 817.

ist jedoch zu beachten, dass die Möglichkeit, einzelne Vermögenswerte zu Verwertungsbündel zusammenfassen zu können, von der Veräußerbarkeit im Einzelfall und somit vom Vorliegen eines konkreten Absatzmarktes abhängig ist.[40]

4. Liquidationskosten (einschließlich Steuern)

Die realisierbaren Verwertungsüberschüsse sind sowohl um anfallende Liquidationskosten als auch um Steuerwirkungen zu kürzen, die bei Liquidationsgewinnen entstehen. Vorhandene steuerliche Verlustvorträge sind mit dem steuerlichen Liquidationsgewinn zu verrechnen.[41]

Grundsätzlich wird zwischen direkten und indirekten Liquidationskosten unterschieden. Jene Kosten, die bei einer Fortführung des zu liquidierenden Unternehmens nicht angefallen wären, sind als direkte Liquidationskosten zu klassifizieren.[42] Aufgrund der Liquidation entstandene Passivposten fallen nicht unter die direkten Liquidationskosten. Vielmehr umfassen die liquidationsspezifischen Kosten Gebühren und Vermittlungsprovisionen für zu beauftragende Makler, Honorare für Wirtschaftsprüfer, Steuerberater und Insolvenzverwalter sowie Vorfälligkeitsentschädigungen, Bankgebühren, spezielle Verkehrssteuern und Notarkosten.[43] Des Weiteren kommt es regelmäßig im Zuge von Liquidationen zur Entlassung von Mitarbeitern, wofür Sozialplankosten in Form von Abfindungszahlungen entstehen können, die ebenfalls unter die liquidationsspezifischen Kosten fallen bzw. als Liquidationspassiva erfasst werden. Neben der Berücksichtigung direkter Kosten sind bei der Liquidationswertermittlung auch die aus dem Verhalten der Stakeholder resultierenden Auswirkungen zu beachten. Diese indirekten Liquidationskosten ergeben sich aufgrund der Kenntnisnahme der Stakeholder über die bevorstehende Liquidation und die hierdurch ausgelöste Anpassung des Verhaltens an die neue Gegebenheit, dass es eben dieses Unternehmen bald nicht mehr geben wird. Solche Belastungen können bspw. durch Druckausübung seitens der Kunden hinsichtlich der Vertragskonditionen während des Liquidationsprozesses auftreten und so die Erträge des Unternehmens beeinflussen.[44]

Die Höhe des Liquidationswertes wird durch die finanziellen Verwertungsüberschüsse, die dem Anteilseigner netto zufließen, bestimmt. Folglich bedarf es für die Ermittlung dieser, neben der Berücksichtigung von Schulden und direkten sowie indirekten Liquidationskosten, auch der Berücksichtigung allfälliger Steuerwirkungen, da dem Anteilseigner nur die finanziellen Überschüsse nach Steuern

---

40 Vgl. Ruiz de Vargas/Zollner, Die Ermittlung des Liquidationswerts als objektiviertem Unternehmenswert, Bewertungs-Praktiker 3/2015, 114.
41 Vgl. IDW (Hrsg.), WP-Handbuch 2014 Bd. II (2014) Rz. A 199; Zwirner/Zimny in Petersen/Zwirner (Hrsg.), Handbuch Unternehmensbewertung² (2017) Kapitel F Rz. 23.
42 Vgl. Ruiz de Vargas/Zollner, Die Ermittlung des Liquidationswerts als objektiviertem Unternehmenswert, Bewertungs-Praktiker 3/2015, 115.
43 Vgl. Ihlau/Duscha in Peemöller (Hrsg.), Praxishandbuch der Unternehmensbewertung⁶ (2015) 818 f.; Zwirner/Zimny in Petersen/Zwirner (Hrsg.), Handbuch Unternehmensbewertung² (2017) Kapitel F Rz. 17 ff.
44 Vgl. Ruiz de Vargas/Zollner, Die Ermittlung des Liquidationswerts als objektiviertem Unternehmenswert, BewertungsPraktiker 3/2015, 115 f.; Zwirner/Zimny in Petersen/Zwirner (Hrsg.), Handbuch Unternehmensbewertung² (2017) Kapitel F Rz. 19.

zur Verfügung stehen.[45] Nach KFS/BW 1 Tz. 83 ff. ist im Rahmen der Ermittlung eines objektivierten oder subjektiven Unternehmenswertes das Ausmaß der Ertragsteuerbelastung in Abhängigkeit von der Rechtsform des Bewertungsobjekts unter Berücksichtigung der individuellen Verhältnisse des Bewertungssubjekts zu bestimmen.

Bei der Bewertung von Kapitalgesellschaften kann nach KFS/BW 1 jedoch i.d.R. davon ausgegangen werden, dass eine Bewertung vor persönlichen Ertragsteuern annähernd zum gleichen Bewertungsergebnis führt wie eine Bewertung nach persönlichen Ertragsteuern. Auf eine Berücksichtigung derselben kann daher vereinfachend verzichtet werden. Dem folgt auch die Bewertungspraxis in Österreich.

Eine differente Sichtweise bezüglich einer „Vor-Steuer"-Rechnung oder „Nach-Steuer"-Rechnung bei Kapitalgesellschaften ist dem IDW S 1 in Tz. 28 ff. zu entnehmen. In Abhängigkeit vom Bewertungsanlass kommt es sowohl bei der Ermittlung finanzieller Überschüsse als auch bei der Bestimmung des Kapitalisierungssatzes entweder zur Berücksichtigung oder Ausblendung persönlicher Ertragsteuern: Wird aufgrund unternehmerischer Initiative bewertet, ist eine Irrelevanz der persönlichen Steuern zu unterstellen. Bei rechtlichen Bewertungsanlässen, wie bspw. Squeeze-Outs, sind nach IDW S 1 persönliche Steuern zu berücksichtigen. Der ursprüngliche Grund für die im IDW S 1 verankerte Nachsteuerbetrachtung ist vor allem auf Moxter zurückzuführen.[46] Er stützt seine Begründung auf die Tatsache, dass der Wert eines Unternehmens aus Sicht des Eigentümers aus den Bedürfnisbefriedigungsmöglichkeiten resultiert. Gemessen werden diese wiederum an den Konsumausgaben, deren Deckung sich durch den Zufluss vom Unternehmen (z.B. in Form von Ausschüttungen) an den Anteilseigner ergibt. Dementsprechend sind nach Moxter für die Ermittlung der Nettoerträge auch die persönlichen Ertragsteuern als berücksichtigungsrelevante Wertkomponenten anzusehen.[47]

Zur Berücksichtigung der persönlichen Ertragsteuern auf Ebene des Unternehmenseigners bei der Ermittlung des Liquidationswertes finden sich in KFS/BW 1 keine gesonderten Ausführungen. Würden persönliche Steuern bei der Wertermittlung Beachtung finden, sind die seitens der Anteilseigner zu beachtenden steuerlichen Bestimmungen relevant. Zunächst ist auf Ebene der untergehenden Gesellschaft der steuerliche Liquidationsgewinn zu ermitteln. Dieser ergibt sich iSd § 19 KStG durch einen besonderen Betriebsvermögensvergleich, indem das Abwicklungs-Anfangsvermögen dem Abwicklungs-Endvermögen gegenübergestellt wird.[48] Der aus der Gegenüberstellung resultierende Liquidationsgewinn stellt sodann die Steuerbemessungsgrundlage für die Körperschaftsteuer auf Ebene der zu liquidierenden Gesellschaft dar, wobei diese ggf. noch durch einen steuerlichen Verlustvortrag gekürzt wird.

---

45 Vgl. Ihlau/Duscha in Peemöller (Hrsg.), Praxishandbuch der Unternehmensbewertung[6] (2015) 819.
46 Vgl. im Detail Siewert, Einfluss der Steuerbelastung auf den Unternehmenswert bei Bewertungen nach dem Ertragswertverfahren, BBP 7/2014, 1 ff.
47 Vgl. im Detail Moxter, Grundsätze ordnungsmäßiger Unternehmensbewertung[2] (1983) 177.
48 Vgl. Hristov in Lang/Rust/Schuch/Staringer (Hrsg.), KStG[2] (2016) § 19 Rz. 46.

Ob persönliche Ertragsteuern auf Eigentümerebene bei der Ermittlung des Liquidationswertes ebenfalls zu berücksichtigen sind, ist offen. Nach deutscher Judikatur- und auch Literaturmeinung wird eine Berücksichtigung persönlicher Ertragsteuern bei der Liquidationswertermittlung für zulässig gehalten. Es wird aber empfohlen, persönliche Ertragsteuern bewertungszweckbedingt zu berücksichtigen. Bspw. erscheint die Berücksichtigung von persönlichen Ertragsteuern bei der Ermittlung eines objektivierten Unternehmenswertes im Rahmen von Kauf- oder Verkaufsentscheidungen nicht angebracht zu sein.[49] Eine abschließende Literaturmeinung bzw. ein Standard hat sich diesbezüglich noch nicht gebildet.

5. Liquidationszuschussbedarf und negativer Liquidationswert

Wird ein Liquidationswert im Rahmen einer Bewertung eines ertragsschwachen Unternehmens ermittelt, kann dieser u.U. einen negativen Wert annehmen,[50] und zwar dann, wenn bestehende Eigentümerrisiken zu einem Verlust über das bisher investierte Kapital hinaus führen und Eigentümer bzw. Gesellschafter für die negative Differenz haften. Man spricht von einem Liquidationszuschuss. Dies trifft v.a. bei der Unternehmensbewertung von KMU bzw. stark personenbezogenen Unternehmen zu und begründet sich durch unbeschränkt haftende Anteile des Eigentümers am Unternehmen, dingliche oder persönliche Sicherheiten aus dem Privatvermögen oder noch nicht geleistete Einlagen bzw. bestehende Nachschusspflichten.[51]

Unabhängig von der Unternehmensgröße bzw. der Personenbezogenheit (bei KMU-Bewertungen) ergibt sich ein negativer Liquidationswert aber auch dann, wenn – wie bei ertragsschwachen Unternehmen üblich – kaum mehr Eigenkapital vorhanden ist und auch keine stillen Reserven mehr verblieben sind. Treten im Falle einer Liquidation (fiktiv oder real) zusätzliche Lasten auf, wie z.B. volle Abfertigungen anstatt abgezinster, Entgeltzahlungen an das Personal während der Kündigungszeiten ohne Gegenleistung, Abstandszahlungen oder Verpflichtung zur Einhaltung von Kündigungsfristen bei langfristigen Verträgen sowie zumeist ein Sozialplan, übersteigt der Wert der Passivseite der Bilanz regelmäßig den Wert der Aktiva.[52] All diese Lasten sind in einem nach der Going-Concern-Prämisse aufgestellten Jahresabschluss nicht enthalten.[53]

Ein negativer Liquidationswert kann daher aus mathematischer Sicht nur bewertungsrelevant sein, wenn auch der Ertragswert negativ (negativer als der Liquidationswert) ist. Eine derartige Bewertungsfeststellung wird daher, sofern der negative Liquidationswert nicht durch Zuschüsse der Eigentümer oder andere Maßnahmen abgedeckt wird, zwingend zu einem Insolvenzverfahren führen.

---

49 Vgl. Ihlau/Duscha in Peemöller (Hrsg.), Praxishandbuch der Unternehmensbewertung[6] (2015) 820.
50 Vgl. Barborka, Die Bewertung „unrentabler" Unternehmungen, SWK 35/1999, 158.
51 Vgl. IDW, Besonderheiten bei der Ermittlung eines objektivierten Unternehmenswerts von KMU, IDW Praxishinweis 1/2014 Rz. 54, IDW Fachnachrichten 4/2014, 291.
52 Vgl. Barborka, Die Bewertung „unrentabler" Unternehmungen, SWK 35/1999, 158.
53 Vgl. Kofler/Nadvornik/Pernsteiner/Vodrazka, Handbuch Bilanz und Abschlussprüfung[3] (1999) Abs. 1 Tz. 17.

V. Diskontierung im Rahmen der Liquidation

Erstreckt sich die Liquidation über einen längeren Zeitraum bzw. über mehrere Perioden, sind Liquidationserlöse unsicher. Diese Unsicherheit ergibt sich aufgrund der zum Bewertungszeitpunkt bestehenden Ungewissheit der Zukunft. Eine Berücksichtigung dieses Risikos kann entweder durch einen Abschlag vom Erwartungswert der finanziellen Überschüsse (Sicherheitsäquivalenzmethode) oder durch einen Risikozuschlag (Risikozuschlagsmethode) zum risikolosen Zinssatz (Basiszinssatz) erfolgen.

Risikozuschläge werden i.d.R. auf Grundlage des Capital Asset Pricing Model (CAPM) ermittelt. Dieser Diskontierungssatz setzt sich aus dem risikolosen Zinssatz (Basiszinssatz) und dem Produkt aus Marktrisikoprämie und Betafaktor zusammen.[54] Hierbei ist der Basiszinssatz unter der Berücksichtigung der Laufzeitäquivalenz zum zu bewertenden Unternehmen aus der zum Bewertungsstichtag gültigen Zinsstrukturkurve abzuleiten.[55] Aufgrund der im Rahmen der Liquidation unterstellten endlichen Lebensdauer des Unternehmens wäre der Basiszinssatz laufzeitäquivalent zum Liquidationszeitraum anhand einer verkürzten Zinsstrukturkurve zu ermitteln.[56]

Der Betafaktor des zu bewertenden Unternehmens wird regelmäßig über Betafaktoren vergleichbarer Unternehmen (Peer Group-Beta) abgeleitet, wenn kein unternehmensindividueller Betafaktor mangels vorliegender Börsenkurse berechnet werden kann.[57] Bei der Ermittlung des Betafaktors für ein zu liquidierendes Unternehmen ergibt sich die zusätzliche Schwierigkeit, vergleichbare börsennotierte Unternehmen zu finden, die sich ebenfalls in Liquidation befinden. Für solche Unternehmen existiert kein expliziter Markt.[58] Sollten keine Betafaktoren unmittelbar vergleichbarer Unternehmen existieren, dann ist auf eine abgeschwächte Form der Vergleichbarkeit abzustellen. In diesem Fall könnten Betafaktoren aus der gleichen Branche herangezogen werden, wobei im Einzelfall stets zu überprüfen ist, ob Adjustierungen der Betafaktoren aufgrund des Vorliegens eines abweichenden systematischen Risikos des Bewertungsobjekts (in diesem Fall der Liquidation) als sachgerecht anzusehen sind.[59]

Wird der Betafaktors des Unternehmens in jeder Periode an die Kapitalstruktur angepasst, sollte dieser in einer Liquidation in der letzten Periode gegen den Betafaktor eines unverschuldeten Unternehmens konvergieren, da der Fremdkapitalanteil abgebaut wird. Dementsprechend würden bei fortlaufender Liquidation die Eigenkapitalkosten entsprechend steigen. Diese konzeptionelle Überlegung eines steigenden Eigenkapitalkostensatzes im Zusammenhang mit einer Liquidation führt jedoch zu keinen sinnvollen Ergebnissen. Das liquidierende Unternehmen

---

54 Vgl. Dörschel/Franken/Schulte, Kapitalkosten für die Unternehmensbewertung[2] (2012) 47; Ihlau/Duscha in Peemöller (Hrsg.), Praxishandbuch der Unternehmensbewertung[6] (2015) 820; Rabel/Schwarz/Geißler in WP-Jahrbuch 2011, 278 f.
55 Vgl. KFS/BW 1 Tz. 104.
56 Vgl. Ihlau/Duscha in Peemöller (Hrsg.), Praxishandbuch der Unternehmensbewertung[6] (2015) 820.
57 Vgl. KFS/BW 1 Tz. 106.
58 Vgl. Ihlau/Duscha in Peemöller (Hrsg.), Praxishandbuch der Unternehmensbewertung[6] (2015) 821.
59 Vgl. Dörschel/Franken/Schulte, Kapitalkosten für die Unternehmensbewertung[2] (2012) 47.

nimmt nicht oder nur noch bedingt am Marktrisiko teil, baut Schulden ab, gleichzeitig wird über das CAPM-Modell ein steigender Zinssatz der Bewertung unterlegt. Wir sehen es daher als angemessen an, sämtliche Risiken im Zusammenhang mit der Liquidation in den Zahlungsströmen abzubilden und mit einem risikolosen Zinssatz zu diskontieren.

VI. Zusammenfassung

Der Liquidationswert ist nach einschlägigen Standards die Untergrenze für den Unternehmenswert. Der rationale Investor wird sich bei einem Ertragswert, der unter dem Liquidationswert liegt (fiktiv), entscheiden, das Unternehmen zu liquidieren. Der Liquidationswert kann als Barwert der finanziellen Überschüsse aus der Veräußerung der Vermögenswerte abzüglich der Schulden unter Berücksichtigung der Liquidationskosten und allfällig verbundener Steuerwirkungen definiert werden. Ob tatsächlich eine Liquidationsabsicht besteht, ist aus betriebswirtschaftlicher Sicht irrelevant. Aus gesellschaftsrechtlicher Sicht gibt es jedoch Tendenzen, neben der Liquidationsmöglichkeit auch die Absicht als notwendige Bedingung für den Ansatz des Liquidationswertes als Untergrenze des Unternehmenswertes heranzuziehen.

Keine Bedeutung hat der Liquidationswert, wenn rechtliche oder faktische Zwänge die Fortführung des Unternehmens verlangen.

Nach der deutschen Rechtslage tritt in Fällen des Squeeze-Out der Börsenkurs als Wertuntergrenze ein. Im österreichischen Rechtsraum ist der Börsenkurs nur eine Bewertungsindikation.

Bei der Ermittlung des Liquidationswertes ist ein optimales Liquidationsszenario (Liquidationskonzept) zu erstellen. Dabei sind unabhängig von Ansatz und Bewertung im unternehmensrechtlichen Jahresabschluss alle Aktiva und Passiva nach Maßgabe ihrer Liquidierbarkeit bzw. Bedienbarkeit zu erfassen. Die Liquidationserlöse werden dabei vor allem von der Zerschlagungsgeschwindigkeit und der Zerschlagungsintensität beeinflusst.

Liquidationskosten reduzieren den Liquidationswert. Dazu zählen auch die Ertragsteuern auf Unternehmensebene (Körperschaftsteuer bzw. in Deutschland auch Ertragsteuer). Die Berücksichtigung von persönlichen Ertragsteuern ist abhängig vom Bewertungszweck.

Der Liquidationswert ist der Barwert der im Rahmen der Liquidation erzielten Überschüsse und daher abzuzinsen. Bei längerem Liquidationszeitraum hat die Abzinsung auch wesentliche Bedeutung. Die Anwendung des CAPM-Modells, wie in der Unternehmensbewertung allgemein üblich, scheint nicht angemessen.

Quelle: RWZ – Zeitschrift für Recht und Rechnungswesen 2018 S. 94

Anwendung des IDW S 1 bei der Bewertung kleiner und mittelgroßer Unternehmen

WP StB Dr. Torsten Kohl

I. Einleitung

Die Bewertung von kleinen und mittelgroßen Unternehmen (sogenannten KMU) nimmt seit vielen Jahren einen besonderen Platz in der theoretischen und praktischen Auseinandersetzung ein.[1] Die Anlässe für solche Bewertungen sind in der Praxis weiterhin vielfältig. Angesichts der Größe dieser Unternehmen stellen sich dabei auch Fragen zu einem angemessenen Verhältnis zwischen aufgewendeter Zeit für eine Unternehmensbewertung und Höhe des Unternehmenswerts.

In den letzten Jahren sind durch den IDW Praxishinweis 1/2014[2] sowie durch IDW S 13[3] weitergehende Verlautbarungen erarbeitet worden, die die spezifischen Besonderheiten in der Bewertung von KMU darstellen. Vor allem mit der Darstellung der übertragbaren Ertragskraft ist ein Instrument thematisiert worden, um die bei KMU häufig anzutreffenden persönlichen Aspekte der Gesellschafter in die Bewertung einzubringen.

Die daneben in der Fachliteratur z.T. diskutierten Methoden zu einem praxisorientierten Vorgehen bei KMU fokussieren sich dagegen regelmäßig auf die Anwendung möglicher Multiplikatoren oder auf pauschale Wertabschläge vom Unternehmenswert.[4] Die Praktikervorschläge zielen damit primär auf eine Pauschalisierung wesentlicher Bewertungsparameter ab, ohne die wirtschaftlichen Verhältnisse im Einzelnen zu überprüfen. Diese Vereinfachungen werden teils damit gerechtfertigt, dass die Anwendung der IDW Grundsätze aufgrund ihrer Komplexität nicht praktikabel oder zu kostenintensiv sei.[5]

Vor diesem Hintergrund soll noch einmal auf die wesentlichen Aspekte einer KMU-Bewertung eingegangen werden. Dabei soll gezeigt werden, dass durch das Fokussieren auf wirtschaftlich relevante Punkte Bewertungsergebnisse abgeleitet

---

1 Vgl. u.a. Zeidler, in: Baetge/Kirsch (Hrsg.), Besonderheiten der Bewertung von Unternehmensanteilen sowie von kleinen und mittleren Unternehmen, Düsseldorf 2005, S. 59 ff.; Peemöller, BB Special 2005, S. 30 ff.; Behringer, Unternehmensbewertung der Mittel- und Kleinbetriebe, 5. Aufl., Berlin 2012, S. 240 ff.; Nestler, BB 2012, S. 1271 ff.; Ihlau/Duscha/Gödecke, Besonderheiten bei der Bewertung von KMU, Heidelberg 2013.
2 Vgl. IDW Praxishinweis: Besonderheiten bei der Ermittlung eines objektivierten Unternehmenswerts kleiner und mittelgroßer Unternehmen (IDW Praxishinweis 1/2014) (Stand: 05.02.2014); dazu Ballwieser u. a., WPg 2014, S. 463.
3 Vgl. IDW Standard: Besonderheiten bei der Unternehmensbewertung zur Bestimmung von Ansprüchen im Familien- und Erbrecht (IDW S 13) (Stand: 06.04.2016); dazu Ihlau/Kohl, WPg 2017, S. 397.
4 Vgl. Jonas, WPg 2011, S. 299 (305 f.).
5 Vgl. Rohde, DB 2016, S. 1566 (1566).

werden können, die sowohl mit den Grundsätzen gemäß IDW S 1[6] als auch mit dem Erfordernis eines pragmatischen Vorgehens im Einklang stehen können.

II. Allgemeine Grundsätze der Unternehmensbewertung

In der überwiegenden Praxis der Unternehmensbewertung haben sich in den letzten Jahren die kapitalwertorientierten Verfahren als maßgeblich etabliert. Dabei wird ein Unternehmen anhand der Fähigkeit, in der Zukunft finanzielle Überschüsse zu erwirtschaften, bewertet. Diese Überschüsse werden mit einem risikoadäquaten Zinssatz auf den Bewertungsstichtag abgezinst und summieren sich anschließend zum Unternehmenswert. Dabei kommen Kapitalmarktmodelle – etwa das CAPM – zur Bestimmung der Renditeforderung zur Anwendung.[7]

Die Vernachlässigung der konkreten Verhältnisse eines Bewertungsobjekts durch übermäßige Pauschalierungen führt schnell zu unsachgerechten Ergebnissen.

Zur Durchführung derartiger Verfahren bedarf es Rahmengrundsätzen, in denen bestimmte Annahmen zur Vorgehensweise beschrieben werden. Ein solches Rahmenkonzept wird durch die Grundsätze ordnungsmäßiger Unternehmensbewertung i.S. von IDW S 1 vorgegeben. Aufgrund ihrer konzeptionellen Ausprägung können diese betriebswirtschaftlich anerkannten Rahmengrundsätze grundsätzlich auf unterschiedliche Unternehmen (z.B. börsennotierte Unternehmen oder Familienunternehmen) angewendet werden.

Auch gesetzliche Regelungen geben nur bedingt einen weiteren Rahmen vor. Eine Ausnahme besteht teils in den erbschaft- und schenkungsteuerlichen Bewertungsregeln (§§ 199 ff. BewG). Auch bei dem dort für die Masseanwendung konzipierten „vereinfachten Ertragswertverfahren" stellt sich die Frage nach der Nachvollziehbarkeit und Objektivierung einzelner Annahmen. Bei diesem Verfahren wird ausschließlich auf vergangenheitsbezogene Daten zur Typisierung eines nachhaltigen Ergebnisses abgestellt. Die Bemessung eines risikoadäquaten Kapitalisierungszinssatzes wird anschließend für alle Unternehmen unterschiedlicher Branchen einheitlich mit einem Betafaktor von 1 angesetzt.[8]

Eine derartige Typisierung wird jedoch – vor allem in Zeiten volatiler Ergebnisse – dem Einzelfall nur in seltenen Fällen gerecht und nur rein zufällig zu einem sachgerechten Ergebnis führen. Daher soll nun überlegt werden, wie die Rahmengrundsätze gemäß IDW S 1 auch bei der Bewertung von KMU operativ adäquat ausgefüllt werden können.

---

6 IDW Standard: Grundsätze zur Durchführung von Unternehmensbewertungen (IDW S 1 i.d.F. 2008) (Stand: 04.07.2016).
7 Vgl. Ballwieser/ Hachmeister, Unternehmensbewertung, 5. Aufl., Stuttgart 2016, S. 8.
8 Eine aktuelle Gegenüberstellung des vereinfachten Verfahrens mit den Grundsätzen nach IDW S 1 findet sich bei Kummer/Wangler, DB 2017, S. 1917 (1919).

> **Praxishinweis**
> Die in der Praxis teils anzutreffende Kritik, bei KMU-Bewertungen würden Gutachten nach IDW S 1 gemieden, darf sich daher nicht auf die konzeptionellen Grundsätze beziehen. Vielmehr sollte bei der Anwendung auf KMU darüber nachgedacht werden, wie diese allgemeinen konzeptionellen Standards im Einzelfall anzuwenden und welche Anforderungen an die Nachvollziehbarkeit und Objektivierung bestimmter Annahmen und Parameter bei der Bewertung von KMU zu stellen sind.

III. Besonderheiten bei der Bewertung von KMU
1. Prognose der künftigen finanziellen Überschüsse
a) Abgrenzung des Bewertungsobjekts

Bei der Ableitung der künftigen finanziellen Überschüsse liegt eine wesentliche Herausforderung in der eindeutigen Abgrenzung des Bewertungsobjekts. Bei KMU lässt sich dies häufig nicht anhand der rechtlichen Einheit des Unternehmens ausgestalten, weil die Trennung zwischen betrieblichem Vermögen und zugerechnetem Vermögen des haltenden Gesellschafters eine Abgrenzung schwierig macht. Dies kann vor allem durch das Erbringen von unentgeltlichen Dienstleistungen (Geschäftsführertätigkeit, Pensionszusagen etc.) oder durch die unentgeltliche Überlassung von Vermögensgegenständen geschehen.

Da für KMU häufig keine geprüften Jahresabschlüsse vorliegen, sind aus diesen abgeleitete Planzahlen in besonderer Weise zu plausibilisieren.

Für eine adäquate Unternehmensbewertung ist festzustellen, ob alle Erträge und Aufwendungen betrieblich veranlasst und vollständig bei der Ermittlung der finanziellen Überschüsse erfasst worden sind. Etwaige Leistungen zwischen dem Gesellschafter und dem Unternehmen sind zu Marktpreisen anzusetzen. Derartige Leistungen können auch Einfluss auf die spätere Bemessung des Risikofaktors haben. Dies ist dann der Fall, wenn der Gesellschafter mit seinem privaten Vermögen für die Schulden der Gesellschaft bürgt und so die Eigenkapital- bzw. Finanzierungskosten beeinflusst.

> **Praxishinweis**
> Die Abgrenzung von betrieblicher und privater Sphäre ist für eine adäquate Bewertung des Unternehmens wesentlich, weil sie die Ermittlung und Abgrenzung des faktischen Bewertungsobjekts betrifft. Fragen einer Vereinfachung dürfen sich an dieser Stelle nicht stellen.

b) Datenqualität

aa) Vergangenheitsdaten

Die Qualität der herangezogenen Informationsquellen betrifft zunächst die Aufbereitung der Vergangenheitsdaten. Im Sinne der Rahmengrundsätze gemäß IDW S 1 ist grundsätzlich auf geprüfte Jahresabschlüsse abzustellen, um die Belastbarkeit der Bewertungsergebnisse zu erhöhen. Größenbedingt liegen für KMU jedoch häufig keine geprüften Jahresabschlüsse vor. Um zu sachgerechten Ergebnissen zu kommen, muss sich ein Bewerter auf andere Art Sicherheit verschaffen, ob die herangezogenen Basisdaten richtig und vollständig sind. Sofern keine geprüften Jahresabschlüsse vorliegen, ist besonderes Augenmerk auf andere Maßnahmen zur Plausibilitätsbeurteilung der Planungen zu legen.

> **Praxishinweis**
> Abhängig vom Bewertungsanlass sollten Vereinfachungen möglich sein: Besteht der Anlass der Bewertung z.B. in der Information des Gesellschafters – etwa für Zwecke der Nachfolgeplanung oder für die Vorbereitung oder Durchführung einer Transaktion[9] –, können auch ungeprüfte Abschlüsse ausreichen. Sofern die entsprechenden Einschränkungen deutlich gemacht werden, kann man den Besonderheiten im Einzelfall Rechnung tragen, ohne die konzeptionellen Rahmengrundsätze von IDW S 1 grundsätzlich infrage zu stellen. Gleiches sollte grundsätzlich auch bei steuerlichen Bewertungsanlässen gelten, weil diese Bewertungsergebnisse von der Finanzverwaltung von Amts wegen überprüft werden.[10]

bb) Künftige finanzielle Überschüsse

Häufig verfügen KMU nicht über ein ausgereiftes System einer integrierten Planungsrechnung. In diesem Fall sollte auf der Basis der Vergangenheitsanalyse und der festgestellten Entwicklungstrends sowie sonstiger verfügbarer Informationen eine Prognose der finanziellen Überschüsse erarbeitet werden.[11] Neben der Einschätzung der künftigen Entwicklung ist die Vorlage einer integrierten Planungsrechnung erforderlich, um aus aufeinander abgestimmten Plan-Bilanzen, Plan-Gewinn- und Verlustrechnungen sowie Finanzplanungen entsprechende Cashflow-Effekte abzuleiten.[12]

---

9 Bei einer Transaktion kann das zugrunde gelegte Eigenkapital neben einer formalen Prüfung auch durch Mechanismen des Verkaufsvertrags gesichert werden (z.B. Garantien).
10 Zentrale Norm ist § 88 AO, der der Finanzverwaltung entsprechende Informationsrechte einräumt.
11 Vgl. IDW S 1 i.d.F. 2008, Tz. 162 f.; für Anhaltspunkte zur Plausibilisierung von Planungsdaten vgl. IDW Praxishinweis: Beurteilung einer Unternehmensplanung bei Bewertung, Restrukturierungen, Due Diligence und Fairness Opinion (IDW Praxishinweis 2/2017) (Stand: 02.01.2017); dazu Wieland-Blöse, WPg 2017, S. 841.
12 Vgl. IDW S 1 i. d. F. 2008, Tz. 27, 75.

> **Praxishinweis**
> Eine mögliche Vereinfachung in der Praxis könnte darin bestehen, bei der Planung der finanziellen Überschüsse den Fokus weniger auf die Herleitung der Ertragsüberschüsse zu legen, sondern auf die Zahlungsströme.[13]

Der wesentliche Punkt bei der Ableitung der künftigen finanziellen Überschüsse besteht indes darin, mögliche KMU-spezifische Risiken zu eliminieren. Dazu soll i.S. von IDW S 1 (Ermittlung objektivierter Unternehmenswerte) auf die übertragbare Ertragskraft abgestellt werden. Dieser Grundsatz folgt der Überlegung, dass ein Käufer eines Unternehmens nur für die Ertragskraft, die auf ihn übergeht, ein Entgelt entrichtet. Für den Teil der Ertragskraft, die beim Verkäufer verbleibt, wird der Käufer dagegen keinen Kaufpreis vergüten. Anders als große Unternehmen verfügen KMU häufig nur über einzelne wertbestimmende Faktoren (technisches Wissen, Innovationskraft, Kunden-Lieferanten-Beziehungen). Bei KMU kann also nicht ohne Weiteres davon ausgegangen werden, dass diese isolierten wertbestimmenden Faktoren dauerhaft erhalten bleiben oder durch Maßnahmen des Unternehmens erhalten werden können.

Daher stellt sich bei KMU die Frage, ob und inwieweit die Annahme einer unbegrenzten Lebensdauer des Unternehmens für Bewertungszwecke sachgerecht ist. Steht eine vorhandene Ertragskraft nicht dauerhaft zur Verfügung (partiell oder temporär übertragbare Ertragskraft), sind die damit zusammenhängenden Erträge über den Zeitraum ihrer Nutzung abzuschmelzen. Ein klassisches Beispiel für eine temporär übertragbare Ertragskraft wird in der Dauerhaftigkeit der Kundenbeziehungen gesehen.[14]

> **Praxishinweis**
> Die Herausforderung für die praktische Bewertung von KMU liegt darin, die genannten Aspekte bei der Ableitung der finanziellen Überschüsse zu berücksichtigen, vor allem:
> - Welche Annahmen sind hinsichtlich des Verbleibs des aktuellen Gesellschafters zu treffen?
> - Über welchen Zeitraum verbrauchen sich die vorhandenen Erfolgsfaktoren?
> - Wie kann eine Aufteilung der Ertragskraft in übertragbare und nicht übertragbare Komponenten erfolgen?

2. Ableitung des Kapitalisierungszinssatzes

Für die Bestimmung der künftigen finanziellen Überschüsse sollte auf die übertragbare Ertragskraft abgestellt werden; nur hierfür wird der Käufer eines Unternehmens ein Entgelt entrichten.

---

13 Vgl. Jonas, WPg 2011, S. 299 (304).
14 Vgl. Ballwieser u.a., WPg 2014, S. 463 (467).

Die Ableitung des Kapitalisierungszinssatzes ist der zweite wesentliche Aspekt bei der Bewertung von KMU. Gemäß IDW Praxishinweis 1/2014 ist zur Ermittlung von objektivierten Unternehmenswerten typisierend auf Renditen eines Bündels von am Kapitalmarkt notierten Unternehmensanteilen (Aktienportfolio) als Ausgangsgröße abzustellen (CAPM oder Tax-CAPM). Unabhängig von der allgemeinen Kritik an den dem CAPM zugrunde liegenden Annahmen ist es anderen Verfahren zur Ermittlung von Risikozuschlägen insoweit überlegen, als für die Ableitung des Kapitalisierungszinssatzes intersubjektiv nachprüfbare Kapitalmarktdaten herangezogen werden. Mögliche Zuschläge für fehlende Fungibilität oder erhöhtes Insolvenzrisiko bzw. fehlende Diversifikation sind damit nicht vereinbar und dürfen bei objektivierten Bewertungen nicht vorgenommen werden. Dies betrifft aber nicht nur KMU, sondern stellt allgemein eine Anforderung an objektivierte Bewertungen dar.[15] Die KMU-spezifische Herausforderung besteht darin, geeignete Prämissen, also vor allem Betafaktoren, für die Anwendung des CAPM abzuleiten.

IV. Anwendungsmöglichkeit der Grundsätze gemäß IDW S 1
1. Annahmen zum Verbleib des bisherigen Gesellschafters

Ausgangspunkt für die Anwendung der oben skizzierten Vorgehensweise ist die Frage, ob und inwieweit die Ertragslage vom bisherigen Gesellschafter abhängt und wie lange dieser im Unternehmen verbleibt. Während in IDW S 1 grundsätzlich davon ausgegangen wird, dass das bisherige Management im Unternehmen verbleibt oder ein gleichwertiger Ersatz gefunden wird,[16] ist bei der Bewertung von KMU eine Annahme zu treffen, ob und zu welchen Konditionen die (bisher treibende) Kraft des Gesellschafters weiterhin zur Verfügung steht.[17]

Zur vollständigen Eliminierung personenbezogener Einflüsse wäre es daher sachgerecht zu unterstellen, dass die bisherigen Eigentümer aus dem Unternehmen ausscheiden und sämtliche damit verbundenen Einflüsse auf die Ertragskraft korrigiert werden. Als Ergebnis bliebe nur die Ertragskraft, die das Unternehmen mit seinen verfügbaren Potentialen und einer marktüblich entlohnten Geschäftsführung künftig realisieren kann.

Dabei sind die Zusammenhänge zwischen einer marktüblichen Vergütung und einer Eliminierung personenbezogener Faktoren von besonderer Bedeutung. Einerseits sind personenbezogene Faktoren bei der Ableitung der Ertragskraft zu eliminieren. Andererseits ist zu prüfen, in welchem Umfang ein marktüblich entlohnter Geschäftsführer einen Beitrag zur künftigen Ertragskraft leisten kann. Für den Umfang – zeitlich wie quantitativ – einer möglichen Abschmelzung der Erträge ist daher zu berücksichtigen, inwieweit durch den Einsatz und die Höhe der (marktüblichen) Vergütung eines angenommenen Fremd-Geschäftsführers kompensatorische Effekte entstehen. Im Falle der Unersetzbarkeit der individuel-

---

15 Besonders bei Familienunternehmen finden sich darüber hinaus regelmäßig gesellschaftsvertragliche Verfügungsbeschränkungen, auf die hier nicht eingegangen werden soll; vgl. grundsätzlich Kohl, WPg 2015, S. 1130 ff.
16 Vgl. IDW S 1 i.d.F. 2008, Tz. 39.
17 Vgl. IDW Praxishinweis 1/2014, Tz. 24 ff.

len Fähigkeiten durch einen Fremd-Geschäftsführer erscheint dann ein schnelles Abschmelzen der künftigen Ertragskraft nötig.[18]

In vielen Fällen kann unter Rückgriff auf eine angemessene Verzinsung des investierten Kapitals oder auf branchenübliche Gewinnmargen der Gewinn in einen übertragbaren und nicht übertragbaren Teil aufgespalten werden.

Liegen personenbezogene Faktoren vor, ist zu analysieren, ob der Gesellschafter nach dem Bewertungsstichtag im Unternehmen verbleibt und diesem seine Fähigkeiten weiterhin zur Verfügung stellt. Dabei können anlassspezifische Besonderheiten (z.B. im Falle eines Verkaufs oder einer Schenkung) bestehen. Ist vereinbart, dass der Gesellschafter seine Dienste weiterhin zur Verfügung stellt, wären diese regelungsspezifisch zu berücksichtigen.[19]

> **Praxishinweis**
> Solche Konstellationen finden sich häufig bei Transaktionen, wenn in das zugrunde liegende Vertragswerk entsprechende Regelungen aufgenommen werden. Letztere können in Form von festen Tätigkeiten bestehen, aber auch in Form von Mitwirkungsverpflichtungen (z.B. bei der Überleitung von Kundenbeziehungen).
> Neben vertraglichen Regelungen können in besonderen Fällen auch implizite Vereinbarungen vorliegen. Dies kann der Fall sein bei Schenkungen von einzelnen Unternehmensanteilen (z.B. im Familienkreis). Neben der Zuwendung einzelner Unternehmensanteile erhält der Beschenkte in vielen Fällen implizit eine Zusage, dass der bisherige Gesellschafter seine Dienste der Gesellschaft weiterhin und zu unveränderten Konditionen zur Verfügung stellt.

2. Abgrenzung der übertragbaren Ertragskraft

Eindeutige Bewertungsfälle, in denen die Ertragskraft als vollständig übertragbar oder nicht übertragbar angesehen wird, sind in der Praxis selten. Überwiegend hängt die bestehende Ertragskraft nicht ausschließlich von einem einzelnen Einflussfaktor ab. Selbst bei reinen Handwerksbetrieben, bei denen die Tätigkeit des Gesellschafters im Vordergrund steht und weniger der Einsatz von Kapital, kann es zur Übertragung einer Betriebsausstattung oder von Maschinen kommen, die ebenfalls zu vergüten wäre. Insofern ergibt sich häufig die Notwendigkeit, eine entsprechende Aufteilung vorzunehmen.

---

18 Vgl. Ihlau/Kohl, WPg 2017, S. 397 (399).
19 Vgl. IDW Praxishinweis 1/2014, Tz. 34.

Unternehmen lassen sich dahingehend unterscheiden, ob bzw. in welchem Verhältnis sie vom Einsatz von Kapital oder von der persönlichen Leistung des Gesellschafters abhängig sind. Insoweit ergibt sich mit Rückgriff auf das investierte Kapital ein möglicher Aufteilungsmaßstab. Hierzu könnte die Annahme getroffen werden, dass in Höhe des investierten Kapitals übertragbare Elemente vorliegen. Durch den Abzug einer angemessenen Verzinsung auf das investierte Kapital kann dann eine Ergebnissplitting vorgenommen werden. Jeder Gewinnbeitrag, der über eine solche angemessene Verzinsung des investierten Betrags hinausgeht, stellt annahmegemäß einen nicht übertragbaren Teil des Ertrags dar; dieser kann sodann abgeschmolzen werden. Die Barwerte des übertragbaren Ergebnisbeitrags summieren sich dagegen zum Betrag des investierten Kapitals.

> **Praxishinweis**
> Eine solche Aufteilung bietet sich in der Praxis immer dann an, wenn die investierten Vermögensgegenstände keine wesentlichen stillen Reserven enthalten und die Ertragslage vor allem von einem wesentlichen, sich abnutzenden immateriellen Vermögenswert (z.B. Kundenbeziehungen) geprägt ist.
> In der Praxis kann aber auch flexibel vorgegangen werden, indem auch stille Reserven der investierten Vermögensgegenstände erfasst werden. Mögliche Anwendungsfälle ergeben sich immer dann, wenn einzelnen übertragbaren Vermögenswerten (z.B. Maschinen, Gebäuden, Schutzrechten) ein nicht oder nur temporär übertragbarer Vermögenswert (z.B. Kundenbeziehungen) gegenübersteht.

Alternativ könnte die Ertragslage mit dem Margenniveau vergleichbarer Unternehmen abgeglichen werden. Sofern die Ertragslage des zu bewertenden KMU eine höhere Ergebnismarge aufweist als vergleichbare Unternehmen, könnte ein Abschmelzen der derzeitigen Ergebnismarge auf ein marktübliches Niveau sinnvoll sein. Anders als beim zuvor skizzierten Vorgehen erfolgt nicht zwingend eine Trennung in investierte Güter und einen immateriellen Einflussfaktor. In der marktüblichen Ergebnismarge können vielmehr auch nicht bilanzierte immaterielle Einflussfaktoren vergütet werden. Durch den Ansatz auf ein marktübliches Ergebnisniveau wird jedoch unterstellt, dass mögliche Mehrergebnisse nicht übertragbar sind und nur über eine begrenzte Zeit zur Verfügung stehen.

3. Ermittlung des Abschmelzzeitraumes

Die Besonderheit bei KMU besteht häufig darin, dass sich die Ertragskraft auf einzelne immaterielle Faktoren stützt, die nicht dauerhaft zur Verfügung stehen. Daher ist bei der Bewertung von KMU zu analysieren, ob und über welchen Zeitraum sich die prägenden Faktoren künftig verbrauchen. In diesem Fall wäre die Ertragskraft nur partiell oder temporär übertragbar, so dass die damit verbundenen finanziellen Überschüsse über den Detailplanungszeitraum abzuschmelzen wären.

Dazu sind Annahmen über die Abschmelzungsdauer zu treffen. Grundsätzlich soll sich der Abschmelzungszeitraum nach den individuellen Verhältnissen des Bewertungsobjekts und nach dem Markt- und Wettbewerbsumfeld richten. Je höher die Wettbewerbsintensität ist, desto schneller verbrauchen sich mögliche Vorteile. Dies kann bei speziellen Kundenbeziehungen oder bei technologischen Vorteilen der Fall sein. Indikatoren können sich aus der analogen Anwendung von IDW S 5[20] ergeben, etwa:

- Vertragslaufzeiten und erwartete Vertragsverlängerungen,
- typische Produktlebenszyklen,
- Verhalten von Wettbewerbern,
- Abhängigkeit der Kunden,
- demographische/biometrische Aspekte.

Weitere Anhaltspunkte können z.B. aus einer Analyse der Kundenstruktur gewonnen werden, indem die aktuellen Kundenbindungen aus der Vergangenheit abgeleitet werden. Auch können steuer- oder handelsbilanzielle Abschreibungsdauern typisierende Einschätzungen über bestimmte immaterielle Faktoren geben. Ferner enthalten die AfA-Richtlinien eine Reihe von Typisierungen, aus denen weitere Anhaltspunkte gewonnen werden oder die vereinfachend zur Anwendung kommen können.[21]

> **Praxishinweis**
> Für eigene Analysen sind wechselseitige Betrachtungen, die auch die Perspektive von Wettbewerbern einschließen, hilfreich. Zielsetzung der Analyse ist eine Aussage, wie lange immaterielle Vorteile dem bisherigen Eigner erhalten bleiben. Dies hängt auch von der Substitution durch Wettbewerber ab. Je schneller Wettbewerber bestimmte Vorteile (z.B. Kundenbeziehungen oder technologische Vorteile) nachbilden können, desto kürzer wird die Abschmelzdauer zu bemessen sein.
> Empirische Studien zur Entwicklung von Übergewinnen ergeben weitere Anhaltspunkte, etwa dafür, dass sich Übergewinne in Abhängigkeit von der Wettbewerbsdynamik im Zeitablauf von zehn Jahren abbauen.[22]

4. Bemessung des Kapitalisierungszinssatzes

Rechentechnisch lässt sich der Unternehmenswert entweder direkt durch Nettokapitalisierung ermitteln, indem die um die Fremdkapitalkosten verminderten

---

20 IDW Standard: Grundsätze zur Bewertung immaterieller Vermögenswerte (IDW S 5) (Stand: 16.04.2015).
21 In Anlehnung an die steuerlichen Vorgaben verweist der IDW Praxis- hinweis 1/2014, Tz. 31, z.B. auf Nutzungsdauern von Kundenbeziehungen zwischen drei und sieben Jahren.
22 Eine Übersicht über die einzelnen Studien findet sich bei Kreyer, Strategieorientierte Restwertbestimmung in der Unternehmensbewertung, Heidelberg 2009, S. 117 f. In diesen Studien lassen sich Konvergenzverläufe bei der Rentabilität grundsätzlich nachweisen. Zudem erfolgt eine Diskussion der unterschiedlichen Einflussfaktoren auf die Verläufe.

finanziellen Überschüsse diskontiert werden (Ertragswertverfahren). Alternativ kann ein Unternehmenswert auch durch Bruttokapitalisierung ermittelt werden, indem zunächst die finanziellen Überschüsse vor Fremdkapitalkosten diskontiert werden. Sodann sind von diesem Gesamtunternehmenswert die Marktwerte des Fremdkapitals abzuziehen (sogenannter WACC-Ansatz). Beiden Verfahren gemein ist das Heranziehen eines Risikozuschlags, der sowohl das operative Risiko als auch das Kapitalstrukturrisiko berücksichtigen muss.

Die Anwendung des CAPM verlangt typisierend den Rückgriff auf börsennotierte Vergleichsunternehmen, um entsprechende Kapitalmarktdaten abzuleiten. Üblicherweise wird dazu das Geschäftsrisiko durch Rückgriff auf den Betafaktor einer Gruppe von Vergleichsunternehmen herangezogen. Gegenstand einer solchen Peer Group sollen Unternehmen sein, deren Geschäftsmodell im Wesentlichen vergleichbar mit dem des Bewertungsobjekts ist. Hilfsweise können Unternehmen herangezogen werden, deren Geschäftsmodell vergleichbaren Risikofaktoren unterliegt. Zur Erhebung solcher Betafaktoren ist regelmäßig ein Rückgriff auf professionelle Informationsanbieter wie Bloomberg notwendig.

Bei der Bewertung von KMU stellt sich die Frage, ob aufgrund ihrer teils speziellen Geschäftstätigkeit überhaupt geeignete Vergleichsunternehmen abgeleitet werden können und ob ggf. Vereinfachungen möglich sind. Anerkannt ist die Schwierigkeit, geeignete Vergleichsunternehmen identifizieren zu können, sodass eine Festlegung häufig nur auf der Basis vereinfachter Annahmen möglich ist.[23]

Praxishinweis
Eine Vereinfachung könnte darin bestehen, sogenannte Branchenbetas heranzuziehen, die das Geschäftsrisiko einer großen Gruppe an Vergleichsunternehmen wiedergeben.[24] Im Internet sind entsprechende Informationen teils frei zugänglich.[25] Ein solches Vorgehen erscheint vor allem dann vertretbar, wenn es sich um homogene Branchen handelt, in denen die beobachtbaren Betawerte nur in einem geringen Umfang schwanken. Gegebenenfalls kommt eine Gewichtung unterschiedlicher Branchen in Betracht, wenn sich das Bewertungsobjekt nicht eindeutig einer Branche zuordnen lässt. Unbenommen bleibt die Möglichkeit gutachterlicher Anpassungen innerhalb der Bandbreite beobachtbarer Werte.[26]

Ein beobachtbarer Betafaktor ist dazu in einem ersten Schritt um das Kapitalstrukturrisiko zu bereinigen und in einen Betafaktor für ein unverschuldetes Unternehmen zu überführen. In einem zweiten Schritt ist das spezielle Kapitalstrukturrisiko des Bewertungsobjekts (Verschuldung) zu erfassen.

---

23 Vgl. Ballwieser u.a., WPg 2014, S. 463 (471).
24 Vgl. Dörschell/Franken/Schulte, Kapitalkosten für die Unternehmensbewertung, 2. Aufl., Düsseldorf 2012, mit Nachweisen für branchenspezifische Betafaktoren.
25 Vgl. Ihlau/Duscha/Gödecke, a.a.O. (Fn. 1), S. 240.
26 Vgl. IDW Praxishinweis 1/2014, Tz. 49.

> **Praxishinweis**
> In der Praxis erfolgt eine Finanzierung von KMU häufig über Gesellschafterdarlehen. Ein Zugang zum organisierten Kapitalmarkt steht KMU dagegen meist nicht zur Verfügung, sodass die Aufnahme von Eigenkapital limitiert ist. Zum Teil stellen Gesellschafter auch unentgeltlich private Sicherheiten zur Verfügung. Daher hebt die Fachliteratur hervor, dass auch eine Eigenkapitalzuführung, die als Einzahlung unmittelbar den heutigen Unternehmenswert mindert,[27] für eine ordnungsgemäße Unternehmensfortführung notwendig sein kann.

Aufgrund des fehlenden Zugangs zum organisierten Kapitalmarkt ist der Verschuldungsgrad bei einem KMU-Bewertungsobjekt häufig höher als bei Vergleichsunternehmen der Peer Group. Bei der klassischen Anwendung der Nettokapitalisierung können sich auf der Basis kapitalmarkttheoretischer Modelle z.T. Eigenkapitalkosten ergeben, die schwer zu erklären sind. Zur Verbesserung der Transparenz bietet es sich daher an, die rechentechnische Ableitung nach der Bruttomethode vorzunehmen und nach der Kapitalisierung der finanziellen Überschüsse zum Gesamtunternehmenswert die Marktwerte des Fremdkapitals abzuziehen.[28] Auf diese Art lassen sich operative Risiken und Kapitalstrukturrisiken gesondert und transparent darstellen.

Auch für eine Bruttokapitalisierung ist die Verwendung sachgerechter Kapitalkosten notwendig. Dabei bietet es sich an, nicht nur den Betafaktor, sondern den gesamten Kapitalisierungszinssatz aus einer Gruppe vergleichbarer Unternehmen abzuleiten. Ein WACC aus einer Gruppe von Vergleichsunternehmen reflektiert dabei eine marktübliche Kapitalstruktur und keine besonderen Ausfallrisiken.

Diese Vereinfachung erkauft sich der Bewerter durch eine ungenaue Abbildung des sogenannten Tax Shield. Die steuervergünstigte Behandlung von Fremdkapitalkosten wäre grundsätzlich bei der Ermittlung der Eigen- und Fremdkapitalkosten zu erfassen. Dabei ist jedoch zu beachten, dass dies konsistent erfolgen sollte. Sofern das Fremdkapital kein erhöhtes Risiko trägt, bleibt der gewichtete WACC auch bei einer veränderten Kapitalstruktur auf einem konstanten Niveau.[29] Insofern kann der Gesamtunternehmenswert durch Kapitalisierung der finanziellen Überschüsse mit dem marktüblichen WACC ermittelt werden.

Infolge einer tendenziell höheren Verschuldung besteht die Gefahr, dass ein erhöhtes Ausfallrisiko vorliegt und in den beobachtbaren Fremdkapitalkosten eines KMU-Bewertungsobjekts bereits enthalten ist. Ausfallrisiken beeinflussen die finanziellen Überschüsse, die Fremd- und die Eigenkapitalkosten. Um eine sachgerechte Bewertung sicherzustellen, sind mögliche Ausfallrisiken entweder in den finanziellen Überschüssen oder in den Eigen- und Fremdkapitalrenditen

---

27 Vgl. Ballwieser u.a., WPg 2014, S. 463 (469).
28 Ebenso Jonas, WPg 2011, S. 299 (303).
29 Hierbei wurden vereinfachte Annahmen u.a. in Form unsicherer Tax Shields und der Berücksichtigung eines Debt Beta getroffen.

zu erfassen. Durch Kapitalisierung mit einem marktüblichen WACC werden nur operative Unternehmensrisiken abgebildet. Mögliche Ausfallrisiken wären dann in den erwarteten finanziellen Überschüssen zu erfassen.[30]

> **Praxishinweis**
> Der Rückgriff auf einen marktüblichen WACC kann sowohl die technische Wertableitung erleichtern als auch einen transparenten Umgang mit erhöhten Ausfallrisiken (d.h. durch Abbildung in den finanziellen Überschüssen) ermöglichen.

5. Zusammenfassendes Beispiel

Tabelle 1 verdeutlicht beispielhaft die bislang herausgearbeiteten Ergebnisse. Ausgangspunkt ist ein operatives Ergebnis von 150 GE. Diesem operativen Ergebnis steht ein investiertes Kapital von 1.200 GE gegenüber. Vom operativen Ergebnis wird zunächst eine typisierte Ertragsteuerbelastung von 30% in Abzug gebracht (sog. mittelbare Typisierung i.S. von IDW S 1). Auf der Ebene der so ermittelten Nachsteuerergebnisse werden anschließend die Ergebnisse aufgeteilt. Für die Abgrenzung der übertragbaren Ertragskraft wird die Annahme getroffen, dass sich das investierte Kapital übertragen lässt. Daher ist vom geplanten Ergebnis eine entsprechende Verzinsung in Abzug zu bringen (WACC x investiertes Kapital). Daraus ergibt sich ein sogenannter Bruttoübergewinn, der auf die nicht übertragbaren Komponenten entfällt. Durch Abschmelzen dieses Bruttogewinns ergibt sich dann der übertragbare Gewinn.

Branchenbetas und marktübliche gewichtete Kapitalkosten können angemessene Vereinfachungen darstellen.

Der WACC wurde aus einer Gruppe von Vergleichsunternehmen abgeleitet und über den Planungszeitraum als konstant unterstellt. Zudem wird angenommen, dass die verbleibenden Ergebnisse aus lediglich temporär übertragbaren Komponenten generiert werden und über fünf Jahre sukzessive abschmelzen. Der Unternehmenswert setzt sich daher aus der kapitalisierten Verzinsung des investierten Kapitals (1.200 GE) und den kapitalisierten Mehrergebnissen für die Dauer von fünf Jahren zusammen.

---

30 Ein solches Vorgehen wird bei objektivierten Bewertungen dann als sachgerecht erachtet, wenn der Verschuldungsgrad des Bewertungsobjekts deutlich von dem der Vergleichsunternehmen abweicht. Demnächst soll der IDW Praxishinweis zur Berücksichtigung des Verschuldungsgrads bei der Bewertung von Unternehmen veröffentlicht werden, dessen Inhalt hier bereits Eingang gefunden hat. Noch stehen die endgültige Verabschiedung des IDW Praxishinweises durch den FAUB und die Billigung durch den HFA aus, die Grundgedanken sind hier aber bereits berücksichtigt worden.

Dieser Wert spiegelt dann den Bruttounternehmenswert wider. Sofern auch Fremdkapital vorliegt, ist zur Bestimmung des Unternehmenswerts der Marktwert des Fremdkapitals in Abzug zu bringen.

MANAGEMENT & BERATUNG	JAHR 1	JAHR 2	JAHR 3	JAHR 4	JAHR 5	EWIGE RENTE
Operatives Ergebnis	150	150	150	150	150	150
Ertragsteuern	– 45	– 45	– 45	– 45	– 45	– 45
Operatives Ergebnis nach Steuern (Net Operating Profit Less Adjusted Taxes – NOPLAT)	105	105	105	105	105	105
Investiertes Kapital 31.12.	1.200	1.200	1.200	1.200	1.200	1.200
Verzinsung investiertes Kapital						
WACC	5,14%	5,14%	5,14%	5,14%	5,14%	5,14%
Verzinsung investiertes Kapital	62	62	62	62	62	62
Brutto-Übergewinn						
NOPLAT	105	105	105	105	105	105
Verzinsung investiertes Kapital	– 62	– 62	– 62	– 62	– 62	– 62
Brutto-Übergewinn	43	43	43	43	43	43
Übertragbarer Gewinn						
Abschmelzung der übertragenen Ertragskraft	1,00	0,80	0,60	0,40	0,20	0,00
Übertragbarer Gewinn	43	34	26	17	9	0
Barwertberechnung						
WACC	5,14%	5,14%	5,14%	5,14%	5,14%	5,14%
Barwert der übertragbaren Übergewinne	41	31	22	14	7	0
Investiertes Kapital 31.12.	1.200	1.200	1.200	1.200	1.200	1.200
Gesamtunternehmenswert	1.315					

Tabelle 1: Beispiel für Bruttomethode

V. Fazit

Bei der Bewertung von KMU besteht häufig ein Spannungsverhältnis zwischen dem notwendigen Aufwand zur Ermittlung des Unternehmenswerts und diesem Wert selbst. Daher sind Vorschläge entwickelt worden, wie die konzeptionellen Grundsätze gemäß IDW S 1 auch bei kostensensiblen Bewertungen eingehalten werden können. Mit dem Grundsatz der übertragbaren Ertragskraft steht ein Instrument zur Verfügung, KMU-spezifische Risiken abzubilden.

Mit einigen Vereinfachungen (Rückgriff auf marktübliche gewichtete Kapitalkosten, Einsatz von Branchenbetas und Brutto-DCF-Methode, Typisierung der Abschmelzdauer) gibt es eine Reihe von Möglichkeiten, auf Besonderheiten von KMU einzugehen, ohne die konzeptionellen Rahmenbedingungen gemäß IDW S 1 zu verletzen. Im Gegensatz zu willkürlichen Abschlägen vom Unternehmenswert können damit wirtschaftlich relevante Sachverhalte sachgerecht abgebildet werden.

Anders als bei einfachen Multiplikatoransätzen oder pauschalen Erhöhungen des Risikozuschlags muss der Bewerter sich aber mit den konkreten Verhältnissen des Bewertungsobjekts auseinandersetzen. Dazu gehören vor allem die Abgrenzung des Bewertungsobjekts und die Einschätzung der künftigen finanziellen Überschüsse. Während die konzeptionellen Anforderungen an objektivierte Unternehmenswerte damit erfüllt werden können, hängt es entscheidend von der grundsätzlichen Datenqualität und dem Umfang der Vereinfachungen ab, ob und inwieweit für den jeweiligen Bewertungsanlass vollumfänglich die Vorgaben an einen objektivierten Unternehmenswert erreicht werden.

Quelle: WPg – Die Wirtschaftsprüfung 2018 S. 146

3. Kapitalkosten

Die Marktrisikoprämie im Niedrigzinsumfeld 55

Unlevering und Relevering mit „falschen" Anpassungsformeln 87

Die Marktrisikoprämie im Niedrigzinsumfeld

Hintergrund und Erläuterung der Empfehlung des FAUB

WP StB Dr. Marc Castedello | WP StB Prof. Dr. Martin Jonas | WP StB Dr. Sven Schieszl und CA CFA Christian Lenckner

I. Einführung

Der Fachausschuss für Unternehmensbewertung (FAUB) des IDW hat mit Veröffentlichung vom Oktober 2012 seine Empfehlung bezüglich der zu verwendenden Marktrisikoprämie angepasst. Demnach empfiehlt der FAUB nun

- eine Bandbreite von 5,5% bis 7,0% vor persönlichen Steuern gegenüber vormals 4,5% bis 5,5%
- bzw. eine neue Bandbreite von 5% bis 6% nach persönlichen Steuern gegenüber vormals 4% bis 5%.[1]

Die Erhöhung der Bandbreiten wurde mit der besonderen Situation an den Kapitalmärkten begründet.[2] Der FAUB überprüft seither auf jeder Sitzung, ob sich diese Situation geändert hat, was nach Auffassung des FAUB nicht der Fall ist.
In der Folge ist mehrfach kritisiert worden, dass diese Empfehlung nicht ausreichend begründet worden sei. Insbesondere wird kritisiert, dass der FAUB für die Ableitung der Marktrisikoprämie keine konkrete Quelle benennt bzw. kein eindeutiges, rechnerisch nachvollziehbares Verfahren für seine Empfehlung nennt.[3]
Im Folgenden werden die der FAUB-Empfehlung zur Marktrisikoprämie zugrunde liegenden Analysen und Berechnungen offengelegt und erläutert. Diese fußen auf der Feststellung, dass wir uns mittlerweile seit Jahren in einer ungewöhnlichen Kapitalmarktsituation befinden, in der vor allem drei Indikatoren darauf hindeuten, dass die derzeitige Marktrisikoprämie höher als früher beobachtbare Marktrisikoprämien liegt.

---

1 Vgl. FN-IDW 2012, S. 568 f.
2 Vgl. FN-IDW 2012, S. 568 f.; Wagner u.a., WPg 2013, S. 948 ff.
3 Vgl. beispielsweise Rowoldt/Pillen, CF 2015, S. 115.

II. Kapitalmarkt und Bewertungsparameter
1. Aktuelle Kapitalmarktsituation

Der Kapitalmarkt folgt den Regeln von Angebot und Nachfrage. Die Ergebnisse in Form von konkreten Transaktionen sind für alle Marktteilnehmer empirisch beobachtbare Daten. Tatsächlich entwickelt sich der Kapitalmarkt nicht gleichförmig und vorhersehbar, sondern zeigt deutliche Schwankungen im Zeitverlauf. Wenn von einer besonderen Kapitalmarktsituation gesprochen wird, ist zunächst ein Referenzsystem festzulegen, vor dessen Hintergrund sich die behauptete Besonderheit ergibt. Die Festlegung muss zweckbezogen erfolgen, da aus der Analyse sich nur für einen konkreten Anwendungsfall Implikationen ergeben sollen. Da es im vorliegenden Kontext um den Anwendungsfall „Unternehmensbewertung" geht, kann sich das Referenzsystem nur aus der Grundkonzeption der Unternehmensbewertung ergeben. Dies basiert heute auf dem Kapitalwertkalkül, nach welchem künftige Zahlungsüberschüsse auf einen Stichtag diskontiert werden. Trotz zahlreicher Schwächen hat sich zur Bestimmung der hierfür erforderlichen Kapitalkosten national sowie international das Capital Asset Pricing Model (CAPM) als Grundkonzept durchgesetzt.

Tatsächlich verhält sich das CAPM als Konzept grundsätzlich neutral zu jeder Kapitalmarktsituation,[4] da die unterstellten – aus der Portfoliotheorie abgeleiteten – Zusammenhänge allgemein gelten: Die erwartete Rendite eines Wertpapiers lässt sich in einen risikolosen Basiszins und einen Risikozuschlag zerlegen. Letzterer ergibt sich wiederum als das Produkt einer allgemeinen Marktrisikoprämie und des individuellen Betafaktors des jeweiligen Wertpapiers. Der Betafaktor bestimmt sich aus dem Verhältnis der Volatilität der Rendite des individuellen Wertpapiers zur Volatilität der Marktrendite unter Berücksichtigung des stochastischen Zusammenhangs (Korrelation) zwischen den Renditen.[5] Der unmittelbare Bezug zur Kapitalmarktsituation ergibt sich nicht aus der Grundkonzeption des CAPM, sondern aus der konkreten Anwendung im Rahmen der Unternehmensbewertung. Die vorstehend genannten Parameter – erwartete Rendite, risikoloser Zins, Marktrisikoprämie und Betafaktor – müssen nämlich als operable Rechengröße bestimmt werden, damit aus ihnen entsprechend dem Konzept konkrete Unternehmenswerte resultieren können. Da diese Bestimmung im Rückgriff auf Kapitalmarktdaten erfolgt bzw. erfolgen muss, schlägt sich in ihnen – abhängig von der Auswahl des Analysezeitraums – mittelbar immer eine konkrete Kapitalmarktsituation nieder.[6]

Hinter den expliziten Empfehlungen des FAUB zu einzelnen Kapitalkostenparametern steht immer auch eine implizite Annahme über die Gesamtrenditeerwartung.

---

4 Das ergibt sich bereits daraus, dass das CAPM von einem vollkommenen Markt ausgeht, während der real existierende Kapitalmarkt gerade nicht vollkommen ist; vgl. Rapp, DB 2013, S. 361.
5 Vgl. IDW (Hrsg.), WP Handbuch 2014, Bd. II, 14. Aufl., Düsseldorf 2014, Kapitel A, Tz. 331.
6 Vgl. Bertram/Castedello/Tschöpel, CF 2015, S. 468.

Der FAUB empfiehlt für die Bestimmung objektivierter Werte die Verwendung des CAPM[7] und gibt zusätzlich jeweils eine Empfehlung für zwei allgemein gültige Parameter. Dies ist zum einen eine Empfehlung für die Ableitung des risikolosen Basiszinssatzes und zum anderen die bereits genannte Empfehlung zur Marktrisikoprämie. Erstere ergibt sich unmittelbar aus IDW S 1, namentlich das Abstellen auf aktuelle Zinsstrukturkurven[8] mit einer Konkretisierung im WP-Handbuch des IDW im Hinblick auf die Verwendung der Svensson-Methode entsprechend der Methodik der Deutschen Bundesbank, wonach der Basiszins für Deutschland aus mittelbar beobachtbaren Kupon-Renditen börsennotierter deutscher Staatsanleihen laufzeitspezifisch abgeleitet wird.[9] Für die Marktrisikoprämie gibt der FAUB losgelöst von IDW S 1 keine (allgemeingültige) Methodik vor, sondern vielmehr unmittelbar eine quantitative Empfehlung.[10] Aus diesen beiden Parametern resultiert eine weitere, dritte Einschätzung. Addiert man entsprechend der Gleichung des CAPM zu dem nach der Svensson-Methode zum jeweiligen Stichtag ermittelten risikolosen Basiszins die jeweilige gültige Empfehlung zur Marktrisikoprämie, resultiert daraus die Gesamtrenditeerwartung bzw. die erwartete Rendite des Marktportfolios (Marktrendite).[11]

> **Beispiel**
> Wenn zu einem bestimmten Stichtag der risikolose Basiszins 3,5% betrug und die Bandbreite für die Marktrisikoprämie vor Anhebung im Oktober 2012 4,5% bis 5,5%, so bedeutet dies, dass im Bewertungskalkül von einer Gesamtrenditeerwartung von 8% bis 9% ausgegangen wurde.[12]

Diese Feststellung verdient es besonders hervorgehoben zu werden. Tatsächlich am Kapitalmarkt beobachtbar ist nämlich die Gesamtrendite (hier synonym zu: Eigenkapital- oder Marktrendite) und gerade nicht die Marktrisikoprämie. Letztere ergibt sich vielmehr ausschließlich residual aus (beobachtbarer) Gesamtrendite abzüglich des (beobachtbaren) risikolosen Basiszinssatzes, da dies konzeptionell im CAPM so definiert ist.[13] Wenn jeder Marktteilnehmer annahmegemäß sein Geld risikolos zu einem bestimmten Betrag anlegen kann und das Erzielen einer höheren Rendite durch nicht risikolose Anlagen möglich ist, so stellt die Differenz offensichtlich die geforderte Vergütung für die Übernahme von Risiko dar. Diese ökonomische (unmittelbare) Interpretation der Marktrisikoprämie ist von ihrer

---

7 Vgl. IDW Standard: Grundsätze zur Durchführung von Unternehmensbewertungen (IDW S 1 i.d.F. 2008) (Stand: 04.07.2016), Tz. 114 ff.
8 Vgl. IDW S 1, Tz. 117.
9 Vgl. IDW (Hrsg.), a.a.O. (Fn. 5), Tz. 353.
10 Vgl. FN-IDW 2012, S. 568 f.; die Gründe werden im Folgenden näher dargelegt.
11 Da das Marktportfolio immer einen Betafaktor von 1 hat, entspricht der Risikozuschlag der allgemeinen Marktrisikoprämie.
12 Wagner u.a., WPg 2013, S. 953.
13 Wagner u.a., WPg 2013, S. 949.

rechentechnischen (mittelbaren) Ableitung für die Anwendung in realen finanzmathematischen Modellen zu unterscheiden. In Letzterer ist die so gemessene Marktrisikoprämie als Residualgröße ein Reflex auf die Annahmen zur Ableitung von Gesamtrendite und risikolosem Basiszins.[14]

Damit kann auch die Ausgangsfrage beantwortet werden, was die derzeitige Kapitalmarktsituation in dem Anwendungsfall der Unternehmensbewertung zu einer besonderen macht: Aufgrund der im historischen Vergleich ungewöhnlich niedrigen Rendite festverzinslicher Bundeswertpapiere und damit auch des Basiszinssatzes, kommt es in Kombination mit der Verwendung der bisherigen Empfehlungen des FAUB zur Marktrisikoprämie insgesamt zu Gesamtrenditeerwartungen, die – unter Berücksichtigung von Ausmaß und zeitlicher Dauer der Abweichung – nicht zu empirisch am Kapitalmarkt beobachtbaren Verhältnissen passen. Die Konsequenz hieraus ist die Notwendigkeit, die bestehenden Empfehlungen zur Ableitung der zentralen Parameter des CAPM aus der empirischen Welt zu überprüfen und gegebenenfalls anzupassen.[15] Die Notwendigkeit hierfür ergibt sich daraus, dass der FAUB sich nicht selber Parameter ausdenkt, die ihm – dann aufgrund von außerhalb des Kapitalmarkts stehenden Überlegungen – angemessen erscheinen,[16] sondern aus dem Anspruch, dass die empfohlenen Parameter zumindest im Mittel im Einklang mit beobachtbaren Transaktionen am Kapitalmarkt stehen sollten. Im Folgenden soll vor dem Hintergrund beobachtbarer Kapitalmarktparameter diese Situation nochmals nachgezeichnet werden.

Abbildung 1 zeigt die langfristige beobachtbare historische Realrendite des DAX von 1955 bis 2003 bzw. von 1988 bis 2017[17] als Korridor. Die unteren Teile der Säulen zeigen den realen[18] Basiszins im Jahresmittel basierend auf den Zinsstrukturdaten der Deutschen Bundesbank.[19] Die oberen Teile der Säulen geben die in der Vergangenheit unterstellte Marktrisikoprämie wieder, und zwar in Höhe von 5% für die Jahre von 1972 bis 2001, von 4,5% für die Jahre von 2002 bis 2008 als Mittelwert der damals gültigen FAUB-Empfehlung sowie von 5% für den Zeitraum von 2008 bis 2017 als Mittelwert der Empfehlung des FAUB, wie sie bis zum Oktober 2012 galt. Der grau gekennzeichnete (waagerechte) Korridor innerhalb von Abbildung 1 basiert auf den durchschnittlichen Realrenditen des DAX für die Jahre von 1955 bis 2003 basierend auf den Untersuchungen von Stehle; diese entsprechen weitgehend denen im Zeitraum der Jahre von 1988 bis 2017 basierend auf den Daten der Deut-

---

14 Vgl. Bertram/Castedello/Tschöpel, CF 2015, S. 468; Gleißner, WPg 2014, S. 260.
15 Vgl. auch Bertram/Castedello/Tschöpel, CF 2015, S. 468. Diesem Grundgedanken folgt offensichtlich auch die Arbeitsgruppe Unternehmensbewertung des Fachsenats für Betriebswirtschaft der Kammer der Wirtschaftstreuhänder in ihrer jüngsten Empfehlung zum Basiszins und zur Marktrisikoprämie vom 17.10.2017; vgl. Abschnitt 3.1.5 sowie Bertl, WPg 2018, S. 805.
16 Beispielsweise weil der FAUB von den Abschlussprüfern den Hinweis bekäme, dass höhere Wertberichtigungen im Rahmen des Impairment-Tests gewünscht seien; so zumindest wohl die Vorstellung von Knoll, BFuP 2017, S. 307.
17 Der Zeitraum der Jahre von 1955 bis 2003 entspricht dem der ursprünglichen Stehle-Studie, während die Jahre von 1988 bis 2016 der längste mögliche Zeitraum ohne fiktive Rückrechnung ist, da der DAX Ende 1987 erstmals gebildet wurde.
18 Für die Jahre von 1972 bis 1999 wurde die Ist-Inflation, für die Jahre von 2000 bis 2016 die erwartete Inflation vom nominalen Zins abgezogen.
19 Seit 1972 sind Parameter zur Zinsstrukturkurve bei der Deutschen Bundesbank verfügbar.

schen Bundesbank. Die Untergrenze des Korridors entspricht dem geometrischen Mittel (6,4%), die Obergrenze dem arithmetischen Mittel (9,8%).

Während im gesamten Zeitraum ab dem Jahr 1972 die unterstellte Rendite überwiegend im Korridor der tatsächlichen Gesamtrendite liegt, diesen bis zum Jahr 2010 niemals unterschreitet und nur in der Mitte der 1980 er Jahre übersteigt, zeigt sich beginnend ab dem Jahr 2010 ein anderes Bild: Eine Vorgehensweise entsprechend der alten Empfehlung des FAUB führt automatisch zur Unterstellung einer stetig sinkenden realen Gesamtrendite, die deutlich unterhalb des Korridors von rund 6,5% bis 10% liegt.[20] In jedem Fall genügt ein Blick, um zu erkennen, dass seit sechs Jahren insofern eine besondere Kapitalmarktsituation besteht, als die unangepasste Verwendung der alten Empfehlung zu einer Annahme (der unterstellten Gesamtrendite) führt, die den beobachtbaren Parametern des Kapitalmarkts für die Gesamtrendite widerspricht. Hierbei wurde zunächst nur auf eine ex-post-Analyse der Gesamtrendite abgestellt; wie wir in Abschnitt III.2. sehen werden, führt auch eine ex-ante-Ableitung zu keinem anderen Ergebnis.

Abbildung 2 zeigt die identischen Parameter für den Ausschnitt der Jahre von 2000 bis 2016 unter Berücksichtigung der vom FAUB vorgeschlagenen Anpassung der Marktrisikoprämie[21] – für die Jahre von 2011 bis 2016 – wiederum als Mittelwert der Bandbreite (6,25%). Dabei wird deutlich, dass sich die Lücke zwischen dem unteren Ende der Bandbreite der durchschnittlichen realen Gesamtrendite und der mit der Wahl der Parameter unterstellten Gesamtrendite zwar zunächst schließt, aber ab dem Jahr 2014 bis heute wieder vergrößert hat.

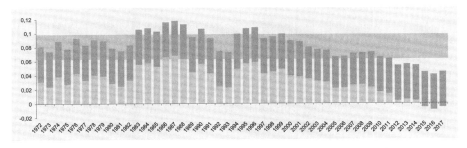

Abbildung 1: Entwicklung Realrendite 1972 bis 2017 bei Fortführung der Marktrisikoprämie ab 2011

---

20 Vgl. bereits Wagner u.a., WPg 2013, S. 953.
21 Bis zum Jahr 2010 Marktrisikorisikoprämie von 5% und ab dem Jahr 2011 Marktrisikorisikoprämie von 6,25%.

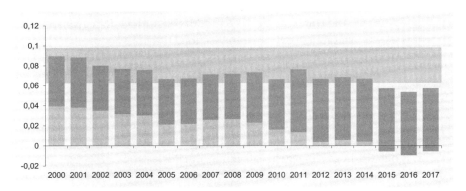

Abbildung 2: Entwicklung Realrendite 2000 bis 2017 bei Anpassung der Marktrisikoprämie ab 2011

Offensichtlich prägender Parameter für die sinkende Realrendite ist der sinkende, aus den Renditen deutscher Staatsanleihen abgeleitete risikolose Basiszins. Dieser Effekt mag mit einer Kombination aus einer Staatsschuldenkrise, einer entsprechenden Flucht der Anleger in die verbleibenden sicheren Anlagen und einer beispiellosen bis heute anhaltenden Politik des lockeren Geldes, welche die Notenbanken – aber besonders die EZB – verfolgen, um über niedrige Zinssätze die Staatsschuldenkrise zu bändigen,[22] erklärbar sein. Unbestritten erscheint, dass die Anleihekaufprogramme der EZB zu einer entsprechenden Ausweitung der Geldmenge führen, was gemeinsam mit der Fluchtbewegung in sichere Anlagen beispielsweise die Staatsanleihen höchster Bonität wie die deutschen Staatsanleihen verteuert und entsprechend deren (risikolosen) Zins bis Laufzeiten von zehn Jahren auf unter null senkt. Der Handel mit deutschen Staatsanleihen funktioniert zwar weiterhin, es liegt insbesondere kein Marktversagen vor, aber die empirischen Renditen sind maßgeblich beeinflusst von geldpolitischen Rahmenbedingungen. Nachdem deutsche Staatsanleihen in der Vergangenheit als Surrogat für den risikolosen Basiszins verwendet wurden, schlagen diese Rahmenbedingungen unmittelbar auf die Umsetzung des CAPM entsprechend der Empfehlung des FAUB über diesen Parameter durch.

Hinzu kommt ein konzeptionelles Dilemma. Während die Ableitung des risikolosen Basiszinssatzes zukunftsorientiert erfolgt und die in der Vergangenheit beobachtbaren, von einer derartigen Geldpolitik unbeeinflussten Zinssätze unberücksichtigt lässt, beruhte die Empfehlung hinsichtlich der Marktrisikoprämie vor dem Jahr 2012 primär auf einer langfristigen historischen Betrachtung, in der wiederum die aktuelle Kapitalmarktsituation stark unterrepräsentiert ist.[23] Basierend auf der Nicht-Berücksichtigung der eigentlich relevanten Größe – der Gesamtrendite – werden in Umkehrung der Logik zwei Einzelparameter zu einer lediglich unter-

---

22 Vgl. Deutsche Bundesbank, Monatsbericht April 2016, S. 21 f. (www.bundesbank.de; Abruf: 24.05.2018); BIZ, 85. Jahresbericht 2015, S. 7 (www.bis.org; Abruf: 24.05.2018); Zeidler/Tschöpel/Bertram, CFB 2012, S. 70 ff.; Wagner u.a., WPg 2013, S. 949.
23 Vgl. Bertram/Castedello/Tschöpel, CF 2015, S. 469; Gleißner, Bewertungspraktiker 2012, S. 130.

stellten Gesamtrendite addiert.[24] Dabei berücksichtigt die eine Größe – der risikolose Basiszins – aufgrund seiner empfohlenen Ableitung unmittelbar die aktuelle Kapitalmarktsituation, was zu einem massiven Sinken führt. Dagegen blendet die historische Ableitung der Marktrisikoprämie die aktuelle Kapitalmarktsituation aus.

2. Aufgabe des FAUB bei der Festlegung von Bewertungsparametern

Es stellt sich die Frage, wie in Bewertungsstandards oder Bewertungsempfehlungen mit der beschriebenen Kapitalmarktsituation umzugehen ist.

Unternehmensbewertung ist als konzeptioneller Ansatz grundsätzlich zweckabhängig. Der Zweck der Bewertung bestimmt die konzeptionelle Umsetzung. Es gibt eine große und stetig weiterwachsende Anzahl von Bewertungsanlässen, in denen ein Wert gesucht wird, der nicht für einen Betroffenen alleine angemessen sein soll, sondern für eine Vielzahl von Marktteilnehmern. Anwendungsbereiche dieser Anlässe sind das Steuerrecht, Familien- und Erbrecht, Bilanzrecht, Gesellschaftsrecht, Strafrecht (Schadensersatzrecht) sowie die Bereiche staatlicher Regulierung. Da für diese Anlässe gerade kein individueller Wert des Berechtigten/Verpflichteten, Steuerpflichtigen und Bilanzierenden gesucht wird, ist eine Typisierung unvermeidbar bzw. beabsichtigt.

Der FAUB hat dazu mit dem objektivierten Unternehmenswert und der Vorgabe von Bewertungsparametern einen Rahmen geschaffen, der sich über viele Jahrzehnte bewährt hat. Bei diesen Anlässen bestehen regelmäßig Interessensgegensätze bezogen auf die Folgen der Bewertung und damit naturgemäß auch bezogen auf den Wert als Anknüpfungspunkt für diese Konsequenzen. Vielfach werden die daraus resultierenden Konflikte schließlich vor Finanz- und Zivilgerichten ausgetragen und stehen somit häufig auch im Blick der Öffentlichkeit. Folgerichtig erfolgt eine intensive Diskussion von Bewertungsparametern und ihren Vorgaben bzw. Empfehlungen. Vor diesem Hintergrund stellt sich die Frage, was die Aufgabe des FAUB bei der Festlegung einzelner Bewertungsparameter ist.

Dabei ist zu berücksichtigen, dass Bewertungsparameter keine Naturgrößen sind, die durch Nachdenken und Experimentieren verifiziert werden könnten und damit solange richtig wären, bis jemand sie falsifiziert. Werte sind nicht selber beobachtbar, sondern ergeben sich auf der Basis eines Konzepts. Deshalb kann es bereits keine Suche nach den einzig richtigen Parametern geben, die irgendwann einmal beendet wäre. Der FAUB hat daher vordringlich die Aufgabe, vor dem Hintergrund unterschiedlichster Bewertungsanlässe ein methodisch stringentes Rahmengerüst zur Verfügung zu stellen, auf dessen Ausgangsbasis Bewerter für den Einzelfall vernünftige Lösungen ableiten können.

Dementsprechend betont Textziffer 1 in IDW S 1 die Eigenverantwortlichkeit des Wirtschaftsprüfers.[25] Diese ergibt sich bereits aus einem einfachen betriebswirt-

---

24 Vgl. dazu die Beschreibung bei Krenek, CF 2016, S. 464.
25 Vgl. IDW S 1, Tz. 1.

schaftlichen Zusammenhang bei der Verwendung von Kapitalwertkalkülen: der Risikoäquivalenz. Eine Bewertung unter Verwendung des Kapitalwertkalküls führt nur dann zu sinnvollen Aussagen, wenn das Risikoniveau im Kapitalisierungszins dem Risikoniveau der Cashflows entspricht. Die Vorgabe von Kapitalkosten bzw. einzelner Parameter nach einem eindeutigen Verfahren zur Ableitung kann folglich nur dann hilfreich und überhaupt vernünftig sein, wenn unterstellt wird, dass sämtliche Unternehmensplanungen, aus denen die zu diskontierenden Cashflows abgeleitet werden und auf welche diese Kapitalkosten angewendet werden, zueinander unter anderem risikoäquivalent sind.[26] Dies muss der Bewerter aber im Rahmen der Plausibilisierung der Unternehmensplanung erst feststellen und diese gegebenenfalls anpassen, wenn die Bedingung nicht erfüllt ist.[27] Daraus resultiert, dass – unabhängig von Empfehlungen des FAUB zur Verwendung oder Bestimmung bestimmter Parameter – der Wirtschaftsprüfer in jedem Einzelfall stets überprüfen muss, ob die so empfohlenen Parameter bezogen auf die konkret zu diskontierenden Cashflows sinnvollerweise angewendet werden dürfen. Es gibt somit auch nicht „die" Bewertung nach IDW S 1 etwa im Sinne eines Algorithmus, in den vorgegebene Daten eingelesen und stets unabhängig vom Anwender immer denselben Wert produzieren würden. Es gibt nur einen Rahmen aus Grundsätzen, der den Vorgaben des Gesetzgebers und dort, wo es keine Einschränkungen oder Vorgaben gibt, den allgemeinen betriebswirtschaftlichen Grundsätzen folgt.

Eine typisierende, objektivierte Bewertung bedeutet aber auch, dass die verwendeten Bewertungsparameter für einen verständigen Dritten nachvollziehbar und unabhängig von individuellen Präferenzen sein müssen. Der Idealtypus eines solchermaßen objektivierten Werts ist der auf einem vollkommenen Markt entstandene Preis.

Marktrisikoprämien können nur indirekt abgeleitet werden, wofür mehrere konzeptionelle Ansätze zur Verfügung stehen. Keinem der Ansätze kann eindeutig der Vorzug gegeben werden.

Beobachtet werden können zwar nur Marktpreise auf realen Märkten, die nicht notwendigerweise und schon gar nicht dauerhaft dem Ideal eines vollkommenen Markts entsprechen. Allerdings sorgt der Marktmechanismus dafür, dass im langfristigen Durchschnitt Über- und Unterbewertungen immer wieder ausgeglichen werden. Daher können aus den durchschnittlichen Beobachtungen realer Marktpreise Orientierungen für langfristig erwartete Kapitalmarktparameter abgeleitet werden. Der FAUB sieht es daher als seine Aufgabe an, aus der langfristigen Beobachtung der Kapitalmärkte und basierend auf der Erfahrung der im FAUB aktiven Bewerter langfristige Renditeerwartungen und damit Kapitalkostenempfehlungen

---

[26] Vgl. auch Bertram/Castedello/Tschöpel, CF 2015, S. 468; Gleißner, Bewertungspraktiker 2012, S. 130 f.
[27] Vgl. IDW S 1, Tz. 84 und 91.

abzuleiten, die auch anderen Bewertern für objektivierte Bewertungen empfohlen werden können.

3. Pluralistischer Ansatz des FAUB

Der FAUB hat sich bislang zur Bestimmung des risikolosen Zinssatzes und zur Höhe der Marktrisikoprämie geäußert.

Bei der Bestimmung des risikolosen Basiszinssatzes hat sich der FAUB auf eine Ableitung unter Verwendung der Svensson-Methode der Deutschen Bundesbank festgelegt. Dies beruht auf der Annahme, dass deutsche Staatsanleihen langfristig der beste Schätzer für eine nach dem CAPM gesuchte risikolose Anlage sind.[28] Tatsächlich hat sich diese Festlegung in Deutschland weitestgehend durchgesetzt. Die Marktrisikoprämie ist dagegen kein direkt beobachtbarer Parameter, sondern nur – entsprechend dem CAPM – die Differenz aus Gesamtrendite und risikolosem Zins bzw. der Größe, die man als solche definiert hat. Daher kann keine Diskussion oder gar Vorgabe der Marktrisikoprämie losgelöst von einer Ableitung der Gesamtrenditeerwartung erfolgen. Nun gibt es kein Anlageinstrument, aus dessen Basis sich analog zu Staatsanleihen eine unmittelbare Schätzung der Gesamtrendite ableiten ließe. Daraus resultiert die Notwendigkeit, eine Schätzung indirekt vorzunehmen. Hierfür stehen mehrere konzeptionelle Ansätze zur Verfügung. Die ex-post-Analyse von Gesamtrenditen und Marktrisikoprämien ist und bleibt eine wichtige Grundlage. Ergänzend liefern jedoch auch ex-ante-Analysen wertvolle Erkenntnisse.[29, 30] Diese Ansätze haben alle Stärken und Schwächen und keinem einzigen kann eindeutig der Vorzug gegeben werden.[31]

Diese Situation hat auch der FAUB zu berücksichtigen. Entsprechend diesen Überlegungen, nach denen es konzeptionell nicht eine einzige richtige Lösung geben kann,[32] muss sich der FAUB daran messen lassen, welche Informationen und Kenntnisse er bei seinen Empfehlungen herangezogen hat. Da konzeptionell mehrere Ansätze mit unterschiedlichen Stärken und Schwächen in Theorie und Praxis diskutiert bzw. verwendet werden, verbietet es sich, einen Ansatz auszuschließen, solange dessen fehlende Geeignetheit nicht a priori festgestellt werden kann. Aus diesem Grund nimmt der FAUB eine möglichst breite Perspektive ein und betrachtet beispielsweise unterschiedliche vergangenheitsorientierte Ansätze (unterschiedliche Zeiträume, unterschiedliche Referenzanlagen, unterschiedliche Mittelwertbildung), unterschiedliche zukunftsorientierte Ansätze (...), nationale und internationale Ansätze usw. Nur ein solcher pluralistischer Ansatz ermöglicht nach Auffassung des FAUB der gesellschaftlichen Verantwortung nachzukommen. Dementsprechend kann aber auch keine einzig gültige Quelle oder alleingültiger

---

28 Auch dieser Ansatz kommt nicht ohne weitere Annahmen aus, etwa die Fortschreibung der Zinsstrukturkurve für Zeiträume länger als 30 Jahre; vgl. Bertram/Castedello/Tschöpel, CF 2015, S. 469.
29 Vgl. Wagner u.a., WPg 2013, S. 949.
30 Daneben existieren weitere jedoch untergeordnete Möglichkeiten, etwa die umfragebasierte Ableitung oder angebotsseitige Renditen und Marktrisikoprämien; vgl. Bertram/Castedello/Tschöpel, CF 2015, S. 471, Fn. 33 m.w.N.
31 Vgl. für einen Überblick beispielsweise Ballwieser/Friedrich, CF 2015, S. 451 f.
32 In diesem Sinne auch Rapp, DB 2013, S. 360.

Algorithmus zur Ableitung der Marktrisikoprämie vorgelegt werden. Diesbezügliche Forderungen verkennen gerade das zuvor skizzierte Spannungsfeld.

Nach der Auffassung des FAUB zeigen die Ergebnisse aus drei unterschiedlichen methodischen Überlegungen, nämlich

1. Betrachtung historisch gemessener Aktienrenditen,
2. Betrachtung langfristiger realer Aktienrenditen,
3. Verwendung von ex-ante-Analysen impliziter Kapitalkosten sowie
4. CAPM ohne risikofreie Kreditaufnahme,

überwiegend in die gleiche Richtung. Die Gesamtschau spricht dafür, derzeit von einer – verglichen mit früheren Durchschnittsbetrachtungen – höheren Marktrisikoprämie auszugehen.

III. Indikatoren für eine erhöhte Marktrisikoprämie
1. Ex-post-Analysen historischer Realrenditen

Im Kontext der ex-post-Ermittlung von Marktrisikoprämien werden in der Literatur gegenwärtig zwei grundsätzlich konkurrierende Ansätze diskutiert, die im Folgenden als „historischer Ansatz" sowie als „Total-Market-Return-Ansatz" (TMR-Ansatz) bezeichnet werden und deren Argumente nähergehend gegenübergestellt werden sollen. Der historische Ansatz dient dabei letztlich der direkten Ableitung einer im Zeitablauf konstanten Marktrisikoprämie, während der TMR-Ansatz die Marktrisikoprämie als Residualgröße unter dem Postulat einer im Zeitablauf konstanten realen Aktienrendite ermittelt.

Beiden Ansätzen gemein sind zunächst Überlegungen zur heranzuziehenden historischen Datenbasis, dem relevanten Betrachtungszeitraum, der geeigneten Mittelwertbildung (arithmetisch, geometrisch, Kombination als angepasster Schätzwert etc.) sowie der Betrachtung nominaler oder realer Renditen. Unterschiede ergeben sich – wie im Folgenden gezeigt wird – vor allem hinsichtlich der Reihenfolge von Durchschnitts- und Differenzbildung aus Aktien- und Anleiherenditen und in diesem Zusammenhang von der als konstant postulierten Größe (Aktienrendite versus Marktrisikoprämie).

a) Konkurrierende Theorien – der sogenannte historische (konstante) Ansatz

Bei dem historischen Ansatz kann zunächst über einen historischen Zeitraum für jedes einzelne Betrachtungsjahr die Differenz aus Aktienrendite und Anleiherendite (Überrendite) gebildet und sodann über diese Gesamtheit der einzelnen Überrenditen eine Mittelwertbildung vorgenommen werden. Bei arithmetischer Verknüpfung käme dies der Ermittlung einer historischen durchschnittlichen Aktienrendite sowie einer historischen durchschnittlichen Anleiherendite gleich, die anschließend voneinander abgezogen werden. Durch diesen Bezug auf zwei langfristige historische Durchschnittswerte, die zumindest kurzfristig keinen wesentlichen Schwankungen unterliegen können, muss die Marktrisikoprämie als Differenz dieser beiden Durchschnittswerte im Ergebnis vergleichsweise unveränderlich sein. Dies entspricht der Annahme einer im Zeitablauf konstanten Marktrisikoprämie.

Der Frage nach der Berechtigung der Annahme einer konstanten Marktrisikoprämie gehen unter anderem Wright, Mason und Miles[33] (für den britischen Markt) sowie auch Stehle[34] (für den deutschen, britischen und amerikanischen Markt) mit Hilfe empirischer Kapitalmarktuntersuchungen nach; sie vergleichen dabei die empirische Stabilität der jeweiligen historischen Zeitreihen.

Für den deutschen Kapitalmarkt zieht Stehle hierzu 61 reale Renditepunkte (1955 bis 2015) aus deutschen Blue-Chip-Aktien (DAX), alternativ aus deutschen Aktien des obersten Segments der Frankfurter Börse (FTS)[35] sowie Bundesanleihen (REXP) heran, bildet in Form geometrischer Mittelwerte 30-Jahres-Renditescheiben ab, berechnet die jährliche Marktrisikoprämie als Differenzzeitreihe und vergleicht die resultierenden Standardabweichungen. Da die Standardabweichung als Maß der statistischen Streubreite für die FTS-Zeitreihe mit 1,43% höher ist als die Standardabweichung der Marktrisikoprämien (1,14%), wird der Schluss gezogen, dass die Annahme einer im Zeitablauf konstanten Marktrisikoprämie die deutsche Realität besser beschreibe als die Hypothese konstanter Aktienrenditen, mithin also der historische Ansatz in Deutschland anzuwenden sei.

b) Konkurrierende Theorien – der sogenannte TMR-Ansatz

Der im Jahr 2003 nähergehend von Wright u.a. herangezogene Ansatz basiert demgegenüber darauf, zunächst über einen historischen Zeitraum die durchschnittliche Aktienrendite zu ermitteln und von diesem Durchschnittswert den (einen) gegenwärtigen risikolosen Zinssatz in Abzug zu bringen. Als Residuum ergibt sich die Marktrisikoprämie (Überrendite).

Da in diesem Ansatz die über einen langen historischen Betrachtungszeitraum einmal festgestellte durchschnittliche Aktienrendite letztlich als Schätzer für den Erwartungswert künftiger realer Aktienrenditen herangezogen und somit zumindest kurzfristig keinen wesentlichen Veränderungen unterliegen wird, jedoch ein tagesaktueller (also veränderlicher) risikoloser Realzins in Abzug gebracht wird, ist die resultierende Marktrisikoprämie als Differenz zumindest partiell veränderlich. Der Ansatz basiert auf der Annahme einer im Zeitablauf konstanten Aktienrendite.

---

33 Vgl. Wright/Mason/Miles, A study into certain aspects of the cost of capital for regulated utilities in the U.K., Gutachten im Auftrag britischer Regulierungsbehörden, 13.02.2003, London 2003.
34 Vgl. Stehle, Wissenschaftliches Gutachten zur Schätzung der Marktrisikoprämie (equity risk premium) im Rahmen der Entgeltregulierung, Gutachten im Auftrag der deutschen Bundesnetzagentur, April 2016, S. 43–54 (www.bundesnetzagentur.de; Abruf: 24.05.2018).
35 Die sogenannte total return time series for the top segment of the Frankfurt Stock Exchange (kurz FTS-Zeitreihe) berücksichtigt dabei lediglich das „top segment" (Amtlicher Markt), während der in früheren Analysen oftmals verwendete CDAX ab 1998 auch den Geregelten Markt (middle segment) und Neuen Markt erfasste; vgl. Stehle/Schmidt, Kredit und Kapital 2015, S. 427–476.

Ein im Zeitablauf variierender risikoloser Zins entspräche daher ceteris paribus einer entsprechend reagierenden Marktrisikoprämie.

Für den amerikanischen und britischen Markt argumentieren Wright u.a., dass die tatsächliche Höhe historischer risikoloser Zinssätze mit deutlich mehr Unsicherheit behaftet sei als die Rendite von Aktien, mithin sich die Marktrisikoprämie unsicherer als die über langläufige Betrachtungszeiträume im Zeitablauf vergleichsweise stabilen realen Aktienrenditen darstelle.[36] Auch neuere Untersuchungen auf der Basis fortgeschriebener Datenreihen der Jahre von 1871 bis 2015 kommen zu einem diese Annahme stützenden Ergebnis und befürworten hieraus die Eignung des TMR-Ansatzes für den US-Kapitalmarkt.[37]

Für den deutschen Kapitalmarkt gelte dies jedoch wie zuvor dargestellt nicht. Fraglich ist aber, ob aus der Ablehnung dieses Ansatzes automatisch für die ausschließliche Anwendbarkeit des historischen Ansatzes argumentiert werden kann. Dazu werden im Folgenden erste Überlegungen zu Einflussfaktoren der empirischen Ländervergleiche (USA versus Deutschland) von Stehle vorgebracht sowie die Fähigkeit beider Ansätze zur Erklärung der jüngeren Kapitalmarktentwicklungen (der letzten zehn Jahre) dargelegt.

Für den US-Kapitalmarkt liegen – auch auf der Basis der Voruntersuchungen von Siegel[38] – Daten und Zeitreihen für rund zwei Jahrhunderte (seit dem Jahr 1802) vor. Stehle beginnt seine Betrachtungen jedoch unter Verweis auf Qualitätsmängel der ältesten Jahrgänge erst für Renditen ab dem Jahr 1871 durch Bildung von 30-jährigen Renditezeitscheiben. Die Verfügbarkeit historischer Renditedaten für den deutschen Kapitalmarkt stellt sich demgegenüber vergleichsweise eingeschränkt dar, so dass die analoge empirische Untersuchung für Deutschland mit dem Jahr 1955 beginnt und somit der Ländervergleich zwangsweise auf abweichenden Betrachtungszeiträumen fußt. Betrachtet man den nur in der US-Datenbasis vorhandenen Zeitraum vor 1955, fällt auf, dass zwar im letzten Drittel des 18. Jahrhunderts rein visuell im Wesentlichen noch ein Gleichlauf von realer Aktienrendite und Anleiherendite gegeben war, ab etwa dem Jahr 1921 jedoch steigende reale Aktienrenditen mit simultan sinkenden Anleiherenditen einhergingen. In die zwischen den Jahren 1935 und 1955 beginnenden 30-Jahres-Renditescheiben fließen – unter anderem getrieben durch überdurchschnittliche Inflationsraten zum Ende des Zweiten Weltkriegs – gar negative reale Anleiherenditen ein, so dass die als Differenz aus der teils historische Höchstwerte erreichenden Aktienrendite und negativen Anleiherenditen berechnete Marktrisikoprämie dieser Jahre signifikante Maximalwerte von bis zu 11% erreicht.[39] Würde der Zeitraum vor 1955 vor dem Hintergrund der erläuterten besonderen weltpolitischen bzw. ökonomischen Einflüsse

---

36 Wright/Mason/Miles, a.a.O. (Fn. 33), S. 4 i.V. mit S. 48.
37 Vgl. Stehle, a.a.O. (Fn. 34), S. 45–47, dabei aufbauend auf Siegel, Stock for the Long Run: A Guide to selecting Markets for Long-term Growth, New York 1994, sowie in zweiter Auflage Siegel, Stock for the Long Run: The Definite Guide to Financial Markets Returns and Long-term Investment Strategies, New York 1999.
38 Siegel, a.a.O. (Fn. 37).
39 Stehle, a.a.O. (Fn. 34), S. 47, Abbildung 1.

sowie mit dem Zweck der Angleichung der Betrachtungszeiträume an deutsche Datenverfügbarkeit ausgeblendet werden, ergäbe sich ceteris paribus eine reduzierte Streubreite der Marktrisikoprämie innerhalb der US-Untersuchungen.

Des Weiteren hat die Bildung geometrisch gemittelter Anlagezeitscheiben Einfluss auf die resultierenden Streubreiten, die ceteris paribus sinken, je länger die Renditezeitscheibe gewählt wird. In den empirischen Untersuchungen von Siegel, Wright und Stehle wurden jeweils 30 Jahreszeiträume betrachtet.

c) Fähigkeit dieser Theorien zur Erklärung der jüngeren Kapitalmarktentwicklungen

Neben dem bisher als zentralen Beurteilungsmaßstab herangezogenen statistischen Gütemaß auf der Basis langfristiger historischer Zeiträume ist bei der Beurteilung beider konkurrierender Ansätze jedoch auch zu prüfen, inwiefern sie in der Lage sind, die aktuelleren Kapitalmarktentwicklungen der jüngeren Vergangenheit zu erklären.

Hierzu werden im Folgenden in einer ersten Analyse die Jahre 2005 bis 2017 betrachtet und für diese die Entwicklung von deutscher Aktienrendite und Anleiherendite gegenübergestellt. Als Bezugsgröße für die Aktienrendite wird der Kehrwert aus dem KGV[40] des DAX herangezogen und ein Jahresdurchschnitt der täglichen Renditepunkte gebildet. Die Heranziehung des KGV-Kehrwerts impliziert dabei, dass die Rendite eine Nominalgröße repräsentiert und bereits nach Abzug eines in die Börsenkapitalisierung eingepreisten Wachstumsabschlags (in der bewertungstheoretischen ewigen Rente) dargestellt ist. Die Anleiherendite wird in Form des Basiszinssatzes abgeleitet.[41] Diese nominalen Basiszinssätze eines jeden Monats werden sodann für Darstellungszwecke zu Jahresdurchschnittswerten zusammengefasst und in Abbildung 3 den Aktienrenditen gegenübergestellt; die Differenz beider Renditelinien ist die (rechnerische) Marktrisikoprämie.

Bei Betrachtung des Verlaufs der Aktienrendite wird erkennbar, dass diese in den Jahren 2016 und 2017 mit rund 7% bis 7,7% wieder auf einem vergleichbaren Niveau zu den Vorkrisenjahren 2005 bis 2007 liegt. Gleichsam sind jedoch die Basiszinssätze von rund 4% bis 4,5% auf 0,9% im Jahresdurchschnitt 2016 bzw. 1,2% im Jahr 2017 gesunken. Dem Absinken des risikolosen Zinssatzes um rund 3 Prozentpunkte

---

40 In einer vereinfachten Betrachtung ohne Wachstum und sonstige strukturelle Veränderungen gilt: Unternehmenswert bzw. Kurs = Gewinn/Renditeerwartung. Das Kurs-GewinnVerhältnis (KGV) entspricht also 1/Renditeerwartung. Das KGV eines Unternehmens drückt das jeweilige Kursniveau als Multiplikator der von Analysten erwarteten Gewinne (sogenanntes Forward-KGV) für das laufende bzw. die folgenden Geschäftsjahre aus. Ein KGV für den Aktienmarkt von beispielsweise 10 entspricht also auf Basis der kurzfristig erwarteten Gewinne einer Eigenkapitalrenditeerwartung von 10%.

41 Hierdurch soll der Bezug zur Bewertungspraxis im Kontext von IDW S 1 hergestellt werden, da in derartige Unternehmensbewertungen eben gerade nicht ein etwaiger 30-jähriger REXP-Durchschnitt als risikoloser Zins herangezogen wird, sondern eine am Markt ablesbare Stichtagsgröße in Form des Basiszinssatzes. Hierdurch wirkt sich das gegenwärtig niedrige Zinsniveau der Staatsanleihen ohne vorgeschaltete historische Mittelwertbildung deutlich auf die Marktrisikoprämie als Residuum aus. Rentenrenditen sind zudem als Stichtagsgröße unmittelbar an den Märkten ablesbar, während erwartete Aktienrenditen nicht direkt beobachtbar sind.

steht jedoch kein proportionales Absinken der Aktienrendite gegenüber, was ceteris paribus vermuten lässt, dass die Marktrisikoprämie nicht absolut konstant gewesen ist, sondern einer – zumindest partiellen – Atmung unterlegen hat.

Im Zusammenhang mit einer erkennbaren Veränderung der Relation von Aktienrendite zum Basiszinssatz plus Marktrisikoprämie in den Jahren 2010 bis 2012 kann die modelltheoretische Nachrechenbarkeit der im Zeitverlauf beobachtbaren Aktienrenditen im Sinne des CAPM weitergehend beleuchtet werden. Hierzu wird ausgehend von dem jeweiligen jahresdurchschnittlichen Basiszinsniveau in Alternative 1 eine konstante Marktrisikoprämie von 6,25% (Mitte der aktuellen Empfehlungsbandbreite) aufgeschlagen und die resultierende Eigenkapitalrendite auch für alle übrigen Jahre rückgerechnet[42] (vgl. die gestrichelte und mit Dreiecken gekennzeichnete Linie in Abbildung 3). In Alternative 2 wird als Marktrisikoprämie der Mittelwert der für den Vergangenheitszeitraum jeweils gültigen Empfehlungsbandbreite (beispielsweise 5,0% für 2008 bis 2011, 6,25% ab 2012) herangezogen und zusätzlich ein illustrativer Wachstumsabschlag von 1% in Abzug gebracht (vgl. die gestrichelte und mit Quadraten gekennzeichnete Linie in Abbildung 3). Beide Betrachtungsalternativen zeigen, dass nur unter Heranziehung der aktuellen Marktrisikoprämie-Empfehlungsbandbreite die Erklärungsfähigkeit für die Jahre ab 2012 größtenteils gegeben ist, die Anhebung der Marktrisikoprämie-Empfehlungsbandbreite mithin rückwirkend gestützt wird. Für die Vorjahre bis 2010 wiederum ist die Erklärungsfähigkeit nur unter Heranziehung der niedrigeren Marktrisikoprämien aus der damaligen Empfehlungsbandbreite von 4,0% bis 5,0% (vor 2008) bzw. von 4,5% bis 5,5% (2008 bis 2011) im Wesentlichen gegeben (vgl. die gestrichelte und mit Quadraten gekennzeichnete Linie in Abbildung 3 zu Alternative 2), während eine unreflektierte Anwendung der heutigen Empfehlungsbandbreite auf damalige Kapitalmarktbedingungen eine tendenzielle Überschätzung der Realität zur Folge gehabt hätte (vgl. die gestrichelte und mit Dreiecken gekennzeichnete Linie in Abbildung 3 zu Alternative 1).

Die Annahme einer strikt konstanten Marktrisikoprämie würde in einem ansonsten unveränderten Umfeld (gleiche Unternehmensgewinne, Wachstumserwartungen etc.) zudem erwarten lassen, dass zwischen Basiszins und Aktienrendite eine gewisse Korrelation besteht, im Extremfall gar ein vollständiger Gleichlauf: sinkt der Basiszins um einen Prozentpunkt, sinkt die erwartete Aktienrendite um einen Prozentpunkt und verursacht ceteris paribus steigende Aktienkurse. Eine vereinfachend visuelle Untersuchung dieses Verhältnisses ist in Abbildung 4 für den Zeitraum von 2012 bis 2017 dargelegt. Dabei ist grundsätzlich anzumerken, dass

---

42 Dieser vereinfachende Vergleich von (a) Summe aus Basiszins und konstanter Marktrisikoprämie mit (b) dem KGV-Kehrwert als Schätzer der DAX-Aktienrendite berücksichtigt dabei nicht den eigentlich notwendigen Abzug einer anzunehmenden Wachstumsrate von der gebildeten Summe (a). Da dies jedoch gleichermaßen alle Jahre betrifft und im Betrachtungszeitraum (mit Ausnahme von 2008) keine signifikanten Veränderungen von Inflationsraten in Deutschland zu beobachten waren, sind qualitative Rückschlüsse aus den im Zeitverlauf immer stärker auseinanderlaufenden Zeitreihen dennoch möglich. Darüber hinaus wird in der Nachberechnungsalternative 2 besagter Abschlag ergänzend in die Analysen einbezogen.

die Identifikation einer pauschalen rechnerischen Korrelation durch den Einfluss zahlreicher weiterer Parameter – wenn überhaupt – nur eingeschränkt möglich ist. Dennoch fällt bei Betrachtung beispielsweise des jüngeren Basiszinsverfalls im Frühjahr/Sommer 2016 auf, dass diesem kein proportional signifikanter Anstieg des CDAX gegenübersteht. Auch der anschließende Basiszinsanstieg im Winter 2016/17 wird anstelle von Kursreduktionen vielmehr durch deutliche Kursanstiege (mithin gestiegene Unternehmenswerte) begleitet. Dieselbe Beobachtung ist in der zweiten Jahreshälfte 2013 zu machen: hier steht einem Anstieg des Basiszinses anstelle eines sinkenden Kursniveaus abermals ein Kursanstieg gegenüber.

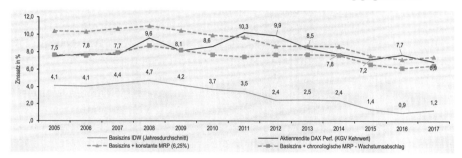

Abbildung 3: Entwicklung von Aktienrendite (KGV-Kehrwerte) und Basiszinssätzen 2005 bis 2017 mitsamt illustrativer Nachrechnung der Gesamtrendite auf der Basis einer konstanten Marktrisikoprämie stützt die Anhebung der Marktrisikoprämie-Bandbreite ab 2012

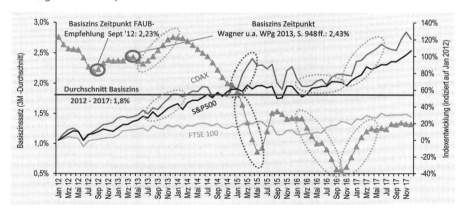

Abbildung 4: Korrelation von Basiszins und Aktienrendite in Monatsintervallen seit 2012

Darin kann man Indizien für eine weitere, zumindest partiell veränderliche Komponente innerhalb der Gesamt-Eigenkapitalrenditeerwartung sehen.

Ein weiterer Untersuchungsansatz besteht darin, die Zeitreihe realer deutscher Aktienrenditen auf etwaige langfristige Trendentwicklungen zu analysieren und hieraus Schlüsse für das Vorliegen konstanter realer Aktienrenditen zu ziehen. Finden sich dabei keine Hinweise auf im historischen Verlauf sinkende (langfristige) Realrenditen, ist ceteris paribus vor dem Hintergrund des gegenwärtig niedrigen Renditeniveaus deutscher Staatsanleihen von einer implizit gestiegenen Marktrisikoprämie auszugehen. Sind die historischen Realrenditen konstant oder zumindest nur leicht steigend ausgeprägt, wäre dies ein weiteres Argument für die Anwendbarkeit des TMR-Ansatzes. Hierzu werden im Folgenden einerseits Realanstelle von Nominalrenditen deutscher Aktien betrachtet sowie andererseits verschiedene (langfristige) „Anlagezeitscheiben" berücksichtigt. Das Abstellen auf eine inflationsbereinigte Betrachtung von Marktportfoliorenditen kann vor allem vor dem Hintergrund der momentanen Kapitalmarktsituation (mit negativen Nominalrenditen kurzläufiger Bundeswertpapiere und immer noch teils negativer Realverzinsung bei langläufigen deutschen Staatsanleihen) von Nutzen sein.[43] Durch die Bildung von multiplen „Anlagezeitscheiben" (beispielsweise Anlagebeginn im Jahr 1964, Anlagedauer zehn Jahre) können zudem neben Einzeljahresrenditen weitere, langfristige Durchschnittswerte in die Betrachtung einbezogen werden. Ausgangsbasis der Analyse sind die jährlichen marktwertgewichteten Realrenditen aller in Frankfurt amtlich notierten deutschen Aktien im Zeitraum von 1955 bis 2009.[44] Es handelt sich um Vorsteuer-Betrachtungen (persönlicher Einkommensteuersatz 0%). Um die Zeitreihe auch für die krisenrelevanten Jahre 2010 und 2011 sowie die jüngsten Jahre des Zinsverfalls von 2012 bis 2017 fortführen zu können, wurde auf der Basis der Jahresendstände des CDAX (Quelle: Deutsche Börse) die Nominalrendite der Jahre 2010 bis 2017 berechnet und anschließend eine Inflationsbereinigung dieser acht Datenpunkte unter Verwendung deutscher Inflationsraten (Quelle: Destatis) sowie der sogenannten „Fisher-Effekt-Formel" vorgenommen.

Zur Identifikation von Trends in den sich ergebenden Renditepunktewolken wurde eine Regression durchgeführt und sodann die darüber erreichte Aussagekraft mittels statistischer Gütekriterien (Bestimmtheitsmaß, P-Wert) beurteilt. Es zeigt sich, dass unter Verwendung linearer Regression für ein- und zehnjährige Anlageperioden zwar augenscheinlich im Zeitverlauf konstante Erwartungswerte für Realrenditen anzunehmen sind, die statistische Güte der Regressionsgeraden jedoch nicht gegeben ist. Wird indes auf längerfristige Anlageperioden von 30 Jahren abgestellt, ist eine im Zeitverlauf flache oder allenfalls leicht steigende Entwicklung erwarteter Realrenditen ermittelbar (vgl. Abbildung 5). Somit finden sich keine

---

[43] In den USA erfolgt die Analyse von Aktienrenditen häufig auf der Basis von Realrenditen (vor Inflation), während deutsche Untersuchungen zumeist auf nominalen Risikoprämien fußen (vgl. Stehle/Hausladen, WPg 2004, S. 931). Da Inflationserwartungen sowohl in Aktienrenditen als auch in der Rendite risikoloser Wertpapiere Eingang finden, differieren aus der Differenz abgeleitete Risikoprämien im historischen Durchschnitt annahmegemäß nur geringfügig (so im Ergebnis auch Stehle/Hausladen für den US-amerikanischen Markt; vgl. Stehle/Hausladen, WPg 2004, S. 928). Jedoch können Differenzen aus historisch abgebildeten (ex post) und für die Zukunft (ab 2018 ff.) erwarteten ex-ante-Raten resultieren.

[44] Zeitreihe für alle amtlich notierten deutschen Aktien (analog CDAX) in der Vergangenheit unter der Internetadresse von Stehle (www.wiwi.hu-berlin.de; Abruf: 24.05. 2018) veröffentlicht; gegenwärtig (letzter Abruf vom Februar 2018) finden sich dort selbige Zeitreihen mit Bezug auf deutsche Blue-Chip-Aktien (analog DAX) mit entsprechend leicht abweichenden Renditepunkten. Grundlegende Erläuterungen zur Ermittlungsmethodik sowie exemplarische Berechnungen dieser Reihen können Stehle/Hartmond, Kredit und Kapital 1991, S. 371, und Stehle, WPg 2004, S. 906 ff., entnommen werden.

Hinweise auf eine im Zeitverlauf langfristig gesunkene Realrendite, so dass im Umkehrschluss bei gegebenen niedrigen Basiszinssätzen von einer gestiegenen Marktrisikoprämie auszugehen ist.

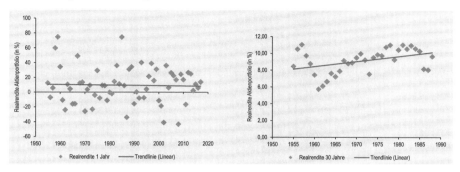

Abbildung 5: Arithmetische Mittel für ein Jahr und für 30 Jahre

d) Zwischenfazit zu Theorien im Widerstreit

Beide konkurrierende Ansätze mitsamt ihrer modelltheoretischen Unsicherheiten und isolierten Unzulänglichkeiten vermögen die jüngsten Kapitalmarktentwicklungen nicht vollumfänglich zu erklären. Auf der Basis der zuvor dargestellten Analysen zu Aktienrenditen als KGV-Kehrwerten, Korrelationen zu Basiszinssätzen und langfristigen Trendentwicklungen sprechen einige Argumente dafür, dass zumindest ein partieller Anstieg der Marktrisikoprämie am Kapitalmarkt stattgefunden hat.

Im Folgenden sollen vor dem Hintergrund dieser Erläuterungen weitergehende ex-post-Analysen zunächst auf der Basis des TMR-Ansatzes durchgeführt werden.

e) Ex-post Marktrisikoprämien aus durchschnittlichen realen Aktienrenditen

Ergänzend zu der zuvor herangezogenen Realrenditezeitreihe aller in Frankfurt amtlich notierten deutschen Aktien mitsamt CDAX-basierter Verlängerung über die Jahre von 1955 bis 2017 (im Folgenden vereinfachend: CDAX-Reihe) wird im Folgenden auch die sogenannte sogenannte FTS-Zeitreihe von Stehle/Schmidt[45] für den Zeitraum der Jahre von 1955 bis 2013 berücksichtigt. Da die FTS-Zeitreihe lediglich das „top segment" (Amtlicher Markt) umfasst, der CDAX jedoch ab dem Jahr 1998 auch den Geregelten Markt (middle segment) und den Neuen Markt erfasste, ergeben sich vor allem ab dem Jahr 1998 teils relevante Abweichungen in den Einzeljahresrenditen zwischen den beiden Zeitreihen.

---

45 Stehle/Schmidt, Kredit und Kapital 2015, S. 427–476. Die Autoren beziehen hierbei auch das Jahr 1954 in die Untersuchungen ein. Vorliegend wird einerseits aus Konsistenzgründen zu der gewählten CDAX-Zeitreihe, andererseits aufgrund der (unter anderem nachkriegsbedingt) unüblich hohen Realrendite von 85% sowie in Fortführung früherer Untersuchungen ein gleichlaufender Betrachtungszeitraum ab 1955 gewählt.

Basis	Rendite	Einzeljahresrenditen (arithmetisch)	30-Jahresrenditen (arithmetisch)	30-Jahresrenditen (geometrisch)
CDAX, 1955 bis 2017	Real	9,40%	9,11%	6,83%
FTS, 1955 bis 2013	Real	9,74%	9,41%	7,00%

Tabelle 1: Durchschnittliche reale Aktienrenditen auf der Basis unterschiedlicher Anlagezeiträume

Für beide Real-Zeitreihen werden Durchschnittswerte berechnet und dabei wie bei Stehle/Schmidt neben den Mittelwerten der 63 (CDAX) bzw. 59 (FTS) Einzeljahresrenditen auch 30-Jahres-Renditescheiben innerhalb der Betrachtungszeiträume gebildet und untersucht.[46] Bei der Berechnung durchschnittlicher Aktienrenditen für unterschiedliche Anlagezeiträume ist die Methode der Mittelwertbildung von Relevanz. Zwar wird für Abzinsungsfälle wie im Falle der Unternehmensbewertung häufig das arithmetische Mittel als geeignet betrachtet, jedoch gibt es auch Hinweise in Richtung des geometrischen Mittels oder zumindest eines „gewogenen Schätzers" innerhalb der Bandbreite aus arithmetischem und geometrischem Mittel.[47] Vor dem Hintergrund dieser Unsicherheiten werden im Folgenden beide Mittelwertbildungen in Tabelle 1 dargestellt. Es ergeben sich reale Aktienrenditen von rund 6,8% bis 9,7%.

Demgegenüber liegt die aktuelle reale Rendite langfristiger Bundeswertpapiere – repräsentiert durch die langfristigen inflationsindexierten Staatsanleihen – nahe null. Folgt man der These, dass die langfristige reale Aktienrendite im Durchschnitt auch für die Zukunft zu erwarten ist, lässt sich daraus eine erwartete Marktrisikoprämie in einer Größenordnung von rund 7% und darüber ableiten. Dies soll nachfolgend in rechnerischer Form ergänzend untersucht werden.

Die retrograde Ableitung der nominalen Marktrisikoprämie kann sodann wie folgt vorgenommen werden: Ausgehend von der Hypothese im Zeitverlauf konstanter Erwartungswerte für Realrenditen wird den inflationsbereinigten Aktienrenditen in einem ersten Schritt die gegenwärtige Inflationserwartung mit Kapitalmarkt-

---

[46] Für Zwecke der geometrischen Mittelwertbildung über 30-jährige Betrachtungszeiträume besteht der erste Betrachtungszeitraum für die FTS-Zeitreihe aus 29 Jahren (1955 bis 1983), der zweite Zeitraum aus 30 Jahren (1984 bis 2013). Im Zuge der CDAX-Zeitreihe stehen ausreichend 63 Datenpunkte zur Verfügung, so dass zwei volle 30-Jahresscheiben gebildet werden können. Diese Durchschnittsrenditen weichen Index-bedingt geringfügig von den in Abbildung 1 (dort DAX-Basis) dargestellten Mittelwerten ab, führen jedoch im Aussagegehalt zu vergleichbaren Ergebnissen.

[47] Im Schrifttum werden vor allem Blume, Journal of the American Statistical Association 1974, Vol. 69, No. 347, S. 634–638, und Cooper, European Financial Management 1996, Vol. 2, No. 2, S. 157–167, diskutiert. Blume konstruiert für den Aufzinsungsfall (also bezogen auf die Endwertberechnung einer Kapitalanlage) einen gewogenen Schätzer aus arithmetischem und geometrischem Mittel für Anlageperioden N 1, da das arithmetische Mittel einen zu hohen Schätzwert liefert. Cooper dagegen argumentiert, dass im Abzinsungsfall (also für bewertungsrelevante Barwertschätzungen) sowohl arithmetisches als auch geometrisches Mittel Verzerrungen unterliegen und ein angepasster Schätzwert oberhalb des arithmetischen Mittels liegen müsse. Sind Renditen autokorreliert, liegt ein unverzerrter Schätzer näher beim arithmetischen Mittel.

bezug sowie aus Analysteneinschätzungen[48] hinzugerechnet. Diesen wird der zum Dezember 2017 ermittelte Basiszins (nominal) gegenübergestellt. Auf diese Weise lassen sich unter Heranziehung unterschiedlicher Anlagezeitscheiben retrograd nominale Marktrisikoprämien (vor etwaigen Abschlägen) ermitteln, welche gleichsam in Bandbreitenbetrachtungen Eingang finden. In Abhängigkeit von den jeweiligen Zeitscheiben und der gewählten Mittelwertbildung ergeben sich verschiedene Punktwerte. Die Ergebnisse können Tabelle 2 entnommen werden.

Basis	Anlagezeitscheiben	Rendite	Mittel	RM real (rund)	Inflationserwartung	RM nominal	RF Nominal	Marktrisikoprämie
CDAX, 1955 bis 2017	Ein Jahr	Real	Arithmetisch	9,4%	1,7%	11,1%	1,3%	9,8%
CDAX, 1955 bis 2017	30-Jahre	Real	Geometrisch	6,8%	1,7%	8,5%	1,3%	7,2%
FTS, 1955 bis 2013	Ein Jahr	Real	Arithmetisch	9,7%	1,7%	11,4%	1,3%	10,1%
FTS, 1955 bis 2013	30-Jahre	Real	Geometrisch	7,0%	1,7%	8,7%	1,3%	7,4%

Tabelle 2: Ergebnisse der retrograden Ableitung der nominalen Marktrisikoprämie

Für einen Betrachtungszeitraum von 59 bzw. 63 Jahren und Anlagezeiträumen (Jahresscheiben) von einem Jahr ergibt sich somit unter Anwendung des arithmetischen Mittels eine retrograde Marktrisikoprämie von rund 10% (9,8% bis 10,1%), bei Anwendung des geometrischen Mittels von leicht über 7% (7,2% bis 7,4%).

Es ist anzumerken, dass diese Ergebnisse deutlich über der in einer analogen Untersuchung aus dem Jahr 2013 ermittelten Marktrisikoprämie von 8,07%[49] (für das arithmetische Mittel) liegen. Dies ist dabei weniger auf den leichten Anstieg der historisch ermittelten durchschnittlichen Aktienrendite, sondern vielmehr auf den seitdem weiterhin deutlich gesunkenen Basiszins zurückzuführen. Durch die methodische Besonderheit des TMR-Ansatzes, anstelle eines historischen Durchschnittswerts für die Anleiherendite einen gegenwärtigen Bezugspunkt (hier der Basiszins als Monatsdurchschnitt Oktober bis Dezember 2017) zu wählen und in Abzug von der Aktienrendite zu bringen, wirkt sich das gegenwärtig niedrige Zinsniveau der Staatsanleihen ohne vorgeschaltete historische Mittelwertbildung deutlich auf das Berechnungsergebnis aus. Würde vor diesem Hintergrund zur unmittelbaren Heilung eine Durchschnittsbetrachtung auch für Anleiherenditen gefordert, würde dies zum einen letztlich ein Abstellen auf den historischen Ansatz mit allen zuvor in Abschnitt III.1. erläuterten Vor- und Nachteilen bedeuten und

---

[48] Im Schätzer der Inflationserwartung spiegeln sich sowohl Kapitalmarktdaten aus Analysen zu inflationsindexierten Bundeswertpapieren und Inflation-Swaps sowie Analystenschätzungen von Oxford Economics, Global Insight und Economist Intelligence Unit wider. Hierbei ist zu bedenken, dass diese Betrachtung eine rein stichtagsgetriebene negative Realrendite aufweist.
[49] Wagner u.a., WPg 2013, S. 948 ff., 954.

zum anderen in der Bewertungspraxis nach IDW S 1 Fragen hinsichtlich der Zusammensetzung und Parameterbestimmung der CAPM-basierten Eigenkapitalkosten hervorrufen – denn gerade hier wird ja die ermittelte Marktrisikoprämie neuerlich mit dem gegenwärtigen (und somit gerade nicht historischen) Basiszins kombiniert. Rentenrenditen sind zudem als Stichtagsgröße unmittelbar an den Märkten ablesbar, während erwartete Aktienrenditen nicht direkt beobachtbar sind.

Folgt man der These langfristig konstanter realer Aktienrenditen, lassen sich somit „ex-post" Marktrisikoprämien von rund 7% und darüber ableiten (arithmetisch und geometrisch). Insofern wird die im Oktober 2012 vorgenommene Erhöhung der FAUB-Empfehlungsbandbreite weiterhin gestützt und spricht gegenwärtig bei isolierter Betrachtung der „ex-post"-Untersuchungsergebnisse gar für weitere Aufwärtstendenzen, keinesfalls jedoch für eine Rücknahme oder Negierung der sachgerechten Anhebung.

Unter ganzheitlicher Würdigung dieser Ergebnisse im Kontext der zuvor näher dargelegten konkurrierenden Ansätze (historisch versus TMR) mitsamt ihrer modelltheoretischen Unsicherheiten und isolierten Unzulänglichkeiten zur Erklärung aktueller Kapitalmarktentwicklungen sind diese Überlegungen für Zwecke der Bewertungspraxis daher um weitergehende Untersuchungen zu impliziten Kapitalkosten (ex-ante-Marktrisikoprämie) und Zero-Beta-CAPM zu ergänzen. Dies dient der weiteren Stärkung des Konnex mit öffentlich verfügbaren Daten und somit der berufsständischen Ermessensausübung des Wirtschaftsprüfers.

2. Ex-ante-Analyse impliziter Kapitalkosten

Ein zentraler Nachteil von ex-post-Analysen liegt in dem fehlenden Bezug zur aktuellen Kapitalmarktsituation. Die Einbeziehung langer Zeiträume führt zwar zu einer Glättung kurzfristiger Schwankungen am Kapitalmarkt, die häufig lediglich die Folge von Über- oder Untertreibungen sind, ohne dass sich fundamentale Änderungen der Einschätzung des Ergebnispotentials der Unternehmen ergeben haben. Allerdings führt sie auch dazu, dass Trends erst mit sehr großer zeitlicher Verzögerung ihren Niederschlag finden, da das Gewicht der Jahre der Historie deutlich größer ist. Es stellt sich bereits grundsätzlich die Frage, inwieweit Parameter, welche die Verhältnisse an den Kapitalmärkten vor über 20 oder 30 Jahren beschreiben, heute noch relevant sind. Da für den Zweck der Unternehmensbewertung tatsächlich die erwartete zukünftige Marktrendite gesucht wird, erscheint die Vergangenheitsorientierung bereits grundsätzlich diskussionswürdig.

Diese Probleme lassen sich vermeiden, wenn implizite Kapitalkosten aus heutigen Marktbeobachtungen herangezogen werden. Diese folgen der Logik, dass ausgehend von bekannten Marktwerten sowie bekannten erwarteten Cashflows sich in Umstellung der Bewertungsgleichung die (impliziten) Kapitalkosten (Gesamtrendite), für welche die Gleichung erfüllt ist, bestimmen lassen. Als Surrogat für die Marktwerte werden die beobachtbaren Marktkapitalisierungen börsennotierter Unternehmen beispielsweise des DAX verwendet. Für die von den jeweiligen Unternehmen erwarteten Cashflows lassen sich Analystenschätzungen verwenden, welche für mehrere Jahre bei diesen Unternehmen verfügbar sind. Die impliziten Kapitalkosten sind genau die Kapitalkosten, die aus den erwarteten Cashflows den aktuell beobachtbaren Börsenwert eines Unternehmens erklären.[50] Mit anderen Worten: Es wird unterstellt, dass aktuell beobachtbare Preise für Anteile an börsennotierten Gesellschaften das Ergebnis einer Bewertung durch Marktteilnehmer sind, welche hierfür die zukünftigen Cashflows aus Analystenschätzungen diskontiert haben. Häufig wird angesichts der Vorgehensweise der Vorwurf eines tautologischen Schlusses von Aktienpreisen auf Kapitalkosten vorgebracht.[51] Tatsächlich ist der Vorwurf nicht berechtigt. Eine Tautologie läge vor, wenn ein bereits bekanntes Ergebnis derart verwendet wird, dass es aufgrund der verwendeten Modelllogik wieder reproduziert werden muss. Tatsächlich soll bei der Bestimmung impliziter Kapitalkosten nicht der bereits bekannte Börsenwert der einzelnen dazu verwendeten Unternehmen bestimmt werden, sondern über die Durchschnittsbildung über eine Vielzahl – beispielsweise dem gesamten DAX – die Gesamtrendite des Kapitalmarkts bestimmt werden.[52]

Eine fundamentale Schwäche dieses Ansatzes ergibt sich bereits aus der Gleichsetzung von Börsenpreis und Unternehmenswert. Damit werden sämtliche beobachtbaren Kursbewegungen in die Kapitalkosten übertragen, unabhängig davon, ob die Kursbewegungen die Folge kurzfristiger Über- oder Untertreibungen sind.[53] Zwar werden durch die Durchschnittsbildung über viele Unternehmen solche Effekte, die auf einzelne börsennotierte Unternehmen beschränkt sind, wieder geglättet, Verzerrungen des gesamten Aktienmarkts gehen hingegen mit ein. Allerdings weist auch die historische Renditemessung grundsätzlich dieselbe Schwäche auf, da auch hier die Renditen aus den Börsenpreisen unabhängig von Über- und Untertreibungen in die Messung Eingang finden. Der zentrale Unterschied besteht nur darin, dass durch die zusätzliche historische Durchschnittsbildung über eine Vielzahl von Jahren solche Verzerrungen zusätzlich abgeschwächt werden. Durch eine im Zeitablauf fortschreibende Ermittlung impliziter Kapitalkosten sowie durch die Bestimmung auch für vergangene Jahre lassen sich durch den Vergleich der impliziten Kapitalkosten über den Zeitablauf einzelne Perioden von offensichtlichen Über- oder Untertreibungen recht gut identifizieren.

Eine andere möglicherweise beherrschbare Schwäche ist die Festlegung der erwarteten Cashflows und das verwendete Bewertungsmodell. Bezüglich der Cashflow-Prognose wird häufig eine systematische Überschätzung durch Analysten als Problem genannt.[54] Allerdings werden Analysten grundsätzlich von den Unternehmen unmittelbar mit Informationen versorgt werden, sodass die Erwartungen der Unternehmen über die Kapitalmarktinformation zumindest in die Analystener-

---

50 Vgl. Jäckel/Kaserer/Mühlhäuser, WPg 2013, S. 366; Deutsche Bundesbank, a.a.O. (Fn. 22), S. 16.
51 Vgl. beispielsweise Krenek, CF 2016, S. 464.
52 Vgl. Bassemir/Gebhardt/Ruffing, WPg 2012, S. 889; Bertram/Castedello/Tschöpel, CF 2015, S. 470.
53 Vgl. Bertram/Castedello/Tschöpel, CF 2015, S. 470; Beumer, CF 2015, S. 342.
54 Vgl. beispielsweise Ballwieser/Friedrich, CF 2015, S. 451; Deutsche Bundesbank, a.a.O. (Fn. 22), S. 17 f.

wartungen Eingang finden – ähnlich wie bei der objektivierten Unternehmensbewertung, bei der die Planung des Unternehmens zumindest der Ausgangspunkt der Bewertung ist. Zudem wird üblicherweise nicht auf die Erwartung einzelner Analysten abgestellt, sondern auf den Durchschnitt aller verfügbaren Schätzungen – die sogenannte Consensus-Schätzung – was tendenziell zu einem Ausgleich einzelner Über- oder Untertreibungen führen kann. Anzumerken ist, dass ein Kernpunkt objektivierter Werte nach IDW S 1 die Plausibilisierung der Unternehmensplanung ist. Ein wichtiger Ansatz der Plausibilisierung liegt in der Spiegelung der Unternehmensplanung des Managements an den vorliegenden Analystenschätzungen. Insofern gehen diese heute bereits zumindest indirekt auch in viele Unternehmensbewertungen ein.[55]

In der konkreten Durchführung von ex-ante-Studien werden unterschiedliche Ansätze verwendet. Sie basieren grundsätzlich auf einem Dividendendiskontierungsmodell und können entweder als Residualgewinnmodell[56] oder als Gewinnkapitalisierungsmodell[57] zur Anwendung kommen. Die Modelle unterscheiden sich primär in der Abbildung der Wachstumsannahmen am Ende des Prognosezeitraums der Analystenschätzungen.[58] Zwar existiert eine Vielzahl von Modellen mit entsprechenden pauschalen Annahmen hinsichtlich des langfristigen Wachstums, die bei Heranziehung zur Ableitung impliziter Kapitalkosten zu einer entsprechenden Bandbreite führen, hier wird jedoch von der Überlegung ausgegangen, dass zur Ableitung impliziter Kapitalkosten ein Modell angewendet werden sollte, welches weitestgehend auch dem für die Unternehmensbewertung verwendeten Modell entspricht.[59] Gleichzeitig reduzieren sich so auch die von einigen gerügten Ermessensspielräume bei der Ableitung impliziter Renditen.

---

55 Vgl. Bertram/Castedello/Tschöpel, CF 2015, S. 470; Beumer, CF 2015, S. 339.
56 Beispielsweise Gebhardt/Lee/ Swaminathan, Journal of Accounting Research 2001, S. 135–176; Claus/Thomas, Journal of Finance 2001, S. 1629–1666.
57 Beispielsweise Ohlson/Juettner-Nauroth, Review of Accounting Studies 2005, S. 349–365; siehe auch die Modelle der Deutschen Bundesbank, a.a.O. (Fn. 22), S. 20 sowie der EZB, Europäische Zentralbank, Wirtschaftsbericht 4/2015, S. 38–42 (www.bundesbank.de; Abruf: 24.05.2018).
58 Vgl. Ballwieser/Friedrich, CF 2015, S. 451.
59 Vgl. Ballwieser/Friedrich, CF 2015, S. 451; so wohl auch Beumer, CF 2015, S. 342, auch das von der Deutschen Bundesbank verwendete Modell ist konsistent zu dem in der Unternehmensbewertung verwendeten Modell; vgl. Deutsche Bundesbank, a.a.O. (Fn. 22), S. 20.

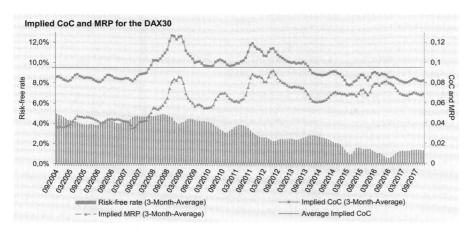

Abbildung 6: Implizite Gesamtrendite („Implied CoC") als Drei-Monats-Durchschnitt (DAX 30, 2004 bis 2017)

Unter Verwendung solcher Modelle ergibt sich bezogen auf den DAX 30 für die Jahre 2004 bis 2017 der in Abbildung 6 gezeigte Verlauf für die implizite Gesamtrendite („Implied CoC") als Drei-Monats-Durchschnitt. Demnach liegt der Durchschnitt der Gesamtrendite über diese Jahre bei 9,3% sowie Ende 2017 am unteren Ende der Schwankungsbreite von 8,25%. Unter Abzug des jeweiligen risikolosen Basiszinssatzes – ebenfalls als Drei-Monats-Durchschnitt ermittelt – resultiert die implizite Marktrisikoprämie von etwa 7,00% am Ende des Jahres 2017, die wiederum am oberen Ende der im Zeitablauf beobachtbaren Schwankungsbreite liegt. Zu sehr vergleichbaren Berechnungen kommt auch die Deutsche Bundesbank, die in ihrem Monatsbericht für April 2016 feststellt, dass „sich die Aktienrisikoprämie mit 7,5% fast 2 Prozentpunkte oberhalb ihres Zehnjahresmittels [bewegt]".[60] Die Ursache liegt in den weiterhin beobachtbaren relativ konstanten impliziten Eigenkapitalkosten und dem niedrigen Zinsniveau deutscher Staatsanleihen.[61]

Bemerkenswert in diesem Zusammenhang ist der Vorstoß der Arbeitsgruppe Unternehmensbewertung des Fachsenats für Betriebswirtschaft der Kammer der Wirtschaftstreuhänder in Österreich (Pendent zum FAUB des IDW in Deutschland). In ihrer Empfehlung vom 17.10.2017 wenden sie sich nunmehr ausschließlich der Methode der impliziten Kapitalkostenmessung zur Bestimmung der (impliziten) Marktrisikoprämie zu.[62] Demnach wird zukünftig eine Bandbreite erwarteter impliziter Gesamtrenditen vorgegeben, von der zum jeweiligen Stichtag der risikolose Basiszins abzuziehen ist, um als Ergebnis residual die jeweils gültige Bandbreite (impliziter) Marktrisikoprämien zu erhalten. Aktuell sieht die Arbeitsgruppe die implizite Gesamtrendite in einem Korridor von nominell 7,5% bis 9,0%, was eher am unteren Ende der in Abbildung 6 abgebildeten Bandbreite liegt. Entsprechend

---

60 Deutsche Bundesbank, a.a.O. (Fn. 22), S. 22.
61 Deutsche Bundesbank, a.a.O. (Fn. 22), S. 18 und 22.
62 Vgl. Bertl, WPg 2018, S. 805.

sieht die Arbeitsgruppe des österreichischen Fachsenats bei einem risikolosen Basiszins zum Veröffentlichungsdatum von 1,35% einen Korridor für die Marktrisikoprämie zwischen 6,15% und 7,65%, der damit deutlich über die aktuelle FAUB-Empfehlung hinausgeht.[63]

Unabhängig von den gewählten Ansätzen zur Bestimmung impliziter Kapitalkosten kommen die vorliegenden Studien insgesamt zu dem Ergebnis seit dem Jahr 2010 nachhaltig gestiegener impliziter Marktrisikoprämien.[64]

3. CAPM ohne risikofreie Kreditaufnahme (n.r.c. CAPM)[65]

Die Zerlegung der von Investoren geforderten Rendite in eine risikofreie Rendite und eine Risikoprämie, multiplikativ zusammengesetzt aus Marktrisikoprämie und Betafaktor, beruht auf dem klassischen Standard-CAPM. Die Annahmen des Standard-CAPM sind:[66]

1. Investoren sind risikoavers und maximieren ihren Erwartungsnutzen.
2. Investoren sind Preisnehmer und haben homogene Erwartungen über die Anlagerenditen, die normal verteilt sind.
3. Es existiert eine risikofreie Anlagemöglichkeit, zu der Investoren zu einem einheitlichen risikofreien Zinssatz Geld anlegen und Geld aufnehmen können.
4. Die Menge an Wertpapieren ist fix, die Wertpapiere sind handelbar und teilbar.
5. Der Kapitalmarkt ist friktionslos, alle Informationen sind für alle Investoren kostenlos und jederzeit sofort verfügbar.
6. Es gibt keine Steuern, Regulierungen oder ein Verbot von Leerverkäufen.

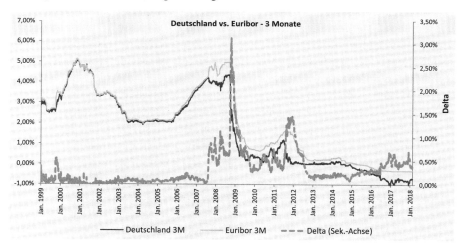

Abbildung 7: Differenz zwischen Interbankenzins und risikofreier Rendite (3 Monate, 1999 bis 2018)

---

63 Vgl. KFS/BW 1 E7, Tz. 4.
64 Vgl. Beumer, CF 2015, S. 339 f.
65 Dieser Abschnitt folgt den Darlegungen von Jonas, in: Dobler u.a. (Hrsg.), FS Ballwieser, Düsseldorf 2014, S. 365 ff.
66 Copeland/Weston/Shastri, Financial Theory and Corporate Policy, 2005, S. 147 f.

Die Annahmen zu 1., 2., 4. und 5. sind modelltheoretische Annahmen, die in der Praxis kaum nachweisbar, aber in ihrer grundsätzlichen Logik nachvollziehbar erscheinen. Die Annahme unter 6., Steuern seien zu vernachlässigen, ist eine theoretisch wie praktisch unrealistische Annahme, deren Änderung direkt zum Tax CAPM führt, das die theoretische Grundlage für die Nachsteuer-Bewertung nach IDW S 1 liefert.[67]

Die Annahme zu 3., die Existenz einer risikofreien Anlagemöglichkeit, muss jedoch kritisch betrachtet werden, da die Finanzkrise und ihre Folgen an dieser Stelle möglicherweise zu entscheidenden Veränderungen geführt haben könnten. Zwar ist unbestritten, dass deutsche Bundeswertpapiere von den Märkten als faktisch risikofrei angesehen werden können. Unrealistisch dürfte hingegen die Annahme sein, dass sich die Marktteilnehmer zu diesem risikofreien Zinssatz verschulden können, da die Kreditzinsen doch spürbar über der Rendite von Bundeswertpapieren liegen. Dem mag entgegengehalten werden, dass diese Annahme auch schon vor der Finanzkrise unrealistisch war. Allerdings zeigt eine Analyse, dass die Differenz zwischen Kreditzinsen und risikofreier Rendite seit dem Ausbruch der Finanzkrise signifikant größer ist als vor der Krise. Stellt man auf die größten und aktivsten Marktteilnehmer – also auf Banken – ab, lässt sich als relevanter Zins der Interbankenzins definieren, zu dem sich Banken untereinander ungesichert Geld leihen. Die Differenz zwischen Interbankenzins und entsprechender risikofreier Rendite ist seit August 2007 signifikant gestiegen (vgl. Abbildung 7).

Dieser spread ist mit Beginn der Finanzkrise im August 2007 sprunghaft angestiegen und hat danach bei bestimmten Marktereignissen (beispielsweise der Lehmann-Brothers-Insolvenz) einzelne Höhepunkte erreicht. Er ist bis heute nicht wieder auf sein Vorkrisenniveau gesunken.

Die Annahme, Investoren könnten zum risikofreien Zins Geld aufnehmen, ist daher heute signifikant unrealistischer als vor der Finanzkrise. Im Folgenden wird daher schrittweise analysiert, wie sich das CAPM verändert, wenn man diese Annahme aufgibt.

a) Standard-CAPM

Das sogenannte Standard-CAPM[68] kommt auf der Grundlage der oben genannten sechs Prämissen zu dem Ergebnis, dass in einem Kapitalmarktgleichgewicht jeder Marktteilnehmer unabhängig von seinen Präferenzen das identische Portfolio an riskanten Wertpapieren hält. Lediglich die Mischung dieses einheitlichen riskanten Marktportfolios mit einem Bestand an risikofreien Wertpapieren wird durch die individuelle Risikoneigung beeinflusst.

---

[67] Zum Tax CAPM vgl. Jonas/Löffler/Wiese, WPg 2004, S. 898 ff.
[68] Darunter werden im Allgemeinen die von Sharpe (1963, 1964), Treynor (1961), Mossin (1966) und Lintner (1965, 1969) entwickelten Kapitalmarktgleichgewichtsmodelle verstanden.

Formal lässt sich zeigen, dass in einem Kapitalmarktgleichgewicht hinsichtlich der Rendite eines Wertpapiers Formel (1) gilt.

$$R_i = R_f + \beta (R_M - R_f) \quad \text{mit } \beta = \frac{\sigma_{iM}}{\sigma_M^2} \quad (1)$$

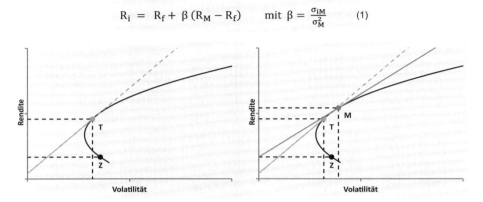

Abbildung 8: CAPM ohne risikofreie Kreditaufnahme

Demnach ergibt sich die Rendite eines riskanten Wertpapiers aus der risikofreien Rendite zuzüglich der Überrendite des Marktportfolios gegenüber der risikofreien Rendite multipliziert mit dem Betafaktor des Wertpapiers.

b) Zero-Beta-CAPM

Die zentrale Annahme des Standard-CAPM ist die Mischung eines riskanten Portfolios mit risikofreien Wertpapieren. Daher wurde schon sehr bald hinterfragt, ob das CAPM auch noch funktioniert, wenn eine risikofreie Anlagemöglichkeit nicht existiert.[69] Black (1972) hat gezeigt, dass in diesem Fall das risikoärmste Portfolio an Anlagemöglichkeiten, das zwar nicht risikofrei ist, aber einen Betafaktor von null (und damit eine Kovarianz von null) mit dem Marktportfolio aufweist (das sogenannte Zero-Beta-Portfolio Z), die risikofreie Anlagemöglichkeit ersetzt.

c) CAPM ohne risikofreie Kreditaufnahme

Unser Befund aus der Analyse der aktuellen Kapitalmarktsituation war aber nicht, dass keine risikofreie Anlagemöglichkeit existiert. Unverändert lassen sich deutsche Staatsanleihen als nahezu risikofrei interpretieren. Unser Befund ist vielmehr, dass eine risikofreie Kreditaufnahme für Kapitalmarktteilnehmer nicht möglich ist und dass tatsächliche Kreditaufnahmen von Kapitalmarktteilnehmern zu höheren Zinsen erfolgen als die Rendite von Staatsanleihen.

Diese Feststellung scheint zunächst den Kerngedanken des CAPM zu zerstören. Denn wenn zwar eine risikofreie Anlagemöglichkeit existiert, aber eine risikofreie Verschuldung nicht möglich ist, dann haben wir scheinbar keine Möglichkeit mehr, einen Tangentialpunkt aus der Menge aller riskanten Portfolien und der

---

[69] Die ersten Publikationen stammen von Vasicek (1971), Brennan (1971), Black (1972), Jensen (1972) und Sharpe (1973).

beim risikofreien Wertpapier beginnenden Gerade und damit ein Marktportfolio zu bestimmen.

Zwar lässt sich grafisch immer noch eine Gerade ziehen, die beim risikolosen Zins beginnt und die Menge riskanter Portfolien in einem Punkt T berührt. Es kann jedoch durchaus sein, dass es Anleger gibt, die eine risikoreichere Mischung bevorzugen. Diesen risikobereiteren Anlegern ist es jetzt zwar nicht möglich, sich risikofrei zu verschulden und so eine für sie attraktivere Vermögensmischung aus mehr Aktien und Schulden zu erreichen. Aber es bleibt ihnen die Möglichkeit, sich zu einem riskanten Zinssatz mit Risikoaufschlag zu verschulden.

Vasicek (1971) und Black (1972) haben gezeigt, wie sich durch den Handel mit riskanten Schuldtiteln wiederum ein Gleichgewicht ergibt (Abbildung 8).

Angenommen, Investoren würden nun Schuldtitel emittieren, die zwar eine Rendite $R_z > R_f$ aufweisen, aber einen Betafaktor von null (weil ihr Risiko nicht mit dem Marktrisiko korreliert). Dies entspricht der Annahme des Zero-Beta-CAPM. Die Menge an riskanten Anlagemöglichkeiten entspricht dann den Kombinationen aus einem riskanten Marktportfolio M (Beta = 1) und einem weniger riskanten Kreditportfolio Z (Beta = 0). In diesem Fall würde ein Gleichgewicht entstehen, in welchem sehr risikoaverse Investoren eine Mischung aus Staatsanleihen und Portfolio T halten. Weniger risikoscheue Investoren halten eine Mischung aus Portfolio M und Portfolio Z, die zwischen T und M liegt. Noch weniger risikoaverse Investoren halten schließlich eine Mischung aus (100% + x%) von M und (– x%) von Z.[70]

Es existiert dann wiederum ein Marktportfolio M, das sich als Tangentialpunkt beschreiben lässt. Allerdings ist der Ausgangspunkt für diese Tangente nicht mehr R_f, sondern R_z. Da sich auch das für risikoscheuere Anleger relevante Portfolio T als Mischung aus Z und M beschreiben lässt, gilt für die Kapitalmarktgleichung ohne risikofreie Kreditaufnahme wieder ganz allgemein Formel (2).[71]

$$R_i = R_z + \beta (R_M - R_z) \qquad (2)$$

Diese Gleichung entspricht wiederum dem Standard-CAPM mit der Ausnahme, dass trotz Existenz einer risikofreien Rendite R_f für die CAPM-Gleichung nicht auf R_f, sondern auf R_z referenziert wird.

---

70 Vgl. Jensen, Studies of the Theory of Capital Markets, New York 1972, S. 28 f.
71 Sharpe, The Capital Asset Pricing Model: Traditional and „Zero-Beta" Versions, Research Paper No. 151, Graduate Scholl of Business, Stanford University, 1973, S. 8.

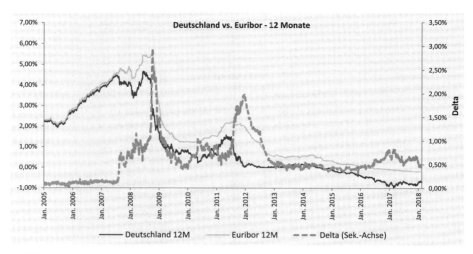

Abbildung 9: Differenz zwischen Interbankenzins und risikofreier Rendite (12 Monate, 2005 bis 2018)

d) Mögliche Quantifizierung der Parameterverschiebung

Für die Praxis stellt sich die Frage, wie R_z zu bestimmen ist und wie hoch die Differenz zur risikofreien Rendite ist.

Tatsächlich hat sich die empirische Literatur vielfach damit beschäftigt, dass die Wertpapiermarktlinie des Zero-Beta-CAPM flacher verläuft als die des Standard-CAPM.[72] Da eine große Zahl von empirischen Studien über Betafaktoren aufzeigt, dass die regressierte Wertpapierlinie die Ψ-Achse oberhalb von R_f schneidet (statistisch: Das α oder auch $γ_0$ ist signifikant größer null),[73] wurde in einigen Literaturbeiträgen das Zero-Beta-CAPM als empirisch vorzugswürdig befunden.[74]

Eine unmittelbare Bestimmung des relevanten Portfolios Z und eine darauf basierende Ableitung von R_z findet sich in der Literatur kaum. In einem der originären Beiträge zum Zero-Beta-CAPM findet sich vielmehr der Hinweis, das Zero-Beta-Portfolio sei nicht direkt identifizierbar und habe keinen empirischen counterpart.[75] Dabei ist jedoch zu berücksichtigen, dass das Zero-Beta-CAPM zu einer Zeit entwickelt wurde, als es weder standardisierte Interbankenzinssätze wie den Libor oder Euribor noch einen breiten Zugang von Nicht-Banken zum Geldmarkt gab. In der neueren Literatur findet sich der Hinweis, dass beispielsweise der Libor eine geeignete Zero-Beta-Rendite darstellen könnte.[76]

Dabei ist allerdings zu berücksichtigen, dass bei Unternehmensbewertungen regelmäßig auf eine sehr langfristige risikofreie Rendite abgestellt wird. Demgegenüber werden Interbankenzinssätze – wie Euribor und Libor – lediglich für Laufzeiten bis zu einem Jahr ermittelt. Betrachtet man die längstfristigen Interbankenzinsen

---

72 Vgl. als Überblick Copeland/Weston/Shastri, a.a.O. (Fn. 66), S. 164 ff.
73 Vgl. als Überblick Copeland/Weston/Shastri, a.a.O. (Fn. 66), S. 167.
74 Grundlegend Black/Jensen/Scholes, Studies in the theory of capital markets, Santa Barbara 1972, S. 79 ff.
75 So Sharpe, a.a.O. (Fn. 71), S. 10.
76 So etwa bei Grinblatt/Titman, Financial markets and corporate strategy, New York 2002, S. 155.

(12-Monats-Euribor), sieht man einen spread zu den einjährigen Staatsanleiherenditen von nahe 0%. Nach Ausbruch der Finanzkrise ist dieser spread phasenweise auf über 1% angestiegen und seitdem nicht wieder unter 0,5% bis 1% gesunken (Abbildung 9).

Der spread zwischen Interbankenzinsen und Staatswertpapieren weist eine positive Zinsstruktur auf, d.h. er ist bei kürzeren Laufzeiten geringer und bei längeren Laufzeiten größer. Es ist daher davon auszugehen, dass ein langfristiger spread für längere Laufzeiten als 12 Monate eher über dem 12-Monats-spread liegen dürfte. Dieser Befund legt nahe, dass die Rendite des Zero-Beta-Portfolios derzeit mindestens 0,5% bis 1% über der risikofreien Rendite bzw. der Rendite langfristiger Staatsanleihen liegen dürfte. Dies stellt eine Indikation dafür dar, dass derzeit die geforderte Aktienrendite zwischen 0,5% bis 1% über der Aktienrendite liegen dürfte, die sich bei traditioneller Ableitung aus Staatsanleiherendite plus durchschnittlicher historischer Marktrisikoprämie ergibt.

IV. Zusammenhang zwischen Vorsteuer- und Nachsteuerrenditen

Die Ermittlung eines objektivierten Unternehmenswerts hat aufgrund des Einflusses der persönlichen Steuern gemäß IDW S 1 grundsätzlich unter Berücksichtigung persönlicher Steuern der Anteilseigner zu erfolgen.[77] Damit sind sowohl die Nettozahlungen an die Anteilseigner als auch die Kapitalkosten nach persönlicher Steuer anzusetzen. Während die Berechnung des risikolosen Basiszinses nach persönlichen Steuern einfach ist, ist dies bei der Marktrisikoprämie komplexer. Auch deshalb gibt der FAUB bei seiner Empfehlung für die Marktrisikoprämie eine Bandbreite vor und nach persönlichen Steuern an.

Bei einer Bewertung aus der Perspektive einer inländischen unbeschränkt steuerpflichtigen natürlichen Person als Anteilseigner[78] und einer nicht wesentlichen Beteiligung am Unternehmen bedeutet dies in Deutschland die Beachtung des geltenden Abgeltungssteuersystems. Dieses besteuert bei Zuflüssen aus Kapitalgesellschaften grundsätzlich zunächst Ausschüttungen und Kursgewinne mit einem einheitlichen Steuersatz von 25% zuzüglich Solidaritätszuschlag. Während die Ausschüttungen im jeweiligen Jahr des Zuflusses besteuert werden, erfolgt dies bei Kursgewinnen erst bei einer Veräußerung der Anteile. Abhängig von der Haltedauer der Anteile und dem zwischenzeitlichen Kurswachstum können folglich Steuerstundungseffekte auftreten, die zu einer niedrigeren effektiven Kursgewinnbesteuerung aus heutiger Sicht führen.[79] Dadurch ist der Einfluss der persönlichen Steuer abhängig von der zugrunde gelegten Ausschüttungsquote, dem Kurswachstum und der Haltedauer. Geht man zumindest für die ewige Rente grundsätzlich von einer Wertidentität von Kalkülen vor und nach persönlicher Steuer und somit einer Irrelevanz der persönlichen Steuer aus, lässt sich diese bei Einhalten der

---

77 Vgl. IDW S, Tz. 43 ff.
78 Vgl. IDW S 1, Tz. 31.
79 Vgl. Wagner/Saur/Willershausen, WPg 2008, S. 735 f.; Zeidler/Schöniger/Tschöpel, FB 2008, S. 281; Wiese, WPg 2007, S. 374.

Ausschüttungsäquivalenz und der Äquivalenz der Realisierung der Kursgewinne rechentechnisch auch erreichen.[80]

Für die Ableitung einer Marktrisikoprämie nach persönlicher Steuer muss zunächst eine Marktrendite nach persönlicher Steuer und ein Basiszinssatz nach persönlicher Steuer ermittelt werden, deren Differenz dann die Marktrisikoprämie nach persönlicher Steuer bildet. Eine direkte einfache Ableitung einer Marktrisikoprämie nach persönlicher Steuer aus der Marktrisikoprämie vor persönlicher Steuer durch Verknüpfung dieser mit einem wie auch immer gearteten Steuerterm ist aufgrund der unterschiedlichen Wirkung der Abgeltungsteuer auf Marktrendite und Basiszinssatz nicht möglich.

Während dabei die Besteuerung des Basiszinssatzes mit Abgeltungsteuer vorzunehmen ist, muss für die Besteuerung der Marktrendite anhand der durchschnittlichen Ausschüttungsquote des Markts eine Aufteilung der Marktrendite in Kursrendite und Dividendenrendite vorgenommen werden. Die Kursrendite wird sodann mit der effektiven Kursgewinnsteuer besteuert. Für deren Ableitung muss zusätzlich zur Kursrendite noch eine Annahme zur durchschnittlichen Haltedauer der Marktteilnehmer getroffen werden. Die Dividendenrendite wird mit der Abgeltungsteuer besteuert. Aufgrund der Vielzahl der Annahmen und Vereinfachungen ist zwar keine exakte Überleitung möglich, es lässt sich aber eine rechnerische Plausibilisierung vornehmen, ob Marktrisikoprämien vor und nach persönlichen Steuern zueinander passen.

Das in Tabelle 3 dargestellte Beispiel soll einen Abgleich der Marktrisikoprämie vor und nach persönlicher Steuer anhand einer ewigen Rente und bei effektiver Kursgewinnbesteuerung in Höhe der Hälfte der Abgeltungsteuer[81] verdeutlichen.

	VOR PERSÖNLICHER STEUER	**PERSÖNLICHE STEUER**	**NACH PERSÖNLICHER STEUER**
Marktrendite vor persönlicher Steuer	8,00%		
Ausschüttungsquote	50%		
Dividendenrendite	4,00%	26,38%	2,95%
Kursrendite	4,00%	13,19%	3,47%
Marktrendite nach persönlicher Steuer			6,42%
Basiszinssatz	1,25%	26,38%	0,92%
Marktrisikoprämie	6,75%		5,50%

Tabelle 3: Abgleich der Marktrisikoprämie vor und nach persönlicher Steuer

---

80 Vgl. Wiese, WPg 2007, S. 373 f.; Tschöpel/Wiese/Willershausen, WPg 2011, S. 350.
81 Dies geht einher mit einer langen Haltedauer im Bereich von 40 Jahren bei Kursrenditen im Bereich von 5% p.a.; vgl. Wagner/Saur/Willershausen, WPg 2008, S. 736.

Für die Ableitung einer Marktrisikoprämie nach persönlicher Abhängig von den Annahmen zu Haltedauer und damit zur effektiven Kursgewinnbesteuerung, zur Ausschüttungsquote des Markts, zur Besteuerung von Kursgewinnen im Detailplanungszeitraum und dem Verhältnis von Marktrendite und Basiszinssatz liegen Marktrisikoprämien nach persönlicher Steuer im aktuell geltenden Abgeltungsteuersystem in Deutschland zwischen 0,5 und 1,5 Prozentpunkte niedriger als Marktrisikoprämien vor persönlicher Steuer.

V. Fazit

Wir befinden uns im historischen Vergleich in einer ungewöhnlichen Kapitalmarktsituation. Diese ist geprägt durch sehr niedrige, zum Teil sogar negative Zinsen für Staatsanleihen, bei gleichzeitig zu beobachtenden attraktiven Renditen am Aktienmarkt. Eine unreflektierte Anwendung der quantitativen Empfehlungen des FAUB zur Marktrisikoprämie der Vergangenheit würde dazu führen, dass aufgrund des historisch niedrigen Basiszinssatzes eine deutlich gesunkene Gesamtrendite unterstellt wird, die nicht zu den empirisch am Kapitalmarkt beobachtbaren Verhältnissen passt. Hieraus ergibt sich die Notwendigkeit, die bisherigen Empfehlungen zu überprüfen und gegebenenfalls anzupassen.

Eine Messung der Risikoprämie kann nur indirekt erfolgen als Differenz zwischen Gesamtrendite und risikolosem Basiszinssatz. Dafür stehen jedoch mehrere konzeptionelle Ansätze zur Verfügung, von denen keiner den anderen überlegen ist. Aus diesem Grund folgt der FAUB einem pluralistischen Ansatz, um eine möglichst breite Perspektive einzunehmen.

Im vorliegenden Beitrag wird basierend auf den vier methodischen Ansätzen

1. der Betrachtung historisch gemessener Aktienrenditen,
2. der Betrachtung langfristiger realer Aktienrenditen,
3. der Verwendung von ex-ante-Analysen impliziter Kapitalkosten sowie
4. des CAPM ohne risikofreie Kreditaufnahme

gezeigt, dass diese unterschiedlichen Perspektiven überwiegend auf eine – verglichen mit einer früher üblichen Bewertungspraxis – höhere Marktrisikoprämie hindeuten.

Daher hat sich der FAUB im Jahr 2012 zur Sicherstellung marktnaher Bewertungskalküle für die Verwendung höherer Marktrisikoprämien ausgesprochen. Diese Empfehlung gilt unverändert.

Quelle: WPg – Die Wirtschaftsprüfung 2018 S. 806

Unlevering und Relevering mit „falschen" Anpassungsformeln

Wie schlimm ist das?

Prof. Dr. Stefan Dierkes | Prof. Dr. Hans-Christian Gröger | Nicole Rodzaj, M.Sc. und Johannes Sümpelmann, M.Sc.

I. Einleitung
1. Problemstellung

Bei der Bewertung von Unternehmen mittels Discounted-Cashflow-Verfahren (DCF-Verfahren) werden die Kapitalisierungszinssätze kapitalmarktorientiert mit dem Capital Asset Pricing Model (CAPM) bestimmt. Das zentrale Risikomaß zur Ermittlung des Eigenkapitalkostensatzes gemäß dem CAPM stellt das Equity Beta dar. Dieser Betafaktor gibt an, wie hoch das relative und nicht über Portefeuille-Bildung diversifizierbare Risiko des Bewertungsobjekts im Vergleich zum Gesamtkapitalmarkt ist. Das Equity Beta berücksichtigt zwei Risikokomponenten:

- zum einen das operative Risiko, das durch das Asset Beta erklärt wird,
- zum anderen das Finanzierungsrisiko, das aus der Verschuldung resultiert.

Zur Ermittlung des Equity Betas wird zumeist auf Referenzunternehmen zurückgegriffen, deren operatives Risiko mit dem des Bewertungsobjekts als vergleichbar angenommen wird. Da sich das Finanzierungsrisiko zwischen Bewertungsobjekt und Referenzunternehmen üblicherweise unterscheidet, ist das Equity Beta der Referenzunternehmen beim Unlevern um deren Finanzierungsrisiko zu bereinigen und – sofern das zur Anwendung kommende DCF-Verfahren dies erfordert – beim Relevern um das Finanzierungsrisiko des Bewertungsobjekts anzureichern.[1]

Für das Unlevern und Relevern existieren verschiedene Anpassungsformeln, die sich z.B. durch Annahmen hinsichtlich der Cashflow-Entwicklung oder der Finanzierungspolitik unterscheiden. Ebenso resultieren Unterschiede aus der Berücksichtigung oder Nicht-Berücksichtigung von persönlichen Steuern auf der Ebene der Kapitalgeber in Nach- bzw. Vorsteuerkalkülen sowie des Risikos des Fremdkapitals. Obwohl die Anwendung der Anpassungsformeln an spezifische Voraussetzungen geknüpft ist, verwendet die Bewertungspraxis in der Regel zwei

---

[1] Vgl. Diedrich/Dierkes, Unternehmensbewertung, Stuttgart 2015, S. 126 f.; Ballwieser/Hachmeister, Unternehmensbewertung, 5. Aufl., Stuttgart 2016, S. 111.

vom IDW empfohlene, vergleichsweise einfache Anpassungsformeln.² Besonderer Beliebtheit erfreut sich die auf Modigliani und Miller (M/M) zurückgehende Anpassungsformel, bei der von einem Vorsteuerkalkül, dem Rentenfall ohne Wachstum, risikolosem Fremdkapital und autonomer Finanzierung ausgegangen wird.³ Entspricht die Bewertungssituation nicht diesen Annahmen – was nahezu stets der Fall ist –, so wird der Unternehmenswert mit der M/M-Anpassungsformel ungenau und damit letztlich falsch ermittelt.⁴

2. Abgrenzung zu den Beiträgen von Kruschwitz/Löffler/Lorenz und Meitner/Streitferdt

Sofern man die Definition der Kapitalkosten wie Kruschwitz/Löffler/Lorenz (2011) wegen deren empirischer Bestimmbarkeit und ökonomischen Interpretierbarkeit daran knüpft, dass es sich hierbei um bedingte erwartete, aber deterministische Renditen handelt, ist mit einer autonomen Finanzierung eine diesbezügliche Inkonsistenz verbunden.⁵ Fraglich ist jedoch, ob man hieraus den Schluss ziehen sollte, dass bei der Anpassung von Kapitalkosten auch dann die Anpassungsformeln bei wertabhängiger Finanzierung verwendet werden sollten, wenn das Unternehmen eine autonome Finanzierung verfolgt. In diesem Fall läge zwar keine Inkonsistenz mit der Definition von Kapitalkosten als bedingte erwartete, aber deterministische Rendite vor, jedoch würde dieses Vorgehen zu einem falschen Bewertungsergebnis führen, weil der Risikogehalt der künftigen Tax Shields nicht korrekt berücksichtigt wird. Wir gehen daher in diesem Beitrag wie in der Praxis üblich davon aus, dass im Fall einer autonomen Finanzierung Anpassungsformeln verwendet werden, die zu dieser Finanzierungspolitik passen und mithin auf den Überlegungen von M/M basieren. Hierbei sollte man sich jedoch darüber im Klaren sein, dass die Ableitung von Kapitalkosten aus empirisch beobachtbaren Renditen dann problematisch ist.⁶ Darüber hinaus ist bei autonomer Finanzierung zu berücksichtigen, dass die künftigen Fremdkapitalquoten grundsätzlich unsicher sind und sich jeweils aus dem Quotienten des deterministisch festgelegten Fremdkapitalbestands und des erwarteten Marktwerts des verschuldeten Unternehmens ergeben.⁷ Meitner/Streitferdt (2012) zeigen anhand eines Beispiels, dass auf Basis ihrer Kapitalkostensatzdefinition auch bei dieser Konsequenz mittels der M/M-Anpassungsformel korrekte Unternehmenswerte ermittelt werden können.⁸

Vor dem Hintergrund des Einflusses der Wahl der Anpassungsformel auf das Bewertungsergebnis ist es erstaunlich, dass die Anpassungsformel in der Bewer-

---

2 Vgl. IDW (Hrsg.), WP Handbuch, Bd. 2, 14. Aufl., Düsseldorf 2014, Kapitel A, Tz. 371 f.
3 Vgl. Kruschwitz/Löffler/Lorenz, WPg 2011, S. 672; IDW (Hrsg.), a.a.O. (Fn. 2), Kapitel A, Tz. 371.
4 Auch in der Literatur finden sich Beispiele eines undifferenzierten Rückgriffs auf die M/M-Anpassungsformel; vgl. z.B. Ernst u.a., Internationale Unternehmensbewertung, München 2012, S. 83–86.
5 Vgl. Kruschwitz/Löffler/Lorenz, WPgI2011, S. 672; Kruschwitz/Löffler/Lorenz, WPg 2012, S. 1048–1052. Die autonome Finanzierung führt zu stochastischen Kapitalkosten.
6 Vgl. Kruschwitz/Löffler/Lorenz, WPg 2012, S. 1051.
7 Vgl. hierzu Meitner/Streitferdt, WPg 2012, S. 1039; Diedrich/Dierkes a.a.O. (Fn. 1), S. 85–91.
8 Vgl. Meitner/Streitferdt, WPg 2012, S. 1039–1041.

tungspraxis vielfach nicht mit der konkreten Bewertungssituation abgestimmt wird. So wird die M/M-Anpassungsformel z.B. in Nachsteuerkalkülen angewendet, obwohl aus der Berücksichtigung persönlicher Steuern eigentlich die Notwendigkeit der Verwendung von spezifischen Nachsteuer-Anpassungsformeln erwächst. Eine standardisierte Anwendung etablierter Anpassungsformeln, die unabhängig von den tatsächlichen Gegebenheiten erfolgt, könnte man im Prinzip nur dadurch rechtfertigen, dass der hieraus resultierende Bewertungsfehler vernachlässigbar gering ist. Bislang mangelt es jedoch an einer systematischen Analyse der Bewertungsfehler, die mit der Anwendung nicht zur Bewertungssituation passender und damit falscher Anpassungsformeln verbunden sind, sodass hierüber letztlich keine Aussage getroffen werden kann. Der vorliegende Beitrag zielt daher auf die Analyse dieser Bewertungsfehler ab, wobei wir uns der Methodik der Simulation bedienen. Im Ergebnis zeigt sich, dass zum Teil erhebliche Bewertungsfehler auftreten können. Hieraus leitet sich für die Praxis die Empfehlung ab, dass die Auswahl von Anpassungsformeln bei der Unternehmensbewertung differenzierter vorzunehmen ist.

3. Struktur des Beitrags

In Kapitel II. werden die aus theoretischer Sicht korrekten Anpassungsformeln für Betafaktoren in Abhängigkeit von der Finanzierungspolitik, des Verlaufs der freien Cashflows und des Risikos des Fremdkapitals dargestellt. Darüber hinaus erfolgt eine Differenzierung in Vor- und Nachsteuerkalküle, womit ein systematischer Überblick über die in Abhängigkeit von der Bewertungssituation anzuwendende Anpassungsformel gegeben wird, wie man ihn in der Fachliteratur bislang nicht findet. In Kapitel III. wird mittels Simulationen analysiert, welche Bewertungsfehler entstehen können, wenn anstelle der korrekten eine unpassende Anpassungsformel verwendet wird. Im Kapitel IV. wird auf die sich hieraus ergebenden Schlussfolgerungen für die Praxis der Unternehmensbewertung eingegangen.

II. Anpassungsformeln aus theoretischer Sicht
1. Überblick

Für die Wahl der richtigen Anpassungsformel für das Un- und Relevern von Betafaktoren sind die folgenden Fragen entscheidend:

Wahl der richtigen Anpassungsformel

a) Liegt in Bezug auf die Besteuerung der Kapitalgeber ein Vorsteuer- oder ein Nachsteuerkalkül vor?
b) Welche Finanzierungspolitik wird angenommen?
c) Ist das Fremdkapital ausfallgefährdet?
d) Welchen Verlauf haben die freien Cashflows?

2. Vorsteuerkalkül

Im Weiteren wird zunächst von einem Vorsteuerkalkül ausgegangen, bei dem nur Steuern berücksichtigt werden, die auf der Unternehmensebene anfallen. Die persönliche Besteuerung auf der Ebene der Kapitalgeber wird hierbei vernachlässigt und erst später bei den Anpassungsformeln für Nachsteuerkalküle berücksichtigt.

Finanzierungspolitik

In Bezug auf die Finanzierungspolitik wird bei der Unternehmensbewertung zwischen einer autonomen und einer wertabhängigen Finanzierung unterschieden. Kennzeichen der den Beiträgen von M/M zugrunde liegenden autonomen Finanzierung ist, dass die Fremdkapitalbestände zum Bewertungszeitpunkt deterministisch festgelegt werden. Bei wertabhängiger Finanzierung werden hingegen die Fremdkapitalquoten oder die Verschuldungsgrade zum Bewertungszeitpunkt deterministisch bestimmt. Während man bei einer wertabhängigen Finanzierung gemäß Miles und Ezzell (M/E) davon ausgeht, dass die Fremdkapitalbestände nur zu Beginn einer Periode an die Fremdkapitalquote angepasst werden können, wird bei der wertabhängigen Finanzierung gemäß Harris und Pringle (H/P) unterstellt, dass die Anpassung der Fremdkapitalbestände kontinuierlich vorgenommen werden kann.[9]

Ausfallrisiko

Das Ausfallrisiko des Fremdkapitals wird im Credit Spread (cs_t) abgebildet, der die Differenz zwischen dem Fremdkapitalzinssatz und dem risikolosen Zinssatz angibt. Solange das Ausfallrisiko von Unternehmen nicht zu hoch ist, kann der Fremdkapitalzinssatz als hinreichend gute Annäherung für den Fremdkapitalkostensatz angesehen und dementsprechend in DCF-Verfahren verwendet werden.[10] Wenn der Fremdkapitalkostensatz (kd_t) größer als der risikolose Zinssatz des Kapitalmarkts (r_t) ist, impliziert dies gemäß dem CAPM ein Debt Beta (β^D) größer null.[11] Bezeichnet MRP die Marktrisikoprämie, gilt für den Fremdkapitalkostensatz gemäß dem CAPM Formel (1), wobei periodenspezifische Größen mit dem Index t gekennzeichnet sind.

$$kd_t = r_t + MRP \cdot \beta_t^D \qquad (1)$$

Sofern der Fremdkapitalkostensatz kd_t bekannt ist, kann mittels Umstellung das Debt Beta ermittelt werden (vgl. Formel (2)).[12]

---

[9] Vgl. Drukarczyk/Schüler, Unternehmensbewertung, 7. Aufl., München 2016, S.162–170; Ballwieser/Hachmeister, a.a.O. (Fn. 1), S. 156 f.
[10] Vgl. Ballwieser/Hachmeister, a.a.O. (Fn. 1), S. 56.
[11] Zum Unterschied zwischen Fremdkapitalzinssatz, Fremdkapitalkostensatz und risikolosem Zinssatz siehe z.B. Koller/Goedhart/Wessels, Valuation, 6. Aufl., Hoboken 2015, S. 304–307.
[12] Vgl. Kruschwitz/Löffler/Lorenz, WPg 2011, S. 678; IDW (Hrsg.), a.a.O. (Fn. 2), S. 129, Kapitel A, Tz. 372; Kuhner/Maltry, Unternehmensbewertung, 2. Aufl., Berlin 2017, S. 298–301.

$$\beta_t^D = \frac{kd_t - r_t}{MRP} = \frac{cs_t}{MRP} \qquad (2)$$

Verlauf der freien Cashflows

In Bezug auf den Verlauf der freien Cashflows ist zu beachten, ob eine Detailprognose- oder Rentenphase vorliegt und in der Rentenphase von einem inflationsbedingten und/oder realen Wachstum ausgegangen wird. In der Detailprognosephase mit schwankenden freien Cashflows sind die Betafaktoren bei autonomer Finanzierung auch bei konstantem Debt Beta grundsätzlich periodenspezifisch anzupassen, weil sich das Finanzierungsrisiko bei deterministisch festgelegten Fremdkapitalbeständen verändert. Bei wertabhängiger Finanzierung ist eine periodenspezifische Anpassung von Betafaktoren bei konstantem Debt Beta hingegen nur dann erforderlich, wenn die Fremdkapitalquote nicht für alle Perioden einheitlich festgelegt wird. Sofern das Debt Beta jedoch periodenspezifisch ist, muss die Anpassung sowohl bei autonomer als auch bei wertabhängiger Finanzierung periodenspezifisch vorgenommen werden. In der Rentenphase sind die Betafaktoren hingegen bei beiden Finanzierungspolitiken periodenkonstant. Während der Betafaktor aber bei wertabhängiger Finanzierung unabhängig von der Wachstumsrate ist, wird dieser bei autonomer Finanzierung von ihr beeinflusst.

In Abbildung 1 sind die Anpassungsformeln für Betafaktoren bei einem Vorsteuerkalkül für autonome und wertabhängige Finanzierung zusammenfassend dargestellt.

Anpassungsformeln bei Vorsteuerkalkül		
Autonome Finanzierung (Modigliani/Miller)		
Nicht-Rentenfall	$\beta_t^\ell = \beta^u + (\beta^u - \beta_t^D) \cdot \dfrac{D_{t-1} - VTS_{t-1}}{E[\tilde{E}_{t-1}^\ell]}$	(3)
Rente mit Wachstum	$\beta^\ell = \beta^u + (\beta^u - \beta^D) \cdot \dfrac{kd \cdot (1-\tau) - w}{kd - w} \cdot L$	(4)
Rente ohne Wachstum	$\beta^\ell = \beta^u + (\beta^u - \beta^D) \cdot (1-\tau) \cdot L$	(5)
Wertabhängige Finanzierung (Miles/Ezzell)		
Nicht-Rentenfall	$\beta_t^\ell = \beta^u + (\beta^u - \beta_t^D) \cdot \dfrac{1 + kd_t \cdot (1-\tau)}{1 + kd_t} \cdot L_{t-1}$	(6)
Rente mit/ohne Wachstum	$\beta^\ell = \beta^u + (\beta^u - \beta^D) \cdot \dfrac{1 + kd \cdot (1-\tau)}{1 + kd} \cdot L$	(7)
Wertabhängige Finanzierung (Harris/Pringle)		
Nicht-Rentenfall	$\beta_t^\ell = \beta^u + (\beta^u - \beta_t^D) \cdot L_{t-1}$	(8)
Rente mit/ohne Wachstum	$\beta^\ell = \beta^u + (\beta^u - \beta^D) \cdot L$	(9)

Symbolverzeichnis: β^u = Asset Beta; β^ℓ = Equity Beta; β^D = Debt Beta; kd = Fremdkapitalkostensatz; w = Wachstumsfaktor; E[·] = Erwartungswertoperator; D = Marktwert des Fremdkapitals; E = Marktwert des Eigenkapitals; L = Verschuldungsgrad; VTS = Marktwert der Tax Shields; τ = Teilsteuersatz bezogen auf die Fremdkapitalzinsen

Abbildung 1: Anpassungsformeln bei einem Vorsteuerkalkül

Bei der Bestimmung des Equity Betas sind unter anderem das Asset Beta und das Debt Beta zu berücksichtigen:

- Das Asset Beta trägt dem systematischen operativen Risiko des Unternehmens Rechnung, wobei den Anpassungsformeln die gängige Annahme zugrunde liegt, dass das Asset Beta im Zeitablauf konstant ist.
- In dem Debt Beta kommt das von den Fremdkapitalgebern zu tragende Risiko zum Ausdruck,[13] wobei alle Anpassungsformeln darin übereinstimmen, dass das Debt Beta mindernd auf die Höhe des Equity Betas und damit des Eigenkapitalkostensatzes wirkt. Nur bei nicht-ausfallgefährdetem Fremdkapital entspricht der Fremdkapitalkostensatz der sicheren Verzinsung und das Debt Beta ist null.[14]

---

13 Vgl. Copeland/Weston/Shastri, Financial Theory and Corporate Policy, 4. Aufl., Essex 2014, S. 545–554.
14 Vgl. Brealey/Myers/Allen, Principles of Corporate Finance, 12. Aufl., New York 2017, S. 604–606.

Risikogehalt der Tax Shields
Die Unterschiede bei den Anpassungsformeln resultieren vor allem aus der Finanzierungspolitik und dem damit zusammenhängenden Risikogehalt der Tax Shields. Bei Annahme einer autonomen Finanzierung sind die Fremdkapitalbestände künftiger Perioden deterministisch geplant. Unsicherheit bezüglich der künftigen Tax Shields besteht nur in dem Maße, in dem das Fremdkapital ausfallgefährdet ist. Aus diesem Grund wird angenommen, dass die Tax Shields wie die Zahlungen an die Fremdkapitalgeber mit dem Fremdkapitalkostensatz diskontiert werden, der dem Ausfallrisiko Rechnung trägt. Dagegen liegt der Grund für die Unsicherheit der Tax Shields bei wertabhängiger Finanzierung vor allem in der Abhängigkeit des Marktwerts des Fremdkapitals vom Marktwert des verschuldeten Unternehmens. Die bei wertabhängiger Finanzierung relevanten Bewertungsansätze von H/P und M/E weichen wegen der unterschiedlichen Annahmen in Bezug auf die Anpassung der Fremdkapitalbestände ab:

- Die Annahmen von M/E führen dazu, dass der Tax Shield in der Periode seiner Entstehung mit dem Fremdkapitalkostensatz und in allen vorhergehenden Perioden mit dem Eigenkapitalkostensatz des unverschuldeten Unternehmens zu diskontieren ist.[15]
- Bei H/P mit einer kontinuierlichen Anpassung der Fremdkapitalbestände an den Verschuldungsgrad weisen die Tax Shields hingegen in allen Perioden das gleiche Risiko wie das operative Geschäft auf, weshalb sie stets mit dem Eigenkapitalkostensatz des unverschuldeten Unternehmens zu diskontieren sind.[16]

Daraus folgt, dass die Höhe des Equity Betas bei wertabhängiger Finanzierung gemäß M/E unter sonst gleichen Bedingungen niedriger als bei H/P ist. Zudem ist das Equity Beta bei autonomer Finanzierung durch den geringeren Risikogehalt der Tax Shields unter sonst gleichen Bedingungen immer kleiner als bei wertabhängiger Finanzierung.[17]

3. Nachsteuerkalkül
Wird die Bewertung nicht mit einem Vorsteuerkalkül, sondern mit einem Nachsteuerkalkül durchgeführt, sind eigenständige Anpassungsformeln anzuwenden, die grundsätzlich nicht mit den Anpassungsformeln für Vorsteuerkalküle übereinstimmen. Abbildung 2 fasst die Anpassungsformeln für ein Nachsteuerkalkül zusammen.[18]

---

[15] Vgl. Miles/Ezzell, The Journal of Financial and Quantitative Analysis 1980, S. 722–726.
[16] Vgl. Harris/Pringle, The Journal of Financial Research 1985, S. 240 f.
[17] Vgl. Harris/Pringle, The Journal of Financial Research 1985, S. 240.
[18] Für die bei einem Nachsteuerkalkül zu verwendenden Anpassungsformeln bei autonomer und wertabhängiger Finanzierung siehe Diedrich/Dierkes, a.a.O. (Fn. 1), S. 126 f.

Anpassungsformeln bei Nachsteuerkalkül		
Autonome Finanzierung (Modigliani/Miller)		
Nicht-Rentenfall	$\beta_t^{\ell,s} = \beta^{u,s} + (\beta^{u,s} - \beta_t^{D,s}) \cdot \dfrac{D_{t-1} - VTS_{t-1}}{E[\tilde{E}_{t-1}^{\ell}]}$	(10)
Rente mit Wachstum	$\beta_t^{\ell,s} = \beta^{u,s} + (\beta^{u,s} - \beta^{D,s}) \cdot \dfrac{kd^s \cdot (1-\tau) - w \cdot (1-s_d)}{kd^s - w \cdot (1-s_g)} \cdot L$	(11)
Rente ohne Wachstum	$\beta^{\ell} = \beta^{u,s} + (\beta^{u,s} - \beta^{D,s}) \cdot (1-\tau) \cdot L$	(12)
Wertabhängige Finanzierung (Miles/Ezzell)		
Nicht-Rentenfall	$\beta_t^{\ell,s} = \beta^{u,s} + (\beta^{u,s} - \beta_t^{D,s}) \cdot \dfrac{1 - s_d + kd_t^s \cdot (1-\tau)}{1 - s_g + kd_t^s} \cdot L_{t-1}$	(13)
Rente mit/ohne Wachstum	$\beta^{\ell,s} = \beta^{u,s} + (\beta^{u,s} - \beta^{D,s}) \cdot \dfrac{1 - s_d + kd^s \cdot (1-\tau)}{1 - s_g + kd^s} \cdot L$	(14)
Wertabhängige Finanzierung (Harris/Pringle)		
Nicht-Rentenfall	$\beta_t^{\ell,s} = \beta^{u,s} + (\beta^{u,s} - \beta_t^{D,s}) \cdot L_{t-1}$	(15)
Rente mit/ohne Wachstum	$\beta^{\ell,s} = \beta^{u,s} + (\beta^{u,s} - \beta^{D,s}) \cdot L$	(16)

Symbolverzeichnis: s_d = persönlicher Steuersatz auf Dividenden und Zinsen; s_g = persönlicher Steuersatz auf Kursgewinne bzw. Marktwertzuwächse

Abbildung 2: Anpassungsformeln bei einem Nachsteuerkalkül

Der Index s gibt an, dass es sich um Größen nach persönlichen Steuern handelt. Zur Berücksichtigung des Steuerstundungseffekts bei der Kursgewinnsteuer wird der persönliche Steuersatz auf Kursgewinne bzw. Marktwertzuwächse s_g üblicherweise niedriger als der persönliche Steuersatz auf Dividenden und Zinsen s_d angesetzt.[19] Da Fremdkapitalzinsen der Besteuerung durch s_d unterliegen, muss auch ein Debt Beta nach persönlichen Steuern verwendet werden. Für das Debt Beta in einem Nachsteuerkalkül gilt Formel (17).

$$\beta_t^{D,s} = \frac{kd_t \cdot (1-s_d) - r_t \cdot (1-s_d)}{MRP^s} = \frac{kd_t^s - r_t^s}{MRP^s} \quad (17)$$

Bei der Bestimmung des Marktwerts des Tax Shields in einer Nachsteuerrechnung ist zu berücksichtigen, dass in diesen zwei Komponenten eingehen:

---

[19] Vgl. zum Steuerstundungseffekt Wiese, WPg 2007, S. 368–375.

- Der unternehmenssteuerbedingte Tax Shield ergibt sich wie in Vorsteuerkalkülen aus der steuerlichen Abzugsfähigkeit der Fremdkapitalzinsen von der Bemessungsgrundlage der Unternehmenssteuern, wobei in einem Nachsteuerkalkül die persönliche Besteuerung der Anteilseigner ergänzend zu berücksichtigen ist.
- Der einkommensteuerbedingte Tax Shield als zweite Komponente ist darauf zurückzuführen, dass die Aufnahme von Fremdkapital einen Ausschüttungsverzicht substituiert, der für die Eigenkapitalgeber steuerlich relevant ist, während hiermit bei den Fremdkapitalgebern keine steuerlichen Konsequenzen verbunden sind.[20]

Bezüglich der Auswirkungen der Finanzierungspolitik, des Risikogehalts des Fremdkapitals und des Verlaufs des freien Cashflows auf die Höhe des Equity Betas kann auf die entsprechenden Ausführungen bei den Anpassungsformeln für Vorsteuerkalküle verwiesen werden. Ein Vergleich der Anpassungsformeln bei Vor- und Nachsteuerkalkülen zeigt zwar, dass diese strukturell eine große Ähnlichkeit aufweisen, jedoch werden die Anpassungsformeln im Nachsteuerkalkül durch die persönliche Besteuerung beeinflusst.

> **Praxishinweis**
> Selbst wenn man – wie in der Bewertungspraxis üblich – vereinfachend davon ausgeht, dass das Asset Beta im Nachsteuerkalkül mit dem im Vorsteuerkalkül übereinstimmt, so wird das Equity Beta im Nachsteuerkalkül durch das von der persönlichen Besteuerung abhängige Debt Beta beeinflusst. Nur wenn man darüber hinaus annimmt, dass das Fremdkapital risikolos ist, stimmen die Anpassungsformeln bei autonomer Finanzierung im Rentenfall ohne Wachstum und bei wertabhängiger Finanzierung gemäß H/P im Vor- und Nachsteuerkalkül überein. Die Anwendung der H/P-Anpassungsformel ist hierbei zusätzlich noch mit dem Vorteil verbunden, dass sie unabhängig vom Teilsteuersatz der Fremdkapitalzinsen ist, was vor allem bei Unternehmen mit mehreren Geschäftsbereichen zu einer Vereinfachung der Bewertung führt.[21]

III. Analyse der Bewertungsfehler durch die Verwendung „falscher" Anpassungsformeln

Die vergleichsweise geringe Komplexität und gute Verständlichkeit der M/M-Anpassungsformel für den Rentenfall ohne Wachstum (Formel (5)) und der H/P-Anpassungsformel (Formel (8) bzw. Formel (9)) eines Vorsteuerkalküls sowie deren Anwendungsempfehlung im WP Handbuch des IDW tragen wesentlich dazu bei, dass diese in der Bewertungspraxis zumeist angewendet werden. Wie die Ausführungen in Kapitel II. jedoch deutlich gemacht haben, ist die Anwendung von Anpassungsformeln an spezifische Voraussetzungen geknüpft. Wenn diese in

---

[20] Zur Bestimmung des Marktwerts des Tax Shields in einer Nachsteuerrechnung siehe vor allem Diedrich/Dierkes, a.a.O. (Fn. 1), S. 112 f.
[21] Der Gesamtkapitalkostensatz beim TCF-Verfahren ist bei H/P in einem Vorsteuerkalkül finanzierungsunabhängig.

Bewertungssituationen nicht erfüllt sind, führt die Anwendung unpassender und damit falscher Anpassungsformeln zu Bewertungsfehlern. Bei der Verwendung einer falschen Anpassungsformel kommt den folgenden Punkten eine besondere Bedeutung zu:

Ursachen falscher Anpassungsformeln
1. Es ist davon auszugehen, dass der Rentenfall ohne Wachstum sowohl in der Detailprognosephase als auch in der Rentenphase nicht der Realität entspricht. Insofern ist die Verwendung der M/M-Anpassungsformel für den Rentenfall ohne Wachstum, auf die das WP Handbuch des IDW in besonderer Weise Bezug nimmt, auch bei autonomer Finanzierung letztlich in allen Perioden mit Fehlern verbunden.
2. Die M/M-Anpassungsformel führt zu einem Bewertungsfehler, wenn das zu bewertende Unternehmen eine wertabhängige Finanzierung verfolgt, wovon in der Bewertungspraxis zumeist ausgegangen wird.
3. Die Bewertungspraxis vernachlässigt bei der Anpassung von Betafaktoren oftmals das Debt Beta, was nur bei risikolosem Fremdkapital gerechtfertigt ist.
4. Eine Differenzierung zwischen einem Vor- und einem Nachsteuerkalkül ist notwendig, da bei einem Nachsteuerkalkül grundsätzlich eigenständige Anpassungsformeln zu verwenden sind.

Im Weiteren wird analysiert, wie groß die Bewertungsfehler sind, wenn von den tatsächlichen Bewertungssituationen abweichende und demnach „falsche" Anpassungsformeln angewendet werden. Um die Auswirkungen der Verwendung einer „falschen" Anpassungsformel auf den Marktwert des Eigenkapitals zu beschreiben, werden eine Million Bewertungsfälle simuliert. Dabei wird folgende Bewertungssituation unterstellt:

- Rentenfall mit Wachstum,
- gegebener freier Cashflow,
- Anwendung des FtE-Verfahrens.

Die Ausprägungen der für die Bewertung relevanten Größen werden als voneinander unabhängig und in den folgenden Intervallen gleichverteilt angenommen:[22]

- $\tau \varepsilon$ [20%; 40%], w ε [0,5%; 1,5%], MRP ε [5,5%; 7%], cs ε [1%; 4%]
- $\beta^u = \beta^{u,s} \varepsilon$ [0,8; 1,5], $\Theta \varepsilon$ [30%; 70%], MRP^s ε [5%; 6%].

Θ symbolisiert die Fremdkapitalquote, wobei sich der Verschuldungsgrad L aus $\Theta/(1-\Theta)$ ergibt. Bei der Analyse des Nachsteuerkalküls werden ein konstanter Steu-

---

[22] Die Marktrisikoprämien vor und nach persönlichen Steuern orientieren sich an den vom FAUB des IDW empfohlenen Bandbreiten; vgl. FN-IDW 2012, S. 568 f.

ersatz auf Dividenden und Zinsen i.H. von 26,375% und ein Steuersatz auf Kursgewinne bzw. Marktwertzuwächse i.H. von 13,188% angesetzt. Vereinfachend wird davon ausgegangen, dass das Asset Beta nach persönlichen Steuern mit dem Asset Beta vor persönlichen Steuern übereinstimmt.

		SIMULATIONSERGEBNISSE			
		VORSTEUERKALKÜL		NACHSTEUERKALKÜL	
		FALL A: AUTONOM	FALL B: WERTABHÄNGIG	FALL C: AUTONOM	FALL D: WERTABHÄNGIG
Vorsteueranpassungen					
M/M-Anpassung mit Wachstum					
(4)	Mit Debt Beta	0% [0%; 0%]		2,2% [−30,7%; 23,3%]	
	Ohne Debt Beta	−11,2% [−34,5%; 7,0%]		−7,7% [−29,6%; 16,1%]	
M/M-Anpassung ohne Wachstum					
(5)	Mit Debt Beta	−5,4% [−66,7%; −0,1%]	11,1% [0,9%; 36,2%]		
	Ohne Debt Beta	−17,5% [−69,5%; −4,3%]	−2,9% [−36,5%; 26,9%]	−14,5% [−82,5%; −2,9%]	−5,5% [−31,5%; 16,3%]
M/E-Anpassung					
(7)	Mit Debt Beta		0% [0%; 0%]		−5,4% [−10,2%; −1,2%]
	Ohne Debt Beta		−15,5% [−45,7%; −2,8%]		−18,0% [−42,1%; −6,3%]
H/P-Anpassung					
(9)	Mit Debt Beta	−14,8% [−75,2%; −0,8%]	−0,4% [−1,0%; 0,0%]		
	Ohne Debt Beta	−28,2% [−77,9%; −10,1%]	−15,9% [−46,3%; −3,0%]	−26,0% [−87,4%; −8,7%]	−18,4% [−42,7%; −6,5%]
Nachsteueranpassungen					
M/M-Anpassung mit Wachstum					
(11)	Mit Debt Beta			0% [0%; 0%]	
	Ohne Debt Beta			−10,1% [−31,8%; 19,5%]	

SIMULATIONSERGEBNISSE					
		VORSTEUERKALKÜL		NACHSTEUERKALKÜL	
		FALL A: AUTONOM	FALL B: WERTABHÄNGIG	FALL C: AUTONOM	FALL D: WERTABHÄNGIG
M/M-Anpassung ohne Wachstum					
(12)	Mit Debt Beta			−3,9% [−81,2%; −0,1%]	6,1% [0,5%; 23%]
	Ohne Debt Beta			−14,5% [−82,5%; −2,9%]	−5,5% [−31,5%; 16,3%]
M/E-Anpassung					
(14)	Mit Debt Beta				0% [0%; 0%]
	Ohne Debt Beta				−12,2% [−37,0%; −2,2%]
H/P-Anpassung					
(16)	Mit Debt Beta			−14,4% [−86,3%; −1,9%]	−5,8% [−10,8%; −1,3%]
	Ohne Debt Beta			−26,0% [−87,4%; −8,7%]	−18,4% [−42,7%; −6,5%]

Tabelle 1: Simulationsergebnisse – Durchschnitte und Bandbreiten der Bewertungsfehler im Rentenfall mit Wachstum

Tabelle 1 zeigt die in der Simulation ermittelten durchschnittlichen Bewertungsfehler sowie ergänzend in den eckigen Klammern jeweils die Bandbreiten der möglichen Fehler. Insgesamt werden mit einem Vor- und einem Nachsteuerkalkül bei autonomer und wertabhängiger Finanzierung vier Bewertungssituationen betrachtet, wobei von einer wertabhängigen Finanzierung gemäß M/E ausgegangen wird. Bei dem Vorsteuerkalkül bei autonomer Finanzierung (Fall A) liefert z.B. die Anwendung der M/M-Anpassungsformel mit Wachstum und Debt Beta das richtige Bewertungsergebnis. In Tabelle 1 ist dies durch einen dunkelgrauen Hintergrund dieses Feldes gekennzeichnet. Als mögliche alternative Anpassungsformeln werden in dieser Situation

- die M/M-Anpassungsformel mit Wachstum bei Vernachlässigung des Debt Betas,
- die M/M-Anpassungsformeln ohne Wachstum sowie
- die H/P-Anpassungsformeln untersucht. Demnach ist z.B. die M/M-Anpassungsformel mit Wachstum bei Vernachlässigung des Debt Betas mit einem mittleren Bewertungsfehler von −11,2% verbunden, wobei die Bandbreite der Bewertungsfehler zwischen −34,5% und 7,0% liegt. Da die Anwendung der M/E-Anpassungsformeln und auch die Anwendung der Anpassungsformeln eines

Nachsteuerkalküls in dieser Bewertungssituation nicht realistisch sind, werden die Auswirkungen dieser Anpassungen nicht analysiert. Dies ist in Tabelle 1 am hellgrauen Hintergrund der Tabellenfelder zu erkennen.

Die Wahl der Anpassungsformel ist von der Bewertungssituation abhängig. Die Verwendung einer unpassenden Anpassungsformel ist im Allgemeinen mit erheblichen Bewertungsfehlern verbunden.

Insgesamt zeigen die Ergebnisse der Simulation, dass die Anwendung einer unpassenden Anpassungsformel mit erheblichen Bewertungsfehlern verbunden sein kann. Der maximale mittlere Bewertungsfehler i.H. von −28,2% tritt auf, wenn in einem Vorsteuerkalkül bei autonomer Finanzierung (Fall A) die H/P-Anpassungsformel ohne Debt Beta des Vorsteuerkalküls angewendet wird. Aber auch aus einem geringen mittleren Bewertungsfehler kann nicht ohne weiteres die Schlussfolgerung gezogen werden, dass eine unpassende Anpassungsformel in einer Bewertungssituation angewendet werden kann. Ergänzend ist auch die Bandbreite der möglichen Bewertungsfehler zu berücksichtigen. So ist die Anwendung der M/M-Anpassungsformel mit Wachstum und Debt Beta im Fall C nur mit einem mittleren Bewertungsfehler von 2,2% verbunden, indes liegt die maximale Unter- bzw. Überbewertung bei −30,7% bzw. 23,3%. Insofern kann man unter Berücksichtigung des Durchschnitts und der Bandbreite der möglichen Bewertungsfehler im Prinzip nur in einem Vorsteuerkalkül die Anwendung der H/P-Anpassungsformel mit Debt Beta rechtfertigen, obwohl von der wertabhängigen Finanzierung gemäß M/E (Fall B) ausgegangen wird. In einem Nachsteuerkalkül (Fall D) wäre eine dementsprechende Vereinfachung mit einem mittleren Bewertungsfehler von −5,8% hingegen als nicht unproblematisch einzustufen. Im Folgenden soll auf drei für die Praxis besonders relevante Problembereiche näher eingegangen werden:

Undifferenzierte Anwendung der M/M-Formel
Der erste Problembereich betrifft die in der Praxis vielfach angewandte M/M-Anpassungsformel für den Rentenfall ohne Wachstum und Debt Beta (Formel (5)). Ein Blick auf die Durchschnitte und Bandbreiten der Bewertungsfehler in allen Bewertungssituationen zeigt, dass diese nie zu einer akzeptablen Bewertung führt. In dem Vorsteuerkalkül bei wertabhängiger Finanzierung (Fall B) ist zwar der mittlere Bewertungsfehler mit −2,9% noch gering, jedoch ist die Bandbreite der Bewertungsfehler von −36,5% bis 26,9% groß. Bemerkenswert ist zudem, dass die M/M-Anpassungsformel ohne Wachstum mit Debt Beta selbst in dem Vorsteuerkalkül bei autonomer Finanzierung (Fall A) nur zu unbefriedigenden Lösungen führt, wodurch die Bedeutsamkeit der Berücksichtigung der Wachstumsrate in den Anpassungsformeln bei autonomer Finanzierung im Rentenfall deutlich wird.

Vernachlässigung des Debt Betas

Zweitens ist regelmäßig ein erheblicher Fehler mit einer Vernachlässigung des Debt Betas verbunden, wenn der Fremdkapitalkostensatz den risikolosen Zinssatz übersteigt. Wird z.B. bei autonomer Finanzierung die Anpassungsformel (4) mit einem Debt Beta von null verwendet, führt dies zu einer durchschnittlichen Unterschätzung des Unternehmenswerts von −11,2% bei einem Vorsteuerkalkül (Fall A) und von −7,7% bei einem Nachsteuerkalkül (Fall C). Würde man bei der Anpassung darüber hinaus die Wachstumsrate nicht berücksichtigen und Formel (5) ohne Debt Beta anwenden, würde dies die durchschnittlichen Bewertungsfehler auf −17,5% bzw. −14,5% erhöhen. Ergänzend ist zu beachten, dass in der Simulation angenommen wurde, dass der Verschuldungsgrad und der Credit Spread unabhängig voneinander sind. Würde man in der Simulation einen positiven funktionalen Zusammenhang zwischen diesen Größen unterstellen – wovon in der Realität auszugehen ist –,[23] so würde dies die ermittelten durchschnittlichen Bewertungsfehler erhöhen.

Anwendung von Vorsteuer-Bewertungsformeln bei Nachsteuerkalkülen

Der dritte Problembereich resultiert daraus, dass in Nachsteuerkalkülen spezifische Nachsteuer-Anpassungsformeln anzuwenden sind, was in der Praxis im Allgemeinen nicht geschieht.[24] In der Regel werden die aus Vorsteuerkalkülen bekannten Anpassungsformeln verwendet, womit erhebliche Bewertungsfehler verbunden sein können. Wird in einem Nachsteuerkalkül bei wertabhängiger Finanzierung (Fall D) z.B. die Vorsteuer-M/E-Anpassungsformel mit Debt Beta angewendet, so ist dies mit einem durchschnittlichen Bewertungsfehler von −5,4% verbunden.

IV. Fazit

In der Bewertungspraxis werden bei der Anpassung von Betafaktoren häufig vergleichsweise einfache Anpassungsformeln angewendet, obwohl die hierfür notwendigen Anwendungsvoraussetzungen nicht erfüllt sind. In diesem Beitrag wurde mittels einer Simulation gezeigt, dass hiermit erhebliche Bewertungsfehler verbunden sein können. Die Auswahl der Anpassungsformel sollte daher stets in Abhängigkeit von der Berücksichtigung persönlicher Steuern, der Finanzierungspolitik, des Risikos des Fremdkapitals und damit eines Debt Betas sowie des Verlaufs der freien Cashflows erfolgen.

Die Anwendung einer einfachen Anpassungsformel lässt sich u.E. nicht mit Praktikabilitätsgründen rechtfertigen, weil die Bewertung in der Praxis ohnehin mit Tabellenkalkulationsprogrammen vorgenommen wird, womit alle Anpassungsformeln letztlich in gleichem Maße praktikabel sind. Nur in dem Sonderfall, in dem die Referenzunternehmen und das zu bewertende Unternehmen hinsichtlich aller

---

23 Vgl. Copeland/Weston/Shastri, a.a.O. (Fn. 13), S. 553 f.
24 Vgl. Diedrich/Dierkes, WPg 2017, S. 208 f.

Anwendungsvoraussetzungen identisch sind, ist die Wahl der Anpassungsformel beim Un- und Relevern irrelevant, denn dann stimmt das am Kapitalmarkt beobachtbare Raw Beta mit dem Equity Beta überein. Da dieses jedoch in der Regel nicht gegeben ist, sollte man der Wahl der geeigneten Anpassungsformel beim Un- und Relevern besondere Beachtung schenken.

Von besonderer Relevanz für die Bewertungspraxis:
- Die Anwendung der M/M-Anpassungsformel für den Rentenfall ohne Wachstum ist in allen von diesen Annahmen abweichenden Bewertungssituationen mit erheblichen Bewertungsfehlern verbunden. Dieses gilt sogar bei autonomer Finanzierung für die Rentenphase, wenn dort von einem Wachstum der freien Cashflows auszugehen ist.
- Die Wahl einer Anpassungsformel für autonome Finanzierung bei wertabhängiger Finanzierung und umgekehrt hat gravierende Auswirkungen auf das Bewertungsergebnis und sollte vermieden werden.
- In einem Vorsteuerkalkül kann die H/P-Anpassungsformel vereinfachend auch bei wertabhängiger Finanzierung gemäß M/E angewendet werden. Die H/P-Anpassungsformel weist zudem den Vorteil auf, dass sie unabhängig von den Teilsteuersätzen der Fremdkapitalzinsen ist. In einem Nachsteuerkalkül ergibt sich ein weiterer Vorteil daraus, dass die Vorsteuer-Anpassungsformel auch in einem Nachsteuerkalkül angewendet werden kann, wenn das Fremdkapital risikolos ist und man von der Übereinstimmung des Asset Betas vor und nach persönlichen Steuern ausgeht.
- Sofern das Fremdkapital risikobehaftet und damit der Fremdkapitalkostensatz größer als der risikolose Zinssatz ist, ist das Debt Beta bei der Anpassung von Betafaktoren zu berücksichtigen.
- Im Allgemeinen führt die Anwendung von Vorsteuer-Anpassungsformeln in Nachsteuerkalkülen zu erheblichen Bewertungsfehlern. Demzufolge sollten in Nachsteuerkalkülen auch die spezifischen Nachsteuer-Anpassungsformeln eingesetzt werden.

Quelle: WPg – Die Wirtschaftsprüfung 2018 S. 381

4. Kapitalstruktur, Ausschüttungspolitik und Wachstum

Steuerwirkung der Fremdfinanzierung 105

Ausschüttungsquote und IDW-Vorgaben – oder: von der Kunst des Unmöglichen 129

Steady State und Wachstum in der Terminal Value Ermittlung 141

Steuerwirkung der Fremdfinanzierung

– Betriebswirtschaftliche Analyse unter Berücksichtigung des neuen Erbschaftsteuerrechts –

StB Prof. Dr. Carmen Bachmann | Konrad Richter, M.Sc., LL.M. oec. | Dipl.-Kff. (Univ.) Carolin Schuler | Prof. Dr. Robert Risse

I. Einleitung

Seit den Arbeiten von Modigliani/Miller[1] ist der ertragsteuerliche Vorteil von Fremdfinanzierung (Tax Shield)[2] Gegenstand zahlreicher Untersuchungen.[3] Dieser resultiert aus der Abzugsfähigkeit der Zinsen auf Ebene der KapGes. Aufgrund der engen Verbundenheit zwischen Unternehmen und Gesellschafter ist bei mittelständischen Unternehmen zusätzlich die persönliche Besteuerung des Investors[4] im betriebswirtschaftlichen Kalkül zu berücksichtigen.[5] Diese führt – vor allem wenn die Besteuerung von Zinsen höher ist als die von Dividenden – insgesamt zu einer Verringerung des Finanzierungsvorteils.[6]

Das Einbeziehen der persönlichen Sphäre erfordert auch eine Berücksichtigung der Belastung mit Erbschaft- bzw. Schenkungsteuer.[7] Eine Integration von Substanzsteuern in Kapitalwertmodelle ist bislang – wenn überhaupt – nur vereinzelt in Bezug auf Gewerbekapital- und Vermögensteuer erfolgt.[8] Brähler/Hoffmann[9] beziehen zwar die Erbschaftsteuer bei einer Analyse teilentgeltlicher Übertragungen ein, vernachlässigen aber den Einfluss der Finanzierungsstruktur auf die Steuerbelastung: Der Übergang von Unternehmensanteilen wird häufig erbschaftsteuerlich

---

1 Vgl. Modigliani/Miller, American Economic Review 1958 S. 261 und American Economic Review 1963 S. 433.
2 Vgl. stellvertretend Brealey/Myers/Allen, Principles of Corporate Finance, 11. Aufl. 2011, S. 500 f.
3 Vgl. DeAngelo/Masulis, Journal of Financial Economics 1980 S. 3 ff., die sich mit dem Einfluss auf den Wert eines Unternehmens beschäftigen. Einen Überblick über den wissenschaftlichen Diskurs gibt z.B. Graham, Foundations and Trends in Finance, 2006, S. 573 ff.; Hundsdoerfer/Kiesewetter/Sureth, ZfB 2008 S. 61 (85), fassen die Ergebnisse im deutschsprachigen Forschungsraum zusammen.
4 So auch Watrin/Stöver, StuW 2011 S. 60 (61).
5 Vgl. Miller, Journal of Finance 1977 S. 261 ff.; Bachmann, ZfB 2008 S. 91 ff.
6 Vgl. z.B. Houben/Müller, FB 2008 S. 237 ff.; für den grenzüberschreitenden Fall z.B. Bachmann/Schultze, ZfB 2007 S. 479 ff.
7 Im Folgenden wird stets der Begriff Erbschaftsteuer verwendet. Die praktische Relevanz ist hoch, da zwischen 2014 und 2018 ca. 135.000 Unternehmen übergehen werden, von denen ca. 124.600 Umsätze im Bereich von 100.000 € bis 5 Mio. € und ca. 10.800 Umsätze über 5 Mio. € aufweisen. Vgl. Kay/Suprinovič, IfM Bonn, Daten und Fakten Nr. 11 2013, S. 11.
8 Vgl. Albach, Steuersystem und unternehmerische Investitionspolitik, 1970, S. 319 ff.; Baan, DB 1980 S. 700 ff., S. 746 ff.; Mellwig, DB 1982 S. 501 ff., S. 553 ff.; Schneider, Investition, Finanzierung und Besteuerung, 7. Aufl. 1992, S. 309 ff.; Georgi, Steuern in der Investitionsplanung, 2. Aufl. 1994, S. 12. Vgl. dazu jüngere Untersuchungen vor dem Hintergrund der Diskussion zur Wiedereinführung einer Vermögensteuer (siehe dazu u.a. Siemers/Birnbaum, ZEV 2013 S. 8): Spengel/Zinn, StuW 2011 S. 173; Diller/Grottke/Schildbach, StuW 2015 S. 222; Hoppe/Maiterth/Sureth-Sloane, ZfbF 2016 S. 3.
9 Vgl. Brähler/Hoffmann, StuW 2011 S. 259.

begünstigt bzw. nicht besteuert.[10] Gesellschafterdarlehen unterliegen – als nicht begünstigungsfähiges Privatvermögen – vollumfänglich der Erbschaftsteuer. Diese erbschaftsteuerliche Diskriminierung von Fremdfinanzierung war bisher eindeutig.[11]

Mit der jüngsten Erbschaftsteuerreform[12] wird die Regelverschonung auf einen Erwerb von begünstigtem Vermögen bis 26 Mio. € begrenzt, der darüber hinausgehende Verschonungsabschlag wird abgeschmolzen.[13] Ab 90 Mio. € ist das begünstigte Vermögen voll steuerpflichtig und wird letztlich wie Fremdkapital besteuert. Lediglich ein (Teil-)Erlass der Steuer gem. § 28a ErbStG unter Berücksichtigung der persönlichen Vermögensverhältnisse des Stpfl. ist möglich.[14]

Die Konsequenzen dieser Neuregelung werden in vorliegendem Beitrag quantifiziert. Analysiert wird die Finanzierungsstruktur eines Unternehmens unter Berücksichtigung von Ertrag- und Erbschaftsteuer. Die relevanten Parameter – wie etwa Unternehmensgröße, Ausschüttungs- und Fremdkapitalquote – werden auf ihre Wirkungsweise hin untersucht.

II. Steuerliche Kalkulationsgrundlagen
1. Grundfall

Der modelltheoretischen Analyse liegt folgende Sachverhaltskonstellation zu Grunde: Eine natürliche Person – der Investor – beteiligt sich mit einer Anfangsinvestition C_0 im Zeitpunkt $t = 0$ zu 100% an einer KapGes., die entweder vollständig mit Eigenkapital oder zu einem Anteil λ auch mit Fremdkapital autonom[15] finanziert wird. Der effektive Unternehmenssteuersatz sei über alle Perioden hinweg τ^C. Das Gesamtvermögen des Investors geht im Zeitpunkt[16] $t = N$ durch Schenkung (§ 7 Abs. 1 Nr. 1 ErbStG) im Rahmen der vorweggenommenen Erbfolge oder durch Erbschaft (§ 3 Abs. 1 ErbStG) an den Unternehmensnachfolger über und unterliegt dem progressiven Erbschaftsteuertarif ($\tau^{Erb}_{E(\cdot)}$) i.S.v. § 19 Abs. 1 ErbStG, der abhängig vom steuerpflichtigen Erwerb $E(\cdot)$ ist. Der Index $(\cdot)$ steht nachfolgend für ein unverschuldetes (U) bzw. ein verschuldetes (L) Unternehmen.

Es werden folgende Annahmen getroffen:

---

10 Im deutschen Steuerrecht werden Anteile an Kapitalgesellschaften begünstigt durch §§ 13a, 13b, 13c und 19a ErbStG.
11 Vgl. Piltz/Stalleiken, ZEV 2011 S. 67 ff.
12 Vgl. Gesetz zur Anpassung des Erbschaftsteuer- und Schenkungsteuergesetzes an die Rspr. des Bundesverfassungsgerichts vom 04.11.2016, mit rückwirkender Geltung ab dem 01.07.2016. Vgl. grundlegend hierzu u.a.: Riegel/Heynen, BB 2017 S. 23 ff.; Holtz, NJW 2016 S. 3750 ff.; Oppel, SteuK 2016 S. 469 ff.; Reich, BB 2016 S. 2647 ff.; Crezelius, ZEV 2016 S. 541 ff.; Geck, ZEV 2016 S. 546 ff.
13 Gem. § 13c Abs. 1 ErbStG findet das Abschmelzen des Verschonungsabschlags nur auf Antrag statt.
14 Vgl. für einen beispielhaften Belastungsvergleich zwischen Verschonungsbedarfsprüfung und abschmelzendem Verschonungsabschlag: Watrin/Linnemann, DStR 2017 S. 569 (570).
15 Bei einer autonomen Finanzierung wird die Höhe der Fremdkapitalaufnahme ex ante festgelegt, d.h. es erfolgt – anders als bei wertorientierter Finanzierung – keine periodische Anpassung der Fremdfinanzierung an die Entwicklung des Unternehmenswertes.
16 Entspricht dem Bewertungsstichtag i.S.v. § 11 ErbStG.

1. Die KapGes. erzielt über die Gesamtperiode $t = 1$ bis N Gewinne.[17]
2. Auf dem Kapitalmarkt können Mittel in jeder Periode t risikolos zu $r^{(\cdot)}$ angelegt werden.
3. Die Rückflüsse der Alternativinvestition auf dem Kapitalmarkt werden dem persönlichen Einkommensteuersatz τ^P unterworfen. Der Nachsteuerkalkulationszinssatz beträgt $r^{(\cdot)} \times (1-\tau^P)$, der Diskontierungsfaktor $q^{(\cdot)} = 1 + r^{(\cdot)} \times (1-\tau^P)$.
4. Das handelsrechtliche Ergebnis entspricht dem zu versteuernden Einkommen i.S.v. § 2 Abs. 5 EStG.
5. Verwaltungsvermögen ist nicht oder nur bis zu 10% vorhanden. Bis zu dieser Grenze gilt es gem. § 13b Abs. 7 ErbStG als unschädlich.[18] Die Voraussetzungen der Regelverschonung gem. § 13a Abs. 4 ErbStG liegen vor. Die Optionsverschonung i.H.v. 100% gem. § 13a Abs. 10 ErbStG wird aufgrund der deutlich strengeren Voraussetzungen bzgl. der Lohnsummen und Behaltensfrist nicht betrachtet. Auch von dem neu geschaffenen Vorababschlag für Familienunternehmen (§ 13a Abs. 9 ErbStG) wird zunächst abstrahiert.
6. Beide Unternehmungen sollen in jeder Periode über die gleiche Gesamtkapitalbasis verfügen und das gleiche EBIT erzielen. D.h. nach Steuern, Zinsen und Dividenden soll das gleiche Kapital im unverschuldeten und verschuldeten Unternehmen vorhanden sein.[19]

Für Zwecke des Vergleichs wird der Wert des Vermögens nach Ertrag- und Erbschaftsteuern am Ende der Gesamtperiode abgezinst auf den Zeitpunkt $t = 0$ (Barwert).[20] Die Differenz der Barwerte für das verschuldete (NPV_0^L) und das unverschuldete Unternehmen (NPV_0^U) wird dabei in das Verhältnis zum eingesetzten Anfangskapital (C_0) gesetzt (Gleichung (1)). Ist die resultierende Kenngröße ΔFK positiv, ist Fremdfinanzierung günstiger, ist sie negativ, ist Eigenfinanzierung zu bevorzugen.

$$\Delta FK = \frac{NPV_0^L - NPV_0^U}{C_0} \qquad (1)$$

---

[17] Im Verlustfall kommt es zu einer Aufwandsbesteuerung: Ein Zinsabzug wirkt sich auf Unternehmensebene steuerlich nicht aus, gleichzeitig unterliegen die Zinsen beim Anteilseigner der Besteuerung. Weiterführend vgl. u.a. Lutz, BFuP 1993 S. 66 ff.; Drukarczyk, DStR 1997 S. 464 ff.; Peemöller/Popp, BB 1997 S. 303 ff.; Oesterle, BB 1998 S. 835 ff. und Streitferdt, ZfB 2004 S. 669 ff. Zum erbschaftsteuerlichen Nachteil der Fremdfinanzierung im Verlustfall vgl. Corsten/Dreßler, DStR 2009 S. 2115 ff.
[18] Vgl. ausführlich zum neuen Verwaltungsvermögenstest: Korezkij, DStR 2016 S. 2434 ff.
[19] Dies weicht von der für ertragsteuerliche Zwecke häufig angenommenen Vollausschüttungshypothese (so z.B. Bachmann/Schultze, DBW 2008 S. 9 ff.) ab, ist jedoch notwendig, um die Verteilung auf die verschiedenen Vermögenssphären für erbschaftsteuerliche Zwecke abbilden zu können.
[20] Vgl. kritisch zur Berücksichtigung des Tax Shields für Zwecke der Unternehmensbewertung: Pawelzik, DStR 2013 S. 1445 (1447); a.A.: Drukarczyk/Schüler, Unternehmensbewertung, 6. Aufl. 2009, S. 119; Koller/Goedhart/Wessels, Valuation – Measuring and Managing the Value of Companies, 6. Aufl. 2015, S. 146, 158; Kruschwitz/Löffler, Discounted cash flow – A Theory of the Valuation of Firms, 1. Aufl. 2005, S. 130 ff.

2. Eigenfinanzierung

Der thesaurierte Net Profit $(NP_t^{U,T})$ in jeder Periode (Gleichung (2)) ergibt sich bei reiner Eigenfinanzierung durch Multiplikation des Eigenkapitalbestands zum Ende der Vorperiode $t-1$ (C_{t-1}^U, Gleichung (3)) mit der Gesamtkapitalrentabilität (r^{GK}) abzüglich Unternehmenssteuern und Ausschüttung (Anteil δ_t^U am Unternehmensgewinn). In Periode 0 entspricht der Eigenkapitalbestand der Anfangsinvestition C_0; in jeder weiteren Periode erhöht sich C_0 um den thesaurierten Net Profit $NP_t^{U,T}$.

$$NP_t^{U,T} = C_{t-1}^U \times r^{GK} \times \left(1-\tau^C\right) \times \left(1-\delta_t^U\right) \tag{2}$$

für

$$C_{t-1}^U = \begin{cases} C_0 + \left[\sum_{i=0}^{t-1} C_i^U \times r^{GK} \times \left(1-\tau^C\right) \times \left(1-\delta_{t-1}^U\right)\right], \text{ für } t-1 > 0 \\ C_0, \text{ für } t-1 = 0 \end{cases} \tag{3}$$

Der Barwert der Net Profits einer unverschuldeten Unternehmung $PV\left[NP\right]_0^{U,T}$ (Gleichung (4)) ergibt sich durch Abzinsung mit dem Diskontierungsfaktor.

$$PV\left[NP\right]_0^{U,T} = \sum_{t=1}^{t=N} NP_t^{U,T} \times q^{U-t} \tag{4}$$

Dem Anteilseigner fließt der ausgeschüttete Net Profit nach Abzug persönlicher Steuern τ^P zu ($NP_t^{U,A}$, Gleichung (5)). Durch Diskontierung ergibt sich der Present Value der Net Profits $PV\left[NP\right]_0^{U,A}$ (Gleichung (6)).

$$NP_t^{U,A} = C_{t-1} \times r^{GK} \times \left(1-\tau^C\right) \times \left(1-\tau^P\right) \times \delta_t^U \tag{5}$$

$$PV\left[NP\right]_0^{U,A} = \sum_{t=1}^{t=N} NP_t^{U,A} \times q^{U-t} \tag{6}$$

Der auf Unternehmensebene thesaurierte Gewinnanteil wird (zunächst nicht) mit persönlichen Steuern belastet. Für Zwecke des Modells werden die kumulierten thesaurierten Gewinne am Ende der Gesamtperiode mit einer fiktiven Ausschüttungsbelastung (S_P^U) belegt[21] (Gleichung (7)); spätestens bei einer Liquidation des Unternehmens wird diese Besteuerung nachgeholt.

$$PV\left[S_P^U\right]_0 = \left(\sum_{t=1}^{t=N} NP_t^{U,T} \times \tau^P\right) \times q^{U-N} \tag{7}$$

---

21 Eine tatsächliche Ausschüttung findet nicht statt, die Besteuerung erfolgt unmittelbar nach Entstehung der Erbschaftsteuer. Diese Vorgehensweise entspricht § 20 Abs. 1 Nr. 2 Satz 1 EStG bei einer gedachten Liquidation der Gesellschaft.

Die Bewertung der Anteile für erbschaftsteuerliche Zwecke im Zeitpunkt N ist wie folgt vorzunehmen: Da kein aus Verkäufen unter fremden Dritten ableitbarer Wert herangezogen werden kann,[22] ist dieser anhand der Ertragsaussichten nach einer betriebswirtschaftlich üblichen Methode zu bestimmen.[23] Eine Ermittlung – bspw. anhand von Discounted-Cashflow-Verfahren – ist aufgrund betriebs- und branchenspezifischer Besonderheiten bei Kalkulation des Diskontierungszinssatzes im Rahmen eines allgemeinen Modells kaum möglich.[24] Daher wird der Wert der Anteile anhand des vereinfachten Ertragswertverfahrens (EW) gem. § 11 Abs. 2 Satz 3 und 4 BewG i.V.m. §§ 199–203 BewG abgeleitet ($BV_N^{U,EW}$, Gleichung (8)).[25] Gem. § 201 Abs. 2 Satz 1 BewG wird der Durchschnittsertrag aus den Betriebsergebnissen[26] ($C_{t-1} \times r^{GK}$) der letzten drei vor dem Bewertungsstichtag abgelaufenen Wirtschaftsjahre (t = N, N–1 und N–2) mit dem geänderten Kapitalisierungsfaktor i.H.v. 13,75[27] (§ 203 Abs. 1 BewG) multipliziert. Bis auf die Berücksichtigung des Ertragsteueraufwands gem. § 202 Abs. 1 S. 1 Nr. 1 Buchst. e BewG bleiben die Hinzurechnungen und Kürzungen gem. § 202 Abs. 1 BewG außer Betracht. Lediglich der pauschale Abzug für Ertragsteuern gem. § 202 Abs. 3 BewG mit 30% auf den Vorsteuergewinn ($C_{t-1} \times r^{GK}$) wird einkalkuliert.

$$BV_N^{U,EW} = \frac{\sum_{t=N-2}^{t=N} C_{t-1} \times r^{GK} \times (1-0,3)}{3} \times 13,75 \qquad (8)$$

Der Mindestwert ist der Substanzwert (SW) i.S.v. § 11 Abs. 2 Satz 3 BewG der Anteile zum Bewertungsstichtag. Annahmegemäß entspricht dieser – mangels Schulden – dem gemeinen Wert der Aktiva und somit dem Eigenkapitalbestand[28] im Zeitpunkt t = N.

---

22 Gem. § 12 Abs. 2 ErbStG i.V.m. § 11 Abs. 2 BewG sind Anteile an einer Kapitalgesellschaft gem. § 11 Abs. 2 Satz 2 BewG zu bewerten, wenn kein Börsenkurs (§ 11 Abs. 1 BewG) vorliegt.
23 Vgl. Meyering, StuW 2011 S. 274 (277) zu den möglichen Bewertungsverfahren.
24 Zum Vergleich des vereinfachten Bewertungsverfahrens mit objektivierten und zukunftsorientierten Bewertungsverfahren: Vargas/Zollner, BewP 4/2010 S. 2 (6). Demnach unterstellt das vereinfachte Ertragswertverfahren einen Beta-Faktor von 1,0 unabhängig vom Geschäftsmodell und der Finanzierung des Unternehmens, obwohl dieser Faktor von 0,3 bis 1,8 schwanken kann, was zu erheblichen Bewertungsdivergenzen führen würde.
25 Vgl. für einen expliziten Vergleich des vereinfachten Ertragswertverfahrens mit dem Verfahren nach IDW S 1: Bruckmeier/Zwirner/Vodermeier, DStR 2017 S. 678 (679 ff.).
26 Durch die Anknüpfung an die Betriebsergebnisse wird ein evtl. Tax Shield des verschuldeten Unternehmens im vereinfachten Ertragswertverfahren nur auf Unternehmensebene berücksichtigt. Aufgrund der Vergangenheitsorientierung des Verfahrens werden auch zukünftige Änderungen der Kapitalstruktur im Gegensatz zu objektivierten Verfahren nicht berücksichtigt. Vgl. Vargas/Zollner, BewP 4/2010 S. 2 (4), zu den Unterschieden bzgl. der Berücksichtigung der Ertragsteuern bei den Bewertungsverfahren.
27 Vgl. zum geänderten Kapitalisierungsfaktor: Kohl/Schröder, CF 2016 S. 456 (459). Der nach der bisherigen Regelung geltende § 203 BewG hätte für das Jahr 2016 zu einem Kapitalisierungsfaktor i.H.v. 17,8571 geführt. Der ab 01.01.2016 gem. der Neufassung des § 203 Abs. 1 BewG geltende Kapitalisierungsfaktor von 13,75 liegt sehr deutlich unter den Faktoren der vergangenen Jahre: 18,2149 (2015), 14,1044 (2014), 15,2905 (2013) und 14,4092 (2012). Dies verdeutlicht den großen Einfluss der Änderung auf die Bemessungsgrundlage der Erbschaftsteuer.
28 So kann von spezifischen Bewertungsvorschriften z.B. für Grundstücke oder Beteiligungen abstrahiert werden.

$$BV_N^{U,SW} = \sum_{t=1}^{t=N}\left(NP_t^{U,T} \times q^{U^{N-t}}\right) + C_0 \qquad (9)$$

Als Bemessungsgrundlage der Erbschaftsteuer wird der jew. höhere Wert aus Substanz- und Ertragswertverfahren $max(BV_N^{U,EW};BV_N^{U,SW})$ herangezogen.[29] Anteile an einer KapGes.[30] unterliegen i.d.R. der sog. Betriebsvermögensverschonung[31] gem. § 13a Abs. 1 i.V.m. § 13b Abs. 1 Nr. 3 ErbStG mit einem Verschonungsabschlag von $\alpha^{(\cdot)}$ = 85% (§ 13a Abs. 1 Satz 1 ErbStG); lediglich $1 - \alpha^{(\cdot)}$ = 15% werden besteuert. Wesentliche Neuerung der Erbschaftsteuerreform ist das Abschmelzen des Abschlags gem. § 13c Abs. 1 Satz 1 ErbStG: Je volle 750.000 €, die das begünstigte Vermögen 26 Mio. € übersteigt, vermindert sich dieser um 1%, sodass ab einem Wert von 89,75 Mio. € der volle Wert erfasst wird (Gleichung (10)).[32]

$$\alpha^{(\cdot)} = 85\% - \left(1\% \times \left(\frac{max\left(BV_N^{(\cdot),EW};BV_N^{(\cdot),SW}\right) - 26\ Mio.}{750.000}\right)\right),$$

für 26 Mio. $< max\left(BV_N^{(\cdot),EW};BV_N^{(\cdot),SW}\right) <$ 89,75 Mio. $\qquad (10)$

85%, für $max\left(BV_N^{(\cdot),EW};BV_N^{(\cdot),SW}\right) \leq$ 26 Mio.

0%, für $max\left(BV_N^{(\cdot),EW};BV_N^{(\cdot),SW}\right) \geq$ 89,75 Mio.

Bei kleineren Vermögenswerten wird der nicht verschonte Betrag – bis 450.000 € – zusätzlich gem. § 13a Abs. 2 Satz 1 und 2 ErbStG um einen Abzugsbetrag (A) i.H.v. max. 150.000 € reduziert.

$$A^{(\cdot)} = max\left(150.000 - \frac{max\left[max\left((BV_N^{(\cdot),EW};BV_N^{(\cdot),SW}\right) \times \left(1-\alpha^{(\cdot)}\right) - 150.000;0\right]}{2};0\right) \quad (11)$$

Die Summe aus (i) nicht verschontem Anteil der Beteiligung $\left(\left[max\left(BV_N^{U,EW};BV_N^{U,SW}\right)\right.\right.$ $\left.\left.\times\left(1-\alpha^U\right)\right] - A\right)$ und (ii) weiterem steuerpflichtigen Privatvermögen des Investors stellt die Bereicherung dar. Vermindert um den Abzugsbetrag und persönliche Freibeträge (FB, §§ 16 und 17 ErbStG) ergibt sich der steuerpflichtige Erwerb (E^U).[33]

---

29 Sowohl beim Substanzwert als auch beim Wert nach vereinfachtem Ertragswertverfahren ist kein Paketzuschlag vorzunehmen (R B 11.6 Abs. 2 ErbStR).
30 Vgl. für Details: koordinierter Ländererlass vom 22.06.2017, BStBl. I 2017 S. 902, A 13b.6.
31 Die Verschonung einzelner Vermögensarten wird oft allgemein als Betriebsvermögensverschonung bezeichnet. Gem. § 13b Abs. 1 ErbStG wird jedoch zwischen land- und forstwirtschaftlichen Vermögen, Betriebsvermögen sowie Anteilen an Kapitalgesellschaften unterschieden. Da letztere im Fokus der Untersuchung stehen, wird auf den umfassenden Begriff des begünstigungsfähigen bzw. begünstigten Vermögens zurückgegriffen. Gemäß Modellannahme (5) sind mangels schädlichen Verwaltungsvermögens begünstigungsfähiges und begünstigtes Vermögen identisch.
32 Vgl. für ein Berechnungsbeispiel: koordinierter Ländererlass vom 22.06.2017, BStBl. I 2017 S. 902, H 13c.1.
33 Der steuerpflichtige Erwerb ist auf volle hundert € abzurunden (§ 10 Abs. 1 Satz 6 ErbStG).

Weiteres steuerpflichtiges Privatvermögen ist bei reiner Eigenfinanzierung der Endwert der ausgeschütteten Gewinne im Zeitpunkt N ($[\sum_{t=1}^{t=N} NP_t^{U,A} \times q_t^{U^{N-t}}]$). Durch Multiplikation mit dem Steuersatz $\tau_{E^U}^{Erb}$ errechnet sich die Erbschaftsteuerbelastung[34] S_{Erb}^U (Gleichung (12)) und durch Abzinsung der entsprechende Present Value $PV[S_{Erb}^U]_0$ (Gleichung (13)).

$$S_{Erb}^U = \left(\begin{bmatrix} \max(BV_N^{U,EW}; BV_N^{U,SW}) \times (1 - \alpha^{(\cdot)}) \\ -A + [\sum_{t=1}^{t=N} NP_t^{U,A} \times q^{U^{N-t}}] - FB \end{bmatrix} \right) \times \tau_{E^U}^{Erb} \qquad (12)$$

$$PV[S_{Erb}^U]_0 = S_{Erb}^U \times q^{U-N} \qquad (13)$$

Der Net Present Value der Investition unter Berücksichtigung der Erbschaftsteuer (NPV_0^U, Gleichung (14)) ist die Summe der Kapitalwerte der unternehmerischen Nachsteuergewinne ($PV[NP]_0^{U,T}$) und der des Anteilseigners ($PV[NP]_0^{U,A}$) abzüglich des anfänglich investierten Gesamtkapitals (C_0), der Erbschaftsteuerbelastung ($PV[S_{Erb}^U]_0$) und der fiktiv angenommenen Steuerlast auf die thesaurierten Gewinne ($PV[S_P^U]_0$). Hinzu kommt der abgezinste Wert des anfänglich investierten Kapitals, da dieses noch im Unternehmen vorhanden ist.[35]

$$NPV_0^U = -C_0 + PV[NP]_0^{U,T} + PV[NP]_0^{U,A} - PV[S_{Erb}^U]_0 \qquad (14)$$
$$-PV[S_P^U]_0 + C_0 \times q^{U-N}$$

3. Fremdfinanzierung

Bei einer verschuldeten Unternehmung wird ein Teil des Anfangskapitals $\lambda \times C_0$ vom Gesellschafter als Fremdkapital zur Verfügung gestellt. Der gewinnmindernde Zinsaufwand in Periode t entspricht: $I_t = r^f \times \lambda \times C_0$. Im angenommenen Gewinnfall darf der Zinsaufwand die Gesamtkapitalrendite nicht übersteigen:

$$\lambda \times r^f \leq r^{GK} \qquad (15)$$

Der Present Value der thesaurierten Nachsteuergewinne der verschuldeten Unternehmung $PV[NP]_0^{L,T}$ ist – analog zu den Gleichungen (2) bis (4) – gem. Gleichung (16) zu ermitteln.

---

[34] Der Erbschaftsteuersatz wird entsprechend § 19 Abs. 1 ErbStG ermittelt. Der Härteausgleich gem. § 19 Abs. 3 ErbStG wird aus Vereinfachungsgründen nicht berücksichtigt.
[35] Zu einer weiteren Ertragsteuerbelastung kommt es bei einer gedachten Liquidation der Gesellschaft nicht, da die Auskehrung des Gründungskapitals an den Eigner i.d.R. zu keinem Veräußerungsgewinn i.S.v. § 17 Abs. 4 EStG führt.

$$PV[NP]_0^{L,T}$$
$$= \sum_{t=1}^{t=N} \left[\left(C_{t-1}^L \times r^{GK} - r^f \times \lambda \times C_0 \right) \times \left(1 - \tau^C \right) \times \left(1 - \delta_t^L \right) \right] \times q^{L-t} \quad (16)$$
$$= \sum_{t=1}^{t=N} NP_t^{L,T} \times q^{L-t}$$

für

$$C_{t-1}^L = \begin{cases} C_0 + \left[\left(\sum_{i=0}^{t-1} C_i^L \times r^{GK} - r^f \times \lambda \times C_0 \right) \times \left(1 - \tau^C \right) \times \left(1 - \delta_t^L \right) \right], & \text{für } t-1 > 0 \\ C_0, & \text{für } t-1 = 0 \end{cases} \quad (17)$$

Der Present Value der ausgeschütteten Nachsteuergewinne des Anteilseigners ermittelt sich folgendermaßen:

$$PV[NP]_0^{L,A}$$
$$= \sum_{t=1}^{t=N} \left[(C_{t-1} \times r^{GK} - r^f \times \lambda \times C_0) \times \left(1 - \tau^C \right) \times \left(1 - \tau^P \right) \times \delta_t^L \right] \times q^{L-t} \quad (18)$$
$$= \sum_{t=1}^{t=N} NP_t^{L,A} \times q^{L-t}$$

Der Present Value der Nachsteuer-Zinseinnahmen des Investors bei einem persönlichen Steuersatz auf Zinsen (τ^i) in der jeweiligen Periode t ist zusätzlich zu berücksichtigen.

$$PV[I]_0 = \sum_{t=1}^{t=N} \left(1 - \tau^i \right) \times r^f \times \lambda \times C_0 \times q^{L-t} \quad (19)$$

Um Annahme (6) umzusetzen, muss die Ausschüttungsquote des verschuldeten Unternehmens angepasst werden. In Abhängigkeit der Ausschüttung der eigenfinanzierten Gesellschaft (δ_t^U) und der Zinsbelastung ($\lambda \times r^f$) variiert die Quote δ_t^L (Gleichung (20)). Im Ergebnis wird beim fremdfinanzierten Unternehmen nur die Differenz zwischen Zinszahlung und Dividende des unverschuldeten Unternehmens ausgeschüttet.

$$\delta_t^L = 1 - \frac{r^{GK} \left(1 - \delta_t^U \right)}{r^{GK} - \lambda \times r^f} \quad (20)$$

Übersteigen die Zinszahlungen die Ausschüttungen des unverschuldeten Unternehmens, müsste dies entweder durch zusätzliche Einlagen oder Darlehen (δ_t^L wäre dann negativ) ausgeglichen werden oder das Gesamtkapital beider Unternehmen würde voneinander abweichen. Daher wird folgende Bedingung (21) formuliert, unter der bei Anwendung von Gleichung (20) gilt: $C_t^U = C_t^L$.

$$\delta_t^U \geq \frac{r^f \times \lambda}{r^{GK}} \tag{21}$$

Die Nachversteuerung der thesaurierten Beträge erfolgt analog zu Gleichung (7).

$$PV\left[S_P^L\right]_0 = \left(\sum_{t=1}^{t=N} NP_t^{L,T} \times \tau^P\right) \times q^{L^{-N}} \tag{22}$$

Der Ertragswert wird wie bei der Eigenfinanzierung (Gleichung (8)) ermittelt, lediglich das Kapital ist nunmehr um die Zinsen gemindert (Gleichung 17). Der Substanzwert wird zusätzlich um das Fremdkapital ($\lambda \times C_0$) im Zeitpunkt des Vermögensübergangs gemindert:

$$BV_N^{L,SW} = \sum_{t=1}^{t=N}\left(NP_t^{L,T} \times q^{L^{N-t}}\right) + C_0 - (\lambda \times C_0) \tag{23}$$

Somit ergibt sich für die Erbschaftsteuerbelastung S_{Erb} bei Fremdfinanzierung Folgendes:[36]

$$S_{Erb}^L = \begin{pmatrix} \left[\max\left(BV_N^{L,EW}; BV_N^{L,SW}\right) \times \left(1-\alpha^L\right)\right] - A^L \\ + \left[\sum_{t=1}^{t=N} NP_t^{L,A} \times q^{L^{N-t}}\right] + \left[\sum_{t=1}^{t=N}\left(1-\tau^i\right) \times r^f \times \lambda \times C_0 \times q^{L^{N-t}}\right] \\ + \left(\lambda \times C_0\right) - FB \end{pmatrix} \times \tau_{E^L}^{Erb} \tag{24}$$

$$PV\left[S_{Erb}^L\right]_0 = S_{Erb}^L \times q^{L^{-N}} \tag{25}$$

Der Net Present Value der Investition bei Fremdfinanzierung unter Berücksichtigung der Erbschaftsteuer ermittelt sich – analog zu Gleichung (14) – als Kapitalwert der Nachsteuergewinne der Unternehmung ($PV[NP]_0^{L,T}$) und der Nachsteuergewinne des Anteilseigners bei Ausschüttung ($PV[NP]_0^{L,A}$), abzüglich der Erbschaftsteuerbelastung ($PV[S_{Erb}^L]_0$), der Besteuerung der thesaurierten Gewinne ($PV[S_P^L]_0$) und des anfänglich investierten Kapitals (C_0). Hinzu kommt der Kapitalwert der Nachsteuer-

---

[36] Zur Ermittlung von Verschonungsabschlag und Abzugsbetrag kann auf die Gleichungen (10) und (11) zurückgegriffen werden. Der Diskontierungsfaktor für die Erbschaftsteuerzahlung in Gleichung (25) muss nicht zwingend dem Abzinsungsfaktor für die Erträge des verschuldeten Unternehmens entsprechen, wenn davon ausgegangen wird, dass die Steuerzahlung kein größeres Risiko aufweist und das Risiko bereits bei der Ausschüttung berücksichtigt wurde.

Zinseinnahmen ($PV[I]_0$) und das abgezinste Anfangskapital, welches sich aus Darlehensforderung und Eigenkapital der Gesellschaft zusammensetzt.

$$\begin{aligned}\text{NPV}_0^L = &- C_0 + PV\left[NP\right]_0^{L,T} + PV\left[NP\right]_0^{L,A} + PV[I]_0 \\ &- PV\left[S_{Erb}^L\right]_0 - PV\left[S_P^L\right]_0 + C_0 \times q^{L-N}\end{aligned} \quad (26)$$

III. Analyse
1. Fallannahmen
Der Referenzfall basiert auf folgenden Fallannahmen:
1. Es gelten folgende über die Gesamtperiode N konstanten Steuersätze: Unternehmenssteuersatz τ^C = 30%[37], persönlicher Steuersatz auf Dividenden τ^P = 25%[38] und Steuersatz auf Zinserträge τ^i = 45%[39].
2. Die Gesamtperiode umfasst N = 30 Perioden. Dies ist eine bei der kombinierten Analyse von Ertrag- und Substanzsteuern übliche Dauer[40] und soll die Zeit bis zum Übergang des Vermögens repräsentieren.
3. Die Fremdkapitalquote beläuft sich auf λ = 50%,[41] die Gesamtkapitalrentabilität beträgt r^{GK} = 2% und der Darlehenszinssatz r^f = 2% in jeder Periode t. So kann von Arbitrageeffekten abstrahiert werden. Auch die Kalkulationszinssätze r^U und r^L sollen identisch 2% betragen, sodass $q^U = q^L$ gilt. Mit dieser Annahme wird zunächst das unterschiedliche Risiko der Ausschüttung beider Vergleichsunternehmen vernachlässigt.[42] Hierdurch soll jedoch eine isolierte Darstellung insbesondere der erbschaftsteuerlichen Effekte erreicht und eine Verzerrung durch unterschiedliche Diskontierungsfaktoren vermieden werden.[43]
4. Die Ausschüttungsquote des unverschuldeten Unternehmens (δ_t^U) soll konstant 62,5% betragen.[44]

---

[37] Angelehnt an den in Deutschland geltenden Körperschaftsteuersatz i.H.v. 15% (§ 23 Abs. 1 KStG) und einem effektiven Gewerbesteuersatz von ca. 15%. Die Hinzurechnung von Zinsaufwendungen gem. § 8 Nr. 1 Buchst. a GewStG wird nicht berücksichtigt, führt in der Praxis jedoch ggf. zu einem höheren effektiven Steuersatz des verschuldeten Unternehmens.
[38] Abgeltungsteuersatz gem. § 32d Abs. 1 Satz 1 EStG. Die Wahlveranlagung gem. § 32d Abs. 2 Nr. 3 Buchst. a EStG wird nicht berücksichtigt.
[39] Bei einem Alleingesellschafter ist der Steuersatz gem. § 32a Abs. 1 Satz 2 Nr. 5 EStG i.H.v. 45% relevant, der Abgeltungsteuersatz kommt nicht zur Anwendung (§ 32d Abs. 2 Nr. 1 Buchst. b EStG).
[40] Vgl. Wissenschaftlicher Beirat beim Bundesministerium der Finanzen, Besteuerung von Vermögen 2013, S. 15 f., abrufbar unter: http://hbfm.link/3202, Abruf am 01.06.2017, sowie § 1 Abs. 1 Nr. 4 ErbStG, der für Stiftungen einen Vermögensübergang alle 30 Jahre fingiert.
[41] Vgl. BDI, Die größten Familienunternehmen in Deutschland 6. Kennzahlen-Update 2015, S. 18 f., abrufbar unter: http://hbfm.link/3203, Abruf am 01.06.2017, wonach Eigenkapitalquoten zwischen 40% und 60% bei industriellen Familienunternehmen keine Seltenheit sind.
[42] Auch der im vereinfachten Ertragswertverfahren anzuwendende Kapitalisierungsfaktor ignoriert diese Unterscheidung, vgl. Kohl/Schröder, CF 2016 S. 456 (460). Weiterhin müssten sonst zusätzliche Annahmen über die Risikoprämien und Betafaktoren getroffen werden, die ebenfalls verzerrend wirken würden.
[43] Dies entspricht der Annahme eines vollkommenen Kapitalmarktes unter Sicherheit und ermöglicht die Ausblendung der Wirkung divergierender Zinssätze, sodass eine Konzentration auf die erbschaftsteuerlichen Effekte möglich wird.
[44] Unter den gegebenen Fallannahmen steigt die Ausschüttungsquote während der Gesamtperiode N von 25% auf ca. 34%. Vgl. Deloitte, Optimale Gewinnverwendung im Mittelstand 2015, S. 14, abrufbar unter: http://hbfm.link/3204, Abruf am 01.06.2017, wonach die durchschnittliche Ausschüttungsquote im Mittelstand bei 30% liegt.

5. Das Vermögen geht über auf einen Erwerber der Steuerklasse I i.S.v. § 15 Abs. 1 SK I ErbStG mit einem persönlichen Freibetrag i.H.v. 400.000 € (§ 16 Abs. 1 Nr. 2 ErbStG: Kinder und Kinder vorverstorbener Kinder).

2. Quantitative Analyse

Einführend illustriert Abbildung 1[45] die Entwicklung der Abschmelzung des Verschonungsabschlags (1-$\alpha^{(\cdot)}$) mit steigender Anfangskapitalausstattung C_0 (Horizontale) für den Referenzfall. Es wird gezeigt, welcher Anteil des begünstigten Vermögens tatsächlich durch die Erbschaftsteuer belastet wird (Vertikale).[46] Im Fall der Fremdfinanzierung (blaue Linie) ist der gemeine Wert der Anteile an der KapGes. (vgl. Gleichung (24)) und somit das Abschmelzen des Verschonungsabschlags bei gleicher Anfangskapitalausstattung C_0 geringer als im Fall reiner Eigenfinanzierung (gepunktete Linie). Grund hierfür ist der anteilige Fremdkapitalbestand ($\lambda \times C_0$) und das – bedingt durch Zinsaufwendungen – niedrigere Nachsteuerergebnis (vgl. Gleichung (16)).[47] Ab einem begünstigten Vermögenswert von 89,75 Mio. € – dies gilt bei reiner Eigenfinanzierung ab C_0 = 74,10 Mio. € und bei anteiliger Fremdfinanzierung ab C_0 = 126,15 Mio. € – gibt es keine Verschonung mehr und der partielle Vorteil der Fremdfinanzierung in Form eines höheren Verschonungsabschlags verschwindet. Bei steigenden Ausschüttungsquoten würden sich die Linien nach rechts verschieben; eine sinkende Fremdkapitalquote führt hingegen zu einer Verringerung des Abstands zwischen beiden Kurven.

---

[45] Abschmelzen des Verschonungsabschlags für: τ^C = 30%, τ^P = 25%, τ^i = 45%, N = 30, δ^U=62,5%, r^{GK} = 2%, r^f = 2%, λ = 50%, r^U= r^L = 2%.

[46] Der Wert der Anteile am Ende der Gesamtperiode entspricht aufgrund der laufenden Thesaurierung nicht dem Anfangskapital, sondern ist je nach Thesaurierungsquote und Gesamtkapitalrendite deutlich höher.

[47] Anzumerken ist, dass unter den getroffenen Annahmen der Substanzwert als der höhere Wert zur Anwendung kommt. Lediglich in Konstellationen mit sehr großer Rendite im Unternehmen und hohen Ausschüttungsquoten übersteigt der Wert nach vereinfachtem Ertragswertverfahren den Substanzwert. Auch im vereinfachten Ertragswertverfahren kommt es bei identischem EBIT zu einer unterschiedlichen Bewertung, da die Zinsaufwendungen bei Fremdfinanzierung das maßgebliche Betriebsergebnis (§ 202 BewG) mindern.

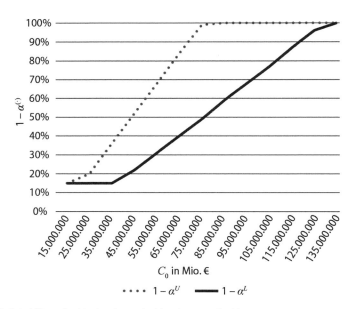

Abbildung 1: Entwicklung der Abschmelzung des Verschonungsabschlags

Ohne Berücksichtigung der Erbschaftsteuer ist Fremdfinanzierung unter den getroffenen Annahmen stets vorteilhaft und steigt mit zunehmender Verschuldungsquote: Die Steuerentlastung aufgrund abzugsfähiger Zinsaufwendungen auf Ebene der KapGes. ist größer als die zusätzliche Steuerbelastung der Zinserträge auf Ebene des Investors. Um der wirtschaftlichen Realität entsprechend die Wirkung unterschiedlicher Kapitalstrukturen und der erbschaftsteuerlich relevanten Größenklassen zu untersuchen, wird in Tabelle 1 die Vorteilhaftigkeit der Finanzierungsformen (ΔFK, Gleichung (1)) in Abhängigkeit der Anfangskapitalausstattung (C_0 = 25 Mio. € bis 52,5 Mio. €, Horizontale) und der Fremdkapitalquote (λ = 10% bis 70%, Vertikale) abgebildet. Grundsätzlich ist beim verschuldeten Unternehmen das erbschaftsteuerlich begünstigte Vermögen geringer, das nicht begünstigungsfähige sonstige Privatvermögen hingegen größer, da das Darlehen zur nicht begünstigten Vermögenssphäre zählt. Somit ist die Erbschaftsteuerbelastung bei Verschuldung höher als bei reiner Eigenfinanzierung und der ertragsteuerliche Vorteil der Fremdfinanzierung wird überkompensiert (grau schattierte Zellen). Diese Wirkung verstärkt sich mit steigender Fremdkapitalquote, wobei bei λ = 70% die Bedingung (21) bei einer Ausschüttungsquote von δ^U = 62,5% nicht mehr erfüllt ist. Bei geringerer Kapitalausstattung ist der in Abbildung 1 dargestellte Effekt der unterschiedlichen Abschmelzung des Verschonungsabschlags zu gering, um diesen grundsätzlichen erbschaftsteuerlichen Nachteil der Fremdfinanzierung zu kompensieren. Dies gilt erst recht bei Kapitalausstattungen, bei denen das begünstigungsfähige Vermögen in beiden Fällen den Abschmelzbereich gar nicht erreicht (nicht in Tabelle 1 dargestellt).[48] Erst bei sehr hoher Kapitalausstattung wird die Fremdfinanzierung aufgrund der bei Eigenfinanzierung höheren Abschmelzung wieder vorteilhaft. Die Reform bewirkt, dass ab einem begünstigten Vermögen von 26 Mio. € der Verschonungsanteil $\alpha^{(\cdot)}$ kontinuierlich abschmilzt und die Gesellschaftsanteile analog zu der Darlehensforderung und den Zinsen im sonstigen Privatvermögen besteuert werden (vgl. Abbildung 1). Da das begünstigungsfähige Vermögen bei Fremdfinanzierung geringer ist, wirkt die Abschmelzung weniger stark und führt zu einer insgesamt geringeren Erbschaftsteuerbelastung.[49] Oberhalb des Abschmelzbereiches, d.h. wenn bei beiden Finanzierungsformen kein Verschonungsabschlag mehr greift, sinkt die Relevanz des Erbschaftsteuerrechts und die ertragsteuerlichen Wirkungen treten wieder in den Vordergrund. Bei den Regelungen nach altem Erbschaftsteuerrecht[50] – bei dem kein Abschmelzen des Verschonungsabschlags vorgesehen ist – bleibt die erbschaftsteuerliche Bevorzugung von Eigenfinanzierung mit steigender Anfangskapitalausstattung C_0 hingegen erhalten und würde mit anwachsender Fremdkapitalquote weiter zunehmen. Die Eigenfinanzierung wäre in allen in der Tabelle 1 abgebildeten Konstellationen vorteilhaft.

Fremdkapitalquote λ in%	ΔFK in%	\multicolumn{11}{c}{Kapitalausstattung C_0 in Mio. €}
		25	27,5	30	32,5	35	37,5	40	42,5	45	47,5	50	52,5
	10	-1,97	-0,65	-0,39	-0,32	-0,25	0,00	0,08	0,15	0,46	0,75	0,83	0,91
	20	-2,97	-1,23	-0,91	-0,78	-0,46	-0,19	-0,04	0,31	0,69	1,04	1,39	1,54
	30	-4,35	-2,26	-1,58	-1,21	-2,31	-0,58	-0,17	0,23	0,70	1,10	1,51	1,91
	40	-5,73	-3,64	-2,80	-1,96	-3,10	-1,15	-0,69	-0,23	0,47	1,09	1,55	2,01
	50	-7,11	-5,02	-5,85	-5,01	-4,18	-1,92	-1,40	-0,75	0,01	0,66	1,32	1,84
	60	-8,49	-8,23	-7,39	-6,56	-5,72	-3,47	-2,54	-1,61	-0,68	0,01	0,71	1,40
	70												

ΔFK für τ^C =30%, τ^P =25%, τ^i =45%, N=30, δ^U =62,5%, r^{GK} =2%, r^f =2%, $r^U = r^L$ =2%

Tabelle 1: Vorteilhaftigkeit der Finanzierungsformen in Abhängigkeit der Anfangskapitalausstattung und der Fremdkapitalquote

---

[48] Lediglich bei sehr geringer Kapitalausstattung ($C_0 \leq$ 1 Mio. €) kann die Fremdfinanzierung wieder vorteilhaft sein, weil entweder aufgrund der Freibeträge gar keine Erbschaftsteuer anfällt oder die höhere Erbschaftsteuerbelastung bei Fremdfinanzierung so gering ist, dass sie durch den ertragsteuerlichen Vorteil kompensiert wird.
[49] Vgl. ausführlich zu den Wirkungen auf den Verschonungsabschlag im Abschmelzbereich bei sich änderndem begünstigten Vermögen: Korezkij, DStR 2017 S. 189 (190 f.).
[50] Neben der Eliminierung des Verschonungsabschlags, indem entgegen Gleichung (10) ein konstanter Wert von 85% angenommen wird, ist auch eine Anpassung des Kapitalisierungsfaktors auf den ursprünglich für 2016 geltenden Wert i.H.v. 17,8571 nötig. Diese Auswirkungen sind jedoch für die in Tabelle 1 dargestellten Fälle gering, da i.d.R. der Substanzwert den Wert nach dem vereinfachten Ertragswertverfahren überschreitet.

Der Einfluss der Fremdfinanzierung wird ertragsteuerlich wesentlich durch die Höhe der Zinsbesteuerung (τ^i) und der Fremdkapitalquote (λ) bestimmt. Tabelle 2 demonstriert daher – zunächst ohne Berücksichtigung der Erbschaftsteuer ($\tau_{E(\cdot)}^{Erb} = 0\,\%$) – die Vorteilhaftigkeit der Fremdfinanzierung (ΔFK) unter Variation des Steuersatzes auf Zinserträge (τ^i = 15%[51] bis 50%) für Fremdkapitalquoten von λ = 10% bis λ = 70%. Mit steigendem τ^i verringert sich der Vorteil: Bei einem niedrigen Steuersatz von τ^i = 20% beträgt ΔFK 6,6%; bei einem Spitzensteuersatz von τ^i = 45% sinkt ΔFK um 6 Prozentpunkte auf 0,6% bei einer Fremdkapitalquote von jew. 50%. Die Ausschüttungsquoten haben aufgrund der fiktiven Schlussbesteuerung (Gleichungen (7) und (23)) keinen Einfluss auf ΔFK.

Fremd-kapital-quote λ in%	ΔFK in%	τ^i IN%							
		15	20	25	30	35	40	45	50
	10	1,56	1,32	1,08	0,84	0,60	0,36	0,12	-0,12
	20	3,12	2,64	2,16	1,68	1,20	0,72	0,24	-0,24
	30	4,68	3,96	3,24	2,52	1,80	1,08	0,36	-0,36
	40	6,24	5,28	4,32	3,36	2,40	1,44	0,48	-0,48
	50	7,81	6,60	5,40	4,20	3,00	1,80	0,60	-0,60
	60	9,37	7,93	6,48	5,04	3,60	2,16	0,72	-0,72
	70	10,93	9,25	7,56	5,88	4,20	2,52	0,84	-0,84

ΔFK für τ^C =30%, τ^P =25%, $\tau_{E(\cdot)}^{Erb}$ =0%, N=30, C_0 =40 Mio. €, r^{GK} =2%, r^f =2%, $r^U = r^L$ =2%

Tabelle 2: Ertragsteuerliche Vorteilhaftigkeit der Finanzierungsformen in Abhängigkeit der Zinsbesteuerung und der Fremdkapitalquote

Erbschaftsteuerlich wird der Einfluss der Finanzierungsform wesentlich durch die Verteilung auf begünstigungsfähiges und nicht begünstigungsfähiges Vermögen und damit durch die Ausschüttungsquote bestimmt. Tabelle 3 quantifiziert ΔFK unter Variation des Zinssteuersatzes (τ^i = 15% bis 50%, Horizontale) und der Ausschüttungsquote des unverschuldeten Unternehmens (δ^U = 50% bis 100%, Vertikale). Das Anfangskapital wird mit C_0 = 45 Mio. € angenommen, um innerhalb des Abschmelzbereiches zu sein. Analog zu Tabelle 2 sinkt ΔFK, wenn τ^i steigt. Bei einer Ausschüttungsquote von δ^U = 50% und einem Steuersatz von τ^i = 25% beträgt ΔFK = 4,20%, bei einem Steuersatz von τ^i = 45% sinkt ΔFK deutlich um 3,36

---

[51] Ein geringerer Steuersatz kann sich bspw. in einer niedrigeren Progressionsstufe, bei einem nicht unbeschränkt einkommensteuerpflichtigen Anteilseigner oder abweichend von den Modellannahmen bei Beteiligungen von unter 10% (§ 32d Abs. 2 Nr. 1 Buchst. b EStG) ergeben. Denkbar ist z.B., dass der Erblasser im Ausland ansässig war, der Erbe jedoch im Inland ansässig und somit gem. § 2 Abs. 1 Nr. 1 ErbStG unbeschränkt erbschaftsteuerpflichtig ist. Auch ein Ansässigkeitswechsel während der Gesamtperiode sowie Steuersatzänderungen können zu einer abweichenden Besteuerung der Zinserträge führen.

Prozentpunkte auf 0,84%. Weiterhin sinkt ΔFK, wenn $δ^U$ und damit auch $δ^L$ steigt: Das bei Fremdfinanzierung geringere begünstigte Vermögen und höhere sonstige Privatvermögen führen zu einer höheren Erbschaftsteuerbemessungsgrundlage und -belastung. Eine steigende Ausschüttung verschiebt das Vermögen in den nicht begünstigten Bereich. Der Abschmelzeffekt (Abbildung 1) wird schwächer und kann diese Wirkung immer weniger kompensieren. So wird der in Tabelle 2 gezeigte ertragsteuerliche Vorteil der Fremdfinanzierung bei $τ^i$ = 45% bei höheren Ausschüttungsquoten durch den erbschaftsteuerlichen Nachteil überkompensiert. Ohne Abschmelzen des Verschonungsabschlags wie im alten Erbschaftssteuerrecht wäre die Eigenfinanzierung in allen Konstellationen der Tabelle 3 vorteilhaft.

		$τ^i$ IN%							
Ausschüttung $δ^U$ in%	ΔFK in%	15	20	25	30	35	40	45	50
	50	5,88	5,04	4,20	3,36	2,52	1,68	0,84	0,00
	55	5,51	4,67	3,83	2,99	2,15	1,30	0,46	-0,38
	60	5,14	4,30	3,46	2,62	1,78	0,94	0,09	-0,75
	65	4,87	4,03	3,19	2,35	1,51	0,67	-0,18	-1,02
	70	4,51	3,66	2,82	1,98	1,14	0,30	-0,54	-1,38
	75	4,15	3,30	2,46	1,62	0,78	-0,06	-0,90	-1,74
	80	3,79	2,95	2,11	1,27	0,43	-0,41	-1,25	-2,09
	85	3,53	2,69	1,85	1,01	0,17	-0,67	-1,51	-2,35
	90	2,97	2,13	1,29	0,45	-0,39	-1,23	-2,07	-2,92
	95	2,43	1,59	0,75	-0,09	-0,93	-1,77	-2,61	-3,45
	100	2,10	1,26	0,42	-0,42	-1,26	-2,10	-2,94	-3,78

ΔFK für $τ^C$ =30%, $τ^P$ =25%, $τ^i$ =45%, N=30, C_0 =45 Mio. €, λ=50%, r^{GK} =2%, r^f =2%, $r^U = r^L$ =2%

Tabelle 3: Vorteilhaftigkeit der Finanzierungsformen in Abhängigkeit der Zinsbesteuerung und der Ausschüttungsquote

Tabelle 4 stellt die Wirkung von Fremdkapitalquote (λ = 25% bis 75%, Vertikale) und Ausschüttungsquote ($δ^U$ = 25% bis 75%, Horizontale) dar, da diese beiden Größen maßgeblich durch den Gesellschafter bestimmt bzw. angepasst werden können. Eine steigende Verschuldungsquote führt bei geringen Ausschüttungsquoten zu einem steigenden Vorteil der Fremdfinanzierung. So erhöht sich ΔFK bei $δ^U$ = 40% von 1,52% bei λ = 25% auf 1,73% bei λ = 40%. Mit steigender Fremdkapitalquote, bei konstanter Ausschüttung des eigenfinanzierten Unternehmens, verringert sich die Abschmelzung des Verschonungsabschlags der fremdfinanzierten Gesellschaft gegenüber einer konstanten Abschmelzung beim unverschuldeten Unternehmen. Eine steigende Ausschüttung führt hingegen grundsätzlich zu sinkenden Werten von ΔFK: Für δ^U = 60% und λ = 50% ist ΔFK mit 0,09% noch positiv; steigt δ^U auf 55%, wird ΔFK mit -0,18% negativ (grau schattierte Zellen). Im Abschmelzbereich verringert sich das begünstigte Vermögen und damit 1-$\alpha^{(\cdot)}$ mit steigender Ausschüttung für beide Finanzierungsalternativen: Die bei Eigenfinanzierung höhere Abschmelzung verringert sich absolut und relativ.[52] Dies führt weiterhin dazu, dass auch steigende Fremdkapitalquoten ΔFK vermindern, da deren positiver Effekt zu gering ist, um die negativen Folgen hoher Ausschüttungsquoten auszugleichen. Sinkt das begünstigte Vermögen bei Fremdfinanzierung unter 26 Mio. € (z.B. bei δ^U = 70% und λ = 60%), entfällt der positive Abschmelzeffekt gänzlich.[53] In der gesamtsteuerlichen Betrachtung erscheint unter den getroffenen Annahmen – vorbehaltlich anderer betriebswirtschaftlicher und privater Prämissen – eine niedrige Ausschüttungsquote für den Gesellschafter aus Finanzierungssicht ideal. Im Hinblick auf die Ergebnisse in Tabelle 1 kann eine solche Aussage jedoch nicht unabhängig von der Gesamtkapitalausstattung – und damit von der Größe des Unternehmens – getroffen werden. Nach altem Erbschaftsteuerrecht ist Eigenfinanzierung in allen abgebildeten Konstellationen vorteilhaft: Aufgrund des konstanten Verschonungsabschlags ist die Erbschaftsteuerbelastung bei Eigenfinanzierung stets geringer als bei anteiliger Fremdfinanzierung; der ertragsteuerliche Fremdfinanzierungsvorteil kann dies nicht kompensieren. In den dunkelgrau gefüllten Zellen ist hingegen Bedingung (21) nicht mehr erfüllt, d.h. eine Vergleichbarkeit beider Finanzierungsformen wäre dann aus erbschaftsteuerlicher Sicht nicht mehr gegeben.

---

[52] Unter- oder oberhalb des Abschmelzbereiches, d.h. bei in beiden Finanzierungsalternativen maximaler Verschonung oder vollständiger Nichtverschonung hat die Ausschüttungsquote bis auf den progressiven Steuersatz und den Abzugsbetrag keine Auswirkung auf den Vorteil der Fremdfinanzierung.
[53] Eine höhere Fremdkapitalquote führt auch zu einem größeren ertragsteuerlichen Vorteil (Steuerersparnis), der aber wiederum zu einer höheren Bemessungsgrundlage der Erbschaftsteuer führt.

Fremdkapital-quote λ in%	ΔFK in%	AUSSCHÜTTUNG δ^U IN%										
		25	30	35	40	45	50	55	60	65	70	75
	25	2,10	1,90	1,71	1,52	1,33	1,14	0,95	0,77	0,63	0,45	0,27
	30		2,11	1,88	1,65	1,42	1,19	0,97	0,75	0,59	0,37	0,15
	35			1,99	1,72	1,45	1,19	0,93	0,67	0,48	0,23	-0,02
	40				1,73	1,43	1,13	0,83	0,54	0,32	0,03	-0,26
	45					1,35	1,01	0,68	0,34	0,10	-0,23	-0,55
	50						0,84	0,46	0,09	-0,18	-0,54	-0,90
	55							0,19	-0,21	-0,51	-0,91	-1,30
	60								-0,58	-0,90	-1,45	-2,08
	65									-1,56	-2,22	-2,85
	70										-2,99	-3,63
	75											-4,40

ΔFK für τ^C =30%, τ^P =25%, τ^i =45%, N=30, C_0 =45 Mio. €, λ=50%, r^{GK} =2%, r^f =2%, r^U = r^L =2%

Tabelle 4: Vorteilhaftigkeit der Finanzierungsformen in Abhängigkeit der Ausschüttungs- und Fremdkapitalquote

Vom Unternehmen bzw. dessen Gesellschafter nur bedingt beeinflussbar sind hingegen Zinssatz r^f und Gesamtkapitalrentabilität r^{GK}, die je nach Unternehmensgröße, Branche sowie weiteren exogenen Faktoren teilweise sehr stark variieren. Die vereinfachende Fallannahme (3) wird so in der Praxis auf kaum ein Unternehmen zutreffen. Daher beschreibt Tabelle 5 die Veränderung von ΔFK unter Variation von r^{GK} (1% bis 10%, Vertikale) und r^f (1% bis 10%, Horizontale) für eine Kapitalausstattung von C_0 = 45 Mio. €, eine Fremdkapitalquote von λ =50% und eine Ausschüttung von δ^U = 62,5%. Würde der Zinssatz für das Fremdkapital r^{GK} deutlich übersteigen, wäre Bedingung (21) nicht erfüllt, weshalb in Tabelle 5 dafür keine Werte dargestellt werden.[54] In der dargestellten Konstellation steigt ΔFK mit steigendem r^{GK}, da das sich erhöhende Vermögen zur Steigerung des die Fremdfinanzierung begünstigenden Abschmelzeffekts (siehe Abbildung 1) führt. Ein steigender Wert r^f hat ertragsteuerliche Vorteile in Form eines höheren Tax Shields, beeinflusst ΔFK jedoch weniger stark. Bei sehr hohem r^{GK} sinkt ΔFK hingegen wieder, da das begünstigte Vermögen bei Eigenfinanzierung dann so hoch ist, dass keine Verschonung mehr eintritt, diese bei Fremdfinanzierung jedoch noch weiter abschmilzt. Unterhalb des Abschmelzbereiches, d.h. bei 85%-iger Verschonung in beiden Fällen, und im alten Erbschaftsteuerrecht wäre die Eigenfinanzierung in allen Konstellationen der Tabelle 5 vorteilhaft. Oberhalb des Abschmelzbereichs, d.h.

---

[54] Der Quotient aus r^{GK} und r^f muss gem. Bedingung (21) immer mindestens genauso groß wie der Quotient aus λ und δ^U sein, welcher bei den Tabelle 5 zugrundeliegenden Annahmen 0,8 beträgt.

bei 0%-iger Verschonung in beiden Fällen, wäre hingegen die Fremdfinanzierung immer vorteilhaft.

r^{GK} in%	ΔFK in%	r^f IN%									
		1,0	2,0	3,0	4,0	5,0	6,0	7,0	8,0	9,0	10,0
	1,0	-1,51									
	2,0	-0,20	0,01								
	3,0	1,15	1,36	1,57							
	4,0	2,54	2,75	2,96	3,17	3,38					
	5,0	4,09	4,30	4,51	4,72	4,93	5,14				
	6,0	5,79	6,00	6,21	6,42	6,63	6,84	7,05			
	7,0	7,55	7,76	7,97	8,18	8,39	8,60	8,81	9,02		
	8,0	8,28	8,49	8,70	8,91	9,13	9,34	9,55	9,76	9,97	10,18
	9,0	5,55	5,76	5,97	6,18	6,39	6,60	6,81	7,02	7,23	7,44
	10,0	1,48	1,90	2,11	2,32	2,53	2,74	2,95	3,16	3,37	3,58

ΔFK für τ^C =30%, τ^P =25%, τ^i =45%, N=30, C_0 =45 Mio.€, δ^U =62,5%, λ=50%, $r^U = r^L$ =2%

Tabelle 5: Vorteilhaftigkeit der Finanzierungsformen in Abhängigkeit der Gesamtkapitalrendite und des Fremdkapitalzinssatzes

Weiteren Einfluss übt zudem die Wahl der Zinssätze r^U und r^L aus, die im konkreten Praxisfall abweichend der Fallannahme (3) spezifisch bestimmt werden müssten (Tabelle 6). Die Variation beider Zinssätze determiniert wesentlich die ertragsteuerliche Wirkung: Je höher die Differenz zwischen r^U und r^L, desto größer ist auch ΔFK. Die erbschaftsteuerlichen Effekte können in solchen Situationen die ertragsteuerlichen Wirkungen jedoch nicht kompensieren. Ohne Erbschaftsteuer würde sich an der Vorteilhaftigkeit von Eigen- und Fremdfinanzierung nichts ändern, ΔFK wäre lediglich absolut höher (bei positiven Werten) oder geringer (im negativen Bereich).[55]

---

55 Ohne Abschmelzung, bei voller Verschonung in beiden Finanzierungsalternativen (wie z.B. nach altem Erbschaftsteuerrecht) wäre die Eigenfinanzierung zusätzlich auch in der Konstellation identischer Zinssätze vorteilhaft.

r^L in%	ΔFK in%	\multicolumn{10}{c}{r^U IN%}
		1,0	2,0	3,0	4,0	5,0	6,0	7,0	8,0	9,0	10,0
1,0		-0,45	15,64	28,34	38,74	47,12	53,90	59,50	64,05	67,83	70,91
2,0		-16,08	0,01	12,71	23,10	31,49	38,27	43,87	48,42	52,19	55,28
3,0		-28,54	-12,46	0,24	10,64	19,02	25,80	31,40	35,95	39,73	42,82
4,0		-38,72	-22,63	-9,93	0,47	8,85	15,63	21,23	25,78	29,56	32,65
5,0		-46,95	-30,87	-18,17	-7,77	0,61	7,40	12,99	17,54	21,32	24,41
6,0		-53,65	-37,56	-24,86	-14,46	-6,08	0,70	6,30	10,85	14,63	17,71
7,0		-59,16	-43,08	-30,38	-19,98	-11,60	-4,81	0,78	5,33	9,11	12,20
8,0		-63,67	-47,59	-34,89	-24,49	-16,11	-9,32	-3,73	0,82	4,60	7,69
9,0		-67,42	-51,33	-38,63	-28,23	-19,85	-13,07	-7,47	-2,92	0,86	3,94
10,0		-70,50	-54,41	-41,71	-31,32	-22,93	-16,15	-10,55	-6,00	-2,23	0,86

ΔFK für τ^C =30%, τ^P =25%, τ^i =45%, N=30, C_0 =45 Mio. €, δ^U =62,5%, λ=50%, r^{GK} =2% r^f =2%

Tabelle 6: Vorteilhaftigkeit der Finanzierungsformen in Abhängigkeit der Diskontierungszinssätze

3. Berücksichtigung des Vorababschlags im Modell

Eine weitere Neuerung des Erbschaftsteuerrechts ist der Vorababschlag ($\varphi^{(\cdot)} \in [0; 0{,}3]$) für Familienunternehmen gem. § 13a Abs. 9 ErbStG.[56] Demnach kann das begünstigte Vermögen vorab um bis zu 30%[57] gekürzt werden, wenn die drei Voraussetzungen gem. § 13a Abs. 9 Satz 1 Nr. 1-3 ErbStG kumulativ erfüllt sind: Begrenzung der Entnahme respektive Ausschüttung auf 37,5% (Nr. 1), Beschränkung der Verfügung über die Gesellschaftsanteile auf Mitgesellschafter, Angehörige oder eine Familienstiftung (Nr. 2) und Begrenzung der Abfindung bei Ausscheiden auf einen Wert unter dem gemeinen Wert des Anteils (Nr. 3).[58] Für die weitere Analyse wird angenommen, dass sämtliche Voraussetzungen erfüllt sind.[59] Die Ausschüttungsbegrenzung kann folgendermaßen formuliert werden:

---

56 Vgl. dazu u.a.: Viskorf/Löcherbach/Jehle, DStR 2016 S. 2425 (2429 f.); Steger/Königer, BB 2016 S. 3099 ff.
57 Die Höhe des Vorababschlags ist nicht von der Höhe des begünstigten Vermögens abhängig, sodass der Abschlagssatz unabhängig von der Finanzierung ist. Sie bestimmt sich allein nach der prozentualen Minderung der Abfindung gegenüber dem gemeinen Wert (§ 13a Abs. 9 Satz 3 ErbStG).
58 Vgl. zur möglichen gesellschaftsvertraglichen Umsetzung der Voraussetzungen: Weber/Schwind, ZEV 2016 S. 688 ff.
59 Gem. koordinierter Ländererlass vom 22.06.2017, BStBl. I 2017 S. 902, A 13a.19 Abs. 1 S. 4 Nr. 2 sollen nach Auffassung der Finanzverwaltung AGs als eine Variante der hier untersuchten Kapitalgesellschaften nicht vom Vorababschlag profitieren können.

$$\varphi^{(\cdot)} = \begin{cases} \leq 30\%, \delta^{(\cdot)} \in [N-1; N+20] \leq 37,5\% \\ 0\%, \delta^{(\cdot)} \in [N-1; N+20] > 37,5\% \end{cases} \quad (27)$$

Wird der Vorabschlagssatz berücksichtigt, sind die Gleichungen (8), (9) und (23) wie folgt zu ergänzen:

$$BV_N^{(\cdot),EW} = \frac{\sum_{t=N-2}^{t=N}((C_{t-1} \times r_t^{GK}) \times (1-0,3))}{3} \times 13,75 \times (1-\varphi^{(\cdot)}) \quad (28)$$

$$BV_N^{U,SW} = \left[\sum_{t=1}^{t=N}\left(NP_t^{U,T} \times q_t^{U^{N-t}}\right) + C_0\right] \times (1-\varphi^U) \quad (29)$$

$$BV_N^{L,SW} = \left[\sum_{t=1}^{t=N}\left(NP_t^{L,T} \times q_t^{L^{N-t}}\right) + C_0 - \lambda_N \times C_0\right] \times (1-\varphi^L) \quad (30)$$

Anhand der Gleichungen (28) bis (30) wird deutlich, dass der Vorabschlag bereits vor der Anwendung des Verschonungsabschlags $\alpha^{(\cdot)}$ greift[60] und daher dessen Höhe indirekt beeinflusst. Eine Minderung des begünstigungsfähigen Vermögens führt grundsätzlich auch zu einem abgeschwächten Abschmelzen des Verschonungsabschlags im Bereich zwischen 26 und 90 Mio. €.

Um die Wirkung des Vorabschlags zu untersuchen, wird dieser ($\varphi^{(\cdot)}$ = 0% bis 30%, Vertikale) zunächst mit der Ausschüttungsquote des unverschuldeten Unternehmens (δ^U = 25% bis 70%, Horizontale) in Tabelle 7 variiert. Um den Vorabschlag für das eigenfinanzierte Unternehmen aufgrund der Bedingung (21) nicht grds. auszuschließen, wird die Fremdkapitalquote mit nur 25% angenommen.[61] Bei einer Ausschüttungsquote von δ^U = 25% sinkt ΔFK mit steigendem Vorabschlag: Grund hierfür ist, dass das begünstigte Vermögen und damit die Erbschaftsteuerbelastung insgesamt sinken. Da der Anteil des begünstigten Vermögens bei anteiliger Kreditfinanzierung kleiner ist als bei reiner Eigenfinanzierung, wirkt der Vorabschlag bei Fremdfinanzierung weniger stark, d.h. die absolute Minderung des begünstigten Vermögens ist geringer, was zu einem abnehmenden ΔFK führt. Ein hoher Vorabschlag kann in diesen Konstellationen zu einer Vorteilhaftigkeit der Eigenfinanzierung (grau schattiert) führen. Bei Ausschüttungen zwischen δ^U = 40% und 50% fällt der Vorabschlag bei Eigenfinanzierung weg, da die Grenze von 37,5% überschritten wird. Da bei Fremdfinanzierung der Vorabschlag jedoch nach wie vor greift, steigt ΔFK insgesamt. Der Vorabschlag wirkt dann einseitig zugunsten des verschuldeten Unternehmens. Ab δ^U = 55% entfaltet $\varphi^{(\cdot)}$ keine Wirkung mehr, da auch $\delta_{t=30}^L$ mit 43,16% in den letzten beiden Perioden über 37,5%

---

60 Vgl. koordinierter Ländererlass vom 22.06.2017, BStBl. I 2017 S. 902, A 13a.19 Abs. 1 Satz 5.
61 Unter der Geltung von Bedingung (21) und der Annahme, dass $r^f = r^{GK}$ gilt, muss die Ausschüttung des eigenfinanzierten Unternehmens (δ^U) mindestens der Fremdkapitalquote entsprechen.

liegt (Gleichung (27)). Mit zunehmender Ausschüttung sinkt ΔFK, da insgesamt und insbesondere bei Fremdfinanzierung weniger begünstigtes Vermögen und mehr Privatvermögen vorliegt. Dies entspricht dem bei Tabelle 3 und 4 erläuterten Effekt. Der Vorababschlag begünstigt die Fremdfinanzierung demnach besonders dann, wenn er aufgrund divergierender Ausschüttungsquoten bei dieser greift, beim eigenfinanzierten Unternehmen jedoch nicht. Eine Anpassung der Ausschüttung zwei Jahre vor einem geplanten Übergang scheint demnach sinnvoll, ist jedoch für die folgenden 20 Jahre bindend, da sonst eine Nachversteuerung droht.

		\multicolumn{10}{c	}{Ausschüttung δ^U in%}
$\varphi^{(\cdot)}$ in%	ΔFK in%	25	30	35	40	45	50	55	60	65	70
	0	2,10	1,90	1,71	1,52	1,33	1,14	0,95	0,77	0,63	0,45
	5	1,36	1,18	1,00	2,61	2,36	2,13	0,95	0,77	0,63	0,45
	10	0,62	0,70	0,54	3,82	3,34	3,05	0,95	0,77	0,63	0,45
	15	0,17	-0,18	-0,10	4,78	4,43	3,92	0,95	0,77	0,63	0,45
	20	-0,45	-0,59	-0,73	5,67	5,27	4,73	0,95	0,77	0,63	0,45
	25	-1,06	-1,15	-1,28	6,65	6,05	5,48	0,95	0,77	0,63	0,45
	30	-2,43	-2,52	-2,78	7,40	6,77	6,30	0,95	0,77	0,63	0,45

τ^C =30%, τ^P =25%, τ^i =45%, N=30, C_0 =45 Mio. €, λ=25%, r^{GK} =2% r^f =2%, r^U = r^L =2%

Tabelle 7: Vorteilhaftigkeit der Finanzierungsformen in Abhängigkeit der Ausschüttungsquote und des Vorababschlags

Tabelle 8 verdeutlicht die Relevanz der Kapitalausstattung (C_0 = 25 Mio. € bis 107,5 Mio. €, Horizontale) auf die Wirkung des Vorababschlags ($\varphi^{(\cdot)}$ = 0% bis 30%, Vertikale). Abweichend von Tabelle 1 werden λ und δ^U mit 25% angenommen, damit der Vorababschlag für beide Finanzierungsformen greift. Eine geringere Kapitalausstattung i.V.m. dem Vorababschlag führt dazu, dass der Abschmelzbereich nicht erreicht wird. Mit steigendem $\varphi^{(\cdot)}$ nimmt ΔFK ab und führt zu einem Vorteil der Eigenfinanzierung (grau schattierte Zellen).[62] Je höher der Vorababschlag, desto geringer das begünstigungsfähige Vermögen, was wiederum zu einer geringeren Abschmelzung des Verschonungsabschlags führt. Da der Abschmelzeffekt prinzipiell die Fremdfinanzierung begünstigt (Abbildung 1), wirkt eine Verminderung dieses Effekts dementsprechend zugunsten der Eigenfinanzierung. Erreicht das begünstigte Vermögen allerdings sowohl beim eigen- als auch beim fremdfinanzierten Unternehmen den Grenzbereich der Abschmelzung, kehrt sich der Effekt

---

62 Die dem Trend nicht folgenden Werte von ΔFK bspw. bei $\varphi^{(\cdot)}$ = 15% und C_0 = 25 Mio. € sowie $\varphi^{(\cdot)}$ = 20% und C_0 = 40 Mio. € sind auf progressionsbedingt unterschiedliche Erbschaftsteuersätze beider Finanzierungsalternativen zurückzuführen.

um: Ein steigender Vorababschlag bewirkt, dass beim fremdfinanzierten Unternehmen der Abschmelzbereich nicht überschritten wird, wohingegen dies beim eigenfinanzierten der Fall ist (in Tabelle 8 bei $\varphi^{(\cdot)}$ = 15% und C_0 = 85 Mio. €). Die Fremdfinanzierung wird dann vorteilhaft. Steigt der Vorababschlag jedoch weiter, kann es auch beim eigenfinanzierten Unternehmen wieder zu einer teilweisen Verschonung kommen, weshalb die Werte für ΔFK dann wieder sinken. Bei bspw. C_0 = 70 Mio. € und $\varphi^{(\cdot)}$ = 0% bis 10% befindet sich nur das begünstigungsfähige Vermögen bei Fremdfinanzierung innerhalb des Verschonungsbereiches. Ab $\varphi^{(\cdot)}$ = 15% kommt es jedoch auch bei Eigenfinanzierung wieder zu einer geringfügigen Verschonung. Ist das begünstigungsfähige Vermögen jedoch so groß, dass trotz Vorababschlags in beiden Fällen keinerlei Verschonung mehr stattfindet, kehrt dieser den bei Tabelle 1 erläuterten Effekt der dann immer vorteilhaften Fremdfinanzierung um. Auch wenn das Vermögen in beiden Sphären dann gleich besteuert wird, führt der Vorababschlag tendenziell wieder zu einer Vorteilhaftigkeit der Eigenfinanzierung: Dieser ist nur auf das begünstigte Vermögen anzuwenden, welches bei Darlehensfinanzierung geringer als bei Eigenfinanzierung ist. In Tabelle 8 ist dies bei C_0 = 107,5 Mio. € der Fall. Selbst bei einem Vorababschlag von $\varphi^{(\cdot)}$ = 30% liegt das begünstigungsfähige Vermögen mit ca. 109,5 Mio. € bei Eigenfinanzierung und ca. 90,7 Mio. € bei Fremdfinanzierung oberhalb der relevanten Grenze von 89,75 Mio. € (siehe II.2.).

Grundsätzlich wirkt sich der Vorababschlag positiv auf die Eigenfinanzierung aus, lediglich wenn das begünstigte Vermögen noch innerhalb des Abschmelzbereiches ist, kann Fremdfinanzierung vorteilhaft sein.

		KAPITALAUSSTATTUNG C_0 IN MIO. €									
$\varphi^{(\cdot)}$ in%	ΔFK in%	25	32,5	40	47,5	55	62,5	70	77,5	85	92,5	100	107,5
	0	-2,52	0,05	1,15	2,57	3,98	4,84	2,06	0,21	0,21	0,21	0,21
	5	-2,62	-0,28	0,73	1,76	2,84	4,14	2,83	0,41	-0,03	-0,03	-0,03	-0,03
	10	-2,91	-0,79	0,07	1,05	2,23	3,21	3,69	1,40	-0,27	-0,27	-0,27	-0,27
	15	-1,89	-1,30	-0,35	0,33	1,45	2,34	3,22	2,24	0,28	-0,51	-0,51	-0,51
	20	-2,32	-1,73	-2,08	-0,11	0,50	1,51	2,12	3,14	1,29	-0,56	-0,75	-0,75
	25	-2,87	-2,99	-1,31	-0,74	0,00	0,74	1,49	2,23	2,13	0,57	-0,99	-0,99
	30	-3,06	-3,09	-1,76	-1,33	-0,64	0,02	0,52	1,18	1,84	1,36	0,07	-1,23

τ^C =30%, τ^P =25%, τ^I =45%, N=30, δ^U =25%, λ=25%, r^{GK} =2% r^f =2%, $r^U = r^L$ =2%

Tabelle 8: Vorteilhaftigkeit der Finanzierungsformen in Abhängigkeit der Anfangskapitalausstattung und des Vorababschlags

IV. Zusammenfassung

Ein ertragsteuerlicher Vorteil der Fremdfinanzierung kann im mehrperiodischen Modell in bestimmten Situationen durch einen erbschaftsteuerlichen Nachteil überkompensiert werden, da Gesellschaftsanteile begünstigungsfähig, sonstiges Privatvermögen – und damit Darlehensforderungen und Zinseinnahmen – nicht begünstigt sind.

Nach altem Erbschaftsteuerecht ist die Fremdfinanzierung in nahezu allen Konstellationen in der Gesamtbetrachtung nachteilig. Dies gilt nach der Reform weiterhin für Unternehmen, die voraussichtlich nicht in den Bereich des abschmelzenden Verschonungsabschlags über 26 Mio. € kommen.[63] Erreicht das begünstigte Vermögen den neu eingeführten Abschmelzbereich, kann dies die erbschaftsteuerlichen Vorteile der Eigenfinanzierung reduzieren. Bei hohem Gesellschaftsvermögen und damit sinkender Verschonung bei reiner Eigenfinanzierung, ist Fremdfinanzierung vorteilhaft. Dies gilt umso mehr, wenn der Abschmelzbereich überschritten wird und bei beiden Finanzierungsarten keine Verschonung mehr greift. Dabei sind die Ergebnisse jedoch maßgeblich von den gewählten Ausgangsparametern (insb. den Zinssätzen) abhängig. Diese haben besonders Einfluss auf die ertragsteuerlichen Wirkungen und sind daher im Praxisfall unternehmensspezifisch zu bestimmen, um realitätsgerechtere Aussagen ableiten zu können. In diesem Punkt unterliegt das Modell nicht zu ignorierenden Einschränkungen. Erheblichen Einfluss kann in der Praxis auch die Wahl des Bewertungsverfahrens haben: Insb. dann, wenn dieses die Art der Finanzierung abweichend vom BewG berücksichtigt.

Fremdkapitalzinssatz, -quote und Gesamtkapitalausstattung wirken sich tendenziell positiv auf den Vorzug der Fremdfinanzierung aus, Zinssteuersatz und Ausschüttungsquote negativ. Der Vorababschlag für Familienunternehmen kann gegenläufige Folgen auslösen und bspw. die Eigenfinanzierung oberhalb des Abschmelzbereiches wieder gegenüber der Fremdfinanzierung begünstigen. Die Ergebnisse zeigen die Wirkungsweise der verschiedenen Einflussgrößen; die Beurteilung einer Finanzierungsart kann im Einzelfall nur bei Einbezug sämtlicher individueller Faktoren ermittelt werden. Der neue Verwaltungsvermögenstest, die Voraussetzungen für die Regelverschonung sowie eine eventuelle Verschonungsbedarfsprüfung stellen kaum abstrahierbare Einflüsse dar. Inwieweit die Finanzierungs- bzw. Bilanzstruktur Auswirkungen auf den Verwaltungsvermögenstest[64] haben, wird Gegenstand zukünftiger Untersuchungen sein müssen. Zur weiteren Vertiefung dieses Forschungsgebietes könnten darüber hinaus empirische Untersuchungen die Ergebnisse der modelltheoretischen Analyse weiter diversifizieren und präzisieren.

Quelle: CORPORATE FINANCE 2018 S. 126

---

63 Zur Größenordnung der Unternehmen vgl. Hannes, ZEV 2016 S. 554 (556).
64 Die Finanzierungstruktur ist für die Ermittlung der Verwaltungsvermögensquote relevant, da diese sich am gemeinen Wert des Vermögens orientiert, der vom Fremdkapital beeinflusst wird.

Ausschüttungsquote und IDW-Vorgaben – oder: von der Kunst des Unmöglichen

Prof. Dr. Leonhard Knoll

I. Eine Institution macht Vorgaben

Wer sich mit Unternehmensbewertung in Deutschland beschäftigt, findet sehr schnell heraus, dass zumindest dann, wenn eine Bewertung vor Gericht Bestand haben soll, die Einhaltung von IDW-Vorgaben von wesentlicher Bedeutung ist.[1] So hat etwa das OLG Hamburg festgehalten:

„Die Praxis der Wirtschaftsprüfer aber folgt, wie dem Senat aus zahlreichen Spruchverfahren bekannt ist, so gut wie immer den Vorschlägen des FAUB des IdW, die auf diesem Wege tatsächlich prägend für die Ermittlung von Unternehmenswerten werden."[2]

Die Empfehlungen des FAUB (Fachausschuss für Unternehmensbewertung und Betriebswirtschaft) konkretisieren dabei zusammen mit weiteren Veröffentlichungen die Bewertungsstandards des IDW, insb. den IDW S 1. Die dabei wohl wichtigste Quelle neben diesen Empfehlungen ist das WP Handbuch, das jüngst eine Neuorganisation erfahren hat.[3] Die für die vorliegende Problematik relevanten Ausführungen finden sich mittlerweile in dem Themenband „Bewertung und Transaktionsberatung". Ausgangspunkt für die folgende Darstellung ist nun der Umstand, dass auch unter dieser neuen Aufmachung elementare Fehler/Unklarheiten nicht bereinigt wurden. So wurde auf das Problem der in der ewigen Rente gleichzeitig zu erfüllenden Forderungen nach einem eingeschwungenen Zustand und Barwertneutralität hingewiesen,[4] das in dem neuen Themenband nicht einmal angesprochen wurde. Anstatt darauf nochmals einzugehen, soll nachfolgend ein Bereich genauer beleuchtet werden, dessen sachlogische Probleme bislang nur auf der Basis des mittlerweile überkommen Halbeinkünfteverfahrens angesprochen wurden:[5] Die

---

1 Vgl. hierzu kritisch bspw. Emmerich, AG 2015 S. 627, 630; Emmerich, EWeRK 2016 S. 153; Lauber, in: Fleischer/Hüttemann (Hrsg.), Rechtshandbuch Unternehmensbewertung, 2015, S. 994, 1020 ff.; Matschke, in: FS Nadvornik, 2016, S. 101, 119-125; und Knoll, BFuP 2017 S. 300-311.
2 OLG Hamburg vom 30.06.2016 – 13 W 75/14, S. 19 f. (n.v.).
3 Vgl. hierzu und zum Folgenden IDW (Hrsg.), Bewertung und Transaktionsberatung, 2018, S. VI f.
4 Vgl. Knoll, DB 2016 S. 544-548, und Knoll, CF 2016 S. 33-34.
5 Vgl. Knoll, ZBB 2007 S. 169, 175 f. Nach der Manuskripteinreichung erschien ein Beitrag von Castedello/Jonas/Schieszl/Lenckner in der WPg, S. 805 ff., der sich auf S. 824 f. des Zusammenhangs zwischen Vor- und Nachsteuerrenditen annimmt, ohne darin indessen ein Konsistenzproblem für die FAUB-Empfehlung zu erkennen. Er wird nachfolgend nicht weiter berücksichtigt.

mittelbar über die Empfehlung des FAUB für die Marktrisikoprämie vor und nach Berücksichtigung von Anteilseignersteuern definierte Ausschüttungsquote des Marktportfolios.

Im folgenden Kapitel II. wird die Problematik des Zusammenhangs zwischen Vor- und Nachsteuerrenditen beschrieben und in Kapitel III. auf die Marktrisikoprämie bezogen näher untersucht. Kapitel IV. beschließt den Beitrag mit einem kurzen Resümee.

II. Zwei Definitionen

Seit dem IDW ES 1 i.d.F. 2004 wird der Diskontierungszins methodisch über die deutsche Version des Tax CAPM bestimmt.[6] Der Nachsteuerwert dieses Diskontierungszinses lässt sich demnach dadurch bestimmen, dass der Basiszins nach Steuern um die betakorrigierte Marktrisikoprämie nach Steuern erhöht oder die Marktrisikoprämie vor (Anteilseigner-)Steuern um die Besteuerung der Ausschüttungen und des Wertzuwachses reduziert wird. Nach dem zwischenzeitlichen Wechsel zum Abgeltungsverfahren lauten diese Definitionen[7]

$$r_j^n = i \times (1-s) + \beta_j \times mrp^n \qquad (1)$$

und

$$r_j^n = r_j^v - d_j \times s - k_j \times s^k \qquad (2)$$

mit:

r_j^n = Aktienrendite des Bewertungsobjekts (Unternehmen j) nach Anteilseignersteuern,

r_j^v = Aktienrendite von j vor Anteilseignersteuern,

i = (sicherer) Basiszins,

mrp^n= Marktrisikoprämie nach Anteilseignersteuern,

β_j = Beta-Faktor von j,

d_j = Dividendenanteil an der Vorsteuerrendite von j,

k_j = Kurssteigerungsanteil an der Vorsteuerrendite von j,

s = kombinierter Satz aus Abgeltungsteuer und SolZ (=26,375%),

s^k = effektiver Steuersatz auf Veräußerungsgewinne.

Eine solche Doppeldefinition impliziert algebraisch eine Beziehung zwischen allen in beiden Gleichungen verwendeten Variablen. Um dies später weiteruntersuchen zu können, ist zunächst wichtig, dass sowohl d_i als auch k_i ersetzt werden können, denn es gilt für die Ausschüttungsquote[8]

---

[6] Vgl. Wagner et al., WPg 2004 S. 889, 892 ff.
[7] Unter etwas anderer Terminologie auch in dem von Castedello verfassten Teil A von IDW (Hrsg.), a.a.O. (Fn. 3), S. 1, 131 f., m.w.N.
[8] Vgl. bereits Wagner et al., WPg 2004 S. 889, 897.

$$q_j = \frac{d_j}{r_j^v} \Leftrightarrow d_j = r_j^v \times q_j \tag{3}$$

Da sich außerdem die beiden Renditebestandteile zu r_j^v ergänzen müssen und Kurssteigerungen auf Unternehmensebene Thesaurierungen gegenüberstehen, gilt i.V.m. (3) weiter

$$d_j + k_j = r_j^v \Leftrightarrow k_j = r_j^v \times (1 - q_j) \tag{4}$$

Seit Einführung der Abgeltungsteuer empfiehlt das IDW schließlich unverändert mit Verweis auf eine Arbeit von Wiese[9]

$$s^k = \frac{1}{2} \times s \left(= 13{,}1875\%\right), \tag{5}$$

wobei sich je nach Medium allenfalls Unterschiede in der Rundung zeigen.[10] Fasst man all dies zusammen lässt sich (2) nunmehr wie folgt schreiben[11]

$$\begin{aligned} r_j^n &= r_j^v - r_j^v \times q_j \times s - r_j^v \times (1 - q_j) \times s^k \\ &= r_j^v \times \left(1 - q_j \times s - (1 - q_j) \times \frac{1}{2} \times s\right) \end{aligned} \tag{6}$$

Man ahnt, dass hierbei Einiges schiefgehen kann, so wie es für das Halbeinkünfteverfahren bereits dokumentiert ist.[12]

III. Das Marktportfolio zwischen Algebra und FAUB-Empfehlung

Eine der wesentlichen Eigenschaften des CAPM ist, dass die beschriebenen Eigenschaften nicht nur für einzelne Aktien/Unternehmen, sondern auch für Portfolios bis hin zum gesamten Marktportfolio gelten. Außerdem ist der Beta-Faktor des Marktportfolios M gleich eins. Damit werden die beiden Gleichungen (1) und (6) zu

$$r_M^n = i \times (1 - s) + mrp^n \tag{7}$$

---

[9] Vgl. Wiese, WPg 2007 S. 368-375.
[10] Vgl. zuletzt wiederum Castedello, in: IDW (Hrsg.), Bewertung und Transaktionsberatung, 2018, S. 1, 103.
[11] Vgl. ebd., S. 176. Dieses Ergebnis war mit Blick auf den von Wiese, WPg 2007 S. 368-375, formulierten Ansatz für s^k schon bald zum Referenzpunkt für das IDW-Vorgehen avanciert, vgl. bspw. IDW (Hrsg.), WP Handbuch 2008, 13. Aufl., Bd. II, S. 71 f. und 120 f. (noch ohne Berücksichtigung des SolZ); Wagner et al., WPg 2008 S. 731, 746 f., und Kaserer/Knoll, in: elektr. FS Wagner, http://www.franz-w-wagner.de/inhalt/, 2009, Teil D, S. D 10.
[12] Vgl. für einen damaligen Squeeze Out-Fall Knoll, ZBB 2007 S. 169, 175.

und

$$r_M^n = r_M^v \times \left(1 - q_M \times s - \left(1 - q_M\right) \times \frac{s}{2}\right)$$

$$\Leftrightarrow q_M = \frac{r_M^v - r_M^n}{r_M^v} \times \frac{2}{s} - 1 \qquad (8)$$

Nun muss man nur noch für die Bestimmung der Marktrisikoprämie vor Steuern mrp^v

$$r_M^v = i + mrp^v \qquad (9)$$

berücksichtigen und erhält aus der Verbindung der drei letzten Gleichungen[13]

$$q_M = \frac{i \times s + mrp^v - mrp^n}{i + mrp^v} \times \frac{2}{s} - 1 \qquad (10)$$

Damit hat man eine Formulierung erreicht, bei der auf der rechten Seite von (10) nur noch Parameter stehen, die entweder durch externe Vorgaben (s) oder Empfehlungen des FAUB (mrp^v und mrp^n) gegeben oder nach methodischen Vorgaben des IDW aus zeitnahen Daten zu ermitteln sind (i). Der einzige Spielraum für eine Variation von q_m besteht darin, dass beide Marktrisikoprämien vom FAUB/IDW jeweils über Intervalle vorgegeben werden, für die seit der letzten Änderung im Jahr 2012 gilt[14]

$$mrp^v \in \left[5{,}5\%; 7{,}0\%\right] \text{ und } mrp^n \in \left[5{,}0\%; 6{,}0\%\right].$$

Kritisch kann diese Konstellation allerdings dadurch werden, dass die Ausschüttungsquote zwischen 0% und 100% liegen muss, weil der Diskontierungszins bis in die ewige Rente Verwendung findet, sodass immerwährender Dividendenverzicht oder gar alljährliche Kapitalerhöhungen ebenso ausscheiden wie permanente Ausschüttungen jenseits des erwirtschafteten Ergebnisses. Damit nicht genug: Seit Einführung des Tax-CAPM bzw. dem IDW ES 1 i.d.F. 2004 wird immer wieder unter Bezug auf einen die damalige Standardnovelle einführenden Beitrag[15] darauf verwiesen, dass q_m in der Empirie je nach verwendetem Marktindex zwischen 40% und 60% liegt.[16]

Damit muss die Ausschüttungsquote des Marktportfolios zwei Anforderungen gleichzeitig erfüllen, nämlich (10) und $q_m \in [40\%; 60\%]$. Erscheint dies schon von Hause aus nicht selbstverständlich, kommt noch hinzu, dass der Basiszins nicht nur durch die methodische Vorgabe des IDW, sondern auch und insb. durch die

---

13 Vgl. Knoll, De exemplis deterrentibus, 2017, S. 87 f.
14 Vgl. IDW, WPg 2012 S. 1125.
15 Vgl. Wagner et al., WPg 2004 S. 889, 894.
16 So zuletzt wieder Castedello, a.a.O. (Fn. 10), S. 1, 98 f.

Situation am Kapitalmarkt determiniert wird, die sich im Zeitverlauf sehr stark verändern kann und tatsächlich auch verändert hat. Selbst wenn die Doppelvorgabe also bei ihrer – bewussten oder unbewussten – Einführung zu erfüllen war, ist keineswegs klar, ob dies auch noch im Zeitalter der Minizinsen zutrifft.

Will man dies genauer untersuchen, bietet es sich an, die Situation an beiden empirischen Intervallrändern sowie in der Intervallmitte anzusehen und (10) so umzuformen, dass ein Konsistenztest betreffend die FAUB-Vorgaben möglich wird. Beschreibt q_M^{IDW} den entsprechend den IDW-Erkenntnissen ausgewählten Wert für die Ausschüttungsquote des Marktportfolios, der anstelle von q_m in (10) eingesetzt wird, so erhält man nach wenigen Umformungen:

$$mrp^v \times \left(1 - \left(1 + q_M^{IDW}\right) \times \frac{s}{2}\right) + i \times \left(1 - q_M^{IDW}\right) \times \frac{s}{2} = mrp^n \qquad (11)$$

Damit wird zunächst offensichtlich, dass die Vorgabe einer Marktrisikoprämie nach Anteilseignersteuern völlig überflüssig ist, weil sich diese aus den anderen Parametern ergibt.[17] Gibt man sie trotzdem vor, gewinnt man bestenfalls nichts und produziert andernfalls eine Inkonsistenz.

Um dies zu testen, braucht man nur noch vorgegebene Werte für die Parameter auf der linken Seite von (11) einzusetzen und zu vergleichen, ob das Ergebnis innerhalb des FAUB-Intervalls für mrp^n liegt. Während für mrp^v das oben angegebene FAUB-Intervall die Variationsbreite bestimmt, bietet sich für i als Rahmen die jüngere Vergangenheit an, bei der in der zweiten Jahreshälfte 2016 das bisherige historische Tief erreicht wurde. Die Ergebnisse für die alternativen q_M^{IDW}-Vorgaben findet man in den Tabelle 1 bis 3.

---

[17] Das gleiche Ergebnis erhält man, wenn man die in Castedello, a.a.O. (Fn. 10), S. 1, 133 (oben in dortiger Terminologie), vorgegebene Definition der Marktrisikoprämie nach Steuern gem. den hier benutzten Zusammenhängen umformt. Dabei ist allerdings ein offensichtlicher Schreibfehler zu berücksichtigen, denn beim dort verwendeten letzten Steuersatz (25%) wurde erkennbar der SolZ fälschlicherweise nicht berücksichtigt.

$i \backslash mrp^v$	5,50%	5,60%	5,70%	5,80%	5,90%	6,00%	6,10%	6,20%	6,30%	6,40%	6,50%	6,60%	6,70%	6,80%	6,90%	7,00%
0,50%	4,52%	4,61%	4,69%	4,77%	4,85%	4,93%	5,01%	5,09%	5,18%	5,26%	5,34%	5,42%	**5,50%**	5,58%	5,67%	5,75%
0,60%	4,53%	4,61%	4,70%	4,78%	4,86%	4,94%	5,02%	5,10%	5,18%	5,27%	5,35%	5,43%	**5,51%**	5,59%	5,67%	5,76%
0,70%	4,54%	4,62%	4,70%	4,78%	4,87%	4,95%	5,03%	5,11%	5,19%	5,27%	5,36%	5,44%	**5,52%**	5,60%	5,68%	5,76%
0,80%	4,55%	4,63%	4,71%	4,79%	4,87%	4,96%	5,04%	5,12%	5,20%	5,28%	5,36%	5,44%	**5,53%**	5,61%	5,69%	5,77%
0,90%	4,56%	4,64%	4,72%	4,80%	4,88%	4,96%	5,05%	5,13%	5,21%	5,29%	5,37%	**5,45%**	**5,53%**	5,62%	5,70%	5,78%
1,00%	4,56%	4,65%	4,73%	4,81%	4,89%	4,97%	5,05%	5,13%	5,22%	5,30%	5,38%	**5,46%**	**5,54%**	5,62%	5,71%	5,79%
1,10%	4,57%	4,65%	4,73%	4,82%	4,90%	4,98%	5,06%	5,14%	5,22%	5,31%	5,39%	**5,47%**	5,55%	5,63%	5,71%	5,79%
1,20%	4,58%	4,66%	4,74%	4,82%	4,91%	4,99%	5,07%	5,15%	5,23%	5,31%	5,39%	**5,48%**	5,56%	5,64%	5,72%	5,80%
1,30%	4,59%	4,67%	4,75%	4,83%	4,91%	5,00%	5,08%	5,16%	5,24%	5,32%	5,40%	**5,48%**	5,57%	5,65%	5,73%	5,81%
1,40%	4,60%	4,68%	4,76%	4,84%	4,92%	5,00%	5,08%	5,17%	5,25%	5,33%	5,41%	**5,49%**	5,57%	5,66%	5,74%	5,82%
1,50%	4,60%	4,68%	4,77%	4,85%	4,93%	5,01%	5,09%	5,17%	5,26%	5,34%	5,42%	**5,50%**	5,58%	5,66%	5,74%	5,83%
1,60%	4,61%	4,69%	4,77%	4,86%	4,94%	5,02%	5,10%	5,18%	5,26%	5,35%	5,43%	**5,51%**	5,59%	5,67%	5,75%	5,83%
1,70%	4,62%	4,70%	4,78%	4,86%	4,95%	5,03%	5,11%	5,19%	5,27%	5,35%	5,43%	**5,52%**	5,60%	5,68%	5,76%	5,84%
1,80%	4,63%	4,71%	4,79%	4,87%	4,95%	5,03%	5,12%	5,20%	5,28%	5,36%	5,44%	**5,52%**	5,61%	5,69%	5,77%	5,85%
1,90%	4,63%	4,72%	4,80%	4,88%	4,96%	5,04%	5,12%	5,21%	5,29%	5,37%	**5,45%**	**5,53%**	5,61%	5,69%	5,78%	5,86%
2,00%	4,64%	4,72%	4,81%	4,89%	4,97%	5,05%	5,13%	5,21%	5,30%	5,38%	**5,46%**	**5,54%**	5,62%	5,70%	5,78%	5,87%

Tabelle 1: mrp^n gem. Formel (11) bei einer Ausschüttungsquote von 40%

Kapitalstruktur, Ausschüttungspolitik und Wachstum

i\mrp^v	5,50%	5,60%	5,70%	5,80%	5,90%	6,00%	6,10%	6,20%	6,30%	6,40%	6,50%	6,60%	6,70%	6,80%	6,90%	7,00%
0,50%	4,45%	4,53%	4,61%	4,69%	4,77%	4,85%	4,93%	5,01%	5,09%	5,17%	5,25%	5,33%	5,41%	5,49%	5,57%	5,65%
0,60%	4,45%	4,53%	4,61%	4,69%	4,77%	4,85%	4,93%	5,01%	5,09%	5,17%	5,25%	5,33%	5,41%	5,49%	5,57%	5,65%
0,70%	4,46%	4,54%	4,62%	4,70%	4,78%	4,86%	4,94%	5,02%	5,10%	5,18%	5,26%	5,34%	5,42%	5,50%	5,58%	5,66%
0,80%	4,46%	4,55%	4,63%	4,71%	4,79%	4,87%	4,95%	5,03%	5,11%	5,19%	5,27%	5,35%	5,43%	5,51%	5,59%	5,67%
0,90%	4,47%	4,55%	4,63%	4,71%	4,79%	4,87%	4,95%	5,03%	5,11%	5,19%	5,27%	5,35%	5,43%	5,51%	5,59%	5,67%
1,00%	4,48%	4,56%	4,64%	4,72%	4,80%	4,88%	4,96%	5,04%	5,12%	5,20%	5,28%	5,36%	5,44%	5,52%	5,60%	5,68%
1,10%	4,48%	4,56%	4,65%	4,73%	4,81%	4,89%	4,97%	5,05%	5,13%	5,21%	5,29%	5,37%	5,45%	5,53%	5,61%	5,69%
1,20%	4,49%	4,57%	4,65%	4,73%	4,81%	4,89%	4,97%	5,05%	5,13%	5,21%	5,29%	5,37%	5,45%	5,53%	5,61%	5,69%
1,30%	4,50%	4,58%	4,66%	4,74%	4,82%	4,90%	4,98%	5,06%	5,14%	5,22%	5,30%	5,38%	5,46%	5,54%	5,62%	5,70%
1,40%	4,50%	4,58%	4,66%	4,75%	4,83%	4,91%	4,99%	5,07%	5,15%	5,23%	5,31%	5,39%	5,47%	5,55%	5,63%	5,71%
1,50%	4,51%	4,59%	4,67%	4,75%	4,83%	4,91%	4,99%	5,07%	5,15%	5,23%	5,31%	5,39%	5,47%	5,55%	5,63%	5,71%
1,60%	4,52%	4,60%	4,68%	4,76%	4,84%	4,92%	5,00%	5,08%	5,16%	5,24%	5,32%	5,40%	5,48%	5,56%	5,64%	5,72%
1,70%	4,52%	4,60%	4,68%	4,76%	4,85%	4,93%	5,01%	5,09%	5,17%	5,25%	5,33%	5,41%	5,49%	5,57%	5,65%	5,73%
1,80%	4,53%	4,61%	4,69%	4,77%	4,85%	4,93%	5,01%	5,09%	5,17%	5,25%	5,33%	5,41%	5,49%	5,57%	5,65%	5,73%
1,90%	4,54%	4,62%	4,70%	4,78%	4,86%	4,94%	5,02%	5,10%	5,18%	5,26%	5,34%	5,42%	5,50%	5,58%	5,66%	5,74%
2,00%	4,54%	4,62%	4,70%	4,78%	4,86%	4,95%	5,03%	5,11%	5,19%	5,27%	5,35%	5,43%	5,51%	5,59%	5,67%	5,75%

Tabelle 2: mrp^n gem. Formel (11) bei einer Ausschüttungsquote von 50%

i \ mrp	5,50%	5,60%	5,70%	5,80%	5,90%	6,00%	6,10%	6,20%	6,30%	6,40%	6,50%	6,60%	6,70%	6,80%	6,90%	7,00%
0,50%	4,37%	4,44%	4,52%	4,60%	4,68%	4,76%	4,84%	4,92%	5,00%	5,08%	5,15%	5,23%	5,31%	5,39%	5,47%	5,55%
0,60%	4,37%	4,45%	4,53%	4,61%	4,69%	4,77%	4,84%	4,92%	5,00%	5,08%	5,16%	5,24%	5,32%	5,40%	5,48%	5,55%
0,70%	4,38%	4,46%	4,53%	4,61%	4,69%	4,77%	4,85%	4,93%	5,01%	5,09%	5,17%	5,24%	5,32%	5,40%	5,48%	5,56%
0,80%	4,38%	4,46%	4,54%	4,62%	4,70%	4,78%	4,86%	4,93%	5,01%	5,09%	5,17%	5,25%	5,33%	5,41%	5,49%	5,57%
0,90%	4,39%	4,47%	4,54%	4,62%	4,70%	4,78%	4,86%	4,94%	5,02%	5,10%	5,18%	5,25%	5,33%	5,41%	5,49%	5,57%
1,00%	4,39%	4,47%	4,55%	4,63%	4,71%	4,79%	4,87%	4,94%	5,02%	5,10%	5,18%	5,26%	5,34%	5,42%	5,50%	5,58%
1,10%	4,40%	4,48%	4,56%	4,63%	4,71%	4,79%	4,87%	4,95%	5,03%	5,11%	5,19%	5,27%	5,34%	5,42%	5,50%	5,58%
1,20%	4,40%	4,48%	4,56%	4,64%	4,72%	4,80%	4,88%	4,96%	5,03%	5,11%	5,19%	5,27%	5,35%	5,43%	5,51%	5,59%
1,30%	4,41%	4,49%	4,57%	4,64%	4,72%	4,80%	4,88%	4,96%	5,04%	5,12%	5,20%	5,28%	5,35%	5,43%	5,51%	5,59%
1,40%	4,41%	4,49%	4,57%	4,65%	4,73%	4,81%	4,89%	4,97%	5,04%	5,12%	5,20%	5,28%	5,36%	5,44%	5,52%	5,60%
1,50%	4,42%	4,50%	4,58%	4,66%	4,73%	4,81%	4,89%	4,97%	5,05%	5,13%	5,21%	5,29%	5,37%	5,44%	5,52%	5,60%
1,60%	4,42%	4,50%	4,58%	4,66%	4,74%	4,82%	4,90%	4,98%	5,06%	5,13%	5,21%	5,29%	5,37%	5,45%	5,53%	5,61%
1,70%	4,43%	4,51%	4,59%	4,67%	4,74%	4,82%	4,90%	4,98%	5,06%	5,14%	5,22%	5,30%	5,38%	5,45%	5,53%	5,61%
1,80%	4,43%	4,51%	4,59%	4,67%	4,75%	4,83%	4,91%	4,99%	5,07%	5,14%	5,22%	5,30%	5,38%	5,46%	5,54%	5,62%
1,90%	4,44%	4,52%	4,60%	4,68%	4,76%	4,83%	4,91%	4,99%	5,07%	5,15%	5,23%	5,31%	5,39%	5,47%	5,54%	5,62%
2,00%	4,45%	4,52%	4,60%	4,68%	4,76%	4,84%	4,92%	5,00%	5,08%	5,16%	5,23%	5,31%	5,39%	5,47%	5,55%	5,63%

Tabelle 3: mrp^n gem. Formel (11) bei einer Ausschüttungsquote von 60%

Die grau unterlegten Felder kennzeichnen Ergebnisse, bei denen die Marktrisikoprämie nach Anteilseignersteuern unterhalb des vom FAUB empfohlenen Intervalls liegt. Als Tenor ergibt sich Folgendes: Orientieren sich die Adressaten der IDW-Vorgaben an den Nachsteuerempfehlungen, so sind je nach unterstellter Ausschüttungsquote das untere Drittel oder sogar die untere Hälfte des FAUB-Intervalls für die Marktrisikoprämie vor Anteilseignersteuern bei dem seit längerem vorherrschenden Zinsniveau reine Makulatur. Umgekehrt steht die Verwendung einer Markrisikoprämie nach Anteilseignersteuern i.H. des oberen Intervallrands der dafür einschlägigen FAUB-Empfehlung im Widerspruch zu den Möglichkeiten, die durch (11) und das Vorsteuerintervall definiert sind.

Dies ist ein überaus starker Befund, denn in der Bewertungspraxis wird durchgängig so verfahren und ein Wert aus dem (wie oben beschrieben eigentlich überflüssigen) FAUB-Intervall für die Nachsteuerrisikoprämie ausgewählt, um damit die Bestimmung des Diskontierungszinses vorzunehmen. Dabei kommt nach der beschriebenen letzten Anpassung aus dem Jahr 2012 der Mittelwert von 5,5% am häufigsten in Gutachten zur Anwendung,[18] weshalb es sich lohnt, noch etwas genauer auf diese Konstellation einzugehen.

Bei den Tabellenfeldern mit Fettdruck handelt es sich um Ergebnisse für die Marktrisikoprämie nach Anteilseignersteuern, die auf eine Dezimale gerundet jene meistverwendeten 5,5% ergeben. Dabei zeigen sich jeweils nur wenige Parameterkombinationen, die der untersuchten Doppelanforderung entsprechen und diese liegen deutlich über dem korrespondierenden Mittelwert von 6,25% des FAUB-Intervalls für die Marktrisikoprämie vor Anteilseignersteuern. Nun ist Folgendes zu beachten:

„An keinem Kapitalmarkt der Welt lassen sich Renditen nach ESt beobachten, sondern immer nur Renditen vor ESt".[19]

Wenn man also eine mittlere Wahl aus den FAUB-Empfehlungen treffen möchte, müsste man die 6,25% vor Anteilseignersteuern verwenden und dann mit (11) auf den korrespondieren Wert nach Steuern umrechnen, wobei sich entsprechend kleinere Werte als 5,5% ergeben. Die Praxis, dass der Mittelwert im Vorsteuer-Intervall genommen wird, verschleiert also, dass in Wirklichkeit die nicht nur, aber insb. für niedrige Basiszinsen[20] aberwitzig hohen Möglichkeiten[21] der FAUB/IDW-Empfehlung weitgehend ausgereizt werden.

Man könnte nun darüber nachdenken, wie die Ausschüttungsquote des Marktportfolios aussehen müsste, damit die Vorsteuer-Intervallmitte auf der Basis von (11) ungefähr zur Nachsteuer-Intervallmitte passt. Ohne vergleichbare Tabellen wie oben sei dazu nur vermerkt, dass die Ausschüttungsquote des gesamten Marktport-

---
18 Vgl. bspw. Beumer, CF 2016 S. 302, 307.
19 Kruschwitz/Löffler/Essler, Unternehmensbewertung für die Praxis: Fragen und Antworten, 2009, S. 157.
20 Vgl. zum Zusammenhang zwischen Basiszins und Marktrisikoprämie Knoll, WiSt 2016 S. 248-252.
21 Vgl. Knoll/Wenger, Aufsichtsrat aktuell 5/2016, S. 19, 20 f.

folios dann nahe bei (eher etwas unter als über) 10% liegen müsste, wenn man die Basiszinsen in den letzten drei Jahren zugrunde legt – ein empirisch völlig abwegiges Niveau! Außerdem müsste dann auch zur Erhaltung der Steueräquivalenz in Zähler und Nenner der Diskontierungsquotienten[22] zumindest in der ewigen Rente ein größerer Anteil der Cashflows des Bewertungsobjekts mit dem niedrigeren effektiven Satz für Kursgewinne besteuert werden.

Wer die Eigenschaften dieser Anpassung nicht akzeptieren will, muss auf das zuvor beschriebene Procedere einer Verwendung der Marktrisikoprämie vor Anteilseignersteuern zurückkommen. Bei richtiger Berechnung ist es letztlich nachrangig, ob man die Vorsteuermarktrisikoprämie oder die Ausschüttungsquote beim Bewertungsobjekt reduziert: In beiden Fällen ergibt sich eine deutliche Steigerung des Unternehmenswerts, womit sich zeigt, dass das bisherige Verfahren nicht nur inkonsistent ist, sondern auch für die Verkäuferseite nachteilig, ohne dass dies prima facie zu sehen wäre!

IV. Resümee

Auch in seinem neuen Themenband „Bewertung und Transaktionsberatung" macht das IDW keine Versuche, einige problematische Konstellationen bis hin zu Widersprüchen zu bereinigen, obwohl einige von ihnen im Schrifttum heftig angegriffen wurden.

In der vorliegenden Betrachtung hat sich die unmittelbare Verwendung der an sich überflüssigen direkten Vorgabe einer Nachsteuermarktrisikoprämie als Camouflage zulasten der Verkäuferseite erwiesen, was besonders gravierend erscheint, wenn sich bisherige Eigentümer nur gezwungenermaßen von ihren Unternehmensanteilen trennen.[23] Selbst wenn das IDW also tatsächlich an so hohe Marktrisikoprämien vor Anteilseignersteuern glauben sollte, wäre es geboten, die unmittelbare Empfehlung für den Wert nach Steuern zu streichen und stattdessen die Vorsteuerempfehlung um Gleichung (11) zu ergänzen. Das wäre zwar immer noch viel zu hoch,[24] würde aber Inkonsistenzen und dem Vorwurf, einen irreführenden Mittelwert einzusetzen, den Boden entziehen. Immerhin hat das IDW nach einem kritischen Beitrag in dieser Zeitschrift[25] eingeräumt, dass sein Berechnungsmodell zur Ableitung eines barwertäquivalenten einheitlichen Basiszinssatzes unter zeitweilig gegebenen Bedingungen geändert werden muss.[26] Die Reaktion kam spät, aber sie kam.[27]

Dass sie so selten kommt, mag vor allem daran liegen, dass eine Institution wie das IDW selbst zu vielen Interessen und sachlogischen Restriktionen ausgesetzt ist, die nicht alle zur Gänze erfüllt werden können, sondern je nach wahrgenomme-

---

22 Vgl. nochmals Castedello, a.a.O. (Fn. 10), S. 1, 168.
23 Man denke dazu idealtypisch an Squeeze Outs nach § 327a ff. AktG.
24 Vgl. Fn. 20 und 21.
25 Vgl. Knoll/Kruschwitz/Löffler, DB 2016, S. 2305, 2306 f.
26 Vgl. IDW, IDW Life 3/2017 S. 351.
27 Vgl. zur Kommentierung Knoll/Kruschwitz/Löffler, BWP 2017 S. 63-64.

nem Gewicht kunstvoll auszubalancieren sind. Solange sich die Gerichte nicht an Konsistenzproblemen der Standards, Handbücher, Themenbände, Praxishinweise und FAUB-Empfehlungen stören,[28] die hier exemplarisch anhand der Beziehung zwischen Ausschüttungsquote und Marktrisikoprämie aufgezeigt wurden, sondern dort fixierte Vorgaben weiter als „quasi-verbindlich" anerkennen,[29] besteht für das IDW dann aber keinerlei Anreiz, andere Ziele/Restriktionen zugunsten der Kalkülkonsistenz weniger zu beachten. Während die Politik also die „Kunst des Möglichen" bleibt,[30] wird sich das IDW weiter von Richters Gnaden in der Kunst des Unmöglichen versuchen. Es steht zu befürchten, dass dies noch lange der Fall sein wird.

Quelle: DER BETRIEB 2018 S. 1933

---

[28] Wenn Emmerich, in: FS Stilz, 2014, S. 135 ff., darin Recht hat, dass die Bedeutung der Wirtschaftsprüfer und des IDW in den heutigen Spruchverfahren einer Kapitulation der Gerichte vor der Komplexität der Bewertungsmethoden geschuldet ist, steht nicht zu erwarten, dass solche nur über Kalkülanalysen identifizierbare Inkonsistenzen in Zukunft mehr Gegenwehr der Spruchkörper hervorrufen werden.
[29] Vgl. Fleischer, AG 2014 S. 97, 100, zum IDW S 1 sowie die Quellen in Fn. 1.
[30] Nur Friedrich Dürrenmatt hat diesem beliebten Bonmot aus hier nicht interessierenden Gründen widersprochen und die Politik als „Kunst des Unmöglichen" bezeichnet, vgl. Dürrenmatt, Monstervortrag über Gerechtigkeit und Recht, nebst einem helvetischen Zwischenspiel (eine kleine Dramaturgie der Politik), zit.n. Dürrenmatt, Philosophie und Naturwissenschaft, 1980, S. 58.

Steady State und Wachstum in der Terminal Value Ermittlung

Prof. Dr. Bernhard Schwetzler

I. Das Problem

Seit einiger Zeit wird intensiv über die korrekte Berücksichtigung von Inflation bei der Unternehmensbewertung diskutiert. Besondere Aufmerksamkeit hat dabei die von IDW S 1 geforderte Trennung zwischen thesaurierungsbedingtem und annahmegemäß wertneutralem Wachstum einerseits und inflationsbedingtem Wachstum andererseits gefunden.[1] Die Befürworter dieses Vorgehens stützen sich auf ein Modell von Bradley/Jarrell, bei dem ein zusätzlicher Term das inflationsbedingte Wachstum in der Bewertungsgleichung abbilden soll.[2] Kritiker argumentieren, dass das Bradley/Jarrell Modell auf der Annahme fußt, dass die inflationsbedingte Zuschreibung von Vermögensgegenständen über die Verknüpfung mit einer operativen Rendite zusätzliche Gewinne und Cashflows erzeugt und die Trennung zwischen inflationsbedingtem und thesaurierungsbedingtem Wachstum einen Verstoß gegen das Nominalprinzip der Unternehmensbewertung darstelle.[3]

Aktuell ist ein weiterer Aspekt dieses Problems in die Diskussion gerückt: Ausgehend von der Forderung des IDW S 1, bei der Bestimmung des sog. Terminal Value einen „Gleichgewichts- bzw. Beharrungszustand" anzunehmen,[4] haben sich mehrere Autoren kritisch mit den Bedingungen auseinandergesetzt, unter denen ein solcher Gleichgewichtszustand dauerhaft eintreten kann und geprüft, ob diese Bedingungen mit den o.a. Erfordernissen des IDW vereinbar sind.[5]

Auch dieser Beitrag beschäftigt sich mit den notwendigen Bedingungen eines „Steady State" bei der Berechnung des Terminal Value. Unter Verwendung eines einfachen Modells der Unternehmung wird untersucht

---

[1] IDW S 1, 2008, Tz. 37. Vgl. bereits Wagner/Jonas/Ballwieser/Tschöpel, WPg 2006 S. 1005; Wiese, WPg 2005 S. 617; Meitner, WPg 2008 S. 248; Wiese, Steuerinduziertes und/oder inflationsbedingtes Wachstum in der Unternehmensbewertung, Discussion Paper 2007-11; Hachmeister/Wiese, WPg 2009 S. 63; Tschöpel/Wiese/Willershausen, WPg 2010 S. 349 (350).

[2] Vgl. Bradley/Jarrell, Inflation and the constant-growth valuation model: a clarification, Simon School of Business Working Paper No. FR 03-04; Bradley/Jarrell, Journal of Applied Corporate Finance 2008 S. 66. Vgl. auch Kiechle/Lampenius, Abacus 2012 S. 518-538.

[3] Z.B. Schwetzler, WPg 2005 S. 1125; Friedl/Schwetzler ZfB 2010 S. 421 ff.; dies., Journal of Applied Corporate Finance 2011 S. 107.

[4] IDW S 1, 2008, Tz. 78; IDW, Wirtschaftsprüfer-Handbuch, Bd. II, Teil A, Rn. 236.

[5] Z.B. Tinz, Die Abbildung von Wachstum in der Unternehmensbewertung, 2010, S. 135 ff.; Knoll, CF 2014 S. 4 ff.; Knoll, CF 2016 S. 33; Drefke, Der Fortführungswert in der Unternehmensbewertung, 2015, S. 111 ff.; Lobe/Knoll, The hidden Connections between different Perpetuity growth Models, Working Paper März 2015, S. 4 f.

- unter welchen Bedingungen ein „Gleichgewichtszustand" mit produktivitätsbedingtem, realem Wachstum und mit „inflationsbedingtem" Wachstum vereinbar ist,
- ob diese Bedingungen wertneutrale oder werterhöhende Erweiterungsinvestitionen erforderlich machen, und
- ob die geforderte Trennung in thesaurierungsbedingtes, wertneutrales und inflationsbedingtes Wachstum mit den Anforderungen des Steady State vereinbar ist.

II. Ein einfaches Modell der Unternehmung

Das betrachtete, zu bewertende Unternehmen kann jede Periode ein „typisches" Investitionsprojekt realisieren. Das Projekt hat eine Laufzeit und eine Nutzungsdauer von einer Periode. Die Produktionstechologie $F(I_t)$, die den in t investierten Betrag I_t mit dem Brutto-Cashflow vor Investitionsauszahlungen der nachfolgenden Periode CF_{t+1} verbindet, hat folgende Eigenschaften:

$$F(I_t) = CF_{t+1}$$
mit
$$\frac{dF(I_t)}{dI_t} > 0 \quad \text{und} \quad \frac{d^2F(I_t)}{d^2I_t} < 0 \qquad (1)$$

Die Produktionstechnologie $F(I_t)$ weist abnehmende Grenzerträge auf und erfüllt somit eine zentrale Eigenschaft einer neoklassischen Produktionsfunktion.

Das optimale Investitionsvolumen I_t^* läßt sich nun einfach ableiten; es erfüllt die folgende Eigenschaft:

$$\frac{dF(I_t^*)}{dI_t} = 1 + k \qquad (2)$$

Die marginale (operative) Rendite des optimalen Investitionsvolumens I_t^* ist identisch mit den Kapitalkosten des Unternehmens k: $ROIC_t^{marg} = k$. Die durchschnittliche Rendite des optimalen Investitionsvolumens beträgt bei einperiodiger Laufzeit:[6]

---

[6] Wegen der einperiodigen Nutzungsdauer ist die Abschreibung in $t+1$ identisch mit dem Investitionsvolumen in t. Soweit nicht ausdrücklich anders gekennzeichnet, gelten die verwendeten Symbole für Renditen, Cashflows und Earnings immer unter der Annahme der Realisierung des optimalen Investitionsvolumens.

$$ROIC_t^{\varnothing} = \frac{CF_{t+1} - Ab_{t+1}}{I_t^*} = \frac{CF_{t+1} - I_t^*}{I_t^*} = \frac{NOPAT_{t+1}}{I_t^*} \quad (3)$$

Dabei bezeichnet Ab_t die Abschreibung in t, $NOPAT_{t+1}$ die Net Operating Profits after Taxes in $t+1$ und $ROIC_t$ die operative Rendite als Return on Invested Capital in t. Aufgrund der abnehmenden Grenzerträge der Produktionstechnologie muss gelten:

$$ROIC_t^{marg} < ROIC_t^{\varnothing}.$$

Unterstellt man zunächst das sog. Rentenmodell ohne Wachstum bei konstantem Preisniveau, dann gilt bei unveränderter Technologie:

$$F^t(I_t) = F(I_t) \; \forall \; t, \; I_t^* = I^* \; \forall \; t \; \text{und} \; CF_{t+1}(I_t^*) = CF \; \forall \; t$$

und

$$ROIC_t^{marg} = ROIC^{marg} \, \forall \, t, ROIC_t^{\varnothing} = ROIC^{\varnothing} \, \forall \, t \quad (4)$$

Das Unternehmen realisiert basierend auf der unveränderten Technologie in jeder Periode t das identische optimale Investitionsvolumen, das in der Folgeperiode $t+1$ den in jeder Periode identischen Cashflow produziert.

Für die Bewertung des Unternehmens wird der Free Cashflow benötigt; er ist definiert als:

$$FCF_{t+1} = CF_{t+1} - I_t^* \quad (5)$$

Da auch der Free Cashflow im Zeitablauf konstant bleibt, ist der Unternehmenswert als Enterprise Value dann:

$$V_0 = \frac{FCF_1}{k} \quad (6)$$

III. Ein Beispiel – der Fall ohne Wachstum

Für das zu bewertende Unternehmen wird die folgende Produktionstechnologie unterstellt:

$$F_t(I_t) = CF_{t+1} = \beta_t I_t^{\alpha_t} C \quad (7)$$

bzw.

$$F_{t-1}(I_{t-1}) = CF_t = \beta_{t-1} I_{t-1}^{\alpha_{t-1}} C \qquad (7')$$

Gleichung (7) erfüllt die o.a. Anforderungen an eine Produktionsfunktion:

$$\frac{dF(I_t)}{dI_t} > 0 \text{ und } \frac{d^2 F(I_t)}{d_t^2 I_t} < 0.$$

Der Nettokapitalwert eines einzelnen, „typischen" Investitionsprojektes beträgt:

$$NPV_t = CF_{t+1}(1+k)^{-1} - I_t = \beta_t I_t^{\alpha_t} C - I_t \qquad (8)$$

Das optimale Investitionsvolumen I_t^* erhält man durch Ableiten von (8) und Nullsetzen mit:

$$I_t^* = \left[\frac{1+k}{\alpha_t \beta_t C} \right]^{\frac{1}{\alpha_t - 1}} \qquad (9)$$

Für das Beispiel werden die in Tabelle 1 dargestellten Daten angenommen.

Kapitalkosten nominal	10%
Alpha	0,9
Beta	1,8
C (Skalierungsfaktor)	1,1
Optimales Investitionsvolumen	$I_t^* = \left[\frac{1+k}{\alpha_t \beta_t C} \right]^{\frac{1}{\alpha_t - 1}} = \left[\frac{1,1}{0,9 \times 1,8 \times 1,1} \right]^{\frac{1}{0,9-1}} = 124{,}49$
Cashflow $t+1$ bei optimalem Investitionsvolumen	$CF_{t+1} = 1{,}8 \times 124{,}49^{0,9} \times 1{,}1 = 152{,}16$
Nettokapitalwert bei optimalem Investitionsvolumen	$NPV_t = CF_{t+1}(1+k)^{-1} - I_t = 152{,}16 \times 1{,}1^{-1} - 124{,}49 = 13{,}833$
NOPAT in $t+1$	$NOPAT_{t+1} = CF_{t+1} - Ab_{t+1} = CF_{t+1} - I_t^*$ $= 152{,}16 - 124{,}49 = 27{,}665$
Freier Cashflow $t+1$	$FCF_{t+1} = CF_{t+1} - I_{t+1}^* = 152{,}16 - 124{,}49 = 27{,}665$ $= NOPAT_{t+1}$
Enterprise Value ohne Wachstum ($g=0$)	$V_t = \frac{FCF_{t+1}}{k} = \frac{27{,}665}{0{,}1} = 276{,}65$
Durchschnittsrendite $ROIC_t^\varnothing$	$ROIC_t^\varnothing = \frac{152{,}16 - 124{,}49}{124{,}49} = 22{,}22\%$

Tabelle 1: Rentenmodell und Steady State

Im vorliegenden Fall ohne Wachstum sind aufgrund der einperiodigen Nutzungsdauer des betrachteten Investitionsprojektes die Abschreibung in *t*+1 (als optimales Investitionsvolumen der Vorperiode *t*) und das optimale Investitionsvolumen der laufenden Periode *t*+1 identisch; es gilt deshalb $NOPAT_t = FCF_t$. Das optimale Investitionsvolumen bedingt eine Vollausschüttung des erzielten bilanziellen Überschusses *NOPAT*; eine Thesaurierung von Teilen des erzielten *NOPAT* ist weder notwendig noch werterhöhend.

Man erkennt im Beispiel auch den deutlichen Unterschied zwischen der Durchschnittsrendite $ROIC_t^\varnothing$ auf das optimale Investitionsvolumen (22,22%) und der marginalen Rendite $ROIC_t^{marg}$, die definitionsgemäß identisch mit den Kapitalkosten von 10% ist. Schließlich ist festzuhalten, dass im Beispiel alle relevanten Größen im Zeitablauf konstant bleiben und somit die Anforderung an einen „Steady State" erfüllt sind.

IV. Reales Wachstum und „Steady State"

Mit Hilfe des o.a. Modells wird nun der Frage nachgegangen, unter welchen Bedingungen ein „Steady State"-Zustand des Unternehmens bei gleichzeitiger positiver Wachstumsrate *g* > 0 möglich ist. Dabei wird der „Steady State"-Zustand definiert als „eine Situation, in der alle relevanten Variablen mit der identischen Rate wachsen".[7] Zusätzlich wird Inflation zunächst ausgeschlossen, also von einem konstanten Preisniveau ausgegangen. Wir konzentrieren uns zunächst auf reales Wachstum.

Ausgangspunkt ist die „Steady State"-Anforderung, dass der Free Cashflow des Unternehmens mit konstanter Rate *g* wachsen soll:

$$FCF_t = FCF_{t-1}(1+g) \qquad (10)$$

Daraus folgt:

$$CF_t - I_t = (CF_{t-1} - I_{t-1})(1+g)$$

Durch Einsetzen der Produktionstechnologie $CF_t = F(I_{t-1})$ erhält man die Anforderung:

$$F(I_{t-1}) - I_t = (F(I_{t-2}) - I_{t-1})(1+g)$$

bzw.

$$F(I_{t-1}) - F(I_{t-2})(1+g) = I_t - I_{t-1}(1+g) \qquad (11)$$

---

[7] Vgl. Lobe, Unternehmensbewertung und Terminal Value, 2006, S. 22; Knoll, CF 2016 S. 33.

Für $I_t = I_{t-1}(1+g)$ gilt $F(I_{t-1}) = F_{t-2}(1+g)$. Wenn CF und I jeweils mit der gleichen Rate g wachsen sollen, muss somit gelten:

$$\frac{CF_{t+1}}{I_t} = \frac{CF_t}{I_{t-1}} \quad \text{bzw.} \quad \frac{F(I_t)}{I_t} = \frac{F(I_{t-1})}{I_{t-1}} \tag{12}$$

Die durchschnittliche operative Rendite $ROIC_t^\varnothing$ auf das gesamte eingesetzte Kapital muss bei steigendem Investitionsvolumen konstant bleiben. Das ist gleichbedeutend mit der Aussage, dass die Rendite auf die gesamten Erweiterungsinvestitionen RONIC identisch sein muss mit der (durchschnittlichen) Rendite der „Alt"-Investitionen ROIC.[8]

Das ist jedoch für die hier angenommene zeitlich konstante Produktionstechnologie F(I) mit den o.a. Eigenschaften nicht möglich: Es würde anstatt abnehmender Grenzerträge konstante Grenzerträge der Produktionstechnologie implizieren. Für eine solche Produktionsfunktion würde sich im Fall $ROIC_t^\varnothing = ROIC_t^{marg} > k$ ein unendlich großes optimales Investitionsvolumen ergeben. Ein dauerhaft konstantes Wachstum des optimalen Investitionsvolumens I^* um den Faktor g ist somit bei einer gegebenen und zeitlich unveränderten Technologie F(I) nicht möglich. Die folgende Abbildung 1 verdeutlicht, warum.

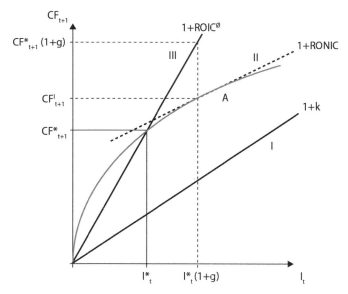

Abbildung 1: Steady State und wachsende Real-Investitionen bei unveränderter Technologie

Die Linie III verläuft durch das optimale Investitionsvolumen I_t^* und den damit erzeugten Cashflow CF_{t+1}^*; ihre Steigung repräsentiert den Faktor $1 + ROIC_t^\varnothing$. Lässt

---

8   Vgl. Drefke, a.a.O. (Fn. 5), S. 124; Lobe/Knoll, a.a.O. (Fn. 5), S. 5; Kno I CF 2016 S. 33.

man nun sowohl das optimale Investitionsvolumen I_t^* als auch den Cashflow der nachfolgenden Periode CF_{t+1}^* bei dessen Realisierung um den Faktor g wachsen, bleibt die durchschnittliche Rendite $ROIC_t^\varnothing$ auf das gesamte eingesetzte Kapital unverändert; graphisch muss somit die neue Kombination von $I_t^*(1+g)$ und $CF_{t+1}^*(1+g)$ wiederum auf der gleichen Linie III liegen. Man erkennt nun in Abbildung 1, dass diese neue Kombination oberhalb der mit der Produktionstechnologie herstellbaren Cashflows, repräsentiert durch die Linie A, liegt und somit mit dieser nicht erzeugt werden kann. Erhöht man bei unveränderter Technologie das Investitionsvolumen um den Faktor g auf $I_t^*(1+g)$, dann erzielt das Unternehmen zusätzliche Cashflows in $t+1$ lediglich in Höhe von $CF_{t+1}^{'} - CF_{t+1}^*$. Da das Investitionsvolumen $I_t^*(1+g)$ jenseits des optimalen Volumens I_t^* liegt, weisen die zusätzlichen Investitionen $g \times I_t^*$ einen negativen Netto-Kapitalwert auf: die (Durchschnitts-)Rendite auf die zusätzlichen Investitionen

$$RONIC_t^\varnothing = \frac{CF_{t+1}^{'} - CF_{t+1}^*}{I_t^* \times g} - 1$$

liegt unterhalb der Kapitalkosten k. Die zusätzlichen Investitionen weisen eine negative Überrendite auf. Das wird auch in Abbildung 1 deutlich: die Steigung der Linie II repräsentiert den Faktor $1 + RONIC_t^\varnothing$; man erkennt, dass sie niedriger ist als die Steigung der Geraden I, $1+k$, die die Kapitalkosten repräsentiert.

Das o.a. Zahlenbeispiel verdeutlicht das hier Gesagte: Unterstellt man eine einfache Ausweitung des Investitionsvolumens um 5% bei unveränderter Technologie, reduziert sich der Unternehmenswert.

Investitionsvolumen	$I_t = I_t^* \cdot 1{,}05 = 124{,}49 \times 1{,}05 = 130{,}719$
Cashflow $t+1$ bei erhöhtem Investitionsvolumen um g	$CF_{t+1} = 1{,}8 \times 130{,}719^{0{,}9} \times 1{,}1 = 158{,}99$
Nettokapitalwert bei optimalem Investitionsvolumen	$NPV_t = CF_{t+1}(1+k)^{-1} - I_t = 158{,}99 \times 1{,}1^{-1} - 130{,}719 = 13{,}817$
Durchschnittsrendite $ROIC_t^\varnothing$	$ROIC_t^\varnothing = \dfrac{158{,}99 - 130{,}719}{130{,}719} = 21{,}63\%$

Tabelle 2: Wachstum durch Realinvestitionen bei unveränderter Technologie

Man erkennt, dass bereits auf individueller Ebene des einzelnen Investitionsprojektes Wert vernichtet wird: der Nettokapitalwert sinkt leicht von 13,83 auf 13,817, die Durchschnittsrendite $ROIC_t^\varnothing$ reduziert sich von 22,22% auf 21,63%. Die Ausweitung des Investitionsvolumens über das optimale Volumen hinaus ist nicht vorteilhaft. Der Cashflow in $t+1$ erhöht sich zwar von 152,16 auf 158,99; doch das ist lediglich ein Wachstum von 4,48%. Die (durchschnittliche) Rendite auf die zusätzliche Investition errechnet sich mit:

$$RONIC_t^\varnothing = \frac{\Delta CF_{t+1} - \Delta I_t}{\Delta I_t}$$
$$= \frac{(158,99 - 152,16) - (130,719 - 124,49)}{130,719 - 124,49} = 9,736\%$$

und liegt unterhalb der Kapitalkosten von 10%. Das hier erzeugte Wachstum ist somit wertvernichtend.

Soll in *t*+1 das Investitionsvolumen nochmals um 5% erhöht werden, wäre bei unveränderter Technologie der Wertverlust wegen der noch stärker abnehmenden Grenzerträge noch höher und die damit erzielbare Wachstumsrate der Cashflows noch niedriger. Das Modell erfüllt somit auch nicht die Steady State-Anforderung einer konstanten Wachstumsrate für alle relevanten Größen.

Als Ergebnis ist hier zunächst festzuhalten, dass der Steady State-Zustand mit Hilfe von Real-Investitionen unter diesen Bedingungen nicht herzustellen ist. Das wirft die Frage auf, ob dieser Zustand mit Hilfe von Finanz-Investitionen erreichbar ist; dabei ist zu beachten, dass unter den hier gesetzten, idealen Annahmen alle vom Unternehmen künftig zu erwerbenden Finanzanlagen wertneutral sind und einen Netto-Kapitalwert von Null aufweisen. Dieser Sachverhalt ist besonders interessant, weil IDW S 1 genau eine Wertneutralität für thesaurierungsfinanzierte Erweiterungsinvestitionen fordert.[9] Die Antwort auf diese Frage gibt Abbildung 2.

Zunächst ist nochmals festzuhalten, dass Finanzinvestitionen auf einem effizienten Kapitalmarkt eine Überrendite von Null aufweisen und somit wertneutral sind. Wir unterstellen deshalb in Abbildung 2 zunächst, dass das betrachtete Unternehmen die zusätzlichen Mittel in Höhe von $g \times I_t^*$ zu den Unternehmens-Kapitalkosten *k* reinvestieren kann.[10] Abbildung 2 macht deutlich, dass auf diesem Weg der angestrebte Steady State nicht erreicht werden kann: Die zusätzlich investierten Mittel erzielen als Rendite lediglich die Kapitalkosten *k* von 10%, während die operativen Assets des optimalen Investitionsvolumens weiterhin einen ROIC von 22,22% aufweisen. Graphisch liegt die Gerade II, ausgehend vom optimalen Investitionsvolumen I_t^* mit einer Steigung von 1+*k* unterhalb der für den Steady State-Zustand zu erreichenden Geraden III mit der Steigung $1 + ROIC_t^\varnothing$. Durch kapitalwertneutrale Reinvestition zusätzlicher Mittel zum Kapitalkostensatz kann der geforderte Gleichgewichtszustand also nicht erreicht werden.

---

[9] In den Grundsätzen IDW S 1 wird angenommen, dass thesaurierte Beträge kapitalwertneutral investiert werden. Vgl. IDW S 1, 2008, Rz. 37. Auch in der einschlägigen Literatur wird z.T. die Auffassung vertreten, dass der gewünschte „eingeschwungene Zustand" die kapitalwertneutrale Wiederanlage thesaurierter Mittel erfordert. Vgl. Kuhner/Maltry, in: Petersen/Zwirner/Brösel (Hrsg.), Handbuch Unternehmensbewertung, 2013, S. 749.

[10] Zusätzlich wird davon ausgegangen, dass auf einem vollkommenen Kapitalwert für jede beliebige Risikoklasse ausreichende Anlagemöglichkeiten für jedes beliebige Anlagevolumen existieren.

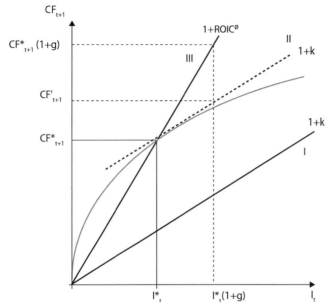

Abbildung 2: Steady State und wachsende kapitalwertneutrale Finanz-Investitionen bei unveränderter Technologie

Eine kapitalwertneutrale Investition des zusätzlichen Betrages in ein Wertpapier mit höherem Risiko, das eine erwartete Rendite (und zugleich Kapitalkosten) von 22,22% aufweist, würde zwar zur gewünschten Wachstumsrate von Investitionen und Cashflows von 5% führen. Auch sie wäre jedoch nicht mit dem geforderten Gleichgewichtszustand vereinbar: Das durch die Finanzanlagen erhöhte Risiko der gesamten Unternehmens-Zahlungen muss durch eine entsprechende Erhöhung der Unternehmens-Kapitalkosten kompensiert werden. Da das Gewicht der zusätzlichen Finanzanlagen durch das unterstellte Wachstum bei konstantem optimalen Real-Investitionsvolumen im Zeitablauf zunehmen wird, können die gesamten Kapitalkosten des Unternehmens nicht konstant bleiben.

Als Ergebnis ist festzuhalten, dass ein „Steady State" mit konstantem Wachstum nicht vereinbar ist, wenn die Produktionstechnologie des Unternehmens im Zeitablauf unverändert bleibt und die (plausible) Annahme abnehmender Grenzerträge aufweist. Auch mit Hilfe von kapitalwertneutralen Finanzanlagen ist der Gleichgewichtszustand nicht herstellbar.

V. Technischer Fortschritt, reales Wachstum und „Steady State"

Aus der Abbildung 1 wird unmittelbar erkennbar, welche Bedingung erforderlich ist, damit das *optimale* Investitionsvolumen I_t^* um den Faktor g wächst: Die vom Unternehmen verwendete Technologie $F(I)$ muss sich im Zeitablauf von $t-1$ nach t verändern bzw. verbessern. Abbildung 3 zeigt die Zusammenhänge.

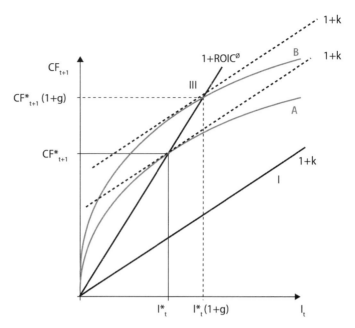

Abbildung 3: Steady State und reales Wachstum bei veränderter Technologie

Die neue Produktionstechnologie ist durch die Linie B gekennzeichnet; ihre Anwendung führt gegenüber der alten Technologie A dazu, dass das optimale Investitionsvolumen I_t^* und der damit erzeugte Cashflow um den Faktor g wachsen. Somit liegt die neue Kombination wiederum auf der Geraden III mit der erforderlichen Steigung von $1 + ROIC_t^\varnothing$. Die marginale Rendite der neuen Technologie bei optimalem Investitionsvolumen $I_t^*(1+g)$ ist für die neue Technologie B (wie für die alte Technologie A) identisch mit den Kapitalkosten k; das verdeutlichen die beiden parallelen Tangenten mit der Steigung von jeweils 1+k.

Bei unveränderten Kapitalkosten k muss sich die verwendete Produktions-Technologie in Periode t $F^t(I_t)$ gegenüber derjenigen der Vorperiode $F^{t-1}(I_{t-1})$ so verändern, dass die beiden Eigenschaften:

- die Durchschnittsrendite auf das erhöhte optimale Investitionsvolumen $I_t^* = I_t^*(1+g)$ bleibt unverändert: $ROIC_t^\varnothing = ROIC_{t-1}^\varnothing$ und
- die marginale Rendite auf das erhöhte optimale Investitionsvolumen $I_t^* = I_t^*(1+g)$ ist gleich den Kapitalkosten: $ROIC_t^{marg} = k$

erfüllt sind. Das durch diese Verbesserung erzeugte Wachstum bei konstantem Preisniveau wird im weiteren als reales Wachstum bezeichnet.

Die erste oben genannte Bedingung läßt sich formulieren als:

$$\frac{F^t(I_t^*)}{I_t^*} = \frac{F^{t-1}(I_{t-1}^*)}{I_{t-1}^*} \tag{13}$$

$$\frac{F^t(I_t^*(1+g))}{I_{t-1}^*(1+g)} = \frac{F^{t-1}(I_{t-1}^*)}{I_{t-1}^*}$$

bzw.

$$F^t(I_{t-1}^*(1+g)) = (1+g) \times F^{t-1}(I_{t-1}^*) \tag{14}$$

Gleichung (14) zeigt, dass der mit der neuen Technologie erzeugte Cashflow des erhöhten optimalen Investitionsvolumens $I_t^* = I_{t-1}^*(1+g)$ auf der linken Seite von (14) identisch sein muss mit dem unter der alten Technologie und dem alten optimalen Investitionsvolumen I_{t-1}^* erzeugten Cashflow, erhöht um den Wachstumsfaktor (1+g). Die Gleichung (14) macht ebenfalls deutlich, dass eine sehr spezielle Verbesserung der vom Unternehmen verwendeten Technologie im Zeitablauf erforderlich ist, damit das optimale Investitionsvolumen ebenfalls mit der konstanten Rate g wächst. Diese Verbesserung ist jedoch notwendig, um in der Terminal Value Bestimmung die Anforderung einer konstanten Wachstumsrate und eines Steady State zu erfüllen.

Was kann man sich unter der abstrakten „Verbesserung der Technologie" des Unternehmens als Ursache für reales Wachstum vorstellen? Zunächst ist festzuhalten, dass der Begriff „Technologie" hier lediglich den Zusammenhang zwischen dem in t investierten Betrag I_t und dem korrespondierenden Rückfluss der Mittel als Cashflow in der nachfolgenden Periode t+1, CF_{t+1}, herstellt. Welche Form das Investment in t annimmt, ist hier völlig offen; es kann sich also um Maschinen und Anlagen, aber auch um immaterielle Wirtschaftsgüter wie Marketing- oder Werbeausgaben handeln. Die notwendige Verbesserung der Technologie kann viele verschiedene Ursachen haben: Denkbar ist z.B., dass ein wachsender Gesamtmarkt für das produzierte Gut bzw. die produzierte Leistung des Unternehmens eine Ausweitung des optimalen Outputs um g bei unveränderten Preisen und Kosten ermöglicht. Verbesserungen im Produktionsablauf, Kosteneinsparungen oder technologischer Fortschritt können ebenso dazu führen, dass mit konstantem relativen Input kontinuierlich ein höherer relativer Output erzeugt werden kann.

Für die im o.a. Beispiel unterstellte Produktionstechnologie lautet die o.a. Bedingung:

$$\beta_t (I^*_{t-1}(1+g))^{\alpha_t} C = (1+g)\beta_{t-1} I^{\alpha_{t-1}}_{t-1} C \qquad (15)$$

$$\frac{(I^*_{t-1}(1+g))^{\alpha_t}}{(1+g) I^{\alpha_{t-1}}_{t-1}} = \frac{\beta_{t-1}}{\beta_t} \qquad (16)$$

Auch hier zeigt sich, dass die Produktionstechnologie sich in einer ganz bestimmten Weise verändern muss, damit das optimale Investitionsvolumen mit g wächst und damit Wachstum und „Steady State" gleichzeitig auftreten können. Für die Zahlen des o.a. Beispiels muss gelten:

$$\frac{(124{,}49 \times 1{,}05)^{\alpha_t}}{1{,}05 \times 124{,}49^{0{,}9}} = \frac{1{,}8}{\beta_t}$$

Lässt man im Beispiel den Parameter alpha unverändert (0,9), dann errechnet sich das erforderliche Beta zur Erfüllung der o.a. Bedingung mit:

$$\beta_t = 1{,}8 \frac{1{,}05 \times 124{,}49^{0{,}9}}{(124{,}49 \times 1{,}05)^{0{,}9}} = 1{,}8088$$

Bei Gültigkeit der neuen Technologie

$$F_t(I_t) = \beta_t I^{\alpha_t}_t C = 1{,}8088 \times I^{0{,}9}_t \times 1{,}1 \qquad (17)$$

wachsen sowohl das optimale Investitionsvolumen I^* in Periode t als auch die damit „erzeugten" Cashflows der folgenden Periode $t+1$ mit der Rate g von 5%. Soll zwischen den nachfolgenden Perioden $t+1$ und $t+2$ das gleiche gelten, ist wiederum eine spezifische neue Technologie abzuleiten. Die Tabelle 3 zeigt die relevanten Daten des Beispiels:

Kapitalkosten nominal	10%
Alpha	0,9
Beta	1,8088
C (Skalierungsfaktor)	1,1
Optimales Investitionsvolumen	$I_t^* = \left[\frac{1+k}{\alpha_t \beta_t C}\right]^{\frac{1}{\alpha_t-1}} = \left[\frac{1,1}{0,9 \times 1,8088 \times 1,1}\right]^{\frac{1}{0,9-1}}$ $= 130{,}72 = 124{,}49 \times 1{,}05$
Cashflow $t+1$ bei optimalem Investitionsvolumen	$CF_{t+1} = 1{,}8088 \times 130{,}729^{0,9} \times 1{,}1 = 159{,}768$ $= 152{,}16 \times 1{,}05$
Nettokapitalwert bei optimalem Investitionsvolumen	$NPV_t = CF_{t+1}(1+k)^{-1} - I_t = 159{,}768 \times 1{,}1^{-1} -$ $130{,}72 = 14{,}522 = 13{,}833 \times 1{,}05$
Freier Cashflow $t+1$	$FCF_{t+1} = CF_{t+1} - I_{t+1}^* = 159{,}768 - 130{,}72 =$ $29{,}05 = 27{,}665 \times 1{,}05$
Enterprise Value bei realem Wachstum ($g=5\%$)	$V_t = \frac{FCF_{t+1}}{k} = \frac{27{,}665 \times 1{,}05}{0{,}1 - 0{,}05} = 580{,}74$
Durchschnittsrendite $ROIC_t^{\varnothing}$	$ROIC_t^{\varnothing} = \frac{159{,}768 - 130{,}72}{130{,}72} = 22{,}22\%$

Tabelle 3: Wachstum und Steady State durch Realinvestitionen bei veränderlicher Technologie

Man erkennt, dass sich aufgrund des produktivitätsbedingten Wachstums der Unternehmenswert nahezu verdoppelt, während die operative Durchschnittsrendite unverändert bleibt. Der Wertzuwachs wird also dadurch verursacht, dass die Erzielung einer konstanten Überrendite auf ein wachsendes Investitionsvolumen möglich ist. Ursache hierfür ist die unterstellte, jährlich wachsende Produktivität durch die verbesserte Technologie.

VI. Inflationsbedingtes Wachstum und „Steady State"

Bisher wurde von einem konstanten Preisniveau ausgegangen. Im nächsten Schritt soll die Wirkung von Preissteigerungen auf das hier abgeleitete Kalkül untersucht werden. Dazu wird zunächst angenommen, dass die erforderlichen Investitionsauszahlungen in t gegenüber der Vorperiode $t-1$ um eine zeitlich konstante Preissteigerungsrate π wachsen; es gilt somit $I_t = I_{t-1}(1+\pi)$. Die inflationsbedingt erhöhte Investitionsauszahlung führt zunächst dazu, dass ein Teil des erzielten bilanziellen Überschusses in t thesauriert werden muss; es gilt

$$FCF_t = CF_t - I_t = CF_t - Ab_t + Ab_t - I_{t-1}(1+\pi)$$
$$= NOPAT_t + I_{t-1} - I_{t-1}(1+\pi) = NOPAT_t - \pi \times I_{t-1} \quad (18)$$

Die Thesaurierung in Höhe von $\pi \times I_{t-1}$ wird durch die inflationsbedingt gestiegenen Wiederbeschaffungskosten der Produktionstechnologie verursacht. Die Preissteigerung wirkt auf die Abschreibung erst mit einer Periode Verzögerung.[11]

Zusätzlich wird angenommen, dass es dem Unternehmen gelingt, die Preissteigerungen in vollem Umfang „weiterzuwälzen"; diese Anforderung wird in den Modellen zur Analyse von Preissteigerungseffekten auf den Unternehmenswert regelmäßig dadurch abgebildet, dass auch die Cashflows mit der Inflationsrate π wachsen: $CF_t = CF_{t-1} \times (1+\pi)$. In der nachfolgenden Periode erhöht sich der Cashflow ebenfalls um die Inflationsrate π. Der freie Cashflow als Differenz zwischen (Brutto-) Cashflow und Investitionsauszahlung wächst dann ebenfalls mit der Inflationsrate π:

$$FCF_t = CF_t - I_t = CF_{t-1}(1+\pi) - I_{t-1}(1+\pi)$$
$$= FCF_{t-1}(1+\pi) \quad (19)$$

Der Vergleich mit dem o.a. Fall des realen, technologiebedingten Wachstums von g macht deutlich, dass auch die „Weiterwälzung" der inflationsbedingten Preissteigerung eine vergleichbare Veränderung der Produktionstechnologie $F^t(I_t)$ erfordert, wenn sie in einen Steady State mit konstanter Wachstumsrate π münden soll. Wenn sich CF und das optimale Investitionsvolumen inflationsbedingt um den gleichen Prozentsatz π erhöhen, muss analog zu oben die folgende Bedingung gelten:

$$\frac{F^t(I^*_{t-1}(1+\pi))}{I^*_{t-1}(1+\pi)} = \frac{F^{t-1}(I^*_{t-1})}{I^*_{t-1}}$$

bzw.

$$F^t(I^*_{t-1}(1+\pi)) = (1+\pi) \times F^{t-1}(I^*_{t-1}) \quad (20)$$

Für die nachfolgende Periode $t+1$ gilt:

$$FCF_{t+1} = CF_{t+1} - I_{t+1} = CF_t(1+\pi) - I_t + I_t - I_t(1+\pi)$$
$$= \left[NOPAT_t - \pi \times I_{t-1}\right] = FCF_t(1+\pi)$$

Im Zustand mit „eingeschwungener Inflation" wachsen somit die operativen Cashflows, die optimalen Investitionsauszahlungen I^* und somit auch der freie Cashflow mit der Inflationsrate π.

---

[11] Bei Investitionsprojekten mit längerer Laufzeit schlägt die Inflationswirkung auf die Abschreibung mit größerer Verzögerung durch. Vgl. auch Friedl/Schwetzler, ZfB 2010 S. 431.

Gleichzeitig führt die Preissteigerung dazu, dass die Investoren ihre Renditeforderung um die antizipierte Preissteigerungsrate anpassen. Für die inflationsbereinigten Kapitalkosten gilt somit die Fisher-Relation:

$$k^\pi = (1+k)(1+\pi) - 1 \tag{21}$$

Der Enterprise Value des Unternehmens bei dauerhafter Preissteigerung beträgt somit:

$$V_t = \frac{FCF_t(1+\pi)}{(1+k)(1+\pi) - 1 - \pi} = \frac{FCF_t}{k} \tag{22}$$

Bei voller Überwälzbarkeit der Preissteigerungsrate ist der Unternehmenswert somit von der konstanten Inflations- und Wachstumsrate unabhängig. Trotz einer positiven Wachstumsrate in Höhe von π kommt es zu keiner Erhöhung des Unternehmenswertes, da die Preissteigerung über die erhöhten Wiederbeschaffungskosten und die erforderliche Thesaurierung zu einer Kürzung des freien Cashflows führt. Im Gegensatz zum realen Wachstum bleibt die reale Assetbasis, mit der Überrenditen erzielt werden können, unverändert konstant.

Auch hier zeigt sich das direkte und unmittelbare Zusammenwirken von Inflation und Thesaurierung: Die Preissteigerung erzwingt zunächst eine Thesaurierung; durch die Weiterwälzung der Preissteigerung (und die geänderte Technologie) wachsen die freien Cashflows mit der Inflationsrate. Das durch die (inflationsbedingt) erforderliche Thesaurierung ausgelöste Wachstum ist nicht wertneutral: Da die Thesaurierung für die Realisierung des inflationsbedingt wachsenden optimalen Investitionsvolumens erforderlich ist, sind die inflationsbedingt erhöhten Investititionsauszahlungen ebenfalls werterhöhend.

Gleichung (22) macht auch den Unterschied zum obigen Fall des realen Wachstums durch Produktivitätszuwachs deutlich: In beiden Fällen wachsen die künftigen freien Cashflows mit konstanter Rate g bzw. π; im Fall der Inflation wird dieser Effekt auf die Cashflows aber durch den inflationsbedingten Anstieg der Kapitalkosten wieder kompensiert, während im Fall des realen produktivitätsbedingten Wachstums die nominalen Kapitalkosten unverändert bleiben.

Schließlich ist noch zu zeigen, dass die durchschnittliche Rendite des eingesetzten operativen Kapitals bei Auftreten von Inflation und bei voller Überwälzbarkeit ebenfalls unverändert bleibt. Es gilt:

$$ROIC_t^{\varnothing,\pi} = \frac{CF_{t+1}(1+\pi) - Ab_{t+1}(1+\pi)}{I_t^*(1+\pi)} = ROIC_t^{\varnothing}$$

Dieses Ergebnis wird allerdings maßgeblich durch die Annahme beeinflusst, dass die realisierten Investitionen nur eine Nutzungsdauer von einer Periode aufweisen. Bei mehrperiodiger Nutzungsdauer und längerer Abschreibung wird die Preissteigerung der Anschaffungsauszahlung erst zeitlich verzögert über mehrere Perioden auf die künftigen *NOPATs* weitergegeben. Bei erstmaligem Auftreten eines „inflationären Schocks" und anschließender konstanter Preissteigerungsrate π tritt der o.a. Steady State ggf. erst nach einer Übergangsphase von mehreren Jahren ein.

Tabelle 4 zeigt die Effekte von inflationsbedingtem Wachstum auf den Unternehmenswert anhand der Zahlen unseres Beispielunternehmens.

Kapitalkosten real	10%
Inflationsrate	5%
Kapitalkosten nominal	$(1 + 10\%)(1 + 5\%) - 1 = 15,05\%$
Alpha	0,9
Beta	1,8088
C (Skalierungsfaktor)	1,1
Optimales Investitionsvolumen	$I_t^* = \left[\frac{1+k}{\alpha_t \beta_t C}\right]^{\frac{1}{\alpha_t - 1}} = \left[\frac{1,1}{0,9 \times 1,8088 \times 1,1}\right]^{\frac{1}{0,9-1}}$ $= 130,72 = 124,49 \times 1,05$
Cashflow *t+1* bei optimalem Investitionsvolumen	$CF_{t+1} = 1,8088 \times 130,729^{0,9} \times 1,1 = 159,768$ $= 152,16 \times 1,05$
Nettokapitalwert bei optimalem Investitionsvolumen	$NPV_t = CF_{t+1}(1+k)^{-1} - I_t = 159,768 \times 1,1505^{-1}$ $- 130,72 = 8,15$
Freier Cashflow *t+1*	$FCF_{t+1} = CF_{t+1} - I_{t+1}^* = 159,768 - 130,72 =$ $29,05 = 27,665 \times 1,05$
Enterprise Value bei realem Wachstum (π=5%)	$V_t = \frac{FCF_{t+1}}{K - \pi} = \frac{27,665 \times 1,05}{0,1505 - 0,05} = 276,66$ $V_t = \frac{FCF_{t+1}}{k} = \frac{27,665}{0,10} = 276,66$
Durchschnittsrendite $ROIC_t^\emptyset$	$ROIC_t^\emptyset = \frac{159,768 - 130,72}{130,72} = 22,22\%$

Tabelle 4: Wachstum und Steady State durch Realinvestitionen bei Inflation und Weiterwälzung

Man erkennt, dass sich bezogen auf das einzelne Investitionsprojekt die finanzielle Vorteilhaftigkeit gegenüber dem Fall ohne Inflation verringert. Der gesamte Unternehmenswert bleibt allerdings bei Eintritt der für die Weiterwälzung der Preissteigerung notwendigen Veränderung der Technologie unverändert. Dem positiven Effekt des inflationsbedingten Wachstums steht der inflationsbedingte Anstieg der Unternehmens-Kapitalkosten gegenüber.

VII. Schlussfolgerungen

Aus den Ergebnissen lassen sich folgende Schlüsse ziehen:
- Bei unveränderter Produktionstechnologie ist der geforderte Gleichgewichtszustand in der Terminal Value Berechnung nicht erreichbar.
- Eine Ausweitung des Real-Investitionsvolumens über das optimale Investitionsvolumen hinaus führt zu abweichenden Wachstumsraten von Brutto-Cashflow und Investitionsauszahlungen. Die zusätzlichen, über das optimale Volumen hinausgehenden Investitionen sind wertvernichtend.
- Eine Ausweitung der Finanzinvestitionen ist auf effizienten Kapitalmärkten wertneutral. Der geforderte Gleichgewichtszustand kann jedoch auf diesem Weg nicht erreicht werden:
    - Die Anlage von zusätzlichen Beträgen zum Kapitalkostensatz des Unternehmens führt zu unterschiedlichen Wachstumsraten für die gesamten Brutto-Cashflows des Unternehmens (inklusive der Finanzerträge) und der gesamten Investitionsauszahlungen des Unternehmens (Real- und Finanzinvestitionen), da die Rendite auf die Finanzinvestitionen niedriger ist als die durchschnittliche Rendite auf das optimale Real-Investitionsvolumen $ROIC_t^{\varnothing}$.
    - Die Anlage in Finanzinvestitionen mit höherem Risiko und einer erwarteten Rendite in Höhe von $ROIC_t^{\varnothing}$ führt zwar dazu, dass die Brutto-Cashflows (inklusive Finanzerträge) und Investitionsauszahlungen (Real- und Finanzinvestitionen) mit identischer Rate wachsen. Das höhere Risiko der Finanzinvestitionen führt jedoch dazu, dass die Unternehmenskapitalkosten an das gestiegene Risiko angepasst werden müssen und somit nicht konstant bleiben können.
- Reales Wachstum in Form einer verbesserten Produktionstechnologie ermöglicht unter engen Bedingungen die Erreichung des geforderten Gleichgewichtszustandes. Erforderlich ist aber eine spezielle und kontinuierliche Verbesserung der Technologie, die im Ergebnis dazu führt, dass das optimale Investitionsvolumen und der damit erzeugte Output, der Brutto-Cashflow des Unternehmens, mit der gleichen Rate wachsen. Die exogene Vorgabe eines solchen realen Wachstums führt gegenüber dem Fall ohne Wachstum zu einer deutlichen Erhöhung des Unternehmenswertes. Im Ergebnis ist für den Steady State eine kontinuierliche Ausweitung des (optimalen) Investitionsvolumens bei konstanter Überrendite erforderlich. Die für die Ausweitung der Investitionen notwendigen Thesaurierungen finanzieren werterhöhende Investitionen. Das so erzeugte „thesaurierungsbedingte" Wachstum ist werterhöhend.
- Inflationsbedingtes Wachstum mit vollständiger Überwälzung des Preisanstieges ermöglicht ebenfalls die Erreichung des geforderten Gleichgewichtszustandes. Die notwendige Weiterwälzung impliziert technisch allerdings ebenfalls einen Veränderungsprozess der Input-Output-Relation, der identisch ist mit demjenigen der realen Wachstumsannahme. Im Gegensatz zu realem Wachstum führt inflationsbedingtes Wachstum unter den hier gesetzten Annahmen

bei voller Überwälzung nicht zu einer Veränderung des Unternehmenswertes: Dem inflationsbedingten Wachstum der freien Cashflows steht ein inflationsbedingter Anstieg der Kapitalkosten gegenüber. Der inflationsbedingte Anstieg des optimalen Investitionsvolumens ist über eine entsprechende Thesaurierung zu finanzieren. Die auftretende Inflation bedingt somit eine Thesaurierung.
- Die vom IDW vorgeschlagene Trennung in „thesaurierungsbedingtes" und „inflationsbedingtes" Wachstum ist nicht sinnvoll. Inflation erfordert über erhöhte Investitionsauszahlungen künftige Thesaurierungen. Da die so realisierten Real-Investitionen werterhöhend sind, ist das „thesaurierungsbedingte" Wachstum nicht wertneutral, sondern werterhöhend.

Quelle: CORPORATE FINANCE 2018 S. 80

5. Rechtliche Aspekte der Unternehmensbewertung

Zur (Ir-)Relevanz der wirtschaftlichen Betrachtungsweise bei der Ermittlung des
Verrentungszinssatzes im Lichte des § 304 AktG 161

Zur Berechnung der kapitalisierten Ausgleichszahlung 185

Zur (Ir-)Relevanz der wirtschaftlichen Betrachtungsweise bei der Ermittlung des Verrentungszinssatzes im Lichte des § 304 AktG

– Zugleich eine empirische Analyse der Bewertungspraxis von 2008 bis 2017 –

Prof. Dr. Behzad Karami | Dipl.-Inform.(FH) René Schuster

I. Zur Problematik um die sachgerechte Ermittlung des Verrentungszinssatzes

Im Regelfall strebt eine Gesellschaft – insbesondere nach einem freiwilligen Übernahme- oder Pflichtangebot (§§ 29, 35 WpÜG), wie jüngst auch die *STADA*-Übernahme eindrucksvoll verdeutlicht hat[1] – zunächst die Beteiligungsquote von mindestens 75% an. Diese Mehrheit legitimiert die herrschende (Ober-)Gesellschaft gem. § 291 Abs. 1 Satz 1 AktG mit der abhängigen oder beherrschten (Unter-)Gesellschaft einen kombinierten Beherrschungs- und Gewinnabführungsvertrag (kurz: BGAV) abzuschließen. Hierdurch erlangt die herrschende Gesellschaft nicht nur Weisungskompetenz (§ 308 AktG), sondern auch uneingeschränkten Zugriff auf das erwirtschaftete Ergebnis (§ 301 AktG) der beherrschten Gesellschaft, wodurch der Dividendenanspruch der Minderheitsaktionäre der beherrschten Gesellschaft (auch „außenstehende Aktionäre" genannt) infolge eines nicht ausgewiesenen Bilanzgewinns ins Leere läuft. Sofern im weiteren Zeitverlauf die herrschende Gesellschaft (auch als „anderer Vertragsteil" bezeichnet) ihre Beteiligung durch weitere Aktienzukäufe auf mindestens 90% oder 95% aufstocken kann, folgt unter Beachtung der weiteren Voraussetzungen gewöhnlich ein verschmelzungs- oder ein aktienrechtlicher Minderheitenausschluss („Squeeze-out").[2]

Insofern werden zum Zeitpunkt des Abschlusses eines BGAV die Minderheitsaktionäre (noch) nicht aus ihrer Gesellschaft gedrängt, sie müssen aber eine erhebliche Beeinträchtigung ihrer grundrechtlich geschützten Vermögensposition hinnehmen. Schließlich ist der Vorstand der beherrschten Gesellschaft während der – ge-

---

[1] Der Hedgefond Elliott kündigte an, den geplanten Beherrschungs- und Gewinnabführungsvertrag bei STADA nur zu unterstützen, wenn die Abfindung nicht weniger als 74,40 €/Aktie beträgt. Vgl. BZ vom 03.10.2017, Nr. 190, S. 9. Zur zunehmenden Bedeutung aktivistischer Aktionäre im Kontext von Strukturmaßnahmen siehe jüngst Graßl/Nikoleyczik, AG 2017 S. 50 f.

[2] Empirische Evidenz für Deutschland lieferten jüngst Aders/Kaltenbrunner/Schwetzler, CF 2016 S. 295 ff.

wöhnlich unbefristeten – Vertragsdauer nicht länger den Interessen aller Aktionäre dieser Gesellschaft verpflichtet, sondern ausschließlich den – auch nachteiligen – Weisungen der herrschenden Gesellschaft unterworfen (§ 308 Abs. 1 AktG). Im Lichte dessen und angesichts der Tatsache, dass die Anerkennung einer körperschaftsteuerlichen Organschaft „lediglich" eine fünfjährige Mindestlaufzeit des BGAV voraussetzt (§ 14 Nr. 3 Satz 1 KStG), ist – jedenfalls ex ante – nicht auszuschließen, dass im Extremfall am Ende der besagten Mindestlaufzeit das Vermögen der abhängigen (Unter-)Gesellschaft weitgehend aufgezehrt sein könnte und dadurch eine nicht mehr lebensfähige leere Hülle verbleiben würde.[3]

Mit Blick auf den Verlust der Vermögens- und Herrschaftsrechte stellen die §§ 304, 305 AktG Schutzinstrumente zugunsten betroffener Minderheitsaktionäre dar, welche die Option besitzen, entweder in der beherrschten Gesellschaft zu verbleiben (mit der Rechtsfolge des § 304 AktG) oder freiwillig auszuscheiden (mit der Rechtsfolge des § 305 AktG). Entscheidet sich ein Minderheitsaktionär für den Verbleib, dann erhält er während der Vertragsdauer des BGAV als Ausgleich für die entfallene Dividende eine jährlich wiederkehrende Geldleistung, die nach Maßgabe des § 304 Abs. 2 AktG aus den künftigen Ertragsaussichten der beherrschten Gesellschaft abgeleitet wird und den verteilungsfähigen Gewinn vor persönlichen Steuern kennzeichnet, den die Gesellschaft ohne den BGAV voll ausschütten könnte (Maßgeblichkeit der Vollausschüttungshypothese).[4] Die Ausgleichszahlung ist in Form einer Garantiedividende im Regelfall fest, mithin unabhängig von der tatsächlichen Ertragsentwicklung; sie kann aber auch gem. § 304 Abs. 2 Satz 2 AktG variabel gestaltet werden. Demgegenüber verpflichtet § 305 Abs. 1 AktG den anderen Vertragsteil auf Verlangen eines außenstehenden Aktionärs dessen Aktie(n) gegen eine im Vertrag bestimmte angemessene Abfindung zu erwerben, die dem Aktionär eine wirtschaftlich „volle Entschädigung" dafür verschafft, was seine Unternehmensbeteiligung wert ist.[5]

Da die Bestimmung der Ausgleichzahlung sowie der Abfindung jeweils auf dem Ertragswertkalkül basieren, entspricht es in der Bewertungspraxis verbreiteter Übung, den festen Ausgleich – bei einem zeitlich unbegrenzten Vertrag – aus dem zum Bewertungsstichtag ermittelten anteiligen Unternehmenswert mittels Verzinsung bzw. Verrentung herzuleiten. Mithin ergibt sich der Ausgleich indirekt durch Multiplikation der Barwertsumme der anteiligen Ertragsüberschüsse – in der Bewertungspraxis gewöhnlich unter Addition des Wertes des nicht betriebsnotwendigen Vermögens[6] – mit einem Verrentungszinssatz, der gewöhnlich niedriger als der Kapitalisierungszinssatz ist. Während der Unternehmenswert je Anteil als Verrentungsbasis grundsätzlich nicht infrage gestellt wird,[7] bleibt die sachgerechte

---

3 Zur Diskussion etwa Knoll, ZIP 2003 S. 2331 f.
4 Zur Fiktion der Vollausschüttung vgl. Meilicke/Kleinertz, in Heidel (Hrsg.), Aktienrecht und Kapitalmarktrecht, 4. Aufl. 2014, § 304, Rn. 28 f.; Paulsen, Münchener Komm. z. AktG, 4. Aufl., 2015, § 304, Rn. 84.
5 Vgl. Jonas, WPg 2007 S. 835 ff.
6 Denn die Dividenden speisen sich nicht nur aus den Erträgen des betriebsnotwendigen Vermögens, sondern auch aus denjenigen des nicht betriebsnotwendigen Vermögens, sofern dieses Vermögen in der Zukunft Erträge erwirtschaftet.
7 Vgl. Knoll, ZSteu 2007 S. 167; Jonas, WPg 2007 S. 836 f.; Popp, WPg 2008 S. 31.

Ermittlung des Verrentungszinssatzes, der ökonomisch die von den Minderheitsaktionären geforderte Alternativrendite repräsentiert, ein nach wie vor kontrovers diskutierter Aspekt.[8]

Im Ausgangspunkt dieser Kontroverse liegt es prima facie nahe, den für die Bestimmung des Unternehmenswertes verwendeten Kapitalisierungszinssatz i.S. der geforderten Eigenkapitalrendite ebenfalls als Verrentungszinssatz anzusetzen. Dass dieser zunächst lediglich pragmatisch anmutender, bei genauer Betrachtung des Duktus des BVerfG gleichwohl als normzweckadäquat einzustufender (Lösungs-)Ansatz in der Literatur sowie in der Rechts- und Bewertungspraxis überwiegend auf Ablehnung stößt, wird nachfolgend in Kapitel II erläutert. In diesem Rahmen werden die jüngst von Frank/Muxfeld/Galle[9] wohl durchdachten modelltheoretischen Kalküle zu dieser Thematik aufgegriffen sowie um eigene ökonomische Überlegungen und rechtlich relevante Aspekte ergänzt. Es werden im Lichte der „DAT/Altana"-Rspr. des BVerfG die Argumente ins Feld geführt, die nach hier vertretener Ansicht den Kapitalisierungszinssatz der Anteils- oder Unternehmensbewertung als normzweckadäquaten Verrentungszinssatz charakterisieren. Anschließend erfolgt in Kapitel III eine empirische Analyse der im Betrachtungszeitraum von 2008 bis einschließlich Dezember 2017 beschlossenen Unternehmensverträge hinsichtlich der Bestimmung der Verrentungszinssätze. In diesem Rahmen wurde im Betrachtungszeitraum bei 18 der insgesamt 36 identifizierten und analysierten Fälle zwischenzeitlich entweder ein „Squeeze-out" oder eine Verschmelzung durchgeführt.[10] Der Beitrag endet in Kapitel IV mit einer (kritischen) Zusammenfassung der Befunde.

II. Bewertungstheoretische Grundlagen
1. Abschluss eines BGAV als semi-dominierte, zweidimensionale Konfliktsituation vom Typ Kauf/Verkauf/Ausgleich

Um zu einer normzweckadäquaten Lösung des Bewertungsproblems zu gelangen, ist es aus Gründen der Komplexitätsreduktion sinnvoll, die Auseinandersetzung zwischen den außenstehenden Aktionären und dem anderen Vertragsteil, die sog. Konfliktsituation, grundlegend zu charakterisieren.[11] So kann zunächst konstatiert werden, dass der Abschluss eines BGAV eine semi-dominierte, zweidimensionale Konfliktsituation vom Typ Kauf/Verkauf/Ausgleich darstellt. Eine semi-dominierte Konfliktsituation liegt vor, wenn der andere Vertragsteil aufgrund seiner Machtverhältnisse eine Änderung der Eigentumsverhältnisse des zu bewertenden Unternehmens gegen den erklärten Willen der außenstehenden Aktionäre nicht erzwingen kann, er aber dennoch einseitig befugt ist, die Vertragskonditionen zu bestimmen, zu denen eine Änderung der Eigentumsverhältnisse möglich wäre. Die Konfliktsi-

---
8 Vgl. ebenda.
9 Vgl. Frank/Muxfeld/Galle, CF 2016 S. 446 ff.
10 Siehe hierzu auch die Abbildung 1 sowie die dazugehörigen Erläuterungen bei Aders/Kaltenbrunner/Schwetzler, CF 2016 S. 299.
11 Zur Definition einer Konfliktsituation grundlegend Matschke/Brösel, Unternehmensbewertung, 3. Aufl., 2014, S. 90 ff.

tuation ist zweidimensional, weil nicht lediglich die Abfindung (Kauf/Verkauf) als (einziger) konfliktlösungsrelevanter Sachverhalt zu betrachten ist, sondern auch die Verständigung auf eine (ökonomisch äquivalente) Ausgleichszahlung während der Vertragslaufzeit. Beide Kompensationsformen unterliegen auf Verlangen der Minderheitsaktionäre einer richterlichen Angemessenheitsprüfung in einem Spruchverfahren.

In diesem Kontext fordert das BVerfG, dass „sowohl Ausgleich als auch Abfindung, je für sich gesehen, zur ‚vollen' Entschädigung"[.2] führen müssen. Gleichwohl wird dieser höchstrichterliche Anspruch im Bewertungsschrifttum einerseits sowie in der Bewertungspraxis und der ihr (gewöhnlich) folgenden Instanzrechtsprechung andererseits partiell unterschiedlich interpretiert.[13] Dies wiederum hängt zum einen eng mit den Modalitäten des BGAV und dem „Wesen" der Ausgleichzahlung zusammen, zum anderen aber auch mit der a priori subjektiv unterstellten (Ausbeutungs-)Strategie der herrschenden Gesellschaft. Diese Überlegungen sollen nachfolgend auch anhand nachvollziehbarer Bewertungskalküle verdeutlicht werden.

2. Formulierung und Modellierung des Bewertungsproblems
a) Ermittlung des Verrentungszinssatzes unter dem Postulat der „wirtschaftlichen Äquivalenz" von Ausgleich und Abfindung bei einem unbefristeten BGAV

Ein nach Wohlstandsmaximierung strebender Minderheitsaktionär wird sich bei der Frage, ob er die jährlich wiederkehrende Ausgleichzahlung oder den einmaligen Abfindungsbetrag annehmen soll, daran orientieren, wie sich der Wert bzw. der Marktpreis seiner Beteiligung – etwa vor dem Hintergrund der künftigen Geschäftspolitik und/oder eines in Zukunft erwarteten „Squeeze-out" – entwickeln könnte. Gleichwohl kann zum Bewertungszeitpunkt des BGAV dieses subjektive Entscheidungskalkül zunächst ausgeblendet werden, wenn in einem ersten Schritt von der vereinfachenden Annahme ausgegangen wird, der einmal abgeschlossene BGAV wird mit an Sicherheit grenzender Wahrscheinlichkeit ad infinitum laufen und deswegen der Ausgleichsanspruch auf ewig erhalten bleiben. Wird an dieser Stelle weiterhin von strategischen Motiven der herrschenden Gesellschaft abstrahiert, tragen die Minderheitsaktionäre dennoch das Risiko, dass die Schuldnerin der Ausgleichzahlung, also der andere Vertragsteil, ihren Zahlungsverpflichtungen im Falle einer Zahlungsunfähigkeit bzw. Insolvenz künftig nicht weiter nachkommen kann. Dass angesichts dieses Ausfallrisikos der Verrentungszinssatz nicht dem quasi-sicheren Basiszinssatz entsprechen darf, wird weder in der Literatur noch in praxi bestritten.

Dennoch stellt sich in dieser einfach anmutenden Ausgangskonstellation die nicht triviale Frage, wie die seinerzeitige Formulierung des BVerfG, Abfindung und Aus-

---
12 BVerfG, vom 08.09.1999 – 1 BvR 301/89, Rn. 24 (juris) = RS0817429.
13 Siehe zur Diskussion Frank/Muxfeld/Galle, CF 2016 S. 447 ff.

gleich müssen „je für sich gesehen" zu einer wirtschaftlich vollen Entschädigung führen, auszulegen ist. Insofern verwundert es nicht, dass sich im Zeitverlauf zwei diametral entgegenstehende Ansichten herausgebildet haben, wonach Verrentungsfaktor und Eigenkapitalrenditeforderung sich notwendig entsprechen müssen oder nicht.[14] Dabei können aus einer Vogelperspektive zunächst beide Standpunkte für sich in Anspruch nehmen, der Forderung nach wirtschaftlicher Äquivalenz von Ausgleich und Abfindung gerecht zu werden. Doch mit Argusaugen betrachtet, kennzeichnet nach hier vertretener Ansicht ausschließlich die „volle" Eigenkapitalrendite den rechtsrichtigen Verrentungsfaktor. Indes darf hieraus weder bewertungstheoretisch noch (verfassungs-)rechtlich auf das Postulat der wertmäßigen Äquivalenz von Ausgleich und Abfindung geschlossen werden. Diese resultiert vielmehr reflexartig aufgrund der aktuellen Vorgehensweise in der Bewertungspraxis. Dies soll in diesem Beitrag sukzessive herausgearbeitet werden.

Gemäß der ersten Auffassung seien Ausgleich und Abfindung zwei gleichwertige Kompensationen zwischen denen ein außenstehender Aktionär indifferent ist und nach Maßgabe seines Entscheidungsfelds und Zielsystems entsprechend dem gesetzgeberischen Willen frei wählen könne.[15] Um in wirtschaftlicher und verfassungsrechtlich gebotener Hinsicht eine äquivalente Wahlmöglichkeit zwischen Ausgleich und Abfindung zu gewährleisten, müsse demnach der Verrentungszinssatz dem Kapitalisierungszinssatz der Unternehmensbewertung, der ökonomisch den internen Zinssatz der besten marginalen Alternativanlage des (typisierten) außenstehenden Aktionärs kennzeichnet, entsprechen. In der Konsequenz sei die Ausgleichzahlung nichts anderes als eine Verzinsung der Abfindung und die Abfindung nichts anderes als die Barwertsumme der kapitalisierten Ausgleichzahlungen. Eine geringere Verzinsung als die Alternativrendite würde folglich den Normzweck konterkarieren. Dann wäre nämlich die Attraktivität des Ausgleichs gegenüber der Abfindung herabgesetzt, wodurch das Wahlrecht immer zugunsten der Abfindung entschieden werden würde. Dies würde faktisch einem zwangsweisen Ausschluss gleichen.[16]

Das folgende Beispiel greift diese Argumentationslinie auf. Die Ausgleichszahlungsreihe hat unter der Prämisse einer zeitlich unbegrenzten Vertragsdauer die Form einer ewigen Rente. Mit Blick auf die empirische Analyse in Kapitel III wird in Übereinstimmung mit der üblichen Vorgehensweise in der Bewertungspraxis davon ausgegangen, dass sich der Kapitalisierungszinssatz, d.h. die Eigenkapitalrendite, aus den (konstanten) Komponenten Basiszinssatz i und Risikozuschlag r_z zusammensetzt. Weiterhin werden die zum Bewertungsstichtag des BGAV angebotene Barabfindung mit BA, die periodischen Ertragsüberschüsse je Anteil mit $EÜ_t$,

---

[14] Vgl. m.w.N. Emmerich, in: Emmerich/Habersack (Hrsg.), Aktien- und GmbH-Konzernrecht, 8. Aufl., 2016, § 304, Rn. 26a i. V. mit Rn. 39.
[15] Vgl. statt vieler Meilicke, AG 1999 S. 103; Knoll, ZIP 2003 S. 2335; Baldamus, AG 2005 S. 77 f.; m.w.N. Krieger, Münchener Handbuch des Gesellschaftsrechts, 4. Aufl. 2015, § 71, Rn. 93.
[16] Zur Diskussion siehe Lauber, Das Verhältnis des Ausgleichs gem. § 304 AktG zu den Abfindungen gem. den §§ 305, 327a AktG, 2013, S. 153 ff.

die feste Ausgleichszahlung mit AZ, der Verrentungszinssatz mit r_V und die Renditeforderung der Fremdkapitalgeber einer unbesicherten Anleihe des herrschenden Unternehmens mit r_{FK} („Fremdkapitalkosten") abgekürzt. Hieraus ergibt sich unter dem Postulat der wirtschaftlichen Äquivalenz von Abfindung und Ausgleich zunächst folgende Beziehung:

$$\sum_{t=1}^{T} \frac{E\ddot{U}_t}{\left(1 + i + r_z\right)^t} = BA = \frac{AZ}{r_V} \rightarrow BA \times r_V = AZ \qquad (1)$$

Bei einer Identität von Kapitalisierungs- und Verrentungszinssatz wird ein Minderheitsaktionär wertmäßig ebenso entschädigt wie ein Aktionär, der aus der Gesellschaft ausscheidet. Das entspricht dem Erkenntnisstand, doch ein erneuter Blick auf die obige Gleichung offenbart zugleich, dass bei (realiter) periodisch schwankenden Ertragsüberschüssen – jedenfalls rein technisch, also finanzmathematisch – die Bedingung der wirtschaftlichen Gleichwertigkeit von Ausgleich und Abfindung selbst bei divergierenden Zinssätzen erfüllt ist. Oder anders gewendet: Legt man die Abfindung, mithin den anteiligen Unternehmenswert,[17] als Verrentungsbasis zugrunde, steht angesichts der expliziten Relationsbeziehung zwischen BA und AZ jeder Verrentungszinssatz a priori – d.h. ohne weitere belastbare Argumente – mit dem Gleichwertigkeitspostulat im Einklang.[18] Dies mag vor dem Hintergrund der bisherigen Überlegungen überraschen, verdeutlicht aber zugleich, dass die in Rede stehende Rspr. des BVerfG nicht geeignet erscheint, um per se die Notwendigkeit des Gleichklanges von $i + r_z$ und r_V zu rechtfertigen. Dies bedürfte insoweit weiterer rechtlicher Bestimmungen und/oder ökonomischer Erfahrungssätze. Bevor dieser gewichtige Aspekt an späterer Stelle erneut aufgegriffen wird, soll zuvor die herrschende Auffassung in der Bewertungspraxis und in der Instanzrechtsprechung beleuchtet werden, die einen gegenüber $i + r_z$ – auch im Falle eines zeitlich befristeten BGAV – (deutlich) niedrigen Verrentungszinssatz für angemessen betrachtet. Nach diesem Meinungsstrang bildet der Kapitalisierungszinssatz insoweit ebenfalls die Ausgangsgrundlage, es wird zugleich aber implizit eine – bislang empirisch nicht nachgewiesene bzw. nicht nachweisbare – „Reaktionshypothese" unterstellt. Dieser These folgend passen außenstehende Aktionäre ihre risikoadäquate Renditeforderung an die veränderte Risikostruktur des künftigen Zahlungsstroms an. Daher komme es bei einer unterstellten unbegrenzten Dauer eines BGAV ausschließlich auf das Ausfall- bzw. Insolvenzrisiko der herrschenden Gesellschaft an. Schließlich stehe zu jedem Zahlungszeitpunkt in der Zukunft die Höhe der Ausgleichszahlung unabhängig von der Höhe der tatsächlich erwirtschafteten Gewinne der beherrschten Gesellschaft fest. Entsprechend wirkt sich eine Ertragssteigerung der beherrschten Gesellschaft während der Vertragslaufzeit auf die „konservierte" Ausgleichszahlung ebenso wenig aus wie

---

17 Die Problematik um die Bestimmung der sachgerechten Verrentungsbasis wird in Kapitel II.3 aufgegriffen.
18 Ähnlich Jonas, WPg 2007 S. 838; Popp, WPg 2008 S. 31.

ein Verlust. Deshalb spiele bei einem Fortbestehen eines Unternehmensvertrages das Geschäfts- oder Ertragsrisiko, welches im Kapitalisierungszinssatz durch die Erhöhung des Basiszinssatzes um einen Risikozuschlag zum Ausdruck kommt, für die betroffenen Minderheitsaktionäre keine Rolle. Insoweit macht die reduzierte Risikostruktur das Wesen der Ausgleichszahlung aus. Im Ergebnis unterscheidet sich die ökonomische Position eines Minderheitsaktionärs nicht grundlegend von derjenigen eines Gläubigers, der eine lang-, zumindest aber mittelfristige Investition in eine unbesicherte (nachrangige) Anleihe der herrschenden Gesellschaft getätigt hat.[19] Schließlich dürfte ein am Kapitalmarkt beobachtbarer Fremdkapitalzinssatz für eine Anleihe mit vergleichbarer Risikostruktur als sinnvolles Surrogat für den gesuchten Verrentungszinssatz fungieren und hierdurch dem Charakter der Ausgleichzahlung in pragmatischer Weise genügen. Daraus resultiert bewertungstechnisch folgender Zusammenhang:

$$\sum_{t=1}^{T} \frac{E\ddot{U}_t}{(1+i+r_z)^t} = BA = \frac{AZ}{r_V} = \frac{BA \times r_{FK}}{r_{FK}} = BA, \qquad (2)$$

mit $r_V = r_{FK}$.

Ursächlich für die divergierende Vorgehensweise bei der Bestimmung des Verrentungszinssatzes und dem damit verbundenen Effekt auf die absolute Höhe des jährlichen Ausgleichs nach § 304 AktG ist eine fundamental unterschiedliche Sichtweise bezüglich des Bewertungssubjektes, also des (typisierten) außenstehenden Aktionärs, und dessen Risikoprofil. Aus dem Blickwinkel der Protagonisten bzw. Anhänger, die bei der Bestimmung des Verrentungszinssatzes unmittelbar an den Kapitalisierungszinssatz und damit die Eigenkapitalrenditeforderung anknüpfen, müssen einflusslose Aktionäre zwar hinnehmen, gegen oder ohne ihren Willen ihr Dividendenbezugsrecht vollständig zu verlieren, jedoch dürfe diese erhebliche Beeinträchtigung gerade nicht zu einer wirtschaftlichen Entwertung ihrer Vermögensposition führen. Schließlich seien die betroffenen Aktionäre weiterhin an der im Vertragskonzern beherrschten Gesellschaft beteiligt. Insoweit ändere das Bestehen eines Unternehmensvertrages weder die Risikoposition noch die Renditeforderung der Anteilseigner.[20] Deshalb stehe ihnen mindestens jene Kompensation zu, die sie unabhängig vom Bestehen eines Unternehmensvertrages im Durchschnitt als Ertrag oder Rendite fordern würden, zumal sie von der tatsächlichen (positiven oder negativen) Renditeentwicklung vollständig abgeschnitten seien. In der Konsequenz negiert diese Sichtweise den Abschluss eines BGAV und die damit möglicherweise einhergehenden Vermögensverschiebungen innerhalb der Gruppe der Anteilseigner der beherrschten Gesellschaft.

Im Gegensatz hierzu löst sich die Gegenansicht – jedenfalls bei der Ermittlung des Ausgleichs – klar von der in der Bewertungspraxis dominierenden Prämisse

---

19 Sinngemäß Brüchle/Ehrhardt/Nowak, ZfB 2008 455 f.
20 Siehe zu diesem Aspekt BGH vom 13.02.2006 – II ZR 392/03, Rn. 10 (juris) = RS0720553.

einer Bewertung des Unternehmens „wie es steht und liegt" („stand alone"), denn eine Außerachtlassung der Effekte aus dem BGAV erfolgt gerade nicht. Bildlich gesprochen metamorphosiert nach vorherrschendem Verständnis in der Bewertungspraxis ein Minderheitsaktionär der beherrschten Gesellschaft bei einem auf Dauer angelegten BGAV zu einem Gläubiger der herrschenden Gesellschaft. Denn bei einer zukunftsorientierten, wirtschaftlichen Betrachtungsweise ist einerseits zu bedenken, dass der feste Ausgleich gegenüber der unsicheren Dividende, die er substituiere, ein gemindertes Risikoprofil aufweise. Andererseits bestehe der gewinnunabhängige, schuldrechtliche Ausgleichsanspruch nicht gegenüber der beherrschten Gesellschaft, sondern dem anderen Vertragsteil als Schuldner. Konträr zur ersten Sichtweise werden demnach die Rechtsfolgen aus dem Abschluss des Unternehmensvertrags im Verrentungszinssatz bewertungstechnisch explizit erfasst.

Obschon prima facie beiden Argumentationsketten etwas abzugewinnen ist, zeigt doch eine durchdringende Analyse der höchstrichterlichen Rspr. secunda facie, dass die herrschende Auffassung einer (verfassungs-)rechtlichen Beurteilung nicht standhält. Dies wird im Rahmen der (Gesamt-)Würdigung verdeutlicht. Zuvor werden im nächsten Abschnitt die Annahme der unbegrenzten Vertragslaufzeit verworfen und dadurch bedingte mögliche Auswirkungen auf den Verrentungszinssatz modelltheoretisch aufgezeigt. Die mit einer vorzeitigen Beendigung des BGAV verbundenen Auswirkungen auf den Verrentungszinssatz sind abhängig von der konkreten Vertragsgestaltung, die im jeweiligen Einzelfall bereits zum Bewertungsstichtag des BGAV den Parteien bekannt ist, und der aus Sicht der Minderheitsaktionäre eine „blackbox" darstellenden künftigen Geschäftspolitik der herrschenden Gesellschaft, die deren Anteilswert sowohl werterhöhend als auch wertvernichtend beeinflussen kann.

b) Ermittlung des Verrentungszinssatzes unter dem Postulat der „wirtschaftlichen Äquivalenz" von Ausgleich und Abfindung bei einem befristeten BGAV

In der Realität müssen außenstehende Aktionäre mit einer – wenngleich in der (jüngeren) Transaktionspraxis noch nicht konstatierten[21] – Beendigung des Unternehmensvertrages zu einem künftigen, zum Bewertungsstichtag des BGAV unbekannten Zeitpunkt rechnen. In einem solchen Szenario tragen die betroffenen Minderheitsaktionäre – von etwaigen Vertragssicherungsklauseln sei zunächst abstrahiert – folglich nicht nur das Insolvenz- oder Ausfallrisiko des Schuldners der Ausgleichzahlung, sondern darüber hinaus auch ein Risiko im Hinblick auf die Laufzeit des BGAV und der künftigen Ertragsentwicklung, die sich in der Vermögensposition nach Beendigung des BGAV widerspiegelt. Schließlich lebt das Dividendenrisiko nach Beendigung des BGAV wieder auf. Dem Laufzeit- und Er-

---

21 Vgl. Knoll, De exemplis deterrentibus. Bemerkenswerte Befunde aus der Praxis der rechtsgeprägten Unternehmensbewertung, 2017, S. 45.

trags- bzw. Geschäftsrisiko wird in der Bewertungspraxis in pragmatischer Weise entsprochen, indem ausgehend vom Kapitalisierungszinssatz der Unternehmensbewertung regelmäßig der dort verwendete Basiszinssatz um den hälftigen Risikozuschlag erhöht wird. Damit soll einerseits dem Umstand Rechnung getragen werden, dass ein Minderheitsaktionär jedenfalls während der Vertragslaufzeit eine garantierte Ausgleichszahlung erhält, die anders als eine quasi-sichere Staatsanleihe zwar dem Ausfall-, nicht aber dem Ertragsrisiko unterliegt. Andererseits soll der hälftige Risikozuschlag das Aufleben des etwaigen Dividendenbezugsrisikos im Falle einer Vertragsbeendigung kompensieren. Insofern kennzeichnet der so ermittelte Verrentungszinssatz einen die diversen Risikokomponenten berücksichtigenden Mischzinssatz. Akzeptiert man diese Argumentationslogik, stellt sich dennoch die berechtigte Frage, weshalb bei der Bestimmung des fraglichen Mischzinssatzes nicht der im vorherigen Kapitel herausgearbeitete risikoadäquate Fremdkapitalzinssatz anstelle des Basiszinssatzes als Mindestrendite verwendet wird.[22]

Ungeachtet dessen überzeugt dieser pragmatische Mischzinssatz, der aus Bewertungsstichtagssicht des BGAV neben dem Ausfallrisiko auch das Ertragsrisiko nach einer etwaigen Beendigung des BGAV einpreisen soll, aus einem bewertungstheoretischen Blickwinkel nicht. Schließlich hängt letztere Risikokomponente auch von den ex ante nicht bekannten strategischen Maßnahmen der herrschenden Gesellschaft ab. Insofern verwickelt sich die Bewertungspraxis nach hier vertretener Auffassung in Widersprüche, indem sie einerseits „empfiehlt", die wirtschaftlichen Konsequenzen aus dem Abschluss eines BGAV im Verrentungszinssatz konsequent abzubilden, womit es dann (ausnahmsweise) gerade nicht – wie üblich – auf eine „stand alone"-Betrachtung ankommt.[23] Anderseits rekurriert sie bei der Kalibrierung des Verrentungszinssatzes – wohl auch unter dem Aspekt der Komplexitätsreduktion[24] – auf historische Renditen und folglich auf einen „stand alone"-Risikozuschlag [sic!], der die künftigen Handlungsalternativen der herrschenden Gesellschaft bis hin zu einer denkbaren (rechtlich legitimen) opportunistischen Auszehrung der beherrschten Gesellschaft nicht einpreist.[25]

Demgegenüber gleicht die Transformation von einer nicht-beherrschten zu einer beherrschten Gesellschaft einer (bewertungstechnischen) Zäsur, weil spätestens ab diesem Zeitpunkt die Vergangenheits-Zukunfts-Symmetrie auch und gerade bei der Ermittlung von Renditeerwartungen in Zweifel zu ziehen ist. Angesichts dessen bleibt es summa summarum für die Verfasser völlig schleierhaft, weshalb das in praxi dominierende – auch als Isolationsprinzip[26] bezeichnete – „stand alone"-

---

22 So die nachvollziehbare Kritik von Frank/Muxfeld/Galle, CF 2016 S. 451.
23 Vgl. Popp, WPg 2008 S. 31 ff.
24 Allerdings ist Komplexitätsreduktion kein Selbstzweck. Sie darf zur Gewinnung anwenderfreundlicher ökonomischer Modelle nur gerade soweit betrieben werden, dass noch von theoretischer Korrektheit ausgegangen werden kann.
25 Dagegen präsentieren Frank/Muxfeld/Galle, CF 2016 S. 451-455, ein unter dem Postulat der Gleichwertigkeit ökonomisch schlüssiges Modell, wenngleich dessen Anwendung in der Praxis – wie auch die Autoren sinngem. konstatieren – mangels empirisch belastbarer Daten über die künftige Vermögensentwicklung eine (durchaus sinnvolle) Diskussion auslösen dürfte.
26 Vgl. Jonas, in: FS Kruschwitz, 2008, S. 108 f.; kritisch hierzu Karami, Unternehmensbewertung, 2014, S. 215 ff.

Prinzip sowohl bei der Ermittlung der künftigen Ertragsüberschüsse als auch des Kapitalisierungszinssatzes, mithin der Abfindungsbemessung i.S. des § 305 AktG,[27] postuliert wird, es dagegen bei der Bestimmung des Verrentungszinssatzes durchbrochen wird.

Diese (theoretischen) Überlegungen leiten über zu der zentralen Frage, wie bei einer konsistenten Ermittlung des Verrentungszinssatzes unter Beachtung des BGAV die Renditeforderung für das Ertragsrisiko im Einzelfall in ihrer konkreten Höhe zu spezifizieren ist. Diese Spezifizierung – worauf Hecker[28] seinerzeit zu Recht hingewiesen hat und welche Frank/Muxfeld/Galle[29] erstmals modellhaft veranschaulichen – erweist sich realiter im Regelfall als äußerst komplex. Denn die sachgerechte Abbildung des Ertragsrisikos zum Bewertungsstichtag hängt insbesondere von den subjektiven Erwartungen über die unsichere Vertragslaufzeit ab sowie von der Einschätzung, ob ein Minderheitsaktionär zum Zeitpunkt der Beendigung des BGAV einen Wertzuwachs oder -verlust seiner Anteile im Vergleich zum Anteilswert zu Vertragsbeginn zu verzeichnen hat. Dabei kann eine Wertänderung sowohl durch unvorhersehbare (Umwelt-)Einflüsse von außen sowie durch den Einfluss der Konzernobergesellschaft bedingt sein. In stringenter Fortführung dieses Gedankens müssten somit im Wege einer ex-ante-Bestimmung des Verrentungszinssatzes zum Bewertungsstichtag des BGAV unter dem Postulat der wirtschaftlichen Äquivalenz von Abfindung und Ausgleich je nach (subjektiver) Vorstellung über die dereinstige Ertragsentwicklung nach Vertragsbeendigung entweder ein Risikoabschlag vom (Wertschaffung während der Vertragslaufzeit) oder ein Risikozuschlag zum (Wertvernichtung während der Vertragslaufzeit) Kapitalisierungszinssatz der Unternehmensbewertung vorgenommen werden.[30] Dass eine derartige Spezifizierung des Verrentungszinssatzes bei realistischer Betrachtung auch nicht annähernd belastbar geleistet werden kann, dürfte naheliegen. Einfacher gestaltet sich die Spezifizierung nur dann, wenn der BGAV eine Sicherungsklausel enthält, die bei Beendigung des Unternehmensvertrages ein Wiederaufleben des im Vertrag vereinbarten Abfindungsanspruches nach § 305 AktG vorsieht. Für die Minderheitsaktionäre entfällt somit in diesem speziellen Fall mit Abschluss des BGAV das Ertragsrisiko, sofern der andere Vertragsteil in der wirtschaftlichen Lage ist, die Abfindungsforderungen nach Beendigung des Unternehmensvertrags zu leisten.

Die vorstehenden Überlegungen werden nunmehr in Anlehnung an ein entsprechendes Fallbeispiel von Knoll[31] verdeutlicht. Es wird der (unübliche) Sachverhalt untersucht, dass der Unternehmensvertrag eine aus Sicht des Bewertungsstichta-

---

27 Vgl. Popp, AG 2010 S. 1 f.
28 Vgl. Hecker, Regulierung von Unternehmensübernahmen und Konzernrecht, 2000, S. 363.
29 Frank/Muxfeld/Galle, CF 2016 S. 452 ff. Die Autoren sprechen in diesem Kontext zutreffend von einem latenten Risikofaktor.
30 Nach Hecker, a.a.O. (Fn. 28), S. 358 ff., sprechen mehr Aspekte für einen Risikozuschlag. Rationales Verhalten vorausgesetzt, wird eine herrschende Gesellschaft den BGAV nur dann kündigen, wenn entweder die durch die Vertragskonzernierung realisierten (Über-)Renditen im Durchschnitt nicht mindestens die feste Ausgleichzahlungsverpflichtung erwirtschaften oder die beherrschte Gesellschaft soweit ausgezehrt ist, dass sie im Konzernverbund keinen weiteren Nutzen stiftet.
31 Vgl. Knoll, a.a.O. (Fn. 21), S. 44 ff.

ges der Parteien bekannte sowie feste Laufzeit von zehn Jahren besitzt. Die Barabfindung BA je Aktie wird mit 50 € angenommen. Ferner sind folgende Eckdaten bekannt: der Basiszinssatz i beträgt 1,5%, der Risikozuschlag r_z 5,5%, die Fremdkapitalkosten einer unbesicherten zehnjährigen Anleihe der herrschenden Gesellschaft r_{FK} 2,5%. Der Anteilswert am Ende der Vertragslaufzeit wird mit EW abgekürzt. Sämtliche Zahlungen fallen am Ende eines Jahres an. Steuerliche Aspekte[32] werden nachfolgend ebenso ausgeblendet wie mögliche Konsequenzen aus einem eingeleiteten Spruchverfahren sowie exogene Umwelteinflüsse. Dies vorausgeschickt, besitzt ein außenstehender Aktionär lediglich die Handlungsalternative, entweder die Abfindung i.H. von 50 € anzunehmen oder in der beherrschten Gesellschaft zu verbleiben. Dabei werden die nachfolgenden drei Szenarien zum Ende der Vertragslaufzeit unterstellt, die jeweils die Höhe der während der Vertragslaufzeit jährlich zu gewährende feste Ausgleichszahlung unter dem ökonomischen Gleichwertigkeitspostulat von Ausgleich und Abfindung beeinflussen:

1. Im ersten Szenario wird eine wertvernichtende Strategie unterstellt, sodass die Barwertsumme der ab dem Jahr t =11 erwarteten Erträge im Zeitpunkt t = 10 25 € beträgt.
2. Im zweiten Szenario wird eine werterhöhende Strategie angenommen. In der Folge steigt der Anteilswert bis zum Ende der Vertragslaufzeit in t = 10 auf 100 €.
3. In Szenario drei sieht der BGAV ein Wiederaufleben der Barabfindung zum Ende der Vertragslaufzeit vor, sodass die außenstehenden Aktionäre unabhängig von der tatsächlichen Ertragsentwicklung in t = 10 einen Zahlungsanspruch i.H. von 50 € besitzen.

Den Szenarien eins und zwei liegt folgendes Bewertungskalkül zugrunde:

$$BA = \sum_{t=1}^{10} \frac{AZ}{(1+i+r_Z)^t} + \frac{EW}{(1+i+r_Z)^{10}}; \quad (3)$$

In Szenario 3 ist EW durch BA zu ersetzen. Dabei ist mit Verweis auf die Ausführungen in Kapitel II.2.a) noch nicht geklärt, ob bei der Ermittlung des risikoäquivalenten Zinssatzes von der ökonomischen Position eines Aktionärs der beherrschten Gesellschaft oder eines Gläubigers der herrschenden Gesellschaft auszugehen ist. Genau diese Streitfrage ist bekanntlich im Schrifttum nicht abschließend geklärt. Daher sind an dieser Stelle zwei Gleichungen aufzustellen:

---

32 Da bei der Ermittlung des Ertragswerts für die Ausgleichsbemessung die persönliche Besteuerung irrelevant ist, hat bewertungstheoretisch eine Vor-Steuer-Unternehmens- oder Anteilsbewertung zu erfolgen. Demgegenüber provoziert die in der Bewertungspraxis vorgenommene Umrechnung einer Nach-Steuer- in eine Vor-Steuer-Größe Konsistenzbrüche bzw. Fehlbewertungen. Schließlich ist die Wertidentität zwischen der Bewertung vor und nach persönlichen Ertragsteuern nur im Hinblick auf die ewige Rente, nicht aber die Detailplanungs- bzw. Konvergenzphase gegeben.

$$BA = \sum_{t=1}^{10} \frac{AZ}{(1+i+r_Z)^t} + \frac{BA}{(1+i+r_Z)^{10}} \; ; \qquad (4)$$

mit $r_V = i + r_Z$

$$BA = \sum_{t=1}^{10} \frac{AZ}{(1+r_{FK})^t} + \frac{BA}{(1+r_{FK})^{10}} \; ; \qquad (5)$$

mit $r_V = r_{FK}$

Die ökonomisch gleichwertige Ausgleichzahlung ist zu ermitteln, indem die Gleichungen (3) bis (5) nach AZ aufgelöst werden, wobei naturgemäß $AZ \geq 0$ gilt. Dies sei hier an Gleichung (3) veranschaulicht:

$$AZ = \left[BA - \frac{EW}{(1+i+r_Z)^{10}}\right] \times \sum_{t=1}^{10} (1+i+r_Z)^{-t} \; ; \qquad (6)$$

Damit ergeben sich unter Beachtung der Aufgabenstellung je nach Szenario und Bewertungsperspektive die in Tabelle 1 aufgeführten Werte für den festen Ausgleich.

	Szenario 1	Szenario 2	Szenario 3	
			$i + r_Z$	r_{FK}
AZ	5,73 €	0,00 €	3,50 €	1,25 €
r_V	11,46%	0,00%	7,00%	2,50%

Tabelle 1: Ermittlung des Verrentungszinssatzes unter Beachtung des Gleichwertigkeitspostulats

Die Ergebnisse in Szenario 3 sind konsistent zu den Befunden in Kapitel II.2.a), sodass in der Totalbetrachtung die wertmäßige Äquivalenz gewährleistet ist, wenngleich die absolute Höhe der Ausgleichszahlung nicht unabhängig von der maßgeblichen Bewertungsperspektive bestimmt werden kann. Demgegenüber verdeutlichen die Szenarien 1 und 2, dass je nach erwarteter Zukunftsentwicklung weder die geforderte Eigenkapitalrendite eine absolute Obergrenze noch die Renditeforderung der Fremdkapitalgeber eine absolute Untergrenze für die Höhe eines angemessenen Verrentungszinssatzes darstellen müssen.[33] Insbesondere offenbart Szenario 2 ein bislang in der Literatur nicht thematisiertes Ergebnis: Entwickeln sich die Erträge der beherrschten Gesellschaft aufgrund der umgesetzten Konzernierungsmaßnahmen derart positiv, dass die außenstehenden Aktionäre am Ende der Vertragslaufzeit ökonomisch bessergestellt werden, wäre bei einer strikten Auslegung des Gebotes der wirtschaftlichen Äquivalenz von Ausgleich und Abfindung ein sog. Null-Ausgleich während der Vertragslaufzeit gerechtfertigt.[34] Jedoch steht

---

33 Ähnlich Frank/Muxfeld/Galle, CF 2016 S. 448.
34 Dieses ebenso denkbare Szenario klammern Frank/Muxfeld/Galle, CF 2016 S. 454 f., in ihren Überlegungen aus. Jedoch dürften sie auf der Grundlage ihres Modells zum gleichen Ergebnis kommen.

die Eindeutigkeit der gesetzlichen Regelung in § 304 AktG, wonach der Ausgleich die fehlende Dividende kompensiert, der wirtschaftlichen Betrachtungsweise entgegen. Ferner erscheint dieser Befund insoweit paradox und überraschend zugleich, als die Relevanz des Null-Ausgleiches in der (Kommentar-)Literatur bislang ausschließlich im Zusammenhang mit einer (chronisch) defizitären Gesellschaft und deren negativen – mithin nicht positiven – Ertragsaussichten diskutiert wird.[35] Bereits diese (vereinfachten) modelltheoretischen Überlegungen – die an anderer Literaturstelle differenzierter gestaltet sind[36] – verdeutlichen, dass in praxi die maßgeblichen Risikofaktoren des BGAV schwer zu prognostizieren bzw. im Bewertungskalkül zu quantifizieren sind. Nur deshalb hat sich in der Bewertungspraxis die fragwürdige Konvention herausgebildet, einen Verrentungszinssatz anzusetzen, der sich aus dem jeweils gültigen Basiszinssatz zzgl. der Hälfte des ermittelten „stand alone"-Risikozuschlages zusammensetzt. Damit kommt die bereits erläuterte hybride Stellung eines außenstehenden Aktionärs zum Ausdruck, dessen Risikoposition zumindest während der (unbekannten) Laufzeit des Unternehmensvertrags derjenigen eines Gläubigers ähnelt. Die Kernfrage, ob diese wirtschaftliche Betrachtungsweise für die Rechtfertigung der Maßgeblichkeit eines Mischzinssatzes einer höchstrichterlichen Beurteilung standhalten würde, ist Gegenstand des nächsten Abschnitts.

c) **Würdigung der wirtschaftlichen Betrachtungsweise zur Ermittlung des Verrentungszinssatzes**

Wie in Kapitel II. eingangs erläutert, liegt bewertungstheoretisch zum Stichtag eines BGAV eine semi-dominierte Konfliktsituation vor, weil einerseits der Abschluss eines Unternehmensvertrages der Zustimmung der Minderheitsaktionäre nicht benötigt, andererseits diese jedoch nicht gegen ihren Willen aus der beherrschten Gesellschaft ausgeschlossen werden können. Angesichts einer möglichen Beeinträchtigung ihrer Vermögensposition bei Verbleib in der beherrschten Gesellschaft sind sie als besonders schutzbedürftig zu betrachten. In dieser Bewertungssituation wiegt die Informationsasymmetrie über die künftige Geschäftspolitik und damit zusammenhängend über die künftige Unternehmenswertentwicklung schwer, womit bei ökonomischer Betrachtungsweise ex ante die Ermittlung eines sachgerechten Verrentungszinssatzes – wie in Kapitel II.2.b) anhand von Beispielen verdeutlicht – nicht möglich ist.[37] Folglich liegt ein lösungsdefektes Bewertungsproblem vor. Denn zum Bewertungsstichtag des BGAV ist ungewiss, ob die herrschende Gesellschaft mit der von ihr aktiv beeinflussbaren Geschäftspolitik der beherrschten Gesellschaft systematisch die Absicht verfolgt, künftig einen Mehrwert zugunsten des Vertragskonzerns oder beider (Konflikt-)Parteien zu schaffen. In dieser Konfliktsituation ist es Aufgabe der Bewertungstheorie und

---
35 Statt vieler m.w.N. Emmerich, a.a.O. (Fn. 14), Rn. 32; Deilmann, in Hölters (Hrsg.), Aktiengesetz, 3. Aufl., 2017, § 304, Rn. 29.
36 Ausführlich Frank/Muxfeld/Galle, CF 2016 S. 448 ff.
37 Ähnlich Toll/Benda, CF 2014 S. 363 ff.

-praxis, nach normzweckadäquaten heuristischen oder pragmatischen Lösungsmöglichkeiten zu suchen, sofern der höchstrichterlichen Rspr. keine konkreten Vorgaben entnommen werden können. Insoweit stellt sich hier die Abgrenzungsproblematik zwischen Rechts- und Tatsachenfragen, wobei der Kanon „Rechtsfragen vor Tatsachenfragen" gilt. Die eigentlich interessante Frage ist daher: Welche (in-)direkten Aussagen lassen sich der höchstrichterlichen Rspr. zur Ermittlung des Verrentungsfaktors entnehmen?

Im Ausgangspunkt hat der BGH[38] frühzeitig zum Ausdruck gebracht, dass der feste Ausgleich jenen Betrag verkörpert, den die beherrschte Gesellschaft als (fiktiv) unabhängiges, durch einen BGAV nicht gebundenes Unternehmen als durchschnittlichen (Brutto-)Gewinnanteil an die Aktionäre ausschütten könnte.[39] Insofern ist die fortdauernde Unabhängigkeit der Gesellschaft zu unterstellen; die Erträge sind so zu schätzen, wie sie sich ohne den Unternehmensvertrag entwickeln würden. Deshalb seien auch Risikoabschätzungen über die künftige Unternehmensentwicklung bei der Bemessung des Ausgleichs irrelevant.[40] Diese sog. „Asea/BBC"-Rspr. des BGH fungiert in der Bewertungspraxis schließlich als Fundament zur Rechtfertigung des „stand alone"-Ansatzes im Hinblick auf die Prognose und die Ermittlung der erwarteten Zukunftserträge. Zwar soll es nach dem Duktus des BGH auch bei der Ausgleichsbemessung auf eine „stand alone"-Betrachtung ankommen, diesem Postulat wird in der Bewertungspraxis – mit Verweis auf die Maßgeblichkeit der zukünftigen (Risiko-)Position der außenstehenden Aktionäre mit BGAV – keine Bedeutung beigemessen.

Demgegenüber besteht nach hier verstandener Lesart kein Zweifel daran, dass von Rechts wegen die künftige Risikostruktur der Unternehmensanteile auch bei der Bestimmung des Verrentungszinssatzes irrelevant ist. Aus diesem Grund sind weitere (Rechts-)Tatsachen zu eruieren, welche diese These (zusätzlich) untermauern. Mithin ist der Frage nachzugehen, ob die Berücksichtigung der in Rede stehenden „stand alone"-Prämisse bei der Ermittlung des Verrentungszinssatzes aus rechtlicher Sicht ebenfalls geboten erscheint. Wird dies bejaht, ist der in der Bewertungspraxis vorgenommene Risikoabschlag vom oder die in der Bewertungslehre partiell geforderte Risikoprämie als Zuschlag zum Kapitalisierungszinssatz der Unternehmensbewertung – trotz unstrittiger ökonomischer Stringenz im jeweiligen Einzelfall – fragwürdig, gar rechtswidrig.[41]

Dass bei der Beantwortung dieser kontrovers diskutierten Frage auf die sonst viel zitierte, wegweisende „DAT/Altana"-Entscheidung des BVerfG aus dem Jahre 1999 – soweit ersichtlich – bislang weder in der Literatur noch in der Bewertungspraxis oder Instanzrechtsprechung expressis verbis rekurriert wurde, verwundert. Denn

---

38 Vgl. BGH vom 04.03.1998 – II ZB 5/97, Rn. 11 (juris) = RS0785752.
39 Da im Regelfall die Ertragsplanung der beherrschten Gesellschaft einen positiven Verlauf annimmt, dürfte der Ausgleich die bei fortbestehender Unabhängigkeit zu erwartende Dividende (spürbar) übertreffen.
40 Vgl. BGH, a.a.O. (Fn. 38), Rn. 14 (juris) = RS0785752.
41 So im Ausgangspunkt seiner Analyse auch Lauber, a.a.O. (Fn 16), S. 206, der gleichwohl nach hier vertretener Ansicht an späterer Stelle seiner Ausführungen daraus die falschen Schlüsse zieht.

das BVerfG hat mit der folgenden Bestimmung zur Klärung des Problems beigetragen:

„Der Ausgleich für außenstehende Aktionäre muss vielmehr so bemessen sein, dass sie auch künftig solche Renditen erhalten, die sie erhalten hätten, wenn der Unternehmensvertrag nicht geschlossen worden wäre."[42]

Diese Rspr. hat insofern zu einem Erkenntnisgewinn geführt, als sie klargestellt hat, dass es bei der Bemessung des Ausgleichs gerade nicht auf das erwartete Rendite-Risiko-Profil nach Abschluss eines BGAV ankommt. Ausgangs- bzw. Referenzpunkt zur Bestimmung eines normzweckadäquaten Verrentungszinssatzes können vor diesem Hintergrund in der Bewertungspraxis nicht die gegenüber der Eigenkapitalrendite niedrigeren Fremdkapitalkosten bei (fingierter) Investition in eine Anleihe der herrschenden Gesellschaft sein. Dass dieser ggf. um eine zusätzliche Risikoprämie für den (ebenfalls fingierten) Entzug der in der beherrschten Gesellschaft vorhandenen stillen Reserven nach Beendigung (!) des BGAV zu erhöhen sei, dürfte bei isolierter wirtschaftlicher Betrachtungsweise sinnvoll erscheinen, sie scheidet aus einem (verfassungs-)rechtlichen Standpunkt jedoch aus.[43] Die Formulierung des BVerfG lässt insoweit keinen Interpretationsspielraum nach unten oder oben, denn auch das Risiko fehlender Überlebensfähigkeit der beherrschten Gesellschaft nach Ende des Unternehmensvertrags ist nicht (zusätzlich) zu kompensieren.[44] Vielmehr bedarf es bei der Beantwortung der Frage, wie die „rechtsrichtige" Rendite aus einem ökonomischen Blickwinkel zu ermitteln ist, eines Rekurses auf die Bewertungstheorie. Maßgeblich ist demnach die risikoäquivalente Vor-Steuer-Renditeforderung des (repräsentativen) außenstehenden Aktionärs in Relation zu dem Geschäfts- und Finanzierungsrisiko des beherrschten Unternehmens vor Abschluss des Unternehmensvertrages unter Beachtung der in § 304 AktG kodifizierten Vollausschüttungsannahme ausschüttungsfähiger Gewinne.[45] Denn

---

42 BVerfG vom 27.04.1999 – 1 BvR 1613/94, Rn. 56 (juris) = RS1009675.
43 Insofern überzeugen die ökonomisch motivierten Erklärungsversuche von Popp, WPg 2008 S. 31 ff., nicht, der sich angesichts einer möglichen Veränderung der Risikosituation nach (!) Abschluss des BGAV für einen gegenüber dem Kapitalisierungszinssatz geringeren Mischzinssatz als Verrentungsfaktor ausspricht, jedenfalls solange – so Popp weiter – „theoretische Untersuchungen zur Risikostruktur des Ausgleichszahlungsstroms nicht vorliegen". Dabei ignoriert Popp – bewusst oder unbewusst –, dass die Ergebnisse solcher Untersuchungen angesichts der Besonderheiten jedes Einzelfalls realiter nicht übertragbar sind, worauf Hecker, a.a.O. (Fn. 28), S. 263, hingewiesen und Krenek, CF 2016 S. 465 f., an einem Beispiel veranschaulicht hat. Weiterhin kann es aufgrund der „stand alone"-Prämisse bei der Ermittlung des Verrentungszinssatzes nicht auf die erwartete Beeinträchtigung der Vermögenslage im Falle einer möglichen Beendigung des BGAV ankommen. Wenngleich das Modell von Frank/Muxfeld/Galle, CF 2016 S. 452 ff., ökonomisch überzeugen mag, (verfassungs-)rechtlich findet es keinen Halt.
44 Nicht relevant ist demnach ebenfalls ein die Eigenkapitalrenditeforderung übersteigender Verrentungsfaktor, denn durch § 304 AktG sollen betroffene Minderheitsaktionäre nur so gestellt werden, als wenn der BGAV nicht bestünde. Demgegenüber sind sie rechtlich nicht für eine mögliche „Ausbeutung" ihrer Gesellschaft zu kompensieren. Siehe hierzu auch die Ausführungen des BGH vom 12.01.2016 – II ZB 25/14, Rn. 27 (juris) = RS1200571.
45 Insoweit kommt es selbst bei der in der Bewertungspraxis dominierenden kapitalmarktorientierten Vorgehensweise nicht auf das TAX-CAPM an. Der Thesaurierungsvorgang, d.h. das fingierte thesaurierungsbedingte „Kurswachstum" des Bewertungsobjektes ohne Berücksichtigung persönlicher Ertragsteuern, ist annahmegemäß kapitalwertneutral. Dementsprechend müssen bei einer Vor-Steuer-Betrachtung keine Annahmen mehr über die Aufteilung der Kurs- und der Dividendenrendite getroffen werden. Siehe zu diesem Problemfeld statt vieler m.w.N. Götz/Deister, WPg 2011 S. 25 ff.; Schultze/Fischer, WPg 2013 S. 421 ff.

der Unternehmensvertrag ändert nach sachgerechter Ansicht des BGH[46] nicht den Charakter der Aktie als Risikopapier, womit die Risikoposition eines Fremdkapitalgebers – unabhängig von der Ausgestaltung des jeweiligen BGAV – als Maßstab ausscheiden dürfte.

Aus der Vogelperspektive erweist sich die höchstrichterliche Rspr. zu diesem Problemfeld als ein eng verwobenes, gegenseitig aufeinander abgestimmtes Konstrukt. Schließlich steht die „DAT/Altana"-Rspr. sowohl im Einklang mit der zuvor zitierten BGH-Entscheidung aus dem Jahr 1998, als auch mit dem Verdikt des BVerfG, wonach Ausgleich und Abfindung, je für sich gesehen, zur „vollen" Entschädigung führen müssen.[47] Somit ist es mit Blick auf die Zeitachse der Richtersprüche folgerichtig, dass der BGH im Jahre 2003 in der Sache „Ytong" – auch ohne nähere Begründung – die „volle" Renditeforderung als Verrentungsfaktor zugrunde legte,[48] wenngleich er diesen fälschlicherweise – wohl aus Unwissenheit – um den Inflationsabschlag, der bekanntlich keine Renditekomponente ist, bereinigt hatte.[49] Da aber das BVerfG explizit die Rendite ins Zentrum seiner Entscheidung rückte, ist dieser vom BGH begangene methodische Fehler in der Bewertungspraxis auszumerzen.

Im Lichte der vorstehenden Ausführungen ist es – anders als einige Literaturstimmen suggerieren[50] – für die Bestimmung des Verrentungszinssatzes zum Bewertungsstichtag des BGAV aus einer „stand alone"-Perspektive völlig unerheblich, dass empirische Untersuchungen[51] aus der Vergangenheit feststellen, dass das unternehmensspezifische Geschäftsrisiko (Kovarianzrisiko) in Relation zum Marktrisiko (Varianz der Marktrendite), ausgedrückt im Beta-Faktor, im Zuge einer vertraglichen Konzernierung, also während der Dauer eines Unternehmensvertrages, gegen Null konvergiert. Diese begründete Entkopplung des Geschäftsrisikos vom Marktrisiko i.S. einer Entkopplungsthese dürfte mit Blick auf die deutsche Rechtsordnung und insbesondere das Institut des Spruchverfahrens diverse Ursachen besitzen,[52] deren Relevanz aber erst zum Bewertungsstichtag eines zeitlich nachgelagerten „Squeeze-out" ins Zentrum der Diskussion um die sachgerechte Ermittlung des Kapitalisierungszinssatzes zu rücken sind.[53] Denn nach zutreffender Rechtsansicht des BGH darf die „Squeeze-out"-Barabfindung bei Bestehen eines

---

46 BGH, a.a.O. (Fn. 20), Rn. 10 (juris) = RS0720553.
47 BVerfG, a.a.O. (Fn. 12), Rn. 24 (juris) = RS0817429.
48 Vgl. BGH vom 21.07.2003 – II ZB 17/01, Rn. 14 (juris) = RS0714701.
49 Zu diesem methodisch bzw. handwerklich begangenen Kardinalfehler des BGH siehe Knoll, ZfSteu 2007 S. 168.
50 Vgl. Lauber, a.a.O. (Fn. 16), S. 208.
51 Vgl. Brüchle/Erhardt/Nowak, ZfB 2008 S. 455 ff.
52 So steht außenstehenden Aktionären, die zunächst Ausgleichszahlungen erhalten, am Ende eines gewöhnlich langwierigen Spruchverfahrens, nach § 305 Abs. 4 AktG das Optionsrecht zu, die Abfindung (rückwirkend) geltend zu machen. Die Tatsache, dass die Abfindung für einen im Voraus nicht bekannten Zeitraum bis zum Ende eines Spruchverfahrens somit einen „sicheren Sockel" bildet, spiegelt sich in den entsprechenden, wenig volatilen Aktienkursen der beherrschten Gesellschaft wider, die wiederum zur Ermittlung des fraglichen Beta-Faktors herangezogen werden. Infolgedessen verbietet sich ein unreflektierter Verweis auf Beta-Faktoren. Ähnlich Popp, AG 2010 S. 7.
53 Zum „Squeeze-out"-Stichtag ist das „stand alone"-Prinzip zu verwerfen. Vielmehr sind sämtliche Konsequenzen aus einer Konzernierung im Zähler und im Nenner des Bewertungskalküls zu berücksichtigen. Der Rückgriff auf vermeintliche Vergleichsunternehmen ist abzulehnen. Siehe zur Diskussion m.w.N. Ziemer/Knoll, ZBB 2017 S. 299 ff.

BGAV nicht (ausschließlich) aus der Summe der kapitalisierten Ausgleichszahlungen abgeleitet werden.[54]

Ungeachtet dessen dürfen die bisherigen Befunde nicht den Blick darauf verstellen, dass weder bewertungstheoretisch noch (verfassungs-)rechtlich eine wertmäßige Äquivalenz von Abfindung und Ausgleich gefordert wird.[55] Diese vermeintliche Gleichwertigkeit wird in der Bewertungspraxis nur durch die gefestigte Konvention der Gleichsetzung von Verrentungsbasis und dem indirekt abgeleiteten anteiligen Unternehmenswert (i.S. des IDW S 1) erreicht.[56] Nach betriebswirtschaftlich zutreffender Lesart ist jedoch der anteilige Unternehmenswert aus Sicht der einflusslosen Minderheitsaktionäre, die in der beherrschten Gesellschaft verbleiben, als Verrentungsbasis irrelevant. Die indirekte Methode, die den Wert eines Unternehmensanteils quotal aus dem Gesamtwert eines Unternehmens ableitet, muss sich nicht zwingend mit dem Anteilswert decken, der gemäß der Grenzpreisermittlung die Barwertsumme der auf einen Unternehmensanteil entfallenen künftigen (Brutto-)Erträge i.S. des § 304 Abs. 2 AktG kennzeichnet. Die quotale Unternehmensbewertung beschreibt lediglich eine Vorgehensweise in der Bewertungspraxis, die zwar von der Rspr. akzeptiert worden ist, die sich gleichwohl bewertungstheoretisch nicht rechtfertigen lässt.[57] Betriebswirtschaftlich entspricht die Verrentungsbasis dem Anteilswert, der mit der „vollen" Vor-Steuer-Renditeforderung des typisierten Minderheitsaktionärs zu multiplizieren ist, um zu einem normzweckgerechten Ausgleich zu gelangen. Eine Kürzung dieser Rendite – ganz gleich in welcher Form – würde dem Grundsatz der „vollen Kompensation" zuwiderlaufen. In Anbetracht dessen darf nicht verkannt werden, dass allein die Kenntnis über den sachgerechten Verrentungszinssatz als (relative) Verhältniszahl keine Rückschlüsse auf die absolute Höhe der „vollen" Abfindung, die i.S. der fundierten Bewertungslehre einem (fingierten) Markt- oder Schiedspreis entspricht, erlaubt.[58] Dessen Bestimmung bedarf im Regelfall einer (weiteren) Fundamentalbewertung.

Im Ergebnis ist die Rechtmäßigkeit des in der Bewertungspraxis verwendeten Mischzinssatzes – unbeschadet seiner Ausstrahlwirkung auf die obersten Instanzgerichte[59] – im Lichte der höchstrichterlichen Rspr. in Zweifel zu ziehen. Daher ist es zwingend erforderlich, die in Rede stehende Problematik kurzfristig (erneut) auf die Agenda derjenigen Gerichte zu setzen, die sich gegenwärtig in einem laufenden Spruchverfahren mit der Sache beschäftigen oder damit rechnen können, künftig eine rechtsrichtige Antwort auf die Frage nach dem angemessen Verrentungszinssatz geben zu müssen.

---

54 BGH, a.a.O. (Fn. 44).
55 So im Ergebnis, wenn auch mit abweichenden Argumenten, ebenfalls Lauber, a.a.O. (Fn. 16), S. 159 ff.
56 Kritisch hierzu statt vieler Matschke, BFuP 2013 S. 39 ff.
57 So auch Wagner, WPg 2016 S. 864 f.
58 Ähnlich Schwetzler, WPg 2008 S. 890 ff., der unter ähnlichen Aspekten ebenfalls die Rendite des Aktionärs als (Allein-)Maßstab für die Bestimmung der „volle Entschädigung" ablehnt.
59 Vgl. OLG München vom 17.07.2007 – 31 Wx 060/06, Rn. 52 (juris); OLG Frankfurt/M. vom 29.04.2011 – 21 W 13/11, Rn. 104 (juris), = RS0920410; OLG Stuttgart vom 05.06.2013 – 20 W 6/10, Rn. 259 (juris) = RS0963428; OLG Stuttgart vom 05.11.2013 – 20 W 4/12, Rn. 134 (juris) = RS0963460; OLG Frankfurt/M. vom 28.03.2014 – 21 W 15/11, Rn. 237 (juris) = RS0921802; OLG Düsseldorf vom 25.05.2016 – 26 W 2/15, Rn. 82 (juris).

III. Empirische Untersuchung zur Ermittlung des Verrentungszinssatzes in der Bewertungspraxis

Den Ausgangspunkt für eine empirische Untersuchung der vertraglich konzernierten Aktiengesellschaft bilden im Untersuchungszeitraum vom 01.01.2008 bis zum 31.12.2017 36 ausgleichs- und abfindungspflichtige Beherrschungs- und/oder Gewinnabführungsverträge.[60] In grundsätzlicher Übereinstimmung mit den Befunden einer jüngeren Studie sehen sämtliche analysierten Unternehmensverträge eine feste Ausgleichszahlung vor.[61] Darüber hinaus dominiert der Abschluss eines kombinierten BGAV, weil gegenüber einem isolierten Beherrschungs- oder Gewinnabführungsvertrag keine weiteren Voraussetzungen zu erfüllen sind sowie keine zusätzlichen Kosten anfallen, zugleich der Integrationsgrad der beherrschten Untergesellschaft im Konzern erhöht wird.

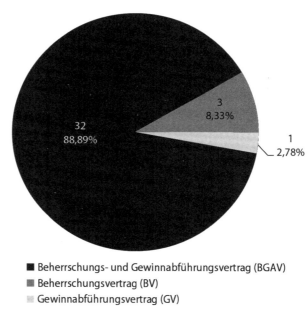

Abbildung 1: Ausgestaltung des Unternehmensvertrages

Weiterhin sind im Datensatz 18 Unternehmen enthalten, bei denen nach Abschluss des BGAV eine weitere Strukturmaßnahme vollzogen wurde; davon betreffen 16 einen „Squeeze-out" und zwei eine Verschmelzung. Zudem entspricht in vier der 18 betrachteten Fälle der Bewertungsstichtag des Unternehmensvertrages demjenigen des „Squeeze-out". Klammert man diese vier Spezialfälle aus, erfolgte die zweite Strukturmaßnahme im Durchschnitt bereits nach rd. 2,07 Jahren. Zum Ende

---

60 Die von uns durchgeführte vollständige transparente Untersuchung (auch zum Verhältnis von BGAV und „Squeezeout"), deren Darstellung den Rahmen dieses Beitrages sprengen würde, ist abrufbar unter: http://hbfm.link/3205.
61 In der Untersuchung von Baums, Der Ausgleich nach § 304 AktG, 2007, S. 165 f., war lediglich in 8 von 124 im Zeitraum von 1985 bis 2005 beschlossenen Unternehmensverträgen ein variabler Ausgleich vorgesehen.

unserer Untersuchung bildet insoweit bei immerhin 14 – ohne Spezialfälle – der 36 analysierten Unternehmen (39%) der Abschluss eines Unternehmensvertrages lediglich die Ouvertüre für eine rasch folgende vollständige Konzernierung.[62]

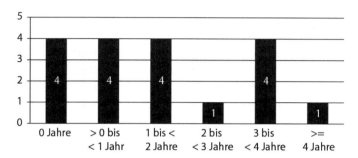

Abbildung 2: Zeitraum zwischen BGAV/GV/BV und „Squeeze-out"/Verschmelzung

Mit Blick auf die konkrete Ausgestaltung der Unternehmensverträge ist der Zusammenhang zwischen der Höhe des Verrentungszinssatzes und der im Vertrag vorgesehenen Sicherungsklauseln zum Schutz der außenstehenden Aktionäre evident. Prima facie decken sich die empirischen Befunde mit den Erläuterungen in Kapitel II. Schließlich entspricht in keinem Fall der Verrentungszinssatz dem „vollen" risikoadjustierten Kapitalisierungszinssatz der Unternehmensbewertung, vielmehr überwiegt die Verwendung eines Mischzinssatzes.[63]

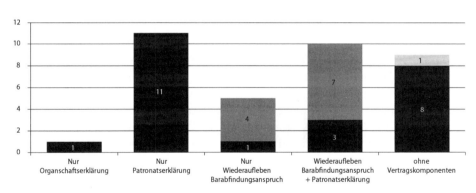

Abbildung 3: Zusammenhang zwischen Vertragsklauseln und Höhe des Verrentungszinssatzes

---

62 Ähnlich Lieder/Hoffmann, AG 2017 R271 f.
63 Dass der aus dem Mittelwert zwischen dem Kapitalisierungszinssatz und dem Basiszinssatz gebildete Verrentungsfaktor genau jenem entspricht, der aus dem um den halben Risikozuschlag vermehrten Basiszinssatz gebildet wird, wird in der Literatur nicht adressiert. Anders als wohl Emmerich, a.a.O (Fn. 14), Rn. 39, vermutet, handelt es sich insoweit nicht um eine alternative Berechnungsweise, sondern lediglich um eine alternative Darstellungsweise.

Dennoch verdeutlicht Abbildung 3 zwei Besonderheiten: Zum einen wird zwar in der Bewertungspraxis die dominierende Auffassung vertreten, es komme im Falle des Wiederauflebens des Abfindungsanspruches bei Vertragskündigung grundsätzlich auf den um einen „Credit Spread" erhöhten Basiszinssatz und nicht den gewöhnlich höheren Mischzinssatz an, dennoch wird in immerhin 4 von 15 Fällen (26,67%) – ohne Begründung – von dieser Leitlinie abgewichen und der höhere Mischzinssatz angesetzt.[64] Zum anderen verdeutlicht die Abbildung 3 die erst- und bislang auch einmalige Ermittlung und Anwendung einer sog. beherrschungsvertraglichen Risikoprämie, die aus dem in diesem Beitrag angesprochenen „Äquivalenz"-Modell von Frank/Muxfeld/Galle[65] abgeleitet wurde.[66] Ob und inwieweit dieser junge Ansatz – im Falle eines Vertrages ohne Sicherungsklauseln – in praxi und in Rspr. auf eine breite Akzeptanz stößt, ist noch ungewiss. Ungeachtet dessen müsste es nach hier vertretener Ansicht losgelöst vom konkreten Einzelfall bei konsequenter Anwendung der „DAT/Altana"-Rspr. des BVerfG gem. den Erläuterungen in Kapitel II.3 allgemein auf die Verzinsung (Rendite) unter Beachtung der Risikosituation ankommen, die vor Abschluss des Unternehmensvertrages bestand.

IV. Zusammenfassung

Die seit nunmehr über einem Jahrzehnt kontrovers diskutierte Frage bzgl. der Ermittlung eines sachgerechten Verrentungszinssatzes zur Bestimmung des angemessenen Ausgleichs nach § 304 AktG, die jüngst um weitere ökonomische Denkansätze ergänzt wurde, ist nach wie vor im Fluss. Dabei entspricht nach wohl überwiegender Auffassung in der Bewertungspraxis, der ihr folgenden Instanzrechtsprechung und im bisherigen aktienrechtlichen Schrifttum der relevante Verrentungszinssatz vereinfachend dem Mischzinssatz, der den Mittelwert aus risikoangepasstem Kapitalisierungszinssatz vor persönlichen Einkommensteuern und dem als risikolos erachteten Basiszinssatz kennzeichnet. Mit einem solchen Mischzinssatz soll der abweichenden Risikostruktur des garantierten Ausgleichsbetrages während der Vertragslaufzeit des BGAV Rechnung getragen werden. Gemäß der entsprechenden Begründung sei das Risiko der Ausgleichszahlung nicht mit dem vollen Geschäftsrisiko einer unternehmerischen Betätigung und damit dem Dividendenbezugsrisiko vergleichbar, das lediglich bei Vertragsbeendigung wieder auflebe. Deshalb sei es gerechtfertigt, einen unter dem vollen Kapitalisierungszinssatz, aber über dem Basiszinssatz liegenden Verrentungszinssatz anzusetzen. Dies sei jedoch zu relativieren, wenn der vertraglich zugesicherte (Bar-) Abfindungsanspruch i.S. des § 305 AktG bei Vertragsbeendigung wieder auflebe. Entsprechend unseren empirischen Befunden wird in dieser Konstellation bei

---

64 Diese betrifft folgende Unternehmen: BERU AG (Parteigutachter: PwC), Leica Camera AG (Parteigutachter: PKF), Utimaco Safeware AG (Parteigutachter: PKF), TDS Informationstechnologie AG (Parteigutachter: Ebner Stolz).
65 Vgl. Frank/Muxfeld/Galle, CF 2016 S. 452 ff.
66 Die Autoren sind Mitarbeiter des beauftragten Parteigutachters ValueTrust in der Sache „WCM Beteiligungs- und Grundbesitz-AG".

der Ermittlung des Verrentungszinssatzes mehrheitlich eine Orientierung an den Fremdkapitalrenditen von Unternehmensanleihen der herrschenden Gesellschaft bzw. von Unternehmensanleihen von Emittenten mit vergleichbarer Bonität bevorzugt. Gemäß den ins Feld geführten Argumenten gleiche in dieser Situation die wirtschaftliche Position von außenstehenden Aktionären vielmehr derjenigen von unbesicherten Anleihegläubigern der herrschenden Gesellschaft, die primär dem Insolvenzrisiko der Schuldnerin unterliegen.

Die vorstehenden Überlegungen basieren auf einer im Schrifttum nicht näher spezifizierten Eigenkapitalrendite-Reaktionshypothese, wonach ein außenstehender Aktionär seine risikoadäquate Renditeforderung an die veränderte Risikostruktur des künftigen Zahlungsstroms anpasst. Bei ökonomischer Betrachtungsweise unter dem Postulat der wirtschaftlichen Äquivalenz von Abfindung und Ausgleich können nachvollziehbare Gründe für eine derartige pragmatische Vorgehensweise sprechen. Schließlich liegt im Hinblick auf die Ermittlung des Verrentungszinssatzes bewertungstheoretisch ein lösungsdefektes Bewertungsproblem vor. Denn die ökonomisch sachgerechte Höhe des Verrentungszinssatzes ist abhängig von den ex ante nicht bekannten (Risiko- bzw. Werteinfluss-)Faktoren „Laufzeit des BGAV" sowie „Ertragskraft der beherrschten Gesellschaft bei vorzeitiger Vertragsbeendigung (Risiko des Vermögensentzugs)". Vor diesem Hintergrund sowie mit Blick auf unseren modelltheoretischen Ansatz in Kapitel II.2 wären je nach subjektiver Einschätzung über den künftigen Verlauf der vorstehend genannten Werteinflussfaktoren im Einzelfall Verrentungszinssätze in einer Bandbreite von 0% im Falle einer positiven Ertragsentwicklung bis zu einem Zinssatz, der deutlich über demjenigen der Unternehmensbewertung liegt (negative Ertragsentwicklung), ökonomisch begründet.

Unbeschadet des Erfordernisses betriebswirtschaftlicher Kalküle dürfte es heute unstrittig sein, dass die wirtschaftliche Betrachtungsweise dort zurücktreten muss, wo sie erkennbar im Spannungsverhältnis zu (verfassungs-)rechtlichen Vorgaben steht. Insbesondere Grundsätze mit Verfassungsrang können nicht durch eine ökonomische Sicht faktisch ausgehöhlt werden. Es gilt das Primat Rechtsfragen vor Tatsachenfragen. Dies vorausgeschickt, gibt die höchstrichterliche Rspr. gelegentlich selbst Anweisungen, jedenfalls Hinweise, für die Auslegung bzw. Anwendung von Rechtsnormen. Bereits im Jahr 1998 hat der BGH zum Ausdruck gebracht, Ausgleich und Abfindung seien unter Außerachtlassung möglicher, durch die Konzernierung bei der beherrschten Gesellschaft eintretender – negativer oder positiver – Verbundeffekte festzusetzen. Maßgeblich seien die künftigen Ertragsaussichten, welche die beherrschte Gesellschaft als unabhängiges, durch einen Beherrschungsvertrag nicht gebundenes Unternehmen hätte. In der Bewertungspraxis wird hieraus die Maßgeblichkeit des „stand alone"-Prinzips bei der Ermittlung der Abfindung nach § 305 AktG abgeleitet. Wenngleich strenggenommen dieses „stand alone"-Prinzip zum Stichtag des BGAV ebenfalls bei der Ermittlung des Ausgleichs greifen müsste, wird in der Bewertungspraxis unter ökonomisch nachvollziehbaren, aber rechtlich angreifbaren Gründen auf einen Verrentungszinssatz rekurriert, der gerade nicht etwaige wirtschaftliche Konsequenzen, mithin Risikofaktoren, aus dem Abschluss eines BGAV ausklammert. Noch schwerer wiegt hier jedoch die Tatsache, dass in diesem Zusammenhang die üblicherweise viel beachtete „DAT/Altana"-Rspr. des BVerfG – soweit ersichtlich – im Rahmen der betreffenden Diskussion gänzlich ausgeblendet wird, obwohl nach dem Duktus der höchsten Richter der Ausgleich so zu bemessen ist, dass betroffene Aktionäre auch künftig solche Renditen erhalten, die sie erhalten hätten, wenn der Unternehmensvertrag nicht geschlossen worden wäre. Zur korrekten und konkreten Umsetzung dieser Rechtsfrage, die auf ein Rendite-Risiko-Profil vor Abschluss eines BGAV abstellt, sind Juristen auf der Tatsachenebene gewöhnlich auf die sachverständige Unterstützung der Betriebswirtschaftslehre, im Regelfall Wirtschaftsprüfer, angewiesen. Mit Verweis auf die in § 304 AktG verankerte Vollausschüttungshypothese kann als normzweckadäquater Verrentungszinssatz (verfassungs-)rechtlich nur die „volle" – losgelöst von BGAV – Eigenkapitalrenditeforderung zum Ansatz kommen. Im Lichte dessen ist der gegenwärtig (noch) in der Bewertungs- und Spruchpraxis dominierende Mischzinssatz kritisch zu hinterfragen respektive abzulehnen. Denn dieser provoziert unter den vorstehenden Aspekten Konsistenzbrüche.

Aus diesem Erkenntnisstand ist gleichwohl nicht per se auf die wertmäßige Gleichwertigkeit von Ausgleich und Abfindung zu schließen. Diese resultiert in der Bewertungspraxis nur aufgrund der Gleichsetzung von Unternehmenswert je Aktie und Verrentungsbasis, wenngleich Letztere bewertungstheoretisch den Anteilswert entsprechen müsste. Solange also die Spruchgerichte die Zugrundelegung des quotalen Unternehmenswertes als Konvention billigen, ist auch ökonomisch bei rechtsrichtiger Ermittlung des Verrentungszinssatzes zugleich das in Rede stehende – und in Teilen in der Literatur geforderte – Gleichwertigkeitspostulat gewährleistet. An diesen Befunden ändern auch die gelegentlich in Unternehmensverträgen zugunsten der außenstehenden Aktionäre vorzufindenden Sicherungsklauseln nichts. Richtig ist zwar die dadurch bewirkte Reduzierung der Risikoposition im Falle einer vorzeitigen – in unserer Stichprobe nicht konstatierten – Vertragsbeendigung. Dies begründet von Rechts wegen jedoch nicht, die vermögensrechtliche Stellung eines Aktionärs während der Vertragslaufzeit herabzusetzen. Denn zum einen können Sicherungsklauseln bei einer ertragsstarken Entwicklung der beherrschten Gesellschaft wertlos verfallen. Zum anderen ist umgekehrt im Falle einer möglichen (partiellen) Auszehrung ex ante ungewiss, ob die Barwertsumme der bei Vertragsende zugesicherten Abfindung BA zzgl. der während der Vertragslaufzeit entrichteten niedrigeren Ausgleichzahlungen $AZ_{Anleihe}$ höher, gleich oder geringer ist als die Barwertsumme der während der Vertragslaufzeit gewährten „vollen" Ausgleichszahlungen AZ_{Voll} und einem – gegenüber der zugesicherten Abfindung – geringeren Anteilswert EW, wie die nachfolgende Gleichung (7) veranschaulicht.

$$\sum_{t=1}^{T} \frac{AZ_{Anleihe,t}}{(1+i+r_Z)^t} + \frac{BA_T}{(1+i+r_Z)^T}$$

$$\underset{<}{\overset{>}{=}} \sum_{t=1}^{T} \frac{AZ_{Voll,t}}{(1+i+r_Z)^t} + \frac{EW_T}{(1+i+r_Z)^T} \quad (7)$$

mit $AZ_{Anleihe} < AZ_{Voll}$,

$BA > EW$,

$AZ_{Anleihe}$, AZ_{Voll}, BA, EW ≥ 0.

In Ermangelung empirisch belastbarer Erkenntnisse geht die Bewertungspraxis im Falle einer unterstellten Vertragskündigung gegenwärtig von langen Vertragslaufzeiten aus,[67] sodass der Barwert der zugesicherten Abfindung bzw. des Anteilswertes ohnehin nicht stark ins Gewicht fallen dürfte.

Abschließend bleibt zu wünschen, dass die in diesem Beitrag eingeflossenen Überlegungen und Anmerkungen zur sachgerechten Ermittlung des Verrentungszinssatzes nicht auf Ignoranz stoßen, denn Rechtsfragen mit Verfassungsrang dürfen nicht durch eine ökonomische Betrachtungsweise – möge diese auch begründet sein – konterkariert werden.

Quelle: CORPORATE FINANCE 2018 S. 105

---

67 So unterstellte ValueTrust in ihrem Bewertungsgutachten in der Sache „WCM Beteiligungs- und Grundbesitz-AG" vom 04.10.2017 eine Vertragslaufzeit von 25 bis 30 Jahren.

Zur Berechnung der kapitalisierten Ausgleichszahlung

WP StB Dr. Matthias Popp[1]

I. Einleitung

Die Barabfindung nach § 327 b AktG bei einem Squeeze out wird typischerweise anhand des quotal auf die einzelne Aktie entfallenden, aus dem Ertragswert abgeleiteten Unternehmenswert oder dem höheren durchschnittlichen Börsenkurs festgesetzt. Sowohl in der Bewertungspraxis als auch im Schrifttum und in der Rechtsprechung wird kontrovers diskutiert, welche Bedeutung dem sogenannten kapitalisierten Ausgleich bei einem bestehenden Beherrschungs- und/oder Gewinnabführungsvertrag für die Squeeze-out-Barabfindung zukommt. Handelt es sich hierbei dem Grunde nach überhaupt um eine „angemessene Bewertungsmethode" im aktienrechtlichen Sinn, verdrängt diese den anteiligen Ertragswert? Nach wohl überwiegender Meinung im bisherigen aktienrechtlichen Schrifttum ist die Barabfindung beim Squeeze-out nicht anhand der kapitalisierten Ausgleichszahlung zu bemessen.[2] Der BGH hat sie als Obergrenze abgelehnt und explizit offengelassen, ob es sich um eine (weitere) Untergrenze handeln könnte. Solange diese Grundsatzfrage nicht entschieden ist, werden sich die Bewertungspraxis und die Rechtsprechung auch mit der konkreten Ableitung des kapitalisierten Ausgleichs befassen müssen. Klarstellend ist festzuhalten, dass sich dieser Beitrag allein auf inhaltliche Fragen zur Ableitung der kapitalisierten Ausgleichszahlung beschränkt. Die fachliche Diskussion über deren Relevanz bleibt anderen Beiträgen vorbehalten. Insoweit muss die Skepsis des Autors, ob es sich hierbei dem Grunde nach um eine angemessene Bewertungsmethode handelt, zurückstehen.

Die Bezeichnung dieser Methode ist uneinheitlich. Bei dem Barwert der Ausgleichszahlungen handelt es sich um nichts anderes als um die Summe der auf den Bewertungsstichtag kapitalisierten Ausgleichszahlungen. Insoweit ergibt sich kein inhaltlicher Unterschied. Die bei der konkreten Barwertberechnung der Ausgleichszahlungen sich stellenden Einzelfragen werden nachstehen behandelt.

---

1 Der Verfasser legt seine persönliche fachliche Meinung dar.
2 Vgl. Emmerich/Habersack, Aktien- und GmbH-Konzernrecht, 8. Aufl., München 2016, § 327 AktG, Rn. 9 a; Müller-Michaels, in: Hölters, AktG, 2. Aufl., München 2014, § 327 b AktG, Rn. 7; Koch, in: Hüffer/Koch, AktG, 12. Aufl., München 2016, § 327 b AktG, Rn. 5; Singhof, in: Spindler/Stilz, AktG, 3. Aufl., München 2015, § 327 b AktG, Rn. 4.

II. Welche Ausgleichzahlung?

Als Ausgleichszahlung ist gemäß § 304 Abs. 2 Satz 1 AktG mindestens die jährliche Zahlung des Betrags zuzusichern, der nach der bisherigen Ertragslage der Gesellschaft und ihren künftigen Ertragsaussichten unter Berücksichtigung angemessener Abschreibungen und Wertberichtigungen, jedoch ohne Bildung anderer Gewinnrücklagen, voraussichtlich als durchschnittlicher Gewinnanteil auf die einzelne Aktie verteilt werden könnte. Diese gesetzliche Regelung stellt sicher, dass der außenstehende Aktionär eine Ausgleichszahlung erhält, die wertmäßig der Dividende entspricht, die er ohne den Unternehmensvertrag erhalten würde.[3]

Die Kapitalisierungsgröße ergibt sich aus der Ausgleichszahlung abzüglich Abgeltungsteuer (zuzüglich SolZ).

In seinem Beschluss vom 21.07.2003 kommt der BGH[4] in dem dort entschiedenen Fall zu der Auffassung, dass als Ausgleichszahlung der voraussichtlich verteilungsfähige durchschnittliche Bruttogewinnanteil je Aktie abzüglich der von der Gesellschaft hierauf zu entrichtenden (Ausschüttungs-)Körperschaftsteuer in Höhe des jeweils gültigen Steuertarifs zuzusichern ist. Zur Berücksichtigung von möglichen Änderungen der Körperschaftsteuerbelastungen ist daher auch die Bemessungsgrundlage für die Körperschaftsteuer einschließlich des Solidaritätszuschlags[5] festzuschreiben. Die Ermittlung der Ausgleichszahlung zum Zeitpunkt des Vertragsabschlusses erfolgt, indem die aktuelle Körperschaftsteuer zuzüglich Solidaritätszuschlag von dem aus dem Ertragswert abgeleiteten Bruttogewinnanteil abgezogen wird. Die zur Charakterisierung des Ausgleichs nach Unternehmensteuern vereinzelt zu findende Bezeichnung als Netto-Ausgleich findet keine Entsprechung in der Rechtsprechung des BGH und ist m.E. aufgrund der Verwechslungsgefahr mit dem Ausgleich nach Einkommensteuer zu vermeiden.

Der zwischen den Vertragsparteien festgelegte Bruttogewinnanteil kann gegebenenfalls durch einen Vergleich oder ein Spruchverfahren erhöht[6] werden. Des Weiteren ist denkbar, dass sich – wie etwa durch die Unternehmensteuerreform 2008, durch die der Körperschaftsteuersatz von 25% auf 15% vermindert wurde – die jährliche Ausgleichszahlung erhöht.

Entsprechend der Vorgehensweise bei der Ertragswertberechnung ist bei der Kapitalisierung von Ausgleichszahlungen eine Nachsteuerrechnung vorzunehmen.[7]

---

[3] Vgl. BGH vom 21.07.2003 – II ZB 17/01, BGHZ 156, S. 57, 61; OLG München vom 17.07.2007 – 31 Wx 60/06, Rn. 48 (juris).
[4] Vgl. BGH vom 21.07.2003 – II ZR 17/01, WM 2003, S. 1859 ff. („Ytong").
[5] Vgl. OLG Frankfurt vom 26.01.2015 – 21 W 26/13, Rn. 76 (juris); OLG Stuttgart vom 05.06.2013 – 20 W 6/10, Rn. 254 (juris); BayObLG vom 28.10.2005 – 3Z BR 071/00, AG 2006, S. 41, 45, LG München vom 31.07.2015 – 5 HKO 16371, Rn. 403 (juris).
[6] Eine Reduzierung durch ein Spruchverfahren scheidet aus; vgl. in Bezug auf die Barabfindung: BGH vom 25.09.2015 – II Z 23/14, Rn. 37 f.; Paulsen, in: Münchener Kommentar zum AktG, 4. Aufl., München 2015, § 304 AktG, Rn. 187.
[7] Vgl. OLG Stuttgart vom 17.03. 2010 – 20 W 9/08, Rn. 252 (juris); LG Stuttgart vom 05.11.2012 – 31 O 173/09, Rn. 154 (juris).

Die jährliche Ausgleichszahlung unterliegt schließlich als Dividendenersatz der Abgeltungsteuer in Höhe von 25% (zuzüglich 5,5% Solidaritätszuschlag). Unter Geltung des Halbeinkünfteverfahrens wurde die Ausgleichszahlung mit typisiert 17,5% belegt. Auch damals wurde sie nicht als Zinsertrag angesehen.[8] Die Höhe des Ausgleichs nach Einkommensteuer kann sich somit im Zeitablauf durch Steueränderungen ebenfalls erhöhen oder vermindern.

Die für die Barwertermittlung maßgebliche Kapitalisierungsgröße (Ausgleich nach Einkommensteuer) ergibt sich m.E. in Höhe des zum Squeeze-out-Stichtags gültigen Bruttogewinnanteils abzüglich Körperschaftsteuer (zuzüglich 5,5% Solidaritätszuschlag) auf die körperschaftsteuerliche Bemessungsgrundlage abzüglich Abgeltungsteuer (zuzüglich 5,5% Solidaritätszuschlag).

ZEILE	HAUPTVERSAMM-LUNG (BEAV*)	STEUERREFORM	SPRUCHVERFAH-REN (BEAV*)
1. Bruttogewinnanteil	12,00€	12,00€	13,20€
2. Bemessungsgrundlage Körperschaftsteuer/Solidaritätszuschlag	7,58€	7,58€	8,34€
3. Körperschaftsteuer/Solidaritätszuschlag	2,00€	1,20€	1,32€
4. Steuersatz	26,38%	15,83%	15,83%
5. Ausgleichszahlung	10,00€	10,80€	11,88€
6. Einkommensteuer/Solidaritätszuschlag	1,75€	2,85€	3,13€
7. Steuersatz	17,50%	26,38%	26,38%
8. Ausgleich nach Einkommensteuer	8,25€	7,95€	8,75€

* BEAV: Beherrschungs- und Ergebnisabführungsvertrag

Tabelle 1: Beispielhafte Veränderungen des Ausgleichs im Zeitablauf

Beispiel
Das Beispiel in Tabelle 1 fasst die Rechenschritte und möglichen Veränderungen im Zeitablauf bis zur Squeezeout-Hauptversammlung zusammen.

Ausgehend von dem vereinbarten und beschlossenen Bruttogewinnanteil (vgl. Zeile 1), dem Abzug von Körperschaftsteuer/Solidaritätszuschlag von 26,38% (vgl. Zeile 4) auf die der deutschen Körperschaftsteuer unterliegenden Gewinne (vgl. Zeile 2) ergibt sich zum Zeitpunkt der Hauptversammlung über den Beherrschungs- und Ergebnisabführungsvertrag eine Ausgleichszahlung von 10,00€. Ver-

---

8 Vgl. Popp, WPg 2008, S. 23, 33; L. Schmidt, EStG, 26. Aufl., München 2007, § 20 EStG, Rn. 170. Eine Kontrollrechnung der Kapitalisierung seitens des OLG Karlsruhe vom 22.06.2005 – 12 a W 5/15, Rn. 47 (juris), auf den Stichtag im Jahr 2003 und damit unter Geltung des Halbeinkünfteverfahrens legt es nahe, dass die Kürzung der Einkommensteuer von der Ausgleichszahlung unsachgerecht mit 35% vorgenommen wurde.

mindert um die Einkommensteuer im Halbeinkünfteverfahren von 17,5% (vgl. Zeile 7) ergibt sich der Ausgleich nach Einkommensteuer von 8,25€. Kommt es infolge von Steueränderungen zu einer Reduzierung des Körperschaftsteuer-Satzes (vgl. Zeile 4), so erhöht sich unter sonst gleichen Bedingungen die Ausgleichszahlung auf 10,80€. Beim Übergang auf die Abgeltungsteuer erhöht sich die Einkommensteuerbelastung (vgl. Zeilen 6 und 7) und der Ausgleich nach Einkommensteuer sinkt auf 7,95€. Eine eventuelle Anpassung des Bruttogewinnanteils im Rahmen eines Vergleichs oder des Spruchverfahrens nach dem Beherrschungs- und Ergebnisabführungsvertrag (vgl. Zeile 1) führt unter sonst gleichen Bedingungen in diesem Beispiel bei der geringeren Körperschaftsteuer zu einem Ausgleich nach Einkommensteuer von 8,75€ (vgl. Zeile 8).

Rückschaufehler
Hinsichtlich der Frage, welche Auswirkung eine Entscheidung im Spruchverfahren nach dem Beherrschungs- und Ergebnisabführungsvertrag auf die anzusetzende Ausgleichszahlung hat, sind zwei getrennte Aspekte zu unterscheiden. Aus rein juristischer Sicht führt die Entscheidung des OLG im Spruchverfahren zu einer „rückwirkenden Umgestaltung des Unternehmensvertrags und der darin vereinbarten festen Ausgleichszahlung".[9] Diese Formulierung knüpft an die gerichtliche Bestimmung des Ausgleichs i.S. von § 13 SpruchG an, wonach dieser an die Stelle des im Vertrag Vereinbarten tritt und damit rückwirkend den Vertrag umgestaltet.[10] Die gerichtliche Bestimmung des angemessenen Ausgleichs wirkt auf den Tag der Hauptversammlung über den Beherrschungs- und Ergebnisabführungsvertrag zurück.

Es ist somit naheliegend, dass auch Entscheidungen im Spruchverfahren nach dem Squeeze-out auf diese juristische Sichtweise abstellen. So beschreibt der BGH in der Nestlé-Entscheidung bei der Sachverhaltsdarstellung[11] die Vorgehensweise von LG Frankfurt und OLG Frankfurt, welche die in dem weiteren Spruchverfahren gut zwölf Jahre nach der Squeeze-out-Hauptversammlung festgesetzte Ausgleichszahlung kapitalisieren.[12] Die Frage, ob dies sachgerecht ist, wird in der Nestlé-Entscheidung noch nicht einmal angesprochen.

Aus bewertungsmethodischer Sicht ist auf das Stichtagsprinzip abzustellen. So ist bei der Unternehmensbewertung die „Zeit des Ausscheidens" maßgeblich.[13]

---

9 OLG Frankfurt vom 16.07.2010 – 5 W 53/09, Rn. 45 (juris). Die dort zitierte Entscheidung des OLG Hamburg vom 29.01.2002 – 11 U 37/01, BB 2002, S. 747, erging zur Anrechnung von Ausgleichszahlungen auf den Abfindungsbetrag.
10 Vgl. Paulsen, a.a.O. (Fn. 6), § 304 AktG, Rn. 189.
11 Vgl. BGH vom 12.01.2016 – II ZB 25/14, Rn. 4.
12 Gleicher Ansicht LG Frankfurt vom 27.05.2014 – 3-05 O 4/07, Beschlusstext S. 14 (basierend auf einem rund sieben Jahre nach der Squeeze-out-Hauptversammlung abgeschlossenen Spruchverfahren); im Fall Nestlé OLG Frankfurt vom 15.10.2014 – 21 W 64/13, Rn. 35 (juris) (basierend auf einem rund zwölf Jahre nach der Squeeze-out-Hauptversammlung abgeschlossenen Spruchverfahren); OLG Karlsruhe vom 22.06.2015 – 12 a W 5/15, Rn. 47 (juris) (basierend auf einem rund neun Jahre nach der Squeeze-out-Hauptversammlung abgeschlossenen Spruchverfahren); LG Stuttgart vom 05.11.2012 – 31 O 173/09, Rn. 153 (juris) (basierend auf einem rund viereinhalb Jahre nach der Squeeze-out-Hauptversammlung abgeschlossenen Spruchverfahren).
13 Vgl. Großfeld/Egger/Tönnes, Recht der Unternehmensbewertung, 8. Aufl., Köln 2016, Rn. 357.

Auch ist die Beherrschung per se kein Grund, vom Stichtagsprinzip abzurücken. Im Sinne des entscheidungsorientierten Stichtagsprinzips[14] ist einzig und allein der Informationsstand relevant, der am (Squeeze-out-)Bewertungsstichtag erkennbar war. Erst nach dem Bewertungsstichtag eingetretene Tatsachen sind schlicht und einfach irrelevant.[15]

Abweichend von der rein juristischen Sichtweise ist die relevante Ausgleichszahlung stichtagsbezogen festzulegen.

In Bezug auf den relevanten Diskontierungszinssatz besteht seitens der Gerichte kein Zweifel an der Gültigkeit des Stichtagsprinzips. So beruht die Kapitalisierung eindeutig auf stichtagsbezogenen Daten.[16] Dieser Bewertungsgrundsatz ist stringent auch auf die Ausgleichszahlung als Kapitalisierungsgröße anzuwenden. Aufgrund des Stichtagsprinzips berührt eine Entscheidung in einem zum Squeeze-out-Stichtag laufenden Spruchverfahren nach dem Beherrschungs- und/oder Ergebnisabführungsvertrag die Kapitalisierungsgröße nicht. Die Verwendung von Ausgleichszahlungen aus einem Zeitraum nach der Squeeze-out-Hauptversammlung ist aus einer entscheidungsorientierten Sicht als Rückschaufehler zu qualifizieren.

III. Laufzeit des Ausgleichs nach Einkommensteuer

Kein Erkenntnisgewinn über die zugrunde zu legende Laufzeitannahme lässt sich m.E. aus den Fällen gewinnen, die durch ein fehlendes Rechtsschutzbedürfnis gekennzeichnet sind. Dieses kann vorliegen, wenn der Kläger kein schutzwürdiges Interesse an dem begehrten Urteil haben kann, weil er unter keinen Umständen mit seinem prozessualen Begehren irgendeinen schutzwürdigen Vorteil erlangen kann.[17] Steht fest, dass ein Squeeze- out-Verfahren noch vor Fälligkeit der ersten Ausgleichszahlung wirksam geworden ist, besteht für eine gerichtliche Festsetzung eines angemessenen Ausgleichs kein Rechtsschutzbedürfnis.[18]

Unterstellt man eine unendliche Dauer des bestehenden Beherrschungs- und/oder Ergebnisabführungsvertrags, so kann der Barwert der Ausgleichszahlungen mittels der Formel für die ewige Rente ermittelt werden[19] – beispielsweise wenn es keine Bestrebungen bis zum Tag der Squeeze-out-Hauptversammlung gibt, den Unternehmensvertrag zu beenden.[20] Tatsächlich ist die Dauer des Unternehmensvertrags – im Gegensatz zu der aus Vereinfachungsgründen regelmäßig getroffenen

---

14 Vgl. Popp/Ruthardt, AG 2015, S. 857, 865 f.
15 Vgl. Hüttemann/Meyer, in: Fleischer/Hüttemann (Hrsg.), Rechtshandbuch Unternehmensbewertung, Köln 2015, S. 323, 346; Meyer, AG 2015, S. 16, 20, 23; Popp/Ruthardt, AG 2015, S. 857, 860.
16 Vgl. OLG Frankfurt vom 15.10.2014 – 21 W 64/13, Rn. 32 (juris).
17 Vgl. BGH vom 09.07.2009 – IX ZR 29/09, Rn. 7; OLG Frankfurt vom 01.03.2016 – 21 W 22/13, Rn. 48 (BeckRS).
18 Vgl. OLG Stuttgart vom 03.04.2012 – 20 W 6/09, Rn. 87 (juris).
19 Vgl. OLG Frankfurt vom 15.10.2014 – 21 W 64/13, Rn. 48 (juris).
20 Vgl. BGH vom 12.01.2016 – II ZB 25/14, Rn. 2.

Annahme – häufig ungewiss. Die bisherige Laufzeit des Unternehmensvertrags kann Indizwirkung für den Fortbestand haben, da bereits lang bestehende Verträge vermutlich auch fortbestehen.[21]

Gegebenenfalls kann dahingestellt bleiben, ob von einer unendlichen Laufzeit des Vertrags oder von einer Kündigung zum nächstmöglichen Termin auszugehen ist, wenn sich in keiner Variante eine höhere als die festgelegte Barabfindung ergibt.[22] Stellt man auf eine Kündigung des Unternehmensvertrags zum nächstmöglichen Zeitpunkt ab,[23] ist für die verbleibenden Jahre – auf der Ebene der Anteilseigner – der Barwert des Ausgleichs nach Einkommensteuer der Bewertung zugrunde zu legen, und in einem anschließenden Zeitraum jenseits der Kündigung erfolgt eine Ertragswertberechnung.[24] Diese Kombination setzt nach Auffassung des OLG Frankfurt einen verlässlichen Anhaltspunkt in der Unternehmensplanung bzw. dem Übertragungsbericht voraus.[25] Hingegen kann man bei unbefristet abgeschlossenen Verträgen grundsätzlich von deren Fortbestand ausgehen[26] – zumindest dann, wenn keine Partei von einer Kündigungsmöglichkeit Gebrauch macht.[27]

Eindeutigkeit besteht, wenn die beabsichtigte Kündigung im Übertragungsbericht beschrieben wird und der Hauptaktionär am Tag der Squeeze-out-Hauptversammlung den Vertrag zum Ende der vereinbarten Mindestlaufzeit auch kündigt.[28] In diesem Fall hat der Ausgleich nach Einkommensteuer für die Zeit nach der Kündigung für den Wert der Barabfindung keine Bedeutung mehr.[29] Nicht ausreichend für die Prognose über den zeitlichen Fortbestand des Unternehmensvertrags ist aufgrund des entscheidungsorientierten Stichtagsprinzips das Abstellen auf den tatsächlichen Geschehensablauf nach dem Squeeze-out. So führt z.B. die Verschmelzung zwischen den beiden Vertragsparteien durch Konfusion zum Erlöschen des Unternehmensvertrags.[30] Auch in diesem Fall wäre zu prüfen, ob die Verschmelzungsabsicht unter der aufschiebenden Bedingung steht, dass vor der Verschmelzung der Squeeze-out vollzogen wird. Eine solche aufschiebende Bedingung würde dazu führen, dass die spätere Entwicklung nicht bereits am Stichtag in der Wurzel angelegt[31] war und insoweit für die Prognose der Laufzeit des Unternehmensvertrags irrelevant wäre.

---

21 Vgl. Jüngst, Der Ausschluss von Minderheitsgesellschaftern im Vertragskonzern, Baden-Baden 2010, S. 218.
22 Vgl. OLG Stuttgart vom 14.09.2011 – 20 W 7/08, Rn. 84 (juris).
23 Kritisch Jüngst, a.a.O. (Fn. 21), S. 217, sofern keine konkreten Anhaltspunkte vorliegen. Anderer Ansicht OLG Düsseldorf vom 15.11.2016 – 26 W 2/16, Rn. 34 (BeckRS), das in der fiktiven Beendigung zur nächsten Kündigungsmöglichkeit eine unzulässige Schätzung ohne greifbare Anhaltspunkte sieht.
24 Vgl. OLG Frankfurt vom 05.02.2016 – 21 W 69/14, Rn. 47 (BeckRS); OLG Stuttgart vom 14.09.2011 – 20 W 7/08, Rn. 86 (juris).
25 Vgl. OLG Frankfurt vom 07.06.2011 – 21 W 2/11, Rn. 61 (juris) für den Fall eines Unternehmensvertrags mit einer Laufzeit von einem Jahr und automatischer Verlängerung um jeweils ein Jahr.
26 Vgl. Paul, BB 2016, S. 1073.
27 Vgl. Leyendecker, NZG 2010, S. 927, 930; Ruthardt, Der Konzern, 2013, S. 615, 621.
28 Vgl. OLG Frankfurt vom 05.02.2016 – 21 W 69/14, Rn. 9, 37 (BeckRS).
29 Vgl. OLG Frankfurt vom 07.06.2011 – 21 W 2/11, Rn. 60 (juris).
30 Vgl. Veil, in: Spindler/Stilz, AktG, 3. Aufl., München 2015, § 297 AktG, Rn. 41.
31 Vgl. OLG Frankfurt vom 26.08.2009 – 5 W 35/09, Rn. 52 (juris), in anderem, aber übertragbarem Zusammenhang.

IV. Kapitalisierungszinssatz

Für die Kapitalisierung der Ausgleichszahlung ist ein adäquater Zinssatz heranzuziehen. Entsprechend dem Ausgleich nach Einkommensteuer ist der Kapitalisierungszinssatz nach persönlichen Einkommensteuern relevant.

Der (feste) Ausgleich wird durch die Anwendung eines Verrentungszinssatzes auf den Ertragswert des Unternehmens ermittelt. Prägend für die Ableitung des Verrentungszinssatzes ist die Frage, ob der Unternehmensvertrag eine Klausel zum Wiederaufleben des Abfindungsangebots[32] vorsah oder nicht. Besteht eine solche Klausel, kommt regelmäßig der Bonitätszuschlag zum Ansatz. Im Gegensatz dazu ist der Mittelwertansatz für den Regelfall eines Unternehmensvertrags ohne eine Klausel zum Wiederaufleben des Abfindungsangebots die übliche Vorgehensweise. Anhand der nachstehenden Überlegungen, die primär für die Ableitung des Verrentungszinssatzes entwickelt wurden, lässt sich die Höhe des Kapitalisierungszinssatzes für die Ermittlung des Barwerts der Ausgleichszahlung analog festlegen.[33]

Mittelwertansatz

Bei einer Ableitung der jährlichen Ausgleichszahlung (§ 304 AktG) durch Verzinsung des Unternehmenswerts je Aktie mit dem Mittelwert aus Basiszinssatz und risikoadjustiertem Kapitalisierungszinssatz jeweils nach persönlichen Steuern (sog. Mittelwertansatz) handelt es sich um ein übliches und angemessenes Vorgehen.[34] Durch diese Vorgehensweise wird die künftige Position der im Unternehmen verbleibenden außenstehenden Aktionäre unter Risikogesichtspunkten berücksichtigt. Auf der einen Seite ist festzuhalten, dass es sich bei den künftigen Ausgleichszahlungen wie bei der Investition in die Aktie eines nicht beherrschten Unternehmens um keine sichere Zahlung handelt.[35] Da die Ausgleichszahlung einen höheren Risikogehalt als Erträge aus Staatsanleihen hat, ist die reine Verwendung des risikolosen Basiszinssatzes und mithin ein Verzicht auf einen Risikozuschlag nicht sachgerecht.[36] Auf der anderen Seite ist die Verwendung des vollen risikoadjustierten Kapitalisierungszinssatzes ebenfalls nicht sachgerecht,[37] da in diesem Fall die Ausgleichszahlung den gleichen Risikogehalt hätte wie die Erträge aus dem

---

[32] Typischerweise enthält der Unternehmensvertrag hierbei die Regelung, dass bei einem Ende des Vertrags aufgrund einer Kündigung durch eine der beiden Vertragsparteien nach Ablauf der Frist zur Annahme der Abfindung jedem zu diesem Zeitpunkt außenstehenden Aktionär erneut das befristete Recht eingeräumt wird, seine Aktien der beherrschten Gesellschaft gegen Zahlung der Abfindung zu veräußern. Der andere Vertragsteil verpflichtet sich, diese Aktien zu der vereinbarten Abfindung oder zu einem in einem Spruchverfahren oder gerichtlichen Vergleich festgelegten höheren Betrag zu erwerben.
[33] Kritisch: Ruthardt, Der Konzern 2013, S. 615, 622.
[34] Vgl. OLG Düsseldorf vom 11.12.2015 – 26 W 9/14, Rn. 65 (BeckRS); OLG Frankfurt vom 28.03.2014 – 21 W 15/11, Rn. 236 (juris); OLG Stuttgart vom 05.11.2013 – 20 W 4/12, Rn. 134 (juris); OLG Stuttgart vom 14.09.2011 – 20 W 6/08, Rn. 225 (juris); OLG Frankfurt vom 29.04.2011 – 21 W 13/11, Rn. 104 (juris); OLG Frankfurt vom 15.02.2010 – 5 W 52/09, Rn. 115 (juris); OLG Stuttgart vom 18.12.2009 – 20 W 2/08, Rn. 320 ff. (juris); OLG München vom 31.03.2008 – 31 Wx 88/06, Rn. 57 (juris); OLG München vom 17.07.2007 – 31 Wx 60/06, Rn. 52 (juris); Popp, WPg 2008, S. 23, 32 f.; Jüngst, a.a.O. (Fn. 21), S. 220.
[35] Vgl. OLG Frankfurt vom 24.11.2011 – 21 W 7/11, Rn. 193 (juris).
[36] Vgl. Popp, WPg 2008, S. 23, 31.
[37] Vgl. OLG Frankfurt vom 28.03.2014 – 21 W 15/11, Rn. 237 (juris).

Unternehmen.[38] Soweit in diesem Zusammenhang auf die „Ytong"-Entscheidung des BGH[39] Bezug genommen wird, ist festzuhalten, dass sich der BGH mangels entsprechender Rügen mit der Höhe des Verrentungszinssatzes nicht näher auseinander gesetzt hat.[40]

Im Wesentlichen werden folgende Gesichtspunkte bei der Abwägung der Risikostruktur genannt. Als risikominimierende Komponenten wird auf die Verlustübernahmeverpflichtung (§ 302 AktG) der herrschenden Gesellschaft während der Vertragsdauer[41] sowie die gleichbleibenden Zahlungen ohne Gewinnschwankungen, die unabhängig von tatsächlich erzieltem Gewinn bestehen,[42] verwiesen. Das Risiko der Ausgleichzahlung ist daher nicht mit dem vollen Risiko einer unternehmerischen Betätigung vergleichbar, das aber im Fall der Vertragsbeendigung wieder auflebt.[43]

Demgegenüber ist für den Regelfall risikoerhöhend festzuhalten, dass der Ausgleichsanspruch nicht vor einer Auszehrung der beherrschten Gesellschaft durch nachteilige Maßnahmen des herrschenden Unternehmens schützt.[44] Im Falle einer nachhaltigen Schwächung der Ertragskraft des Unternehmens während der Vertragslaufzeit besteht die Unternehmensbeteiligung an einem im Wert geminderten Unternehmen fort.[45] Im Hinblick auf das nicht auszuschließende Insolvenzrisiko der herrschenden Gesellschaft ist der außenstehende Aktionär während der Laufzeit des Vertrags ferner dem Insolvenzrisiko der herrschenden Gesellschaft als Schuldner des Ausgleichs ausgesetzt.[46]

Unter Berücksichtigung der vorstehenden Risikogesichtspunkte ist es daher m.E. angemessen, einen unter dem vollen Kapitalisierungszinssatz, aber über dem quasi-risikolosen Basiszinssatz liegenden Kapitalisierungszinssatz anzusetzen. Der Kapitalisierungszinssatz ergibt sich als Summe aus dem Basiszinssatz nach Einkommensteuer und dem hälftigen Risikozuschlag (nach Steuern).

---

38 Vgl. Popp, WPg 2008, S. 23, 32.
39 Vgl. BGH vom 21.07.2003 – II ZR 17/01, WM 2003, S. 1859, 1861.
40 Vgl. OLG Frankfurt vom 24.11.2011 – 21 W 7/11, Rn. 199 (juris); OLG Stuttgart vom 17.10. 2011 – 20 W 7/11, Rn. 496 (juris); OLG Stuttgart vom 18.12.2009 – 20 W 2/08, Rn. 330 (juris); OLG München vom 17.07.2007 – 31 Wx 60/06, Rn. 52 (juris).
41 Vgl. OLG Stuttgart vom 05.06.2013 – 20 W 6/10, Rn. 260 (juris); LG München vom 14.02.2014 – 5 HKO 16505/08, Beschlusstext S. 70; Maul, DB 2002, S. 1423, 1425.
42 Vgl. OLG Stuttgart vom 17.10.2011 – 20 W 7/11, Rn. 498 (juris); OLG Celle vom 19.04.2007 – 9 W 53/06, AG 2007, S. 865, 867; OLG Düsseldorf vom 20.09.2006 – 26 W 8/06, Rn. 64 (juris); LG Berlin vom 23.04.2013 – 102 O 134/06, Beschlusstext S. 121.
43 Vgl. OLG Stuttgart vom 05.11.2013 – 20 W 4/12, Rn. 134 (juris).
44 Vgl. OLG Stuttgart vom 05.06.2013 – 20 W 6/10, Rn. 263 (juris); OLG Stuttgart vom 17.10.2011 – 20 W 7/11, Rn. 504 (juris); Lauber, Das Verhältnis des Ausgleichs gemäß § 304 AktG zu den Abfindungen gemäß den §§ 305, 327 a AktG, Berlin 2013, S. 208 f.
45 Vgl. LG Berlin vom 23.04.2013 – 102 O 134/06, Beschlusstext S. 121.
46 Vgl. OLG Frankfurt vom 24.11.2011 – 21 W 7/11, Rn. 202 (juris); LG München vom 14.02.2014 – 5 HKO 16505/08, Beschlusstext S. 69; LG Berlin vom 22.11.2011 – 102 O 228/07, Beschlusstext S. 59.

Am Rande sei darauf verwiesen, dass die Höhe des Wachstumsabschlags für eine Kapitalisierung von Ausgleichszahlungen keine Rolle spielt.[47] Dies korrespondiert mit der Vorgehensweise bei der Ableitung der Ausgleichszahlung, da auch hier der Verrentungszinssatz nicht um einen Wachstumsabschlag zu vermindern ist.[48]

Bonitätsaufschlag der herrschenden Gesellschaft bzw. deren Muttergesellschaft

Wenn und soweit der Unternehmensvertrag eine Klausel enthält, wonach im Falle der Vertragsbeendigung der (damalige) Abfindungsanspruch gemäß § 305 AktG wieder auflebt und insoweit ein Schutz gegen die „Auszehrung" des abhängigen Unternehmens durch nachteilige Maßnahmen des herrschenden Unternehmens besteht, so verbleibt das Bonitätsrisiko des anderen Vertragsteils als Schuldner der Ausgleichszahlung.[49] In der Praxis ist hierbei zu beobachten, dass die Muttergesellschaft der herrschenden Gesellschaft – ohne dem Unternehmensvertrag selbst beizutreten – sich mittels einer harten Patronatserklärung verpflichtet, die herrschende Gesellschaft in einer Weise finanziell auszustatten, dass diese ihre Verpflichtungen u. a. zur Zahlung der auflebenden Abfindung vollständig und fristgemäß erfüllen kann. Insoweit wirkt die Bonität der Muttergesellschaft über die Patronatserklärung auf die herrschende Gesellschaft.

Der Kapitalisierungszinssatz kann anhand des Mittelwertansatzes, ggf. aus einem Bonitätsaufschlag (spread) abgeleitet werden.

Als Ausgangsgröße zur Messung dieses Insolvenzrisikos können Renditevergleiche zwischen (risikolosen) Staatsanleihen und Industrieanleihen des anderen Vertragsteils oder Credit Default Swaps der Industrieanleihe herangezogen werden.[50] Sofern für die herrschende Gesellschaft ein aussagefähiges Rating verfügbar ist, kann der Bonitätsaufschlag (Spread) anhand eines Vergleichs der Rendite langfristig laufender Industrieanleihen der entsprechenden Ratingklasse gegenüber laufzeitäquivalenten (risikolosen) Staatsanleihen plausibilisiert werden.

---

47 Vgl. LG Frankfurt vom 22.05.2014 – 3-05 O 4/07, Beschlusstext S. 24; OLG Frankfurt vom 15.10.2014 – 21 W 64/13, Rn. 37 (juris); OLG Frankfurt vom 29.03.2011 – 21 W 12/11, Rn. 49 (juris).
48 Vgl. Großfeld, Recht der Unternehmensbewertung, 7. Aufl., Köln 2012, Rn. 85; OLG Karlsruhe vom 13.05.2013 – 12 W 77/08 (13), Rn. 106 (juris); OLG München vom 17.07.2007 – 31 Wx 60/06, Rn. 52 (juris).
49 Vgl. LG Berlin vom 23.04.2013 – 102 O 134/06, Beschlusstext S. 122; OLG Frankfurt vom 24.11.2011 – 21 W 7/11, Rn. 203 (juris).
50 Vgl. LG Berlin vom 23.04.2013 – 102 O 134/06, Beschlusstext S. 122 f.; OLG Frankfurt vom 24.11. 2011 – 21 W 7/11, Rn. 206 ff. (juris).

	MITTELWERTANSATZ			**BONITÄTSZUSCHLAG**	
Basiszins (nach Steuern)	0,44%	0,44%		0,44%	0,44%
Marktrisikoprämie (nach Steuern)	5,50%				
Einheitlicher Betafaktor	0,70		Spread (vor Steuern)	1,50%	
Risikozuschlag	3,85%		Typisierte Einkommensteuer	−0,40%	
Davon die Hälfte	1,93%	1,93%	Spread (nach Steuern)	1,10%	1,10%
Kapitalisierungszinssatz		2,37%			1,54%

Tabelle 2: Varianten des Kapitalisierungszinssatzes

Aus Gründen der Laufzeitäquivalenz sollten – soweit dies im Einzelfall möglich ist – langfristige Unternehmensanleihen zu Vergleichszwecken herangezogen werden. Die Bildung eines auf den Bewertungsstichtag bezogenen Dreimonatsdurchschnitts der täglich gemessenen Renditedifferenzen entspricht der Vorgehensweise bei der Ableitung des gewichteten Börsenkurses sowie der Zinsstrukturkurve und ist daher aus Praktikabilitätsgründen und zur Vermeidung von zufälligen Schwankungen als sachgerecht einzustufen. Unter dem derzeitigen steuerlichen Regime der Abgeltungsteuer unterliegen Dividenden sowie Ausgleichszahlungen der gleichen Besteuerung wie Zinseinkünfte. Demzufolge ist der Bonitätszuschlag um die Abgeltungsteuer von 25% zuzüglich Solidaritätszuschlag zu vermindern.

Ausgehend vom durchschnittlichen Termin von Hauptversammlungen findet zum Teil eine Auf-/ Abzinsung auf den Tag der Squeeze-out-HV statt.

Tabelle 2 zeigt exemplarisch die beiden Ermittlungsmethoden für die Ableitung des Kapitalisierungszinssatzes.

V. Auf-/Abzinsung auf den Tag der Squeeze-out- Hauptversammlung

Vereinzelt findet sich in der Praxis eine weitergehende Differenzierung für die Barwertermittlung, bei der zum einen der Tag der Squeeze-out-Hauptversammlung und zum anderen der regelmäßige Zeitpunkt der ordentlichen Hauptversammlung berücksichtigt wird.

Der BGH hat in seiner Leitsatzentscheidung vom 19.04.2011 ausdrücklich festgestellt, dass der Ausgleichsanspruch jedes Jahr mit dem Ende der auf ein Geschäftsjahr folgenden ordentlichen Hauptversammlung der abhängigen Gesellschaft neu entsteht, wenn keine abweichende Regelung im Vertrag vorgesehen ist. In Unternehmensverträgen wird in der Regel die Fälligkeit der Ausgleichszahlung geregelt. Oftmals wird diese an einem der nächsten Bankarbeitstage nach der jeweiligen ordentlichen Hauptversammlung für das abgelaufene Geschäftsjahr, spätestens acht Monate nach Ablauf eines Geschäftsjahres fällig. Erfolgt die Eintragung des Squeeze-out-Beschlusses nach der letzten ordentlichen Hauptversammlung, so stellt der – fiktive – Ausgleich (nach Einkommensteuer) für das nächste Geschäftsjahr die erste zu diskontierende Zahlung dar.

Des Weiteren kann man anhand einer Analyse historischer Daten einen durchschnittlichen Monat für ordentliche Hauptversammlungen festlegen. Nach der Formel für die ewige Rente, die den Barwert eine Zinsperiode vor der ersten zu diskontierenden Zahlung wiedergibt, berechnet sich dann der Barwert des Ausgleichs nach Einkommensteuer auf diesen durchschnittlichen Kalendermonat. Mit dem Verrentungszinssatz kann dieser Barwert dann auf den Tag der beschlussfassenden Squeeze-out-Hauptversammlung geometrisch auf- oder abgezinst werden.

> **Beispiel**
> Das Beispiel in Tabelle 3 zeigt – ausgehend vom Barwert der ewigen Rente auf den durchschnittlichen Kalendermonat der Hauptversammlung (vgl. Zeile 4) – die Aufzinsung (vgl. Zeile 6) auf den Tag der Squeeze-out-Hauptversammlung im November (vgl. Zeile 7).

	ZEILE	BERECHNUNG
1	Ausgleich nach Einkommensteuer	10,00€
2	Durchschnittlicher Kalendermonat der Hauptversammlung	Juli
3	Kapitalisierungszinssatz	3,00%
4	Barwert auf den 15.07.2016	333,33€
5	Tag der Squeeze-out-Hauptversammlung	15.11.2016
6	Aufzinsungsfaktor	1,0101
7	**Barwert auf den 15.11.2016**	**336,70€**

Tabelle 3: Aufgezinster Barwert

Vermutlich aufgrund der im einstelligen Prozentbereich liegenden Unterschiede unterbleibt aus Wesentlichkeitsgründen eine solche weitergehende Auf- oder Abzinsung des Barwerts der Ausgleichszahlungen in der Praxis häufig.

VI. Schlussbemerkung

Mit der „Nestlé"-Entscheidung hat der BGH die Berechnung der Barabfindung beim Squeeze-out anhand der kapitalisierten Ausgleichszahlung als Obergrenze abgelehnt. Solange die offene Rechtsfrage, ob die kapitalisierte Ausgleichszahlung eine (weitere) Untergrenze für die Squeeze-out-Abfindung darstellt,[51] höchstrichterlich nicht entschieden ist, besteht die Notwendigkeit zur Konkretisierung dieser Berechnungsweise.

Die maßgebliche Kapitalisierungsgröße stellt der Ausgleich nach Einkommensteuer dar. Im Sinne des entscheidungsorientierten Stichtagsprinzips ist hierbei von dem zum Squeeze-out-Bewertungsstichtag bestehenden Bruttogewinnanteil auszugehen. Meines Erachtens wäre die Bezugnahme auf Ausgleichszahlungen aus einem Zeitraum nach der Squeeze-out-Hauptversammlung als Rückschaufehler zu qualifizieren.

Unterstellt man eine unendliche Dauer des bestehenden Beherrschungs- und/oder Ergebnisabführungsvertrags, so kann der Barwert der Ausgleichszahlungen mittels der Formel für die ewige Rente ermittelt werden. Gleichwohl sind im Einzelfall alle Anhaltspunkte für die Prognose über den zeitlichen Fortbestand des Unternehmensvertrags zu würdigen. Für die Kapitalisierung der Ausgleichszahlung ist ein adäquater Zinssatz heranzuziehen.

Entsprechend dem Ausgleich nach Einkommensteuer ist der Kapitalisierungszinssatz nach persönlichen Einkommensteuern relevant. Bei der Ableitung des Kapitalisierungszinssatzes aus dem Mittelwert aus Basiszinssatz nach typisierter persönlicher Ertragsteuer und dem risikoadjustierten Kapitalisierungszinssatz (sog. Mittelwertansatz) handelt es sich um ein übliches und angemessenes Vorgehen. Unter gewissen Umständen kann die Risikokomponente aus einem Bonitätsaufschlag (sog. SpreadAnsatz) abgeleitet werden.

Bei der finanzmathematischen Abzinsung auf den Bewertungsstichtag ist zu berücksichtigen, dass die Formel für die ewige Rente den Barwert eine Zinsperiode vor der ersten zu diskontierenden (Ausgleichs-)Zahlung wiedergibt. Mithin wird die erste künftig erwartete Ausgleichszahlung um ein Jahr abgezinst. Vereinzelt findet sich daher in der Praxis eine weitergehende Differenzierung für die Barwertermittlung, bei der zum einen der Tag der Squeeze-out-Hauptversammlung und zum anderen der regelmäßige Zeitpunkt der ordentlichen Hauptversammlung berücksichtigt wird.

Quelle: WPg – Die Wirtschaftsprüfung 2018 S. 244

---

51 Ablehnend: OLG Düsseldorf vom 15.11.2016 – 26 W 2/16 (BeckRS).

6. Sonderfragen

Theorie und Praxis der Wechselkursprognose bei Unternehmensbewertungen
zur Ermittlung einer angemessenen Barabfindung 199

Anti-Dilution in Venture-Capital-Verträgen 221

Marktstudie über die Bewertungspraxis von Venture Capital-Managern in Deutschland . . . 247

Theorie und Praxis der Wechselkursprognose bei Unternehmensbewertungen zur Ermittlung einer angemessenen Barabfindung

WP/StB Dipl.-Kfm. Andreas Creutzmann | Alissa Spies, CVA, B.A. | WP/StB Dr. Jörn Stellbrink, CVA

I. Einleitung

Bei Unternehmensbewertungen international tätiger Unternehmen kann die Wechselkursprognose eine große Rolle spielen. Eine sachgerechte Abbildung der zu erwartenden Wechselkursentwicklung im Bewertungskalkül ist umso wichtiger, je stärker die geplanten finanziellen Überschüsse des Unternehmens in der Heimatwährung von der Entwicklung der Wechselkurse zu anderen Währungen (Fremdwährungen) geprägt werden. Insb. bei aktienrechtlichen Strukturmaßnahmen, wie z.B. bei einem Squeeze-out oder dem Abschluss eines Unternehmensvertrags, kann eine sachgerechte Berücksichtigung der Wechselkursentwicklung und deren Auswirkung auf die finanziellen Überschüsse bei der Unternehmensbewertung darüber entscheiden, ob die angebotene Barabfindung angemessen ist oder nicht. Es gibt bislang nur wenig Rspr. zu der Frage, welche Vorgehensweise bei der Währungsumrechnung im Rahmen der Unternehmensbewertung als angemessen anzusehen ist. Auch der Berufsstand der Wirtschaftsprüfer der aufgrund seines Bewertungsstandards IDW S 1 einen maßgeblichen Einfluss auf die Durchführung von Unternehmensbewertungen ausübt, hat sich bislang nicht explizit zu diesem Thema geäußert. Vor diesem Hintergrund soll der folgende Beitrag den aktuellen Sachstand der wissenschaftlichen und praktischen Diskussion sowie den Zusammenhang zu der bisher ergangenen Rspr. darstellen und an einem Anwendungsbeispiel die Auswirkungen unterschiedlicher Wechselkursannahmen auf das EBIT zeigen. Nachdem im nächsten Kapitel II. Rechtsnormen sowie eine Zusammenfassung der bisher ergangenen Rspr. im Zusammenhang mit der Wechselkursprognose in der Unternehmensbewertung dargestellt werden, wird im folgenden Kapitel III. untersucht, welche grundsätzlichen Möglichkeiten für die Währungsumrechnung bestehen. Darauf aufbauend werden in Kapitel IV. die theoretischen Grundlagen der Wechselkursprognose und in Kapitel V. in der Praxis zu beobachtende Vorgehensweisen dargestellt und kritisch gewürdigt.

II. Rechtsnormen und Rechtsprechung im Zusammenhang mit der Währungsumrechnung bei Unternehmensbewertungen

Im Rahmen rechtlich geprägter Bewertungsanlässe, insb. zur Ermittlung der angemessenen Barabfindung nach § 327a Abs. 1 Satz 1 AktG, stellt die Ermittlung des Unternehmenswerts eine Schätzung nach § 287 Abs. 2 ZPO i.V. mit § 738 Abs. 2 BGB dar.[1] Dabei wird von der Rspr. jedoch keine bestimmte Bewertungs- bzw. Prognosemethode zur Wertermittlung vorgegeben, gem. dem Grundsatz der freien Methodenauswahl werden vielmehr bestimmte Eigenschaften gefordert, die eine herangezogene Bewertungs- bzw. Prognosemethode erfüllen muss. Die für die Auswahl von Prognosemethoden besonders relevanten Grundsätze lassen sich dabei insb. auf Basis jüngerer Entscheidungen des BGH und des BVerfG ableiten, wonach der Unternehmenswert auf dem Wege der „Schätzung" zu ermitteln ist und dazu dienen soll, dem „wahren" Unternehmenswert „möglichst nahe" zu kommen.[2] Dabei muss die angewandte Methodik „geeignet", „aussagekräftig" und „überprüfbar" sein und die Umsetzung „methodensauber" erfolgen.[3]

Die Schätzung der künftigen Wechselkurse stellt in Bezug auf die Schätzung des Unternehmenswerts gem. § 287 Abs. 2 ZPO i.V. mit § 738 Abs. 2 BGB einen bedeutenden Parameter dar.

In der Rspr. ist als Voraussetzung für den Ansatz einer Prognosemethode die Akzeptanz in den Wirtschaftswissenschaften maßgeblich. Die in der wirtschaftswissenschaftlichen Literatur und den Lehrbüchern regelmäßig diskutierten Methoden werden in Kapitel V. dargestellt. Eine mögliche Methode besteht darin, die Fremdwährungsumrechnung unter Verwendung von Forward-Rates vorzunehmen. Forward-Rates sind zukünftige Wechselkurse, die für ein Termingeschäft vereinbart werden.[4] Sie können über Datenbankanbieter, z.B. Bloomberg, abgefragt werden. In Abhängigkeit der jeweiligen Währung stehen Forward-Rates für unterschiedlich lange Zeiträume zur Verfügung und basieren entweder auf tatsächlichen Transaktionen oder stellen aus Zinsstrukturdaten berechnete Kurse dar. Aus der Akzeptanz dieses Ansatzes in der Literatur und der Bewertungspraxis[5] lässt sich auch die Akzeptanz der Methodik im Rahmen rechtlich geprägter Bewertungsanlässe und der davon gefolgten Rspr. ableiten.

Nach unserer Kenntnis hat sich in der Rspr. bisher ausschließlich das LG München I explizit mit der Verwendung und dem Ansatz von Forward-Rates auseinandergesetzt. Das LG München I hat sich im Rahmen aktienrechtlicher Strukturmaßnahmen in jüngerer Zeit mehrfach für die Anwendung von Forward-Rates ausgesprochen.

---

[1] Vgl. z.B. BGH vom 29.09.2015 – II ZB 23/14, DB 2016 S. 160, Juris-Rn. 33; OLG Karlsruhe vom 18.05.2016 – 12a W 2/15, RS1207824, Juris-Rn. 31.
[2] Vgl. hierzu ausführlich Ruiz de Vargas, BewP 2018 S. 34.
[3] BGH vom 29.09.2015, a.a.O. (Fn. 1), Juris-Rn. 42.
[4] Der Kurs wird auch als Devisenterminkurs bezeichnet und ergibt sich aus Zu- oder Abschlägen auf den jeweiligen Kassakurs.
[5] Der Ansatz von Forward-Rates in der Literatur und Bewertungspraxis wird in Kapitel V. und VI. detailliert dargelegt.

In seinem Beschluss vom 28.05.2014 hatte das LG München I Terminkurse als „eindeutig nachprüfbare Marktdaten" und als „ein besserer Schätzer für den künftigen Wechselkurs" gegenüber den Kassakursen hervorgehoben und den Ansatz von Forward-Rates als Basis für die Planung der Wechselkursentwicklung als sachgerecht erachtet. Dabei bezog sich die Kammer insb. auf die in der betriebswirtschaftlichen Literatur bestehende Tendenz, wonach der Ansatz von Terminkursen auch aufgrund der eingepreisten Inflationserwartungen als gut geeignetes Verfahren zur Planung der Wechselkursentwicklung angesehen wird.[6]

Hinsichtlich der einer Planung zugrunde liegenden Wechselkurse hatte sich das LG München I in einem Beschluss vom 31.07.2015 dahingehend geäußert, dass bei Ansatz konstanter Wechselkurse diese anhand von Forward-Rates zu plausibilisieren seien. Da bei der zugrunde liegenden Bewertung die konstanten Wechselkurse größtenteils unterhalb der jeweiligen Forward-Rate lagen und die Bedeutung von Wechselkurseffekten für die Rentabilität der Gesellschaft von untergeordneter Bedeutung sei, könnten in diesem Fall Spot Rates der Wechselkursplanung zugrunde gelegt werden.[7]

Des Weiteren betonte das LG München I in einem darauf folgenden Beschluss vom 08.02.2017 die bessere „Zukunftsorientiertheit der Planung" durch den Ansatz von Forward-Rates gegenüber konstanten Wechselkursannahmen. Im Rahmen der dem Beschluss zugrunde liegenden Bewertung wurden die ursprünglich konstant geplanten Wechselkurse mit Forward-Rates verprobt. Da sich aus der Verprobung lediglich eine Wertabweichung von 0,035% ergab, erachtete das Gericht den Ansatz der konstanten Wechselkurse in diesem Fall als nicht ungeeignet, auch wenn Forward-Rates die Zukunftsorientiertheit der Planung besser abbildeten.[8]

In seinem Beschluss vom 28.04.2017 äußerte das Gericht, dass bei Gesellschaften, die einen erheblichen Teil ihrer Umsätze in Fremdwährungen erzielen, der Ansatz von Forward-Rates im Vergleich zu einer Planung auf Basis fester Wechselkurse vorzugswürdig sei und der in der ursprünglichen Unternehmensplanung der Gesellschaft zugrunde gelegte Ansatz von konstanten Wechselkursen nicht mehr als sachgerecht und plausibel bezeichnet werden könnte. Auch würden empirische Erhebungen zur Abweichung von Forward-Rates im Vergleich zu späteren tatsächlichen Wechselkursen der methodischen Überlegenheit von Forward-Rates nicht entgegenstehen, da sich auch bei festen Wechselkursen wesentliche Unterschiede zu späteren Kassakursen ergeben könnten. Auch spräche der Einsatz von derivativen Finanzinstrumenten zur Währungsabsicherung nicht gegen den Ansatz der Forward-Rates, da das Wechselkursrisiko durch die fehlende Laufzeitäquivalenz der Sicherungsgeschäfte nicht vermieden werden könne.[9]

Insgesamt geht aus den Beschlüssen hervor, dass die Rspr. zunehmend den Ansatz und die Verwendung von Forward Rates akzeptiert bzw. fordert.

---

6 LG München I vom 28.05.2014 – 5 HK O 22657/12, AG 2016 S. 95.
7 LG München I vom 31.07.2015 – 5 HK O 16371/13, ZIP 2015 S. 2124.
8 LG München I vom 08.02.2017 – 5 HK O 7347/15, Juris-Rn. 83 f.
9 LG München I vom 28.04.2017 – 5 HK O 26513/11, AG 2017 S. 501-508.

III. Grundsatz der Währungs- und Geldwertäquivalenz

Nach dem Grundsatz der Währungsäquivalenz in der Unternehmensbewertung müssen die Zahlungsströme des Bewertungsobjekts und der Alternativanlage in einer identischen Währung ausgedrückt werden.[10] Bestehen z.B. im Rahmen der Bewertung eines Konzerns weltweit Gesellschaften, deren finanzielle Überschüsse nicht in der Heimatwährung des Konzerns, sondern in anderen funktionalen Währungen generiert und geplant werden, müssen diese für Bewertungszwecke in eine einheitliche Währung (Konzernwährung) transferiert werden. Der Grundsatz der Geldwertäquivalenz fordert zusätzlich, dass die Zahlungsströme des Bewertungsobjekts und der Alternativanlage nicht nur in einer identischen Währung, sondern auch in äquivalenter Kaufkraft bestimmt werden müssen. Da Unternehmenswerte üblicherweise auf Basis nominaler Planungsrechnungen, die inflationsbedingte Preissteigerungen enthalten, ermittelt werden, muss folglich auch die Rendite der Alternativanlage eine nominale Größe widerspiegeln.

Es bestehen zwei Möglichkeiten, die Währungs- und Geldwertäquivalenz zu gewährleisten:

- Planung und Bewertung in einer fremden Währung (direkte Methode)
- Planung und Bewertung in der Heimatwährung (indirekte Methode)

Bei der direkten Methode werden die finanziellen Überschüsse in der landesspezifischen Währung prognostiziert. Diese sind dann mit einem zur landesspezifischen Währung äquivalenten Diskontierungszinssatz auf den Bewertungsstichtag abzuzinsen. Bei der direkten Methode wird ein spezifischer Kapitalisierungszins $k_{Ausland}$ auf die in Fremdwährung lautenden finanziellen Überschüsse angewendet. Der ermittelte *Unternehmenswert$_{FW}$* wird daraufhin zum Bewertungsstichtag (t_0) mit dem aktuellen Wechselkurs in die Heimatwährung übertragen (= *Unternehmenswert$_{HW}$*) (vgl. Abbildung 1).

---

[10] Die Alternativanlage wird durch den Kapitalisierungszinssatz repräsentiert. Vgl. dazu auch Dörschell et al., Der Kapitalisierungszinssatz in der Unternehmensbewertung, 2. Aufl. 2012, S. 10 ff.

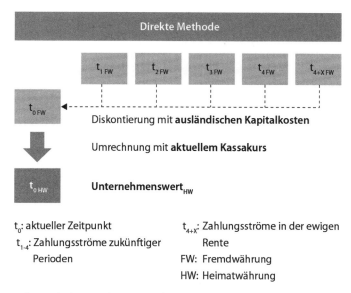

Abbildung 1: Direkte Methode zur Währungsumrechnung

Bei der indirekten Methode werden die künftigen finanziellen Überschüsse in der Heimatwährung geplant und mit einem inländischen Kapitalisierungszinssatz auf den Bewertungsstichtag diskontiert. Dafür müssen jedoch die im Ausland geplanten, zukünftigen Überschüsse jeder einzelnen Periode mit einem zu diesem Zeitpunkt sachgerechten und angemessenen Wechselkurs in die Heimatwährung umgerechnet werden (vgl. Abbildung 2).[11]

---

11 Vgl. Dörschell et al., a.a.O. (Fn. 10), S. 343.

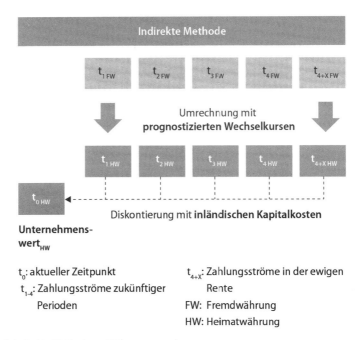

Abbildung 2: Indirekte Methode zur Währungsumrechnung

Sowohl die direkte als auch die indirekte Methode weisen Vor- und Nachteile auf, die im Rahmen der Bewertung individuell beurteilt werden müssen.[12]
Die Problematik des direkten Ansatzes liegt darin, dass die Kapitalkosten im jeweiligen Ausland ermittelt werden müssen. Dieser Aspekt erscheint in entwickelten Kapitalmärkten, z.B. in den USA, Japan, England oder Deutschland, unproblematisch. Richtet man die Betrachtung jedoch auf Schwellenländer und Wachstumsmärkte („Emerging Markets"), ist es häufig nur schwer möglich, sachgerechte Diskontierungs- bzw. Kapitalisierungsparameter zu finden. Dies liegt darin begründet, dass lediglich ein Teil der Emerging Markets über Staatsanleihen verfügt, die zu fixen Zinssätzen und langen Laufzeiten verfügbar sind.[13] Darüber hinaus sind Staatsanleihen in vielen Ländern nicht risikolos, da die Länder insolvenzgefährdet sind. Zudem tragen mangelnde Transparenz, knappe Informationsverfügbarkeit und asymmetrische Informationsverteilung dazu bei, dass in einigen Ländern der Emerging Markets eine differenzierte Betrachtung der Aktienkurse erforderlich

---

12 Mit der Anwendung der direkten und indirekten Methode setzt sich auch das IDW auseinander. Hierzu wird ausgeführt, dass neben strittigen Fragen zu angemessenen künftigen Wechselkursen und Kapitalisierungszinssätzen in der Bewertungspraxis ebenso noch nicht abschließend diskutiert sei, ob und unter welchen Bedingungen die direkte und indirekte Methode zum selben Ergebnis führen müssen. Vgl. hierzu IDW, WPH Edition, Bewertung und Transaktionsberatung, Kapitel A, Tz. 224.
13 Eine Bloomberg-Abfrage ergab, dass rund 74% der von Bloomberg als Emerging Market klassifizierten Länder Staatsanleihen zu fixen Zinssätzen mit einer Laufzeit von über 5 Jahren emittieren. Rund 60% der von Bloomberg als Emerging Market klassifizierten Länder emittieren Staatsanleihen zu fixen Zinssätzen mit einer Laufzeit von über 10 Jahren.

ist. Des Weiteren ergibt sich im Fall lokaler Konzerngesellschaften, die möglicherweise in unterschiedlichen Währungsräumen tätig sind, im Rahmen der direkten Methode ein verhältnismäßig hoher Aufwand, da dies eine Art sum-of-parts-Bewertung für die einzelnen Gesellschaften erfordern würde.

Aufgrund der genannten praktischen Aspekte erscheint die Währungsumrechnung gem. der indirekten Methode in vielen Fällen als besser geeignet. Der Vorteil der indirekten Methode liegt zudem in der Verwendung der bekannten Kapitalkosten des Heimatlandes. Dieses Vorgehen wird auch durch die Wissenschaft und Praxis weit überwiegend als sachgerecht angesehen.[14] Für die Anwendung der indirekten Methode ist es jedoch erforderlich, die künftigen Wechselkurse sachgerecht und plausibel zu schätzen. Hierzu stehen grds. verschiedene Methoden zur Verfügung, deren theoretische Grundlagen im folgenden Kapitel IV. dargestellt werden.

IV. Theoretische Grundlagen zur Ermittlung zukünftiger Wechselkurse

Zur Ermittlung der periodengerechten Umrechnung der künftigen finanziellen Überschüsse werden die entsprechenden Wechselkurse der zukünftigen Perioden benötigt. Sie können auf Basis internationaler Paritätsbeziehungen ermittelt werden. Die unterschiedlichen Methoden zur Ermittlung zukünftiger Wechselkurse können anhand der

- Relativen Kaufkraftparitätentheorie,
- Zinsparitätentheorie,
- Terminkurstheorie der Wechselkurserwartung

dargelegt werden.

Die relative Kaufkraftparitätentheorie besagt, dass Wechselkursänderungen von güterwirtschaftlichen Entwicklungen abhängen:

---

[14] Vgl. Bruner et al., Investing in Emerging Markets, The Research Foundation of the AIMR, 2003, S. 71; Frankel/Poonawala, Journal of International Money and Finance 3/2010 S. 589, S. 595 ff.; Bansal/Dahlquist, Journal of International Economics 1/2000 S. 117; Ross et al.: Corporate Finance, 2002, S. 881 (887); Bekaert/Hodrick, International Financial Management, 2012, S. 218; Brealey et al., Principles of Corporate Finance, 2011, S. 683; Begemann, Optimales Hedging von Währungsrisiken bei internationaler Aktienanlage, 2003, S. 13.

$$E(W_{FW_1}) = \frac{E(1+\pi_{1FW})}{E(1+\pi_{1HW})} \times W_{FW_0} \tag{1}$$

mit:

$E(\ )$ = Erwartungswertoperator

$E(W_{FW_1})$ = Erwarteter Wechselkurs im Zeitpunkt t_1

W_{FW_0} = Wechselkurs im Zeitpunkt t_0

π_{1FW} = Inflationsrate im Ausland von t_0 auf t_1

π_{1HW} = Inflationsrate im Heimatland von t_0 auf t_1

Laut dieser Theorie hängt der erwartete zukünftige Wechselkurs $E(W_{FW1})$ von dem aktuellen Wechselkurs (W_{FW0}) und dem Verhältnis der erwarteten zukünftigen Inflationsraten Ausland/Heimatland (π_{1FW}/π_{1HW}) ab. Demnach ist zu erwarten, dass der künftige Wechselkurs[15] steigt, wenn die erwartete Inflationsrate im Ausland über der Inflationsrate im Inland liegt. Umgekehrt sinkt der zukünftige Wechselkurs durch eine höhere erwartete Inflationsrate im Heimatland bzw. eine niedrigere erwartete Inflationsrate im Ausland.

Bei der relativen Kaufkraftparitätentheorie ist zu berücksichtigen, dass die zukünftigen erwarteten Inflationsraten π_{1HW} und π_{1FW} geschätzt werden müssen, wodurch im Vergleich zu einer direkten Schätzung von $E(W_{FW1})$ keine Erleichterung vorliegt. Auch liegen Schätzungen der zukünftigen Inflationsraten meist nur für einen verhältnismäßig kurzen Zeitraum vor, der möglicherweise den Planungszeitraum eines Unternehmens nicht vollständig abdeckt.

Die Zinsparitätentheorie stellt zur Ermittlung eines zukünftigen Wechselkurses hingegen auf die Beziehung zwischen in- und ausländischen Nominalzinssätzen ab. Dabei kann sie in eine ungedeckte und eine gedeckte Variante unterschieden werden. In ihrer ungedeckten Form ergibt sich der erwartete Wechselkurs im Zeitpunkt t_1 $E(W_{FW1})$ aus dem Verhältnis des erwarteten ausländischen (nominellen) Zinssatzes $E(1+r_{FW})$ zum erwarteten inländischen (nominellen) Zinssatz $E(1+r_{HW})$ multipliziert mit dem Wechselkurs zum Zeitpunkt t_0:

$$E(W_{FW_1}) = \frac{E(1+r_{FW})}{E(1+r_{HW})} \times W_{FW_0} \tag{2}$$

mit:

r_{FW} = Zinssatz im Ausland von t_0 auf t_1

r_{HW} = Zinssatz im Heimatland von t_0 auf t_1

Zur Eliminierung des Wechselkursrisikos, welches durch den Erwartungswert $E(W_{FW1})$ impliziert wird, kann $E(W_{FW1})$ durch den Abschluss eines Terminkontrakts

---

15 Es handelt sich um eine Mengennotierung, bei der die Menge an ausländischen Währungseinheiten angegeben wird, die einer Einheit der inländischen Währung (Heimatwährung) entspricht.

durch den sicheren Terminwechselkurs für t_1 zum Zeitpunkt t_0 (W^t_{FW1}) ersetzt werden, wodurch die gedeckte Zinsparitätentheorie beschrieben wird:

$$E(W^t_{FW_1}) = \frac{E(1 + r_{FW})}{E(1 + r_{HW})} \times W_{FW_0} \qquad (3)$$

Sind demnach die Nominalzinsen im Ausland höher als im Heimatland, so wirkt sich dies erhöhend auf den zukünftigen Wechselkurs aus. Folglich wird der zukünftige Wechselkurs durch niedrigere Nominalzinsen im Ausland bzw. eine höhere Nominalverzinsung im Heimatland gemindert. Die Anwendung der gedeckten Zinsparitätentheorie ist methodisch zudem kompatibel zu der Ermittlung des risikolosen Basiszinssatzes nach der Svensson-Methode, da die zugrunde liegende Zinsstrukturkurve mittelbar in die Wechselkursberechnungen zum Euro eingeht. Die Terminkurstheorie der Wechselkurserwartung schließlich stellt einen Zusammenhang zwischen W^t_{FW1} und $E(W_{FW1})$ her. Demnach entspricht der zum Zeitpunkt t_0 gültige Terminkurs für den Zeitpunkt t_1 dem (erwarteten) Kassawechselkurs zum Zeitpunkt t_1:

$$E(W_{FW_1}) = W^t_{FW_1} \qquad (4)$$

Die Terminkurstheorie der Wechselkurserwartung als auch die ungedeckte Zinsparitätentheorie stellen somit einen direkten Zusammenhang zwischen aktuell gültigen (t_0) und zukünftigen (t_1) Wechselkursen her.

Der zum Zeitpunkt t_1 erwartete Wechselkurs $E(W_{FW1})$ kann demnach über die relative Kaufkraftparitätentheorie, die ungedeckte Zinsparitätentheorie und die Terminkurstheorie der Wechselkurserwartung prognostiziert werden. Zudem lassen sich die drei Paritätstheorien über den internationalen Fisher Effekt und die gedeckte Zinsparitätentheorie ineinander überleiten.[16]

V. Bewertungsliteratur und -praxis

In der Unternehmensbewertung werden zur Währungsumrechnung weit überwiegend Forward-Rates angesetzt.[17] In Abhängigkeit der jeweiligen Währung stehen Forward-Rates für unterschiedlich lange Zeiträume zur Verfügung.

---

16 Vgl. hierzu ausführlich Ruiz de Vargas, BewP 2018 S. 38.
17 Vgl. McKinsey & Company, VALUATION, 6. Aufl. 2015, S. 459 (461); Gann, Internationale Investitionsentscheidungen multinationaler Unternehmungen: Einflußfaktoren – Methoden – Bewertung, 1996, S. 159; Rullkötter, Unternehmensbewertung nach dem DCF-Verfahren in Emerging Markets, 2010, S. 65; Dörschell et al.: a.a.O. (Fn. 10), S. 346; Holthausen/Zmijewski, Corporate Valuation, 2014, S. 737; Ruiz de Vargas, Internationales/Globales CAPM und Wechselkursprognose in der Unternehmensbewertung, 8. Jahreskonferenz der EACVA, 2014, sowie Ruiz de Vargas, Anwendungsfragen zum globalen CAPM in der Praxis der Unternehmensbewertung, 9. Jahreskonferenz der EACVA, 2015; Prengel/Hellbardt, Übertragung von Unternehmen im Ausland, Besonderheiten der Unternehmensbewertung, Entrepreneur August 2017 S. 23; eine Umfrage im Rahmen des 3. Symposiums „Unternehmensbewertung in der Rspr." ergab, dass 64% der abgegebenen Stimmen die Terminkursmethode gegenüber der Kassakursmethode (34% der Stimmen) bevorzugten, vgl. dazu Karami, BewP 2015 S. 76 (89).

Neben den Forward-Rates können zur Wechselkursprognose in der Unternehmensbewertung z.B. auch Wechselkurse auf Basis der relativen Kaufkraftparitätentheorie, Analystenschätzungen oder konstante, auf dem Kassakurs basierende Wechselkurse angewendet werden. In diesem Beitrag werden die unterschiedlichen Ansätze im Rahmen eines Anwendungsbeispiels in Kapitel VI. gegenübergestellt.

Kengelbach sieht die Umrechnung in ausländischer Währung erwarteter künftiger Überschüsse zu Devisenterminkursen in der Unternehmensbewertung als einzige adäquate Methode an.[18]

Auch Ruiz de Vargas/Breuer sprechen sich im Rahmen der Unternehmensbewertung für den Ansatz von Terminkursen (Forward-Rates) zur Umrechnung der Zahlungsströme aus. Sie empfehlen jedoch eine Adjustierung der Terminkurse durch Berücksichtigung einer Risikoprämie auf Basis des globalen CAPM auf den Terminkurs. Die von ihnen beschriebene Prognosemethode bezeichnen sie als „risikoadjustierte Terminkursmethode", die sich aus der Terminkurstheorie der Wechselkurserwartung und der ungedeckten Zinsparitätentheorie ableiten lässt.[19] In einem Kommentar zum AktG führt Ruiz de Vargas explizit aus, dass für die Wechselkursprognose eine zum „Kapitalisierungszinssatz äquivalente Methode anzusetzen" sei und hierfür die risikoadjustierte bzw. einfache Terminkursmethode zu verwenden sei. Die Kassakursmethode sei der Terminkursmethode aufgrund der fehlenden Berücksichtigung von Trendverläufen aufgrund des Verhältnisses der Zinsstrukturkurven und unterschiedlichen Inflationserwartungen i.d.R. unterlegen.[20]

Sofern keine konstanten Wechselkurse, sondern Forward-Rates Anwendung finden, kann der Planungszeitraum vollständig durch die Anwendung der laufzeitäquivalenten Forward-Rates abgedeckt werden. Alternativ können Forward-Rates auch nur für einen (ersten) Teil des Planungszeitraums angewendet werden. Für die Folgejahre und im nachhaltigen Ergebnis kann dann z.B. die Forward-Rate des vorangegangenen Planjahres konstant fortgeschrieben werden. Dieses Vorgehen bietet sich insb. bei längeren Planungszeiträumen und weniger liquiden Wechselkursen an, da das Handelsvolumen von Forward-Rates mit steigender Laufzeit zurückgeht.[21]

Tabelle 1 stellt die Vor- und Nachteile der Anwendung von Forward-Rates zusammenfassend dar.

---

[18] Vgl. Kengelbach, Unternehmensbewertung bei internationalen Transaktionen, 2000, S. 214 ff.
[19] Vgl. Ruiz de Vargas/Breuer, BewP 2015 S. 2 ff. sowie BewP 2015 S. 50 ff.
[20] Vgl. Ruiz de Vargas, in: Bürgers/Körber (Hrsg.), Aktiengesetz, 4. Aufl. 2017, S. 2322 f.
[21] Vgl. Bank für Internationalen Zahlungsausgleich, Triennial Central Bank Survey, Global foreign exchange market turnover in 2016, Dezember 2016, S. 64 f., sowie auch McKinsey & Company, VALUATION, 4. Aufl. 2005, S. 624. Detailliertere Angaben zum Handelsvolumen von Forward-Rates mit Laufzeiten über einem Jahr sind jedoch aufgrund der Tatsache, dass Forward-Rates außerbörslich („OTC") gehandelt werden, nicht abrufbar.

Vorteile von Forward-Rates	Nachteile von Forward-Rates
– Forward-Rates auf Basis der gedeckten Zinsparität sind methodisch konsistent zur Anwendung der Svensson-Methodik zur Ableitung des Basiszinssatzes. – Forward-Rates basieren auf Kapitalmarktdaten und werden im Bankenmarkt gehandelt. – Sowohl in der Theorie als auch in der Praxis ist die Anwendung von Forward-Rates überwiegend anerkannt. – Forward-Rates sind teilweise für sehr lange Laufzeiten abrufbar. – Es handelt sich um periodenspezifische, eindeutige Daten, die grds. konsistent zu den Annahmen des CAPM sind.	– Analysen[a] zeigen für unterschiedliche Währungen teilweise hohe Abweichungen zwischen Forward-Rates und zukünftigen tatsächlichen Kassakursen. – Bei weniger gehandelten Währungen ist eine differenzierte Überprüfung der Aussagefähigkeit der Forward-Rates erforderlich.

[a] Es handelt sich dabei um eigene Analysen im Rahmen unserer Bewertungsprojekte.
Quelle: Eigene Darstellung

Tabelle 1: Vor- und Nachteile der Anwendung von Forward-Rates im Rahmen der Unternehmensbewertung

Insgesamt zeigt sich, dass die Anwendung von Forward-Rates in der Unternehmensbewertung einen wichtigen Aspekt zur Gewährleistung der Risikoäquivalenz darstellt.

Entgegen den Aussagen in der oben dargestellten Literatur kommen Schultheiß/Schultze in ihren Beiträgen[22] zu dem Ergebnis, dass die von Datenbankanbietern zur Verfügung gestellten Forward-Rates für die Unternehmensbewertung keinen geeigneten, sondern vielmehr einen verzerrten Schätzer künftiger Wechselkurse darstellten. Diesen Umstand führen sie u.a. auf eine beobachtete, meist entgegengesetzte Entwicklung von Swap Points[23] im Vergleich zur Forward-Rate zurück. Demnach würden die Swap Points, die als Zu- bzw. Abschlag zur Spot Rate zur Ermittlung der Forward-Rate dienen, meist in die entgegengesetzte Richtung der zukünftigen Wechselkursentwicklung weisen. Wenn z.B. das Zinsniveau in US-Dollar höher liegt als das Zinsniveau der Heimatwährung, wäre nach der Zinsparitätentheorie davon auszugehen, dass der US-Dollar gegenüber der Heimatwährung abwerten müsste. Tatsächlich wird jedoch beobachtet, dass der US-Dollar, entgegen der der Forward-Rate zugrunde liegenden Annahme, häufig aufwertet.

Dieser Umstand könne im Rahmen der Ermittlung von Unternehmenswerten im Rahmen internationaler Bewertungen zu erheblichen Schätzfehlern führen. Erwartungen über künftige Wechselkursentwicklungen, die zu einer erhöhten Nachfrage einer Währung zu Termin führten, würden sich gem. der Bankenbefragung von Schultheiß/Schultze unmittelbar auf die Spot Rate auswirken und würden dort

---

22 Vgl. Schultheiß/Schultze, WPg 2017 S. 1478 ff., sowie Schultheiß/Schultze, WPg 2018 S. 155 ff.
23 Swap Points sind Zu- bzw. Abschläge, die zur Spot Rate hinzugerechnet werden, um die Forward-Rate zu ermitteln. Die Swap Points berücksichtigen dabei die Zinsdifferenzen zwischen den zwei Währungen sowie die Laufzeit bis zum Fälligkeitszeitpunkt der Transaktion.

demnach direkt eingepreist. Die Forward-Rates spielten insgesamt im Rahmen der Prognose über die erwartete Wechselkursentwicklung bei den befragten Banken keine Rolle, sondern dienten ausschließlich der Absicherung gegen Wechselkursänderungen.[24] Bei der Wechselkursprognose würden Banken bei längeren Prognosehorizonten in ihren Modellen[25] insb. auf das Preisniveau oder das Inflationsdifferenzial im Rahmen von Kaufkraftparitätenmodellen als wesentliche Bestimmungsfaktoren abstellen, da die der ungedeckten Zinsparitätentheorie zugrunde liegende Effizienzmarkthypothese überwiegend nicht erfüllt sei.

Da für die Anwendung der relativen Kaufkraftparitätentheorie die zukünftigen erwarteten Inflationsraten wiederum geschätzt werden müssen, liegt im Vergleich zu einer direkten Schätzung des erwarteten Wechselkurses grds. keine Erleichterung vor. Allerdings sind Schätzungen in Bezug auf die erwarteten Inflationsraten in verschiedenen Währungsräumen auch öffentlich verfügbar.[26] Des Weiteren sollte in Bezug auf die kritische Würdigung der Effizienzmarkthypothese sowie der Zinsparitätentheorie auch berücksichtigt werden, dass für Zwecke der Unternehmensbewertung im Rahmen des CAPM ein Kapitalkostenmodell Anwendung findet, das ebenfalls grds. vollkommene Kapitalmärkte unterstellt und somit ebenfalls z.T. erhebliche Abstraktionen von der Realität enthält. Dennoch finden diese Annahmen überwiegend Anwendung in der Unternehmensbewertung und ebenfalls Akzeptanz in der Rspr.[27]

Im folgenden Kapitel VI. werden anhand eines Praxisbeispiels die Auswirkungen unterschiedlicher Methoden der Wechselkursprognose auf das EBIT analysiert und die sich nach den ausgewählten Methoden ergebenden Wechselkurse den tatsächlichen IST-Kursen gegenübergestellt.

VI. Anwendungsbeispiel

Zur Veranschaulichung der unterschiedlichen Ansätze zur Berücksichtigung von Wechselkursen in der Unternehmensbewertung ist im Folgenden das Beispiel der X-AG dargestellt.

Die X-AG ist ein weltweit tätiger Konzern mit Betriebsstätten in unterschiedlichen Währungsräumen. Die Heimatwährung der X-AG ist Euro, da sie jedoch rd. 70% ihrer Umsatzerlöse in unterschiedlichen Fremdwährungen erzielt, ist die Wech-

---

24 Bloomberg erläutert zu Kassa- und Futures-Kursen: „Viele Leute, auch im Finanzsektor, glauben, dass ein Terminkurs eine Erwartung oder Prognose zukünftiger Devisenbewegungen ist. Dies entspricht nicht der Wahrheit. Tatsächlich ist der Terminkurs nichts anderes als ein Spiegel des aktuell vorherrschenden Kassakurses. Dies erlaubt die Zinsdifferenz zwischen den zwei Währungen und dem Zeitraum bei Ablauf, an dem die tatsächliche Transaktion abgeschlossen wird.", vgl. hierzu Bloomberg, HELP PAGE FX FORWARD CALCULATOR (FRD), S. 34.
25 Bei den verwendeten Modellen handelt es sich gem. Schultheiß/Schultze um ökonometrische Modelle, die bei den unterschiedlichen Banken strukturell recht ähnlich sind und denen weitgehend übereinstimmende Bestimmungsfaktoren zugrunde liegen. Dazu zählen gem. Schultheiß/Schultze neben dem Preisniveau und dem Inflationsdifferenzial auch noch weitere volkswirtschaftliche Faktoren wie das Produktivitätsdifferenzial, die Terms of Trade, Verschuldungsgrad und Leistungsbilanzsaldo des Währungsraums und das Zinsdifferenzial am langen Ende der Zinsstrukturkurve (vgl. Schultheiß/Schultze, WPg 2018 S. 157 ff.).
26 Die Daten können bspw. bei der OECD, dem IWF oder der Weltbank abgerufen werden.
27 Vgl. z.B. OLG Düsseldorf vom 27.05.2009 – I-26 W 5/07, Juris-Rn. 122.

selkursprognose für die X-AG von großer Bedeutung. Wesentliche ausländische Währungen sind u.a.

- US-Dollar („USD"),
- Südafrikanischer Rand („ZAR"),
- Brasilianischer Real („BRL") und
- Indische Rupie („INR").

Der Unternehmensbewertung liegt die Planung der X-AG zugrunde, die einen neunjährigen Planungszeitraum umfasst. Dieser beinhaltet eine Detailplanungsphase der Jahre 2012-2014 und eine Grobplanungsphase für die Jahre 2015-2020. Die ursprüngliche Planung unterstellte dabei konstante Wechselkurse bei der Umrechnung der in Fremdwährung geplanten Konzerngesellschaften.[28] Die von der X-AG zum Bewertungsstichtag bereits eingegangenen Kurssicherungsgeschäfte haben einen überschaubaren Umfang und weisen maximal eine Laufzeit von drei Monaten auf, sodass diese im Rahmen der nachfolgenden Darstellung (vereinfachend) nicht berücksichtigt werden.
Im Rahmen einer Szenariobetrachtung wurden daraufhin die Auswirkungen auf das EBIT der X-AG analysiert. Dabei wurden folgende Alternativen bei der Umrechnung der in Fremdwährung geplanten finanziellen Überschüsse betrachtet:[29]

- Anwendung laufzeitäquivalenter Forward-Rates für den gesamten Planungszeitraum (Szenario 1),
- Anwendung laufzeitäquivalenter Forward-Rates bis zum Jahr 2014 und konstante Fortschreibung der Forward-Rates des Jahres 2014 in der Grobplanungsphase bis zum Jahr 2020 (Szenario 2),
- Anwendung auf Basis der Kaufkraftparität ermittelter laufzeitäquivalenter zukünftiger Wechselkurse bis zum Jahr 2014 und konstante Fortschreibung des erwarteten Wechselkurses des Jahres 2014 in der Grobplanungsphase bis zum Jahr 2020 (Szenario 3),[30]
- Anwendung von Analystenschätzungen zu den künftigen Wechselkursen bis zum Jahr 2014 und konstante Fortschreibung der erwarteten Wechselkurse des Jahres 2014 in der Grobplanungsphase bis zum Jahr 2020 (Szenario 4).[31]

---

28 Die zugrunde gelegten Kurse basieren dabei auf Erfahrungswerten des Konzerncontrollings.
29 Die Abfrage der Forward-Rates und Analystenschätzungen sowie der aktuellen Kassakurse erfolgte zum 07.07.2011. Die Daten zur Inflationserwartung des Internationalen Währungsfonds („IWF") basieren auf der World Economic Outlook Database, September 2011.
30 Zum Bewertungsstichtag lagen Daten zur Inflationserwartung des IWF nur bis zum Jahr 2016 vor. Aus diesem Grund wird nur ein Szenario zu den auf Basis der Kaufkraftparität ermittelten Wechselkursen dargestellt.
31 Zum Bewertungsstichtag lagen Analystenschätzungen der relevanten Wechselkurse nur bis zum Jahr 2015 vor. Aus diesem Grund wird nur ein Szenario zu den Analystenschätzungen dargestellt. Bei den Schätzungen wurde der Median des sog. Bloomberg Composite zugrunde gelegt. Dieser beinhaltet rd. 70 Anbieter von Analystenschätzungen.

Die Abfrage der Forward-Rates sowie der Analystenschätzungen erfolgte über den Datenbankanbieter Bloomberg LP. Forward-Rates können dort über die Funktion „FRD" abgefragt werden. FRD ist definitionsgemäß eine „umfassende Lösung für das Pricing von Devisentermingeschäften, die Ihnen Marktkonsens-Terminkurse (...) liefert."[32] Für den USD waren zum Abfragedatum tatsächlich gehandelte Terminkurse bis zu einer Laufzeit von 20 Jahren, für den ZAR bis zu einer Laufzeit von fünf Jahren, für den BRL bis zu einer Laufzeit von 15 Jahren und für die INR bis zu einer Laufzeit von zehn Jahren verfügbar. Dabei wurden die Forward-Rates für die Währungen ZAR, BRL und INR über den USD aus interpolierten Kursen kalkuliert („cross currency-calculation"). Für längere Laufzeiten werden die Kurse von Bloomberg implizit aus Zinssätzen auf Basis der Swap-Curve ermittelt.

Tabelle 2 zeigt die den unterschiedlichen Szenarien zugrunde liegenden Wechselkurse sowie die ex-post realisierten Ist-Wechselkurse.[33]

ÜBERSICHT ÜBER DIE ANGESETZTEN WECHSELKURSE IN DEN EINZELNEN SZENARIEN									
WÄHRUNG / SZENARIO	2012	2013	2014	2015	2016	2017	2018	2019	2020
USD									
Konstante Wechselkurse	1,31	1,31	1,31	1,31	1,31	1,31	1,31	1,31	1,31
1. Forward-Rates (bis 2020)	1,41	1,40	1,39	1,40	1,41	1,42	1,43	1,44	1,46
2. Forward-Rates (bis 2014)	1,41	1,40	1,39	1,39	1,39	1,39	1,39	1,39	1,39
3. Kaufkraftparität bis 2014	1,44	1,43	1,42	1,42	1,42	1,42	1,42	1,42	1,42
4. Analystenschätzungen	1,38	1,36	1,35	1,35	1,35	1,35	1,35	1,35	1,35
Wechselkurs (Ist)	1,32	1,38	1,21	1,09	1,05	1,20	n/a	n/a	n/a
ZAR									
Konstante Wechselkurse	9,75	9,75	9,75	9,75	9,75	9,75	9,75	9,75	9,75
1. Forward-Rates (bis 2020)	10,29	10,84	11,47	12,12	12,79	13,46	14,16	14,89	15,61
2. Forward-Rates (bis 2014)	10,29	10,84	11,47	11,47	11,47	11,47	11,47	11,47	11,47

---

32 Vgl. Bloomberg, HELP PAGE FX FORWARD CALCULATOR (FRD), S. 4.
33 Die dargestellten Wechselkurse wurden jeweils zum 31.12. des betrachteten Jahres bzw. zum 01.01. des Folgejahres erhoben.

ÜBERSICHT ÜBER DIE ANGESETZTEN WECHSELKURSE IN DEN EINZELNEN SZENARIEN									
WÄHRUNG / SZENARIO	2012	2013	2014	2015	2016	2017	2018	2019	2020
3. Kaufkraftparität bis 2014	10,07	10,40	10,71	10,71	10,71	10,71	10,71	10,71	10,71
4. Analystenschätzungen	10,07	9,72	10,10	10,10	10,10	10,10	10,10	10,10	10,10
Wechselkurs (Ist)	11,20	14,44	14,08	16,95	14,50	14,83	n/a	n/a	n/a
BRL									
Konstante Wechselkurse	2,29	2,29	2,29	2,29	2,29	2,29	2,29	2,29	2,29
1. Forward-Rates (bis 2020)	2,49	2,66	2,84	3,00	3,17	3,35	3,55	3,78	4,01
2. Forward-Rates (bis 2014)	2,49	2,66	2,84	2,84	2,84	2,84	2,84	2,84	2,84
3. Kaufkraftparität bis 2014	2,34	2,40	2,46	2,46	2,46	2,46	2,46	2,46	2,46
4. Analystenschätzungen	2,28	2,38	2,38	2,38	2,38	2,38	2,38	2,38	2,38
Wechselkurs (Ist)	2,71	3,25	3,24	4,32	3,43	3,97	n/a	n/a	n/a
INR									
Konstante Wechselkurse	59,70	59,70	59,70	59,70	59,70	59,70	59,70	59,70	59,70
1. Forward-Rates (bis 2020)	67,62	69,40	71,46	73,48	75,16	76,69	79,22	82,17	84,40
2. Forward-Rates (bis 2014)	67,62	69,40	71,46	71,46	71,46	71,46	71,46	71,46	71,46
3. Kaufkraftparität bis 2014	69,17	72,90	75,38	75,38	75,38	75,38	75,38	75,38	75,38
4. Analystenschätzungen	60,72	59,84	59,84	59,84	59,84	59,84	59,84	59,84	59,84
Wechselkurs (Ist)	72,43	85,11	77,16	72,29	71,63	76,49	n/a	n/a	n/a
Quelle: Bloomberg, eigene Darstellung									

Tabelle 2: Übersicht über die angesetzten Wechselkurse in den einzelnen Szenarien

Zudem wird im vorliegenden Beispiel davon ausgegangen, dass die unterschiedlichen Wechselkurserwartungen in den einzelnen Szenarien keinen unmittelbaren Einfluss auf das operative Geschäft der Gesellschaft haben, sodass die in Fremdwährung geplanten finanziellen Überschüsse in den einzelnen Szenarien identisch sind und insoweit eine Umrechnung dieser Überschüsse mit den jeweiligen Wechselkursen sachgerecht ist.

Tabelle 3 zeigt die sich unter den getroffenen Annahmen auf Basis der Szenarien 1 und 2 ergebenden Anpassungen auf das EBIT der X-AG. Daraus ergibt sich, dass die Abweichung des EBIT auf Basis ab dem Jahr 2015 angenommener konstanter Forward-Rates (Szenario 2) zu dem ursprünglich auf Basis konstanter Wechselkurse geplanten EBIT geringer ausfällt als unter Anwendung laufzeitäquivalenter Forward-Rates für den gesamten Planungszeitraum (Szenario 1).

Auswirkung der Wechselkursanpassung auf das EBIT (Szenario 1)									
WÄHRUNG / IN MIO. €	2012	2013	2014	2015	2016	2017	2018	2019	2020
USD	-6	-5	-6	-6	-7	-8	-9	-11	-12
ZAR	-1	-2	-3	-5	-6	-8	-9	-11	-13
BRL	-1	-2	-2	-3	-4	-5	-6	-6	-8
INR	-1	-1	-2	-2	-3	-3	-4	-5	-6
Summe	-10	-11	-13	-16	-19	-24	-28	-33	-38
EBIT gem. Szenario 1	190	214	237	259	281	301	322	342	362
EBIT bei konstanten Wechselkursen	200	225	250	275	300	325	350	375	400
Abweichung in%	-4,9	-4,9	-5,3	-5,7	-6,5	-7,2	-8,0	-8,8	-9,5

Auswirkung der Wechselkursanpassung auf das EBIT (Szenario 2)									
WÄHRUNG / IN MIO. €	2012	2013	2014	2015	2016	2017	2018	2019	2020
USD	-6	-5	-6	-6	-6	-7	-7	-8	-8
ZAR	-1	-2	-3	-4	-4	-4	-5	-5	-5
BRL	-1	-2	-2	-3	-3	-3	-3	-3	-4
INR	-1	-1	-2	-2	-2	-2	-3	-3	-3
Summe	-10	-11	-13	-14	-15	-16	-17	-19	-20
EBIT gem. Szenario 2	190	214	237	261	285	309	333	356	380
EBIT bei konstanten Wechselkursen	200	225	250	275	300	325	350	375	400
Abweichung in%	-4,9	-4,9	-5,3	-5,0	-5,0	-5,0	-5,0	-5,0	-5,0

Quelle: Eigene Darstellung

Tabelle 3: Auswirkung der Wechselkursanpassung durch Forward-Rates auf das EBIT

Die dem Szenario 2 zugrunde liegende Annahme konstanter Wechselkurse in der Grobplanungsphase auf Basis der Forward-Rates des letzten Jahres des operativen Planungszeitraums entspricht einer in der Bewertungspraxis üblichen Vorgehensweise. Hierdurch wird auch berücksichtigt, dass insb. die Prognosegüte in Bezug auf die Entwicklung von Währungen in Emerging Markets als auch die Handelsvolumina von Forward-Kontrakten in ferneren Jahren tendenziell abnehmen.[34]

Tabelle 4 zeigt die sich auf Basis von Szenario 3 ergebenden Auswirkungen auf das EBIT der X-AG. Daraus ergibt sich, dass die Abweichung des EBIT in den Jahren 2013 und 2014 niedriger ausfällt als auf Basis der Forward-Rates. Die Abweichung beträgt -4,8% gegenüber -5,3% bei Ansatz der Forward Rates. Da die Währungskurse des Jahres 2014 in beiden Szenarien in den folgenden Jahren der Grobplanungsphase unverändert fortgeschrieben werden, ergibt sich im Szenario 3 auch eine dauerhaft geringere Abweichung des EBIT vom Ausgangsszenario.

AUSWIRKUNG DER WECHSELKURSANPASSUNG AUF DAS EBIT (SZENARIO 3)									
WÄHRUNG / IN MIO. €	2012	2013	2014	2015	2016	2017	2018	2019	2020
USD	-7	-7	-6	-6	-7	-8	-8	-9	-10
ZAR	-1	-1	-2	-2	-2	-3	-3	-3	-3
BRL	0	-1	-1	-1	-1	-1	-1	-1	-1
INR	-2	-2	-2	-3	-3	-3	-3	-4	-4
Summe	-10	-11	-12	-12	-13	-15	-16	-17	-18
EBIT gem. Szenario 3	190	214	238	263	287	310	334	358	382
EBIT bei konstanten Wechselkursen	200	225	250	275	300	325	350	375	400
Abweichung in%	-5,0	-4,8	-4,8	-4,5	-4,5	-4,5	-4,5	-4,5	-4,6
Quelle: Eigene Darstellung									

Tabelle 4: Auswirkung der Wechselkursanpassung durch Wechselkurse auf Basis der Kaufkraftparität auf das EBIT

Tabelle 5 zeigt die sich auf Basis von Szenario 4 ergebenden Auswirkungen auf das EBIT der X-AG.

---

34 Vgl. Bank für Internationalen Zahlungsausgleich, Triennial Central Bank Survey, Global foreign exchange market turnover in 2016, Dezember 2016, S. 64 (65), sowie auch McKinsey & Company: VALUATION, 4. Aufl. 2005, S. 624.

AUSWIRKUNG DER WECHSELKURSANPASSUNG AUF DAS EBIT (SZENARIO 4)									
WÄHRUNG / IN MIO. €	2012	2013	2014	2015	2016	2017	2018	2019	2020
USD	-5	-4	-4	-4	-4	-4	-5	-5	-5
ZAR	-1	0	-1	-1	-1	-1	-1	-1	-1
BRL	0	-1	-1	-1	-1	-1	-1	-1	-1
INR	0	0	0	0	0	0	0	0	0
Summe	-6	-5	-5	-5	-6	-6	-7	-7	-7
EBIT gem. Szenario 4	194	220	245	270	294	319	343	368	393
EBIT bei konstanten Wechselkursen	200	225	250	275	300	325	350	375	400
Abweichung in%	*-3,0*	*-2,0*	*-2,0*	*-1,9*	*-1,9*	*-1,9*	*-1,9*	*-1,9*	*-1,9*
Quelle: Eigene Darstellung									

Tabelle 5: Auswirkung der Wechselkursanpassung durch Wechselkurse auf Basis von Analystenschätzungen auf das EBIT

Die Illustration stellt dar, dass die Abweichung des EBIT in allen Jahren deutlich niedriger ausfällt als auf Basis der Forward-Rates oder der auf Basis der Kaufkraftparität ermittelten Wechselkurse und sich die von Analysten geschätzten Wechselkurse damit deutlich näher an den Kassakursen zum Bewertungsstichtag orientieren.

Zur Beurteilung der Prognosegüte von konstanten Wechselkursen, Forward-Rates, auf Basis der Kaufkraftparität ermittelten Wechselkursen und Analystenschätzungen wurde analysiert, inwieweit die geplanten Wechselkurse von den ex-post realisierten tatsächlichen Wechselkursen abweichen. Dazu wurden die in den einzelnen Szenarien angesetzten Wechselkurse mit den tatsächlichen Kursen verglichen.

ABWEICHUNG DER ANGESETZTEN WECHSELKURSE VON DEN EX-POST-WECHSELKURSEN IN%						
WÄHRUNG / SZENARIO	2012	2013	2014	2015	2016	2017
USD						
Konstante Wechselkurse	-0,8	-5,0	7,9	20,1	24,5	9,3
1. Forward-Rates (bis 2020)	6,4	1,3	14,7	28,1	33,6	18,4
2. Forward-Rates (bis 2014)	6,4	1,3	14,7	27,7	32,3	16,3
3. Kaufkraftparität bis 2014	8,8	3,5	16,6	29,8	34,5	18,2
4. Analystenschätzungen	4,5	-1,4	11,2	23,8	28,3	12,7

ABWEICHUNG DER ANGESETZTEN WECHSELKURSE VON DEN EX-POST-WECHSELKURSEN IN%						
WÄHRUNG / SZENARIO	2012	2013	2014	2015	2016	2017
ZAR						
Konstante Wechselkurse	-12,9	-32,5	-30,7	-42,5	-32,8	-34,3
1. Forward-Rates (bis 2020)	-8,1	-24,9	-18,5	-28,5	-11,8	-9,3
2. Forward-Rates (bis 2014)	-8,1	-24,9	-18,5	-32,3	-20,9	-22,7
3. Kaufkraftparität bis 2014	10,1	-28,0	-23,9	-36,8	-26,1	-27,8
4. Analystenschätzungen	10,1	-32,7	-28,2	-40,4	-30,4	-31,9
BRL						
Konstante Wechselkurse	-15,4	-29,5	-29,4	-47,0	-33,2	-42,3
1. Forward-Rates (bis 2020)	-8,0	-18,1	-12,5	-30,5	-7,6	-15,7
2. Forward-Rates (bis 2014)	-8,0	-18,1	-12,5	-34,3	-17,2	-28,5
3. Kaufkraftparität bis 2014	-13,6	-26,2	-24,2	-43,1	-28,3	-38,1
4. Analystenschätzungen	-15,7	-26,8	-26,6	-45,0	-30,6	-40,1
INR						
Konstante Wechselkurse	-17,6	-29,9	-22,6	-17,4	-16,7	-21,9
1. Forward-Rates (bis 2020)	-6,6	-18,5	-7,4	1,6	4,9	0,3
2. Forward-Rates bis 2014)	-6,6	-18,5	-7,4	-1,1	-0,2	-6,6
3. Kaufkraftparität bis 2014	-4,5	-14,4	-2,3	4,3	5,2	-1,5
4. Analystenschätzungen	-16,2	-29,7	-22,4	-17,2	-16,5	-21,8
Quelle: Bloomberg, eigene Analysen						

Tabelle 6: Abweichung der in den einzelnen Szenarien angesetzten Wechselkurse von den ex-post realisierten Wechselkursen

Vergleicht man die konstanten Wechselkursannahmen mit dem jeweiligen tatsächlichen ex-post Wechselkurs, sind teilweise große Abweichungen ersichtlich (vgl. Tabelle 6). Z.B. liegt der IST-Kurs €/BRL des Jahres 2015 bei 4,32. Ursprünglich hatte die X-AG den Kurs mit 2,29 geplant, sodass sich eine Abweichung i.H. von -47,0% ergibt. Die geringste Abweichung ergibt sich bei dem Wechselkurs €/USD im Jahr 2012, hier beträgt die Abweichung lediglich -0,8%.

Auch bei den Forward-Rates liegen teilweise höhere Abweichungen vor. Die maximale Abweichung beträgt -34,3% für den Kurs €/BRL im Jahr 2015. Die geringste Abweichung besteht für den Kurs €/INR im Jahr 2016 i.H. von -0,2%.

Bei den auf Basis der Kaufkraftparität ermittelten Wechselkursen liegen ebenfalls teilweise höhere Abweichungen vor. Die maximale Abweichung beträgt -43,1% für den Kurs €/BRL im Jahr 2015. Die geringste Abweichung besteht für den Kurs €/INR im Jahr 2017 i.H. von -1,5%.

Die Analystenschätzungen der zukünftigen Wechselkurse weisen ebenfalls teilweise höhere Abweichungen auf. Die maximale Abweichung beträgt -45,0% im Jahr 2015 für den Kurs €/BRL. Die geringste Abweichung besteht für den Kurs €/USD im Jahr 2013 i.H.v. -1,4%.

Insgesamt ergeben sich für die Jahre 2012-2017 folgende durchschnittliche Abweichungen der in den einzelnen Szenarien zugrunde gelegten Wechselkursannahmen im Vergleich zu den ex-post realisierten Kursen.

Tabelle 7 zeigt, dass in sämtlichen Szenarien die angesetzten Wechselkurse teilweise deutlich von den IST-Kursen abweichen. Im Vergleich zeigt sich jedoch auch, dass die Planung mit Forward-Kursen im betrachteten Fall ein besserer Schätzer für zukünftige Wechselkurse ist, als es die konstanten oder die auf Basis der Kaufkraftparität ermittelten Wechselkursen bzw. auch die Analystenschätzungen gewesen wären.

VERGLEICH DER ABWEICHUNGEN	2012	2013	2014	2015	2016	2017
Konstante Wechselkurse	-11,7%	-24,2%	-18,7%	-21,7%	-14,5%	-22,3%
Forward-Wechselkurse (Szenario 1)	-4,1%	-15,1%	-5,9%	-7,3%	4,9%	-1,5%
Forward-Wechselkurse (Szenario 2)	-4,1%	-15,1%	-5,9%	-10,0%	-1,5%	-10,4%
Wechselkurse auf Basis der Kaufkraftparität (Szenario 3)	-4,8%	-16,3%	-8,5%	-11,5%	-3,7%	-12,3%
Wechselkurse auf Basis der Analystenschätzungen (Szenario 4)	-9,4%	-22,6%	-16,5%	-19,7%	-12,3%	-20,3%
Quelle: Bloomberg, eigene Analysen						

Tabelle 7: Gegenüberstellung der durchschnittlichen Wechselkurs-Abweichungen

VII. Fazit und Ausblick

Der Ansatz von Forward-Rates auf Basis von laufzeitäquivalenten Zinssätzen zweier Währungsräume und daraus abgeleiteten Zinsdifferenzen im Rahmen der Zinsparität entspricht einer weit verbreiteten Vorgehensweise im Rahmen der Unternehmensbewertung. Bei Konzernen, die in einer Vielzahl von Währungsräumen agieren, ist es als sinnvoll zu erachten, für wesentliche Währungen auf Forward-Rates zurückzugreifen, die bereits Prognosen über zukünftige Wechselkursentwicklungen beinhalten. Forward-Rates haben im Vergleich zu konstanten Wechselkursen einen Zukunftsbezug und decken sich dadurch auch mit den Anforderungen zur Ableitung des Basiszinssatzes im Rahmen der Kapitalkostenermittlung, zumal zwischen Terminkursen (Forward-Rates) und der Zinsstrukturkurve ein enger Zusammenhang besteht. Ergänzend zeigt das oben dargestellte Beispiel der X-AG, dass die Forward-Rates im Vergleich zu den anderen dargestellten Alternativen in geringerem Umfang von den tatsächlichen Wechselkursen abweichen und in Bezug auf das dargestellte konkrete Praxisbeispiel den besten Schätzer zukünftiger Wechselkurse darstellen.

Insgesamt sind jedoch bei allen Prognosemethoden teilweise hohe Abweichungen von den späteren IST-Kursen erkennbar. Hieraus kann u.E. keine eindeutige Vorzugswürdigkeit einer einzigen Methode abgeleitet werden. In Bezug auf die von Schultheiß/Schultze empfohlenen Analystenschätzungen von Banken kann jedoch eine Aussage dahingehend getroffen werden, dass diese gerade nicht offensichtlich als besserer Schätzer zukünftiger Wechselkurse geeignet sind als Forward-Rates auf Basis der Zinsparitätentheorie. Mit zunehmend längeren Detailplanungszeiträumen, insb. beim Ansatz einer Grobplanungs- oder Konvergenzphase, nimmt die Prognosequalität der Forward-Rates aufgrund eines deutlich geringeren Handelsvolumens in den entfernteren zukünftigen Jahren gleichermaßen ab wie die Aussagekraft von Analystenschätzungen der zukünftigen Wechselkurse. Im Rahmen einer Gesamtbetrachtung ist es deshalb sachgerecht, wenn zukünftige Wechselkurse entfernterer Planungsjahre unter Beachtung des Grundsatzes der Risikoäquivalenz eigenverantwortlich nach gutachterlichem Ermessen angesetzt werden. Eine zweckmäßige Methode kann dabei der Ansatz eines konstanten Wechselkurses ab einem bestimmten Planungsjahr, insb. bei Währungen, die vergleichsweise nur wenig gehandelt werden, sein. In Bezug auf das nachhaltige Ergebnis ist gem. IDW ein gleichgewichtiges Wechselkursniveau sicherzustellen.[35] Vor diesem Hintergrund empfiehlt sich insb. zur Ermittlung eines angemessenen Wechselkursniveaus für das nachhaltige Ergebnis ebenfalls eine Analyse volkswirtschaftlicher Parameter wie bspw. des Verschuldungsniveaus oder des Leistungsbilanzsaldos eines Währungsraums. Auch kann die Gegenüberstellung der zuvor dargestellten Ergebnisse der einzelnen Prognosemethoden und deren Trendentwicklung als Ausgangspunkt zur Ableitung eines nachhaltigen Niveaus dienen.

In jüngerer Zeit wird die Anwendung von Forward-Rates im Rahmen rechtlich geprägter Unternehmensbewertungen ebenfalls zunehmend durch die ergangene Rspr. bestätigt, wodurch die grundsätzliche Anwendung der Forward-Rates gestärkt und deren Bedeutung hervorgehoben wurde. Jedoch hat bisher weder der Berufsstand der Wirtschaftsprüfer eine Empfehlung oder einen konkreten Hinweis zur Anwendung von Forward-Rates ausgesprochen, noch gibt es in der Praxis eine „perfekte" Prognosemethode, auch wenn sich die Literatur im Wesentlichen für den Ansatz von (adjustierten) Forward-Rates ausspricht. Die Schätzung der Wechselkurse stellt in Bezug auf die Schätzung des Unternehmenswerts gem. § 287 Abs. 2 ZPO i.V. mit § 738 Abs. 2 BGB einen bedeutenden Parameter dar. Die Kenntnis der in diesem Beitrag dargestellten unterschiedlichen Vorgehensweisen zur Wechselkursprognose sowie die damit verbundenen Auswirkungen auf das prognostizierte EBIT sind eine wesentliche Voraussetzung zur Beurteilung der Angemessenheit einer Barabfindung im Rahmen von aktienrechtlichen Strukturmaßnahmen.

Quelle: DER BETRIEB 2018 S. 2381

---

35 Vgl. IDW Praxishinweis 2/2017 Tz. 55.

Anti-Dilution in Venture-Capital-Verträgen

RA/StB Ralf Hoffmann | Stefan Lemper

I. Einleitung

Venture Capital finanziert und fördert Innovationen. Im Gegensatz zu der Innovationsfreudigkeit der finanzierten Geschäftsmodelle zeichnet sich das Venture Capital (VC)-Vertragswerk nicht durch einen hohen Erneuerungsgrad, sondern eine zunehmende Standardisierung aus. Bestimmte zumeist aus der amerikanischen Praxis abgeleitete Vertragsbestandteile finden sich in jeder VC-Finanzierungsvereinbarung. Die Anti-Dilution, zu Deutsch Verwässerungsschutz, zählt dazu. Standardisierungen können sich vorteilhaft auswirken. Sie sind in der Lage, die Akzeptanz bestimmter Vertragsklauseln bei den Beteiligten zu erhöhen und damit den Verhandlungsaufwand zu verringern. Eine Standardisierung kann jedoch auch dazu verleiten, den Blick auf die Schwächen der vertraglichen Absprachen zu verstellen und damit zu einer Erstarrung führen.

Ziel dieses Beitrags ist es, die Anti-Dilution einer Bestandsaufnahme zu unterziehen, die Wechselwirkungen zu anderen standardisierten Vertragsklauseln darzustellen, ihre Schwächen zu analysieren und Alternativen aufzuzeigen.

II. Bestandsaufnahme

1. Übersicht

Das Geschäftsmodell eines VC-Investors[1] besteht – in starker Vereinfachung – in dem Erwerb von Geschäftsanteilen[2] und einer späteren Veräußerung zu einem höheren Preis. Diese Preissteigerung erfolgt in erster Linie durch die Entwicklung des Unternehmens und einer damit einhergehenden Steigerung des Unternehmenswerts. Unterstützt wird die Verwirklichung der Zielvorstellung des Investors durch eine Reihe von Vertragsklauseln, die ihm zum einen Mitwirkungs- und Vetorechte einräumen und zum anderen dazu beitragen, einen Exit in Form der Veräußerung sämtlicher Geschäftsanteile des Unternehmens zu ermöglichen[3] und die Exiterlösverteilung in Orientierung an der Höhe des eingesetzten Kapitals zugunsten

---

[1] Soweit in diesem Beitrag der Begriff des Investors verwendet wird, ist damit ein institutioneller Venture Capital Investor gemeint.
[2] Die Begriffe „Geschäftsanteile", „Anteile" oder „Aktien" werden in diesem Beitrag synonym für Anteile an Venture Capital-finanzierten Unternehmen, gleich welcher Rechtsform verwandt.
[3] Drag Along; Berechtigung der Investoren die übrigen Gesellschafter zur Mitveräußerung ihrer Geschäftsanteile zu bewegen.

des Investors zu optimieren.[4] Eine weitere Kategorie der Vertragsklauseln will die Investoren vor den Folgen negativer Entwicklungen schützen, die Einfluss auf die Unternehmensentwicklung nehmen können. Neben Meilensteinregelungen[5] und Vestingregelungen[6] sind dies die hier näher zu betrachtenden Anti-Dilution-Klauseln.

Die Anti-Dilution greift dann ein, wenn nach dem Beitritt des Investors, der sich die Anti-Dilution-Klausel ausbedungen hat, und vor seinem Exit mindestens eine weitere Finanzierungsrunde durchgeführt wird – und zwar zu einer Bewertung, die unter seiner Einstiegsbewertung liegt.[7] Hinter der Verwässerungsschutzregel steht die Grundannahme, dass der VC-Investor eine Verwässerung seines in der Vorrunde erworbenen Anteilsbesitzes, d.h. eine Verringerung der Beteiligungsquote, hinnimmt, solange die Bewertung der Folgerunde zumindest diejenige der Vorrunde erreicht.[8] Wird das Niveau dieser Bewertung nämlich erreicht, treten zwei Folgen ein. Der prozentuale Anteil der Beteiligung des VC-Investors an dem Unternehmen sinkt, gleichzeitig bleibt der Wert der Beteiligung jedoch (zumindest) gleich, weil dem Unternehmen zu dieser Bewertung Barmittel zugeführt werden. Simon spricht insofern von einer „gewöhnlichen" Kapitalverwässerung.[8]

Nicht hingenommen wird hingegen eine Preisverwässerung[9], hier setzt die Anti-Dilution-Regelung ein. Bei der Preisverwässerung werden Anteile in einer Folgefinanzierungsrunde zu einem geringen Preis als zuvor ausgegeben, d.h. die Bewertung des Unternehmens sinkt. Für den Investor bedeutet dies, dass sich der Wert seines Anteils im Zuge einer solchen auch „Down-Round" genannten Finanzierungsrunde verringert, was er i.S.d. Schutzes seiner Vermögensposition natürlich verhindern möchte. Die Anti-Dilution ist daher ein Mechanismus, der zugunsten des Investors die Preisverwässerung ausgleicht. Dies geschieht durch die Gewährung von Geschäftsanteilen, die entweder durch eine Kapitalerhöhung unter Ausschluss des Bezugsrechtes der Gründer an die Investoren ausgegeben oder von den Gründern an die Investoren abgetreten werden. Der Ausgleichseffekt besteht darin, dass diese Geschäftsanteile zum Nennwert oder im Fall der Abtretung ggf. sogar unentgeltlich ausgegeben oder übertragen werden. In der deutschen Praxis haben sich in der Übernahme, teilweisen Weiterentwicklung und Abwandlung US-amerikanischer Vorgaben die im nächsten Abschnitt dargestellten Grundformen der Anti-Dilution herausgebildet.

---

4 Dies geschieht durch die sog. Liquidation Preference, zu Deutsch Erlösvorzug (Vgl. zu den Voraussetzungen: Hoffmann/Hölzle, FB 2003 S. 113 ff.).
5 Hoffmann/Hölzle, FB 2004 S. 233 ff.
6 Passender wäre der Begriff des Reverse Vesting. Inhalt dieser Regelung ist die Verpflichtung der Gründer Geschäftsanteile verbilligt abzugeben, wenn sie vorzeitig ihre Tätigkeit für das Unternehmen beenden.
7 Auch im deutschen Beteiligungsmarkt wird in Anlehnung an die US-amerikanische Begrifflichkeit von einer „Down-Runde" gesprochen, vgl. etwa v. Einem/Schmidt/Meyer, FB 2003 S. 879.
8 Simon, Der Wert von Beteiligungsverträgen, 2010, S 293.
9 Simon, a.a.O. (Fn. 8).

2. An US-amerikanische Vorgaben orientierte Grundformen
a) Der Grundmechanismus
In den USA werden Sonderrechte der Investoren wie die Anti-Dilution Protection i.d.R. an die Ausgabe sog. „Vorzugsanteile" („Preferred Stocks") geknüpft. Diese Vorzugsanteile werden – zumeist erst im Exit – zu einem bestimmten Wandlungspreis („Conversion Price") in reguläre Anteile („Common Stocks") gewandelt. Der Wandlungspreis entspricht grds. dem Preis eines Vorzugsanteils. Der Anti-Dilution-Mechanismus setzt bei der Bestimmung dieses Wandlungspreises an. Kommt es zu einer „Down-Round" wird der Wandlungspreis der Vorzugsanteile des von der Anti-Dilution geschützten Investors gemindert, die Wandlung jedoch noch nicht unmittelbar vollzogen. Insofern besteht ein Unterschied zu der deutschen Praxis, in der die unmittelbare Gewährung von Geschäftsanteilen im Zusammenhang mit einer Down-Round die Regel ist. Der Umfang der Minderung des Wandlungspreises hängt neben den Bewertungs- und Volumenunterschieden der beiden Finanzierungsrunden von der gewählten Ausgleichsmethode ab. In der US-amerikanischen Praxis haben sich zwei Grundformen herausgebildet, die „Full-Ratchet"- und die „Weighted-Average"-Methode. Diese Methoden sollen kurz dargestellt werden.

b) Full Ratchet Anti-Dilution Protection
Bei der Full-Ratchet-Methode wird der Wandlungspreis einer initialen Finanzierungsrunde nachträglich auf den Betrag reduziert, zu dem die Vorzugsanteile der neuen Finanzierungsrunde in Stammkapital gewandelt werden können. D.h. der durch die Anti-Dilution geschützte Investor wird so gestellt, als hätte er von Anfang an zu der geringeren Bewertung der Folgefinanzierungsrunde investiert. Die Finanzierungsvolumina der Initial- und der Folgefinanzierung werden bei dieser Methode somit nicht berücksichtigt. Diese Methode kann somit zu einem immensen Ausgleichsanspruch des Investors gegenüber den Gründern führen. Theoretisch würde im Extremfall bereits die Ausgabe eines einzigen Anteils in einer Folgefinanzierungsrunde zu der Bewertungsanpassung sämtlicher Anteile des Investors an dem Unternehmen führen.

c) Weighted Average Anti-Dilution Protection
Ein deutlich geringerer Ausgleichsanspruch der Investoren entsteht durch die Weighted-Average-Methode, die daher von den Gründern bevorzugt wird. Hier wird neben dem Wandlungspreis auch das Volumen der ursprünglichen Finanzierung und der aktuellen Down-Round berücksichtigt. Der Wandlungspreis ist damit ein gewichteter Durchschnittspreis der Finanzierungsrunden.[10]

Die Frage, welche Arten von Anteilen und Rechten bei der Kalkulation der Weighted Average Anti-Dilution Protection berücksichtigt werden sollen, führt zu einer weiteren Unterscheidung der Weighted-Average-Methode in „broad based" und „narrow based". Die weit gefasste broad based Weighted-Average-Methode berück-

---
10 Vgl. Brehm, Das Venture-Capital-Vertragswerk, 2011, S. 130 f.

sichtigt üblicherweise sämtliche Stamm- und Vorzugsaktien sowie Options- und Wandlungsrechte. Bei den narrow based Varianten hingegeben werden häufig ausschließlich die Vorzugsaktien betrachtet.[11] Je mehr Anteile und Rechte in die Berechnung einbezogen werden, desto geringer ist der Effekt der Anti-Dilution Protection bei einer Down-Round. Aus Sicht der Investoren ist die narrow based Variante somit attraktiver als die broad based Variante.

Die Berechnungsbasis hat damit einen erheblichen Einfluss auf die Anpassung des Wandlungspreises. An dieser Stelle zeigen sich erneut die US-Wurzeln der Methode, die der deutlich stärkeren Verbreitung und Ausprägung der verschiedenen Anteilsgattungen bei Start-Up-Unternehmen Rechnung trägt.

d) Anwendungsherausforderungen der Zirkularität

Beide Ausprägungen der Anti-Dilution führen dazu, dass der Initial-Investor im Fall der späteren Wandlung zusätzliche Anteile für sein Investment erhält, wodurch sich das Gesamtkapital des Zielunternehmens erhöht, wenn der Ausgleich über eine Kapitalerhöhung erfolgt. Durch diese Ausübung der Anti-Dilution würde sich jedoch der prozentuale Zielanteil des Neuinvestors aufgrund des erhöhten Gesamtkapitals vermindern, was dieser nicht akzeptieren wird. Um diesen Verwässerungseffekt zu verhindern, muss und wird er sein Beteiligungsangebot auf der Basis einer geringeren Unternehmensbewertung abgeben. Diese geringere Bewertung würde jedoch wiederum in die Anwendung der Anti-Dilution einfließen, wodurch dem Initial-Investor ein noch besserer Wandlungspreis und damit weitere Anteile im Fall der Wandlung zustünden, was sich erneut verwässernd auf den Neuinvestor auswirkte. Es handelt sich also um einen „zirkulären Prozess",[12] weil durch die Ausübung der Anti-Dilution die Anzahl der Anteile einer Gesellschaft nachträglich erhöht wird, damit aber zugleich eine der Berechnungsprämissen des Neu-Investors für den Preis je Anteil und die Zielbeteiligungsquote zu dessen Lasten verändert wird. Diese Zirkularität und deren praktische Lösung sollen im Folgenden an einem Beispiel dargestellt werden.

3. Der Ausgleichsmechanismus in der deutschen Praxis: Typisierte Darstellung anhand einer Beispielrechnung

a) Zahlenbeispiel erste Finanzierungsrunde

Die vorgestellten Anti-Dilution-Regelungen basieren – wie bereits erwähnt – auf der Praxis in den USA. Sie stellen auf die Korrektur des Wandlungspreises ab, zu dem die Vorzugsanteile der jeweiligen Finanzierungsrunden in reguläre Anteile gewandelt werden. In der deutschen Praxis der VC-Finanzierung hingegen besteht der Ausgleichsmechanismus in der unmittelbaren Gewährung von Anteilen am Stammkapital. Für das hier verwendete Zahlenbeispiel wird daher zunächst unterstellt, dass der Wandlungspreis dem Preis je Anteil entspricht und eine durch die

---

11 Vgl. Simon, a.a.O. (Fn. 8), S. 302 ff.
12 Vgl. Simon, a.a.O. (Fn. 8), S. 310.

Anti-Dilution hervorgerufene Änderung dieses Preises sofort eine Kapitalerhöhung nach sich zieht, um der nachträglichen Preisänderung der Anteile Rechnung zu tragen.

Es wird eine von den Gründern errichtete GmbH mit einem Stammkapital von 25.000 € unterstellt. Im Rahmen der ersten Finanzierungsrunde ist ein Investor bereit, 1,5 Mio. € zu einer Pre-Money Bewertung[13] von 4,5 Mio. € (Post-Money Bewertung von 6 Mio. €) zu investieren. Für sein Investment erhält er Geschäftsanteile im Nennbetrag 8.333,00 €, was einer Beteiligung von 25% an dem erhöhten Stammkapital der GmbH entspricht. Bezogen auf einen Geschäftsanteil im Nennbetrag von 1,00 € („Anteil") entspricht dies einem Preis von 180,00 € Post-Money. Es ergibt sich das in Tabelle 1 dargestellte Cap-Table.

SHAREHOLDER	STATUS QUO		INITIAL-FINANZIERUNG					
	GK	%	KAPITALERHÖHUNG	AGIO	GK NEU	%	WERT DES INVESTMENTS
Gründer	25.000 €	100,00%			25.000 €	75,00%	4.500.000 €
Initial-Investor			8.333 €	1.491.667 €	8.333 €	25,00%	1.500.000 €
Folge-Investor							0 €
Summe	25.000 €	100,00%	8.333 €	1.491.667 €	33.333 €	100,00%	6.000.000 €
			Initial-Finanzierungsvolumen		1.500.000		
			Initial-Bewertung Pre Money		4.500.000		
			Inital-Bewertung Post Money		6.000.000		
			Initial-Preis pro Anteil		180,00 €		

Tabelle 1: Cap-Table erste Finanzierungsrunde

b) Zahlenbeispiel zweite Finanzierungsrunde (Down-Round)

Für die Folgefinanzierung sei nun eine Down-Round unterstellt, bei dem ein neuer Investor 1 Mio. € zu einer Bewertung von 3 Mio. € (Pre-Money) investiert. Die Post-Money-Bewertung beträgt entsprechend 4 Mio. €. Ohne eine Anti-Dilution-Regelung ergäben sich die in Tabelle 2 dargestellten Beteiligungen.

---

13 Der im Zusammenhang mit VC-Finanzierungen verwandte Begriff der Bewertung ist erläuterungsbedürftig. Im Ausgangspunkt ist die Bewertung das Ergebnis einer Preisverhandlung zwischen den bestehenden Gesellschaftern und einem hinzutretenden Investor. Der Pre-Money Unternehmenswert beschreibt den Wert des Unternehmens vor einer Finanzierung. Der Post-Money Unternehmenswert ergibt sich aus dem Pre-Money Wert zzgl. des Betrags, der dem Unternehmen im Rahmen der Finanzierung zufließt. Die Gewährung einer Anzahl von Anteilen im Rahmen einer Kapitalerhöhung setzt entsprechend eine Wertfestsetzung sämtlicher Geschäftsanteile voraus. Die Begriffe „Wert" und „Preis" von Anteilen werden in diesem Zusammenhang synonym verwandt.

Shareholder	Folge-Finanzierung				
	Kapital-erhöhung	Agio	GK neu	%	Wert des Investments
Gründer			25.000 €	56,25%	2.250.000 €
Initial-Investor			8.333 €	18,75%	750.000 €
Folge-Investor	11.111 €	988.889 €	11.111 €	25,00%	1.000.000 €
Summe	11.111 €	988.889 €	44.444 €	100,00%	4.000.000 €
	Folge-Finanzierungsvolumen			1.000.000	
	Folge-Bewertung Pre Money			3.000.000	
	Folge-Bewertung Post Money			4.000.000	
	Folge-Preis pro Anteil			90,00 €	

Tabelle 2: Cap-Table zweite Finanzierungsrunde („Down Round")

Der neue Investor würde für sein Investment von 1 Mio. € eine Beteiligung von 25% an der Gesellschaft erhalten, die Post-Money-Bewertung hätte sich gegenüber der ersten Runde von 6 Mio. € auf 4 Mio. € gemindert. Der Anteil des Erst-Investors hätte sich durch diesen Verwässerungseffekt auf 18,75% reduziert. Auf Grundlage der Post-Money-Bewertung der Down-Round entspricht dieser Anteil nur noch einem Wert von 750.000,00 €. Entsprechend beträgt der Preis je Anteil nur noch 90,00 €, der sich damit halbiert hat.

Im Folgenden soll nun die Auswirkung der Anti-Dilution Protection untersucht werden:

aa) Full Ratchet Methode
Bei Anwendung der Full-Ratchet-Methode würde der Preis je Anteil der Folgefinanzierung auch für den Erst-Investor gelten. Anstelle der 180 € würde der Preis je Anteil nachträglich auf 90 € reduziert. Für sein initiales Investment von 1,5 Mio. € stünden dem Erst-Investor statt 8.333 also 16.666 Anteile zu. Nach einer entsprechenden Kapitalerhöhung würde sich das in Tabelle 3 dargestellte Bild ergeben.

	KAPITALISIERUNG NACH FOLGEFINANZIERUNG VOR ANTI-DILUTION					EFFEKT DURCH ANTI-DILUTION					
SHARE-HOLDER	INVESTMENT	URSPRUNGS-PREIS JE ANTEIL	ANTEILE AM KAPITAL	ANTEIL AM UNTERNEH-MEN	WERT DES INVEST-MENTS	PREISAN-PASSUNG DURCH ANTI-DILUTION	ANZAHL ZUSÄTZL. ANTEILE GEM. ANTI-DILUTION	ANTEILS-VERTEILUNG NACH ANTI-DILUTION	PREIS PRO ANTEIL	ANTEIL AM UNT. NACH ANTI-DILU-TION	WERT DES INVEST-MENTS
Gründer	25.000 €	1,00 €	25.000	56%	2.250.000 €			25.000	1,00 €	47,4%	2.250.000 €
Initial-Investor	1.500.000 €	180,00 €	8.333	19%	750.000 €	90,00 €	8.333	16.667	90,00 €	31,6%	1.500.000 €
Folge-Investor	1.000.000 €	90,00 €	11.111	25%	1.000.000 €			11.111	90,00 €	21,1%	1.000.000 €
Summe	2.525.000 €		44.444	100%	4.000.000 €			52.778		100,0%	4.750.000 €

Tabelle 3: Full Ratchet – Ausgleich durch Kapitalerhöhung: 1. Iteration

Die Erhöhung des Kapitals um die weiteren Anteile führt, wie die Tabelle 3 zeigt, zu folgenden Effekten: Das gezeichnete Kapital umfasst nun 52.778 Anteile im Nennwert von je 1 €, was bei dem zugrunde liegenden Preis von 90 € je Anteil zu einem rechnerischen Unternehmenswert von 4,75 Mio. € führen würde. Der Neuinvestor hat jedoch einen Wert von nur 4 Mio. € angesetzt. Der Anteil des Neuinvestors wird durch die Kapitalerhöhung verwässert, sodass er nach dem Anti-Dilution Ausgleich nicht die gewünschten 25%, sondern nur 21,05% am Kapital des Unternehmens hält. Diese Schlechterstellung wird er natürlich nicht akzeptieren. An dieser Stelle tritt der in Kapitel II.2.d) beschriebene zirkuläre Effekt ein. Um seine Zielquote zu erreichen, benötigt der Neuinvestor bei gleicher Investmenthöhe weitere Anteile. Der Preis je Anteil verringert sich, was wiederum zum Auslösen der Anti-Dilution führt; was man als sekundären Anti-Dilution-Anspruch bezeichnen kann.

Die Ermittlung der zutreffenden Anteilsverteilung wird dadurch komplex. Praktiker bedienen sich zur Lösung des Problems des Zirkelschlusses der Funktion der Zielwertsuche in Excel.[14] Dabei wird iterativ derjenige Preis je Anteil für die Beteiligung des neuen Investors berechnet, bei dem dieser seine Zielbeteiligungsquote von 25% erreicht, nachdem die Full Ratchet Anti-Dilution für den Initial-Investor ausgeübt wurde.

Eine methodisch zutreffende,[15] weniger komplexe und daher praxistaugliche Lösung lässt sich herleiten, wenn man sich dem Problem nicht unmittelbar über den Preis pro Anteil, sondern in einem Zwischenschritt über die Einflussgröße der jeweiligen Gesamtinvestments beider Finanzierungsrunden auf den Wert des gesamten Unternehmens nähert. Der Ausgleich wird so ermittelt, als hätten Erst- und Folge-Investor (fiktiv) in einer gemeinsamen Finanzierungsrunde investiert. In diesem Fall entspricht der Ausgleichpreis pro Anteil dem mit dem Neuinvestor vereinbarten Post-Money-Unternehmenswert dividiert durch das Nennkapital der Gesellschaft. Der Pre-Money-Unternehmenswert entspricht dann dem Post-Money-Wert (4 Mio. €) abzüglich der jeweiligen Investments sowohl des Folge-Investors (1 Mio. €) als auch des Erst-Investors (1,5 Mio. €). Das Unternehmen würde damit ohne die beiden Investments Pre-Money mit 1,5 Mio. € bewertet. Jeder der vor dem Investment existierende 25.000 Anteile hat also einen Preis von 60 €. Dies entspricht dem Ausgleichpreis, zu dem der Erst- als auch der Folgeinvestor Anteile für ihr Investment erhalten würden. Es ergibt sich das in Tabelle 4 dargestellte Bild.

---

14 In der Vertragspraxis häufig verwandte Formeln ignorieren die hier beschriebene zirkuläre Problematik.
15 Eine mathematische, aber sehr komplexe Lösung für das Problem beschreibt Pareek (vgl. Pareek, A Down – Rounds Math Primer, financeoutlook.com, S. 4-5).

Sonderfragen

	KAPITALISIERUNG NACH FOLGEFINANZIERUNG VOR ANTI-DILUTION						EFFEKT DURCH ANTI-DILUTION					
SHARE-HOLDER	INVESTMENT	URSPRUNGS-PREIS JE ANTEIL	ANTEILE AM KAPITAL	ANTEIL AM UNTERNEH-MEN	WERT DES INVESTMENTS	PREISANPAS-SUNG DURCH ANTI-DILU-TION	ANZAHL ZUSÄTZL. ANTEILE GEM. ANTI-DILUTION	ANTEILS-VERTEILUNG NACH ANTI-DILUTION	PREIS PRO ANTEIL	ANTEIL AM UNT. NACH ANTI-DILU-TION	WERT DES INVESTMENTS	WERTVER-LUST DURCH FOLGE-FI-NANZIERUNG
Gründer	25.000 €	1,00 €	25.000	50,0%	2.000.000 €			25.000	1,00 €	37,5%	1.500.000 €	-3.000.000 €
Initial-Investor	1.500.000 €	180,00 €	8.333	16,7%	666.667 €	**60,00 €**	16.667	25.000	60,00 €	37,5%	1.500.000 €	0 €
Folge-Investor	1.000.000 €	**60,00 €**	16.667	33,3%	1.333.333 €			16.667	60,00 €	25,0%	1.000.000 €	
Summe	2.525.000 €		50.000	100,0%	4.000.000 €			66.667		100,0%	4.000.000 €	

Tabelle 4: Full Ratchet – Ausgleich durch Kapitalerhöhung bei Ausgleichspreis

Bei einem Preis je Anteil von 60 € würde der Neu-Investor im Rahmen einer Kapitalerhöhung 16.667 Anteile erhalten, was einer Quote von 33% am Gesamtkapital entspricht. Entsprechend der Full Ratchet Anti-Dilution würde der Preis je Anteil von 60 € auch dem Erst-Investor zustehen. Dieser würde im Rahmen einer Kapitalerhöhung seine Anteile auf 25.000 aufstocken und somit 37,5% an der Gesellschaft halten. Der Neu-Investor würde durch die Verwässerung auf seinen Zielanteil von 25% verwässern.

Wirtschaftlich hat die Down-Round unter Anwendung der Full Ratchet Anti-Dilution folgende Auswirkungen auf den Anteilsbesitz der Gesellschafter. Durch die Down-Round zu einer Pre-Money Bewertung von 3 Mio. € ist im Vergleich zu der Post-Money-Bewertung der initialen Finanzierungsrunde von 6 Mio. € ein Wertverlust von 3 Mio. € bei den Altgesellschaftern entstanden. Dadurch, dass der Initial-Investor so gestellt wird, als hätte er von Anfang an zu der neuen Bewertung investiert, hat er keinen Wertverlust zu beklagen. Bezogen auf die jeweils geltenden Unternehmenswerte ist sein Investment vor und nach der Folgefinanzierung 1,5 Mio. € wert. Der gesamte Wertverlust von 3 Mio. € wird von den Gründern getragen, deren Beteiligungswert von 4,5 Mio. € nach der Initial-Finanzierungsrunde auf 1,5 Mio. € nach der Folgefinanzierung gesunken ist.

bb) Weighted Average

Nachfolgend sollen nun im Vergleich die Effekte der Weighted Average Anti-Dilution betrachtet werden. Zur Berechnung des neuen Wandlungspreises wird die Weighted Average Anti-Dilution Protection in der Broad Based Variante mit der folgenden, in der Praxis gängigen Formelausprägung angewendet:

$$WP = IP \times ((\text{Anzahl der Anteile vor Folgefinanzierung} + \frac{FF}{IP})$$
$$/(\text{Anzahl der Anteile vor Folgefinanzierung}$$
$$+ \text{Anzahl der neugeschaffenen Anteil der}$$
$$\text{Folge-Finanzierung})) \qquad (1)$$

$$WP = IP \times \frac{G + I + \frac{FF}{IP}}{G + I + \frac{FF}{FP}}$$

mit:

WP = Wandlungspreis;

IP = Initial-Preis pro Anteil;

G = Gründeranteile;

I = Anteile Initial-Finanzierung;

FF = Folge-Finanzierungsvolumen;

FP = Folge-Preis pro Anteil.

Bezogen auf das Beispiel ergibt sich der folgende Wandlungspreis:

$$157{,}50\ \text{€} = 180{,}00\ \text{€}\ \times \frac{25.000 + 8.333 + \dfrac{1.000.000\ \text{€}}{180{,}00\ \text{€}}}{25.000 + 8.333 + \dfrac{1.000.000\ \text{€}}{90{,}00\ \text{€}}}$$

Diese Formel kann auch vereinfacht in der folgenden Form dargestellt werden:

$$WP = (\text{Initial-Bewertung Post-Money erste Runde} + FF)$$
$$/(\text{Anzahl der Anteile vor Folgefinanzierung}$$
$$+ \text{Anzahl der neugeschaffenen Anteil der}$$
$$\text{Folge-Finanzierung ohne Anti-Dilution}) \qquad (2)$$

$$157{,}50\ \text{€} = \frac{6.000.000\ \text{€} + 1.000.000\ \text{€}}{33.333 + 11.111}$$

Wird der Initial-Investor nun so gestellt, als habe er seine Anteile zu einem Preis von 157,50 € anstelle der ursprünglichen 180 € erworben, ergäbe sich das in Tabelle 5 gezeigte Bild.

	Kapitalisierung nach Folgefinanzierung vor Anti-Dilution					Effekt durch Anti-Dilution					
Shareholder	Investment	Ursprungs- preis je Aktie	# Common Stock Äqui- valent	Anteil am Unterneh- men	Wert des Investments	Preis- anpassung durch Anti- Dilution	Anzahl zusätzl. Anteile gem. Anti-Dilu- tion	Anteils- verteilung nach Anti- Dilution	Preis pro Anteil	Anteil am Unt. nach Anti-Dilu- tion	Wert des Investments	Wertverlust durch Folge- finanzie- rung
Gründer	25.000 €	1,00 €	25.000	56,3%	2.250.000 €			25.000	1,00 €	54,8%	2.191.304 €	-2.308.696 €
Initial-Investor	1.500.000 €	180,00 €	8.333	18,8%	750.000 €	157,50 €	1.190	9.524	157,50 €	20,9%	834.783 €	-665.217 €
Folge-Investor	1.000.000 €	90,00 €	11.111	25,0%	1.000.000 €			11.111	90,00 €	24,3%	973.913 €	
Summe			44.444	100%	4.000.000 €			45.635		100%	4.000.000 €	

Tabelle 5: Weighted Average – Ausgleich durch Kapitalerhöhung: 1. Iteration

Wie das Rechenbeispiel zeigt, entsteht wie bei der Full-Ratchet-Methode wieder ein zirkulärer Effekt, indem sich die Durchführung der Anti-Dilution negativ auf die Beteiligung des Folge-Investors auswirkt, sodass dieser sein Angebot anpassen würde. Im Zahlenbeispiel würde der Folge-Investor nach einmaliger Anwendung der Formel nur 24,35% statt der geforderten 25,00% erhalten. Erneut könnte der Ausgleichswert wieder iterativ ermittelt werden. Eleganter lässt sich jedoch mathematisch herleiten, wie viele Anteile und zu welchem Preis pro Anteil der Neu-Investor im Rahmen der Kapitalerhöhung zeichnen soll und wie viele Anteile zu welchem gewichteten Preis der Initial-Investor gem. der Weighted Average Anti-Dilution nachträglich erhält.

Grds. gilt, dass der neue Preis (NP), bei dem der Folge-Investor unter Berücksichtigung der Anwendung der Broad Base Anti-Dilution seinen Zielanteil an der Gesellschaft erreicht, der Post-Money-Bewertung dividiert durch die Summe sämtlicher Anteile nach der Folgefinanzierung entspricht.[16] Zum Zweck der Berechnung werden die Formelelemente weiter in ihre Bestandteile zerlegt.

$$NP = \frac{\text{Folge-Bewertung Post-Money}}{\text{Summe aller Anteile nach der Folge-Finanzierung}}$$

$NP = (\text{Folge-Bewertung Pre-Money}$

$\quad + \text{Folge-Finanzierungsvolumen})$

$\quad /(\text{Gründeranteile} + \text{Anteil Initialfinanzierung}$

$\quad + \text{Anteile durch Weighted Average Ausgleich}$

$\quad + \text{Anteile Folge-Finanzierung })$ \hfill (4)

$$NP = \frac{Fpre + FF}{G + \frac{IF}{IP} + \left(\frac{IF}{WP} - \frac{IF}{IP}\right) + \frac{FF}{FP}}$$

$$NP = \frac{Fpre + FF}{G + \frac{IF}{WP} + \frac{FF}{FP}}$$

mit

NP = mathematischer Ausgleichspreis für Anteile der Folgefinanzierung;

$Fpre$ = Folge-Bewertung Pre-Money;

IF = Initial-Finanzierungsvolumen;

WP = Weighted Average Anti-Dilution-Preis.

---

16 Vgl. dazu im Folgenden Pareek, a.a.O. (Fn. 15), S. 5-8.

Einzige Unbekannte in der Formel (4) bleibt dann der Weighted Average Anti-Dilution-Preis (WP). Für diesen gilt jedoch die folgende oben bereits erläuterte Formel, die für den Zweck der Kalkulation ebenfalls weiter in seine bekannten Bestandteile zerlegt und umgestellt wird:

$$WP = IP \times \frac{G + I + \frac{FF}{IP}}{G + I + \frac{FF}{FP}} = IP \times \frac{G + \frac{IF}{IP} + \frac{FF}{IP}}{G + \frac{IF}{IP} + \frac{FF}{FP}} \quad (5)$$

$$= IP \times \frac{\frac{IP \times G + IF + FF}{IP}}{\frac{IP \times FP \times G + FP \times IF + IP \times FF}{IP \times NP}}$$

$$= IP \times \frac{FP \times (IP \times G + IF + FF)}{IP \times NP \times G + FP \times IF + IP \times FF}$$

$$= \frac{IP \times NP \times (IP \times G + IF + FF)}{IP \times FP \times G + FP \times IF + IP \times FF}$$

Substituiert man nun die unbekannte Variable WP durch die Formel (5) und löst auf, ergibt sich die folgende Formel (6), mit der sich der Preis für die Ausgabe neuer Anteile an den Folge-Investor berechnen lässt, bei dem dieser seine Zielanteilsquote nach Durchführung der Weighted Average Anti-Dilution durch den Initial-Investor erreicht:

$$NP = \frac{(Fpre + FF) \times \left(IP \times \left[G + \frac{IF}{IP}\right] + FF\right) - FF^2 - FF \times IP \times \left(G + \frac{IF}{IP}\right) - IF \times FF}{G \times IP \times \left(G + \frac{IF}{IP}\right) + G \times FF + \left(G + \frac{IF}{IP}\right) \times IF} \quad (6)$$

Bei Verwendung der Formel für das Zahlenbeispiel ergibt sich ein Preis je Anteil für die Beteiligung des Neuinvestors von 86,67 € anstelle der vor Berücksichtigung der Anti-Dilution geplanten 90,00 €. Verwendet man nun diesen Preis bei der Formel für die Weighted Average Anti-Dilution, gelangt man für den Initial-Investor zu einem Preis von 157,00 €. Er dürfte entsprechend so viele neue Anteile kostenlos erwerben, wie er erhalten hätte, wenn er bereits bei der Initial-Finanzierungsrunde zu diesem Preis Anteile erworben hätte. Entsprechend ergibt sich die Anteilsverteilung wie in Tabelle 6 dargestellt.

	Kapitalisierung nach Folgefinanzierung vor Anti-Dilution						Effekt durch Anti-Dilution					
Share-holder	Investment	Ursprungs-preis je Anteil	Anteile am Kapital	Anteil am Unterneh-men	Wert des Investments	Preis- An-passung durch Anti-Dilu-tion	Anzahl zusätzl. Anteile gem. Anti-Dilution	Anteils-verteilung nach Anti-Dilution	Preis pro Anteil	Anteil am Unt. nach Anti-Dilu-tion	Wert des Investments	Wertver-lust durch Folge- Fi-nanzie-rung
Gründer	25.000 €	1,00 €	25.000	55,7%	2.228.571 €			25.000	1,00 €	54,2%	2.166.667 €	-2.333.333 €
Initial-Investor	1.500.000 €	180,00 €	8.333	18,6%	742.857 €	156,00 €	1.282	9.615	156,00 €	20,8%	833.333 €	-666.667 €
Folge-Investor	1.000.000 €	86,67 €	11.538	25,7%	1.028.571 €			11.538	86,67 €	25,0%	1.000.000 €	
Summe			44.872	100%	4.000.000 €		1.282	46.154		100,0%	4.000.000 €	

Tabelle 6: Weighted Average – Ausgleich durch Kapitalerhöhung bei Ausgleichspreis

Es zeigt sich, dass dieser Kompensationseffekt deutlich geringer ist, als bei der Full-Ratchet-Methode. So würde der Initial-Investor anstelle von 37,50% nun einen Anteil von 20,83% am Unternehmen halten. Der Anteil der Gründer liegt entsprechend bei 54,2% anstelle von 37,50% bei der Full-Ratchet-Methode. Bezogen auf den Unternehmenswert bedeutet dies, dass deren Wertverlust von insgesamt 3 Mio. € mit 666.666 € nun z.T. auch vom Initial-Investor getragen wird, während der Wertverlust der Gründer „nur" noch 2.333.333 € beträgt.

cc) Kritische Würdigung der Methoden
Aufgrund des zirkulären Effekts sind die Anti-Dilution Methoden komplex. Dies gilt insb. für die Weighted Average Anti-Dilution. In der Praxis der Autoren hat sich gezeigt, dass es aufgrund dieser Komplexität bei den Parteien einer VC-Finanzierung immer wieder zu Problemen kommt. Insb. weniger erfahrene Parteien können die Effekte und Folgen schwer abschätzen. Oft bleibt es bei einer abstrakt verbalen Verankerung insb. der Weighted Average Anti-Dilution-Klausel, ohne konkretes Rechenbeispiel. Im Fall der Ausübung der Klausel kommt es häufig zu unterschiedlichen Auslegungen, gerade bei einer Down-Round, bei der sich Gründer und Initial-Investor häufig kritisch gegenüberstehen und gegenläufige Interessen vertreten.

4. Die Geschäftsanteilsabtretung als Ausgleichsmechanismus
Die Durchführung der Anti-Dilution über eine Geschäftsanteilsabtretung kann sich als Alternative zu der Durchführung einer oder mehrerer Kapitalerhöhungen anbieten.

Eine Abtretung wird unmittelbar wirksam, während eine Kapitalerhöhung erst mit ihrer Eintragung im Handelsregister Wirksamkeit erlangt. Die Höhe des gezeichneten Kapitals wird durch die Abtretung als Ausgleichsmechanismus nicht verändert. Bei einer Anteilsabtretung besteht weiterhin gesellschaftsrechtlich, anders als bei einer Kapitalerhöhung, keine Notwendigkeit die Mindestgegenleistung an der Höhe des Nennbetrags der zu übertragenden Geschäftsanteile zu orientieren. Die Abtretung, deren Rechtsgrund in der Vereinbarung zwischen Gründern und Erst-Investor in der ersten Finanzierungsrunde angelegt ist, kann ohne die Leistung eines Kaufpreises vollzogen werden.
Dies ermöglicht daher die Durchführung der Anti-Dilution auch für solche Erstrundeninvestoren, die etwa aufgrund von Fondsstatuten nicht mehr bereit oder in der Lage sind, Einlagen auch nur i.H.d. Nennwerte der neuen Anteile zu leisten.
Die Vereinbarung der Abtretung als weitere Möglichkeit des Ausgleichs schafft somit eine größere Anwendungsflexibilität und soll im Folgenden näher betrachtet werden.

a) Durchführung

Auch bei der Geschäftsanteilsabtretung als Ausgleichsmechanismus der Anti-Dilution wird empfohlen die Ausgleichspreise mit den für die Kapitalerhöhungsvariante geltenden Formeln zu ermitteln. Auf Grundlage der sich daraus ergebenden Zielbeteiligungsquoten kann dann eine Umverteilung von Anteilen zwischen Gründern und Initial-Investor abgeleitet und mittels der Abtretung durchgeführt werden, ohne die Notwendigkeit einer kompensierenden Kapitalerhöhung für den Initial-Investor. Damit wird mit beiden Ausgleichsmethoden eine identische, „richtige" Beteiligungsstruktur erreicht, wenngleich es bei der Methode der Geschäftsanteilsabtretung zu einer geringeren Höhe des Stammkapitals und infolge dessen zu einem höheren rechnerischen Preis pro Anteil kommt.[17]

Unter Fortführung des Zahlenbeispiels nach Kapitel II.3.a) ergibt sich die nachfolgend dargestellte Anteilsverteilung: Der Folge-Investor erhält – ohne an dem Ausgleichsmechanismus der Anti-Dilution beteiligt zu sein und ohne auf diese Rücksicht nehmen zu müssen – im Wege einer Kapitalerhöhung 11.111 Anteile zum Preis von 90 € und erreicht damit seinen Zielanteil von 25%. Da es in diesem Fall zu keiner, durch eine weitere Kapitalerhöhung induzierten Verwässerung des Folge-Investors kommt, entsteht auch kein Zirkularitätsproblem. Der Ausgleich durch Übertragung für die Full Ratchet Anti-Dilution wird in Tabelle 7 dargestellt.

Dem Initial-Investor in dem Zahlenbeispiel aus Kapitel II.3.b) stünde nach der Durchführung der Full Ratchet Anti-Dilution ein Anteil von 37,5% am Stammkapital der Gesellschaft zu. Um diese Quote zu erreichen, müssen die Gründer 8.333 Anteile an den Initial-Investor übertragen. Das Ergebnis führt zu der gleichen Anteilsverteilung wie nach Durchführung der Full Ratchet Anti-Dilution durch Kapitalerhöhung. Der einzige Unterschied liegt darin, dass das gezeichnete Kapital nur 44.444 € statt 66.667 € beträgt.

Für das Beispiel der Weighted Average Anti-Dilution ergibt sich die in Tabelle 8 gezeigte Anteilsverteilung nach der Durchführung der Geschäftsanteilsabtretung. Hier müssen die Gründer lediglich 926 Anteile an den Initial-Investor abtreten, um die in Kapitel II.3.b) berechnete Zielquote von 20,8% am Stammkapital zu ermöglichen. Das Stammkapital besteht weiterhin aus 44.444 Anteilen im Vergleich zu 46.154 Anteilen nach der Durchführung der Weighted Average Anti-Dilution durch eine Kapitalerhöhung.

b) Keine steuerliche Neutralität der Ausgleichsmechanismen?

Unter Hinweis auf schenkung- oder ertragsteuerliche Risiken soll nach Stimmen in der Literatur der Ausgleichsvariante der Kapitalerhöhung der Vorzug gegenüber der Abtretung eingeräumt werden.[18] Dies bedarf einer näheren Betrachtung.

---

17 Diese Rechtsfolgendivergenz ist u.E. wegen ihrer geringen Auswirkungen jedoch hinzunehmen.
18 Vgl. Weitnauer, Handbuch Venture Capital, 5. Aufl. 2015, S. 348.

	KAPITALISIERUNG NACH FOLGEFINANZIERUNG VOR ANTI-DILUTION					EFFEKT DURCH ANTI-DILUTION					
SHARE-HOLDER	INVESTMENT	UR-SPRUNGS-PREIS JE ANTEIL	ANTEILE AM KAPITAL	ANTEIL AM UNTERNEH-MEN	WERT DES IN-VESTMENTS	PREIS-ANPASSUNG DURCH ANTI-DILU-TION	UMVERTEI-LUNG	ANTEILS-VERTEILUNG NACH ANTI-DILUTION	PREIS PRO ANTEIL	ANTEIL AM UNT. NACH ANTI-DILU-TION	WERT DES IN-VESTMENTS	WERTVER-LUST DURCH FOLGE- FI-NANZIERUNG
Gründer	25.000 €	1,00 €	25.000	56,3%	2.250.000 €		-8.333	16.667	1,50 €	37,5%	1.500.000 €	-3.000.000 €
Initial-Investor	1.500.000 €	180,00 €	8.333	18,8%	750.000 €	90,00 €	8.333	16.667	90,00 €	37,5%	1.500.000 €	0 €
Folge-Investor	1.000.000 €	90,00 €	11.111	25,0%	1.000.000 €			11.111	90,00 €	25,0%	1.000.000 €	
Summe	2.525.000 €		44.444	100,0%	4.000.000 €			44.444		100,0%	4.000.000 €	

Tabelle 7: Full Ratchet – Ausgleich durch Abtretung

Die Vereinbarung und der Vollzug einer Anti-Dilution vollziehen sich hinsichtlich sämtlicher Beteiligten unter fremden Dritten. Es bestehen zwischen allen beteiligten (zukünftigen) Gesellschaftern Interessengegensätze.

Die „Lieferung" der Ausgleichsanteile erfolgt in beiden Varianten (höchstens) zum Nennwert in unmittelbarem, kausalen und zeitlichen Zusammenhang mit einer Down-Round. Die Bewertung der Down-Round liegt zwar unter derjenigen der ersten Finanzierungsrunde, gleichwohl über dem Nennwert des gezeichneten Kapitals. Der Wert der zu übertragenden Anteile liegt somit über ihrem Nennwert.

Der Ausgleich erfolgt in der Kapitalerhöhungsvariante dadurch, dass sämtliche Gesellschafter im Einvernehmen mit dem Folge-Investor eine Kapitalerhöhung beschließen und der Erst-Investor die Möglichkeit wahrnimmt, diese Anteile unter Ausschluss des Bezugsrechtes[19] der Gründer gegen eine Einlage i.H.d. Nennwerts, mithin ohne Aufgeldzahlung, zu übernehmen. Die Alternative ist die Abtretung von Anteilen der Gründer an den Erst-Investor ohne oder mit der Vereinbarung eines Entgelts i.H.d. Nennbetrags der Anteile. Ertragsteuerlich könnte vertreten werden, dass die Abtretung der Geschäftsanteile dem Grunde nach zu Einkünften aus Gewerbebetrieb nach § 17 EStG führt – unter der regelmäßig gegebenen Annahme, dass der jeweilige Gründer zu mindestens 1% an der Gesellschaft beteiligt ist. Es entsteht jedoch kein Veräußerungsgewinn. Bei einer Abtretung unterhalb der Anschaffungskosten entstünde gar ein Veräußerungsverlust.

Mit dergleichen Berechtigung könnte aber auch vertreten werden, dass der der Kapitalerhöhungsvariante innewohnende Verzicht auf Bezugsrechte oder die Abtretung dieser Bezugsrechte unter den vorgenannten Voraussetzungen ebenfalls grds. von § 17 EStG in Form der Veräußerungen von Anwartschaften erfasst wird (§ 17 Abs. 1 Satz 3 EStG). Auch in dieser Variante fehlt es an einem Veräußerungsgewinn.

U.E. handelt es sich bei dem Anti-Dilution-Ausgleich um eine Bewertungsanpassung, die richtigerweise schon dem Grunde nach nicht von § 17 EStG zu erfassen ist, weil es an einer eigenständigen Veräußerung gegen Entgelt fehlt. VC-Finanzierungen werden nämlich auf Basis einer vorläufigen Bewertung abgeschlossen, da maßgebliche Bewertungsparameter häufig im Zeitpunkt der Beteiligungsbegründung noch nicht mit hinreichender Sicherheit beurteilt werden können. Diese Bewertung unterliegt daher in standardisierter Form einer möglichen nachträglichen Anpassung. Die Anti-Dilution ist eines dieser Anpassungsinstrumente.

Die Vereinbarung und die später erfolgende Erfüllung von Ansprüchen aus der Anti-Dilution sind daher als einheitlich zu beurteilender Vorgang anzusehen, der erst in einer Gesamtschau zu der endgültigen Bestimmung des Werts und nicht jedoch zu einer Werterhöhung des Anteilsbesitzes des Initial-Investors führt.

---

[19] Bei einer GmbH besteht kein gesetzliches Bezugsrecht, von der herrschenden Auffassung wird jedoch ein ungeschriebenes Bezugsrecht anerkannt (vgl. Lutter/Bayer, in: Lutter/Hommelhoff, GmbHG, 19. Aufl., § 55 Rn. 19).

	KAPITALISIERUNG NACH FOLGEFINANZIERUNG VOR ANTI-DILUTION					EFFEKT DURCH ANTI-DILUTION						
SHAREHOLDER	INVEST-MENT	UR-SPRUNGS-PREIS JE ANTEIL	ANTEILE AM KAPITAL	ANTEIL AM UNTER-NEHMEN	WERT DES INVEST-MENTS	PREIS-ANPASSUNG DURCH ANTI-DILUTION	ANZAHL ZUSÄTZL. ANTEILE GEM. ANTI-DILUTION	ANTEILS-VERTEILUNG NACH ANTI-DILUTION	PREIS PRO ANTEIL	ANTEIL AM UNT. NACH ANTI-DILUTION	WERT DES INVEST-MENTS	WERT-VERLUST DURCH FOLGE-FINANZIERUNG
Gründer	25.000 €	1,00 €	25.000	56,3%	2.250.000 €		-926 €	24.074	0,96 €	54,2%	2.166.667 €	-2.333.333 €
Initial-Investor	1.500.000 €	180,00 €	8.333	18,8%	750.000 €		926 €	9.259	162,00 €	20,8%	833.333 €	-666.667 €
Folge-Investor	1.000.000 €	90,00 €	11.111	25,0%	1.000.000 €			11.111	90,00 €	25,0%	1.000.000 €	
Summe	2.525.000 €		44.444	100%	4.000.000 €		926 €	44.444		100%	4.000.000 €	

Tabelle 8: Weighted Average – Ausgleich durch Abtretung

Folgerichtig führt die Gewährung von Geschäftsanteilen in beiden Varianten auch nicht zu Einkünften bei dem Erst-Investor, etwa im Rahmen von gewerblichen Einkünften oder aus selbstständiger Arbeit (siehe § 15 oder § 18 EStG). Es fehlt bereits an dem Begriff der Einkunftserzielung. In ertragsteuerlicher Sicht besteht u.E. somit kein Vorteil der Kapitalerhöhungsvariante gegenüber der Abtretungsvariante. Schenkungsteuerlich könnte sowohl in der unentgeltlichen oder verbilligten Übertragung von Geschäftsanteilen als auch der unentgeltlichen oder verbilligten Gewährung von Bezugsrechten eine Zuwendung i.S.v. § 7 Abs. 1 Nr. 1 ErbStG liegen. Es fehlt aber in beiden Fällen gleichermaßen an dem subjektiven Moment der Freigiebigkeit. Damit scheidet eine Schenkung i.S.v. § 7 Abs. 1 Nr. 1 ErbStG aus.

Der Ausgleich der Anti-Dilution ist auch keine disproportionale Einlage i.S.v. § 7 Abs. 8 ErbStG. Die Grundaussage des § 7 Abs. 8 ErbStG besteht darin, dass eine disproportionale Einlage, die etwa darin besteht, dass ein Gesellschafter bei einer Kapitalerhöhung eine Aufgeldzahlung leistet und der andere Gesellschafter im Rahmen dieser Kapitalerhöhung Geschäftsanteile ohne Aufgeldleistung erhält, als ein schenkungsteuerpflichtiger Vorgang angesehen wird, weil der Wert des Anteilsbesitzes des anderen Gesellschafters sich erhöht. Die Anteilsgewährung im Rahmen eines Anti-Dilution-Ausgleichs ist kein Fall des § 7 Abs. 8 ErbStG.[20] Es fehlt eine Einlage der Gründer in die Gesellschaft, auch ist keine Werterhöhung der bestehenden Anteile des Erst-Investors gegeben. Es handelt sich um den Vollzug der vertraglich vereinbarten Bewertungsanpassung in Form der Anti-Dilution.

Ausgehend davon, dass der Ausgleich der Anti-Dilution weder in der Kapitalerhöhungsvariante noch in der Abtretungsvariante u.E. schenkungsteuerpflichtig ist und auch kein Grund für eine Ungleichbehandlung wirtschaftlich identischer Vorgänge besteht, lassen sich aus dem Schenkungsteuerrecht keine Argumente für die Bevorzugung der Kapitalerhöhung gegenüber der Abtretung als Ausgleichsvariante herleiten.

5. Mittelbar an dem Ausgleichsmechanismus beteiligte Gesellschafter

Die Anti-Dilution beruht auf einer vertraglichen Vereinbarung zwischen den Gründern und dem Erst-Investor. Diese sind Schuldner und Gläubiger des Geschäftsanteilsgewährungsanspruchs aus der Anti-Dilution-Klausel. Mittelbar beteiligt ist jedoch auch der Folgeinvestor, wie die obigen Zahlenbeispiele verdeutlichen. Bereits in der beispielhaft dargestellten einfachen Konstellation führt somit der Anti-Dilution-Ausgleich durch eine Kapitalerhöhung zu einer erheblichen Komplexität. Mittelbar von einem Anti-Dilution-Ausgleich betroffen, sind häufig noch weitere Gesellschafter. Dies können Business Angels sein, die weder Schuldner noch Gläubiger der Anti-Dilution-Regelung sind. Business Angel verzichten nicht selten auf

---

[20] Disproportionale Einlagen können im Verhältnis des Folge-Investors zu den Alt-Gesellschaftern vorliegen. Die Finanzverwaltung lässt Ausnahmen von der Steuerbarkeit disproportionaler Einlagen zu. Eine steuerbare Werterhöhung der Anteile soll dann entfallen, wenn die einseitige Aufgeldleistung eines Gesellschafters durch zusätzliche Rechte, etwa eine – im Venture Capital Bereich übliche – Liquidation Preference ausgeglichen wird (Ländererlasse vom 14.03.2012, BStBl. I 2012 S. 331, Rn. 3.3.4 f.).

die Einräumung eigener Anti-Dilution-Rechte. Da sie selber zumeist nicht aktiv im Management der Gesellschaft beteiligt sind, stellt es keine sachgerechte Lösung dar, Ihnen die Ausgleichsverpflichtung aus einer Anti-Dilution aufzubürden. Mittelbar beteiligt können aber auch Vorrundeninvestoren sein, deren Anti-Dilution-Rechte erloschen sind, etwa weil sie befristet waren oder etwa über sog. Pay-to-Play-Regelungen entfallen sind. Diesen mittelbar beteiligten Gesellschaftern müssen sekundäre Anti-Dilution-Ansprüche eingeräumt werden, um eine Verminderung der Beteiligungsquote bei einem Ausgleich der (primäre) Anti-Dilution-Ansprüche über eine Kapitalerhöhung auszugleichen.

Mittelbar an dem Ausgleichsmechanismus beteiligte Gesellschafter werden ihre Beteiligungen an der Gesellschaft zu unterschiedlichen Eingangsbewertungen erhalten haben, was die ohnehin anspruchsvolle Ermittlung der sekundären Anti-Dilution-Ansprüche erschwert. Einige der mittelbar beteiligten Gesellschafter werden möglicherweise auch nach ihren Fondsstatuten oder anderen Gründen nicht willens oder in der Lage sein, Einlagen für weitere Kapitalerhöhungen aufzubringen, selbst wenn diese zum Nennwert durchgeführt werden. Schließlich ist es für einen Neuinvestor nicht sehr einladend, im Zusammenhang mit seinem Beitritt zu einer neuen Gesellschaft, gleich in eine komplexe, häufig von widerstreitenden Interessen geprägte Anti-Dilution-Kaskade zu geraten.

6. Interdependenzen

Die VC-Vertragsgestaltung ist von Interdependenzen geprägt. Erhebliche Wechselwirkungen bestehen zwischen der Anti-Dilution einerseits und Meilensteinregelungen aber auch Performance-Ratchet-Regelungen andererseits. Meilensteinregelungen oder Performance-Ratchet-Regelungen knüpfen auf der Tatbestandseite an die Erfüllung bestimmter gemeinsam zwischen Gründer und Investoren vereinbarter Ziele an.[21] Die Rechtsfolgen einer Meilensteinverfehlung lassen sich in zwei Hauptgruppen unterteilen, nämlich das Recht der VC-Investoren die Fortfinanzierung zu verweigern oder diese von der Gewährung weiterer Anteile durch die Gründer abhängig zu machen. In der zweiten Variante besteht somit eine Rechtsfolgenidentität mit Anti-Dilution-Klauseln aber auch mit Performance-Ratchet-Klauseln, die bei schlechter Entwicklung der Gesellschaft die Gründer zur Gewährung weiterer Anteile verpflichten. Das Eingreifen mehrerer Ausgleichsregelungen kann mithin zu einer unangemessen hohen Abgabe von Anteilen der Gründer führen.

Diese Abgabe von Anteilen wird häufig durch einen einheitlichen Lebenssachverhalt ausgelöst. So kann etwa die Verfehlung von EBIT- und Umsatzzielen zur Anteilsabgabe in Rahmen von Meilenstein- und Performance-Ratchet-Regelungen führen. Die Verfehlung der Finanzkennzahlen kann zudem ursächlich für die Notwendigkeit einer weiteren Finanzierungsrunde sein, die dann – wenn sie überhaupt zustande kommt – zumeist eine Down-Round sein wird.

---

21 Als Faustregel gilt, dass an Finanzzahlen orientierte Meilensteine (Umsatzerlöse oder die EBITDA-Entwicklung) weit häufiger verfehlt werden als technische Meilensteine.

Wechselwirkungen können weiterhin zwischen Vestingregelungen und der Anti-Dilution bestehen. Ein Gründer, der bei Bestehen einer Vestingregelung seine Tätigkeit für die Gesellschaft einstellt, ist verpflichtet, einen bestimmten Anteil seiner Geschäftsanteile – zumeist zum Nominalwert – auf die Gesellschaft oder (künftige) Gesellschafter zu übertragen. Erfolgt die Übertragung der Geschäftsanteile auf der Grundlage des Vestings vor einer Anteilsübertragung auf Grundlage der Anti-Dilution kann dies – je nach vertraglicher Ausgestaltung – dazu führen, dass die noch aktiv im Unternehmen tätigen Gründer überproportional verwässern.

Die Hoffnung der Gründer auf einen ansehnlichen Exiterlös schwindet, wenn die Anti-Dilution-Ausgleichsmechanismen greifen und zugleich eine weitere Liquidation Preference in einer Folgefinanzierung vereinbart wird, was dem Regelfall entspricht. Dann erhalten die Investoren in der Höhe ihrer kumulierten Finanzierungsbeträge einen Vorrang aus dem Exiterlös und die Gründer werden bei der Verteilung des Exiterlöses erst nach Erfüllung der Ansprüche aus der Liquidation Preference proportional, d.h. im Verhältnis der Geschäftsanteile zueinander berücksichtigt. Dieser proportionale Anteil hat sich u.a. als Folge der Anti-Dilution weiter gemindert.

Die Wechselwirkungen zwischen verschiedenen Standardregelungen aus VC-Verträgen sollen den Blick dafür schärfen, dass eine betriebswirtschaftliche und rechtliche Analyse der Anti-Dilution immer mit Blick auf das gesamte Vertragswerk erfolgen sollte.

III. Ziele der Anti-Dilution aus Investorensicht

1. Nicht erreichbar: Gleichstellung mit dem Neuinvestor

Auch bei der Full-Ratchet-Variante der Anti-Dilution erfolgt bei der Wahl des zutreffenden Vergleichsmaßstabs keine Gleichstellung des Erst-Investors mit dem Neuinvestor. Der zutreffende Vergleichsmaßstab ist vor dem Hintergrund des Geschäftsmodells eines VC-Investors der IRR, der Internal Return on Investment. Auch wenn durch die Anwendung des Full-Ratchet-Ausgleichsmechanismus die Bewertung der Anteile des Erst-Investors mit Rückwirkung der Bewertung der Neuinvestoren-Anteile gleichgestellt wird, führt dies nicht zu der gleichen IRR, einfach, weil der Erst-Investor länger beteiligt ist als der Neuinvestor. Hinzu kommt, dass sich der Neuinvestor eine vorrangige Liquidation Preference ausbedingen wird. Für den Fall, dass der Exiterlös unter der Gesamtsumme sämtlicher Liquidation Preferences liegt, führt dies zu einer weiteren Verbesserung der IRR des Neuinvestors gegenüber derjenigen des Erst-Investors, da dessen Liquidation-Preference-Ansprüche nicht oder nur teilweise erfüllt werden.

2. Minderung des Wertverlusts

Unstrittig wird hingegen durch die Anti-Dilution der Wertverlust des Initial-Investors durch die Down-Round gemindert. Dies wird im Regelfall den Abschreibungsbedarf des Initial-Investors mindern. Damit stärkt die Anti-Dilution zugleich die Stellung des Initial-Investors gegenüber seinen Investoren. Dies ist u.E. die maßgebliche Ursache für den Einsatz der Anti-Dilution-Regelung und engt – wie aufgezeigt werden wird – die Möglichkeit von Alternativgestaltungen ein.

IV. Kritik an dem Anti-Dilution-Mechanismus

1. Unklarheit der Ursachen und der Verantwortung der Down-Round

Anti-Dilution-Klauseln fragen nicht nach den Ursachen für die Bewertungsminderung. Als auslösender Faktor reicht alleine die Tatsache einer Down-Runde. Augenfällig wird dies, wenn das Unternehmen die vereinbarten Meilensteine und die Anforderungen der Business-Planung erfüllt hat und gleichwohl eine Down-Round zu beklagen ist, deren Hauptursachen etwa in externen Großereignissen liegen, die nachweisbar auch den Börsenwert notierter Gesellschaften massiv beeinträchtigt haben. Down-Rounds können auch durch Umstände mitbeeinflusst werden, die eher in der Sphäre des Investors liegen. So kann sich der Umstand, dass dieser ausfinanziert ist und daher an einer weiteren Finanzierungsrunde nicht teilnehmen kann, bewertungsmindernd auswirken. Es wird somit immer wieder Situationen geben, in denen aus Sicht der Gründer eine Rechtfertigung der Anti-Dilution mit guten Argumenten verneint oder kritisiert werden kann. Daneben gibt es aber eine große Anzahl von Fällen, die unstrittig Entwicklungsverzögerungen des Unternehmens als alleinige oder Hauptursache für die Down-Round erkennen lassen.

Anti-Dilution-Klauseln würden aber ihre Bedeutung verlieren und wären nicht mehr durchsetzbar, wenn eine Verursachungszuordnung Voraussetzung ihrer Anwendung würde. Eine eindeutige Analyse und Wichtung der Ursachen wird in den meisten Fällen nämlich nicht möglich sein. Es kämen starke, durch die jeweilige Interessenlage geprägte subjektive Bewertungen zum Tragen. Eine ursachenorientierte Einschränkung der Anti-Dilution-Regelung wird hier daher nicht als gangbar angesehen.

2. Zeitpunktrisiko und Perpetuierung

Hat die Down-Round ihre Ursache in einer kurzfristigen Entwicklungsverzögerung oder einem geringfügig verzögerten Markteintritt, kann man von einem Zeitpunkt- oder genauer Zeitraumrisiko der Gründer sprechen. Dasselbe gilt bei einer kurzfristigen Verschlechterung externer Rahmenbedingungen, die eine Down-Round bedingen. Durch die – endgültige – Gewährung von Geschäftsanteilen im Rahmen der Anti-Dilution gewinnt dieser Ausgleichsmechanismus eine Perpetuierungswirkung. Die durch die Anti-Dilution erfolgte Anteilsverschiebung bleibt nämlich bis zum Exit bestehen.[22] Dies gilt selbst dann, wenn nachgewiesen werden kann, dass der der Down-Round zugrunde liegende Sachverhalt keine Auswirkungen auf den Exitpreis entfaltet hat. Es stellt sich somit die Frage, ob die Anti-Dilution-Regelungen quasi modellintern ergänzt würden, um namentlich den Perpetuierungseffekt abzuschwächen.

---

[22] Anteilsverschiebungen durch spätere Kapitalerhöhungen werden dabei nicht betrachtet.

V. Modellinterne Anpassungen – Orientierung an IRR-Erwartungen

Es wäre aus Sicht der Gründer wünschenswert, wenn ein VC-Fonds seine IRR-Erwartungen, sei es auf das individuelle Investment bezogen oder fondsintern, offenlegte. Wenn dieser Schritt gegangen werden würde, könnte die Anti-Dilution etwa unter die auflösende Bedingung des Nichterreichens der IRR-Erwartungen gestellt werden. Alternativ wäre ein entsprechendes Rückübertragungsrecht bei Erreichen der IRR-Erwartungen denkbar.[23] Ohne Weiteres gestaltbar wäre es, VC-Investoren im Rahmen einer Anti-Dilution keine Anteile, sondern auf schuldrechtlicher Basis gegenüber den Gründern einen vorläufigen Ausgleichsanspruch in Form eines Optionsrechts zu gewähren, der aber nur insoweit ausgeübt werden darf, wie dies zur Erreichung der definierten IRR-Erwartungen[24] notwendig ist. Durch die Anknüpfung an den IRR würde ein Anreiz für die Gründer geschaffen werden, trotz eines Anti-Dilution-Ausgleichs auf einen erfolgreichen Exit hinzuarbeiten.

Problematisch ist jedoch die Definition eines angemessenen IRR. Auf Ebene eines VC-Fonds gibt der IRR die interne Verzinsung sämtlicher Beteiligungen wieder. Die Erfahrungen der Vergangenheit zeigen, dass ein nicht unerheblicher Anteil der VC-investierten Unternehmen nicht zu einem erfolgreichen Exit gebracht werden kann und ein Fonds daher signifikante Beteiligungen an „Highflyern" benötigt, um insgesamt eine gute Rendite zu erzielen, was bei weitem nicht der Regelfall im risikobehafteten Frühphasenfinanzierungsbereich ist. Es würde die Erfolgsaussichten eines VC-Fonds somit mindern, wenn bestimmte Vertragsklauseln ihre Wirkung verlören, sofern ein bestimmter IRR erreicht würde. Es ließe sich auch, gerade in den ersten Jahren der Fondslaufzeit, kaum vorhersagen, welcher „Ziel-IRR" zu vereinbaren wäre, um eine gute Fondsperformance zu erreichen.

Hinzu kommt: Ein VC-Fonds hat i.d.R. bei jedem neuen Investment die Erwartung, dass sich das Unternehmen zu einem solchen Highflyer entwickelt, sonst würde er nicht investieren. Ein VC-Fonds muss aber davon ausgehen, dass diese Erwartungshaltung bei einer signifikanten Anzahl seiner Beteiligungen nicht erfüllt wird. Er kann aber nicht vorhersagen, bei welcher oder welchen, und wie viel IRR später auszugleichen ist. Auch das spricht gegen eine a priori Vereinbarung eines „Ziel-IRR".

VI. Vereinbarung und Durchsetzbarkeit der Anti-Dilution-Klausel

Regelungen zum Verwässerungsschutz dienen dem Schutz der Investoren und können sich, wie gezeigt, stark gegen die Gründer auswirken. Gleiches gilt für eine Vielzahl anderer typischer Investorenrechte. Je mehr und je härtere Rechte sich der Investor ausbedingt, desto unattraktiver wird sein Beteiligungsangebot unabhängig von den rein finanziellen Konditionen. Je größer der Wettbewerb der Investoren bei attraktiven Beteiligungsmöglichkeiten ist, desto schwieriger sind diese Rechte somit in der Erstrundenverhandlung mit den Gründern durchzusetzen.

---

23 Dies erscheint jedoch unter steuerlichen Aspekten nachteiliger als die Variante der auflösenden Bedingung.
24 Oder zur Erreichung einer anderen Zielgröße, etwa dem Verkaufspreis sämtlicher Anteile an dem Unternehmen, notwendig wäre.

Selbst wenn der Verwässerungsschutz in den Beteiligungsverträgen der Erstrunde verankert wurde, hängt es von der spezifischen Situation der Folgefinanzierungsrunde ab, ob er auch tatsächlich durchgesetzt werden kann. Nicht selten lässt sich in der Praxis beobachten, dass ein Folge-Investor nur dann bereit ist zu investieren, wenn die Gründer nicht oder nur eingeschränkt unter den negativen Auswirkungen einer Anti-Dilution Regelung leiden müssen.

VII. Zusammenfassung

1. Die Anti-Dilution ist eine Vertragsklausel, deren Komplexität von vielen Marktteilnehmern unterschätzt wird.
2. Die vorherrschende Methode, die Ansprüche aus der Anti-Dilution durch kompensierende Kapitalerhöhungen zu erfüllen, sollte überdacht werden. Die Gewährung von Geschäftsanteilen durch Abtretungen ist häufig vorzugswürdig.
3. Bei dem Eingreifen einer Anti-Dilution sollte ein VC-Investor darüber nachdenken, ob es sinnvoll ist, mit den Gründern Incentivierungsregelungen zu vereinbaren, die die Perpetuierungswirkung einer ausgeübten Anti-Dilution mildern können.
4. Bei der betriebswirtschaftlichen aber auch rechtlichen Betrachtung[25] sind die Wechselwirkungen der Tatbestandsseite und der Rechtsfolgen, sowie Konkurrenzen und Kumulationen mit anderen VC-Klauseln zu berücksichtigen. Auch sind die Interessen des VC-Fonds und seiner Investoren insgesamt und nicht nur bezogen auf das jeweilige Investment zu betrachten.

Quelle: Bewertungspraktiker 01/2018 S. 14

---

25 In Frage stehen Wirksamkeits- oder Anpassungsüberlegungen.

Marktstudie über die Bewertungspraxis von Venture Capital-Managern in Deutschland

– Wesentliche Erkenntnisse zur Bewertung von und Vertragsgestaltung mit Portfoliounternehmen –

Prof. Dr. Dirk Honold | Patrick Hümmer, M.A. | Cyril Prengel, EMBA (M&A), CVA

I. Einleitung

Die zukünftige Unternehmensentwicklung von jungen, innovativen Unternehmen unterliegt hohen internen und externen Risiken, die im Vorfeld schwer zu quantifizieren sind. Gerade in den frühen Phasen von Unternehmen bestehen Unsicherheiten hinsichtlich der Einschätzung von Wertpotenzialen und belastbares Zahlenmaterial zur quantitativen Bewertung ist meist nicht vorhanden. Die von den Autoren durchgeführte Studie zum Vorgehen der Risikokapitalgeber bei der Bewertung von Portfoliounternehmen – hier: junge, innovative Unternehmen (Start-ups) – liefert Erkenntnisse zum Einsatz und zur Bedeutung von qualitativen Kriterien und quantitativen Methoden bei der Unternehmensbewertung und baut zum Teil auf der im Jahr 2014 durchgeführten Studie zur Bewertungspraxis von Venture Capital (VC) Fonds auf.[1] Abweichend zur Studie des Jahres 2014 wurden darüber hinaus auch verstärkt Corporate Venture Capital (CVC) Gesellschaften in die Studie einbezogen und zusätzlich Fragestellungen zur Ausgestaltung ökonomischer Sonderrechte in Finanzierungsverträgen untersucht.

Im vorliegenden Aufsatz werden die wesentlichen Erkenntnisse der Studie hinsichtlich der Bewertungspraxis vorgestellt.[2]

II. Datenerhebung über die zur Bewertung von Portfoliounternehmen relevanten Informationen und den Einsatz von Sonderrechten bei Venture Capital-Transaktionen

Die empirische Datenerfassung wurde von den Autoren im Jahr 2018 mit Hilfe eines anonymen Online-Fragebogens durchgeführt. Mit diesem Tool wurden die Teilnehmer zuerst zu allgemeinen, kategorisierenden Fragen wie der Investorenart, dem Deal-Umfang und dem Investitionsfokus befragt. Im zweiten Teil des Fragebogens wurden dann die qualitativen Kriterien zur Beurteilung sowie die quanti-

---

1 Vgl. Zellmann/Prengel/Lebschi, BewP 2/2014 S. 74.
2 Die gesamte Studie kann unter www.roedl.de/venture-capital-studie heruntergeladen werden.

tativen Ansätze zur Bewertung von Start-ups abgefragt. Der dritte und letzte Teil beinhaltete spezielle Fragen zur Vertragsgestaltung mit Start-ups. Die Antworten der Probanden sollten jeweils basierend auf der jeweiligen Lifecycle Phase – Early Stage mit Seed und Start-up, Expansion Stage, Bridge und Buyout – des Portfoliounternehmens gegeben werden.

Insgesamt haben 38 Probanden teilgenommen, davon über 50% VC-Gesellschaften, sowie über 30% CVC-Gesellschaften und Sonstige inkl. kapitalstarker Business Angels. Der Investitionszeitpunkt ist primär die Start-up-Phase.

Die Teilnehmer der Studie stammen alle aus Deutschland oder haben mindestens einen Sitz dort und schließen nach eigenen Angaben im Jahr ca. 230 Transaktionen mit einem Gesamtvolumen von ca. 850 Mio. € ab. Für diese Investments ergibt sich eine durchschnittliche Haltedauer von 5,99 Jahren (Median = 6 Jahre; min.= 2 Jahre, max.= 10 Jahre).

III. Qualitative Bewertungskriterien im Vergleich

Aufgrund der mangelnden Historie eines jungen, innovativen Unternehmens und der unsicheren Datenlage hat die Beurteilung der Ausprägung qualitativer Kriterien auf die Bewertung von Start-ups einen hohen Stellenwert. Darüber hinaus kann die Analyse der qualitativen Faktoren als Grundlage für die Plausibilisierung des Business Plans und für die Einschätzung der Risiken, welche sich u.a. in den Kapitalkosten widerspiegeln, dienen.[3] Die Studie hat deshalb die Bedeutung einzelner Managementkriterien, Produkt-/Service-/Technologiekriterien, Marktkriterien sowie weitere Kriterien im Einzelnen untersucht.[4]

Hinsichtlich der Managementkriterien hat die Studie gezeigt, dass die Teilnehmer die Vollständigkeit des Teams und die Teamzusammensetzung sowie die Persönlichkeit/Soziale Kompetenz und Qualifikation der Gründer als sehr wichtig oder wichtig ansehen.

Bei den Produktkriterien sehen alle Teilnehmer die Unique Selling Proposition (USP) als sehr wichtig oder wichtig an. Die Innovationskraft wird von 97% der Probanden als sehr wichtig und wichtig betrachtet während die Marktakzeptanz auf 94% kommt. Schwächer ausgeprägt dagegen sind der Schutz durch Patente mit ca. 70% und ein kurzer time-to-market mit 57%. Hier zeigt sich jedoch ein Unterschied zwischen VCs und CVCs. Während für VCs ein kurzer time-to-market mit 65% vs. 22% bei CVCs von größerer Bedeutung ist, ist das Schutzbedürfnis durch Patente bei CVCs mit 78% ein wesentliches Kriterium.

Im Rahmen der Marktanalyse haben das Wachstumspotenzial, die Skalierbarkeit, u.a. durch Internationalisierung, sowie die Größe des adressierbaren Gesamtmarktes die höchste Bedeutung. Nachgelagert werden Bedrohungen durch neue und bestehende Wettbewerber, Substitute und die Abhängigkeit von Kunden in das Gesamturteil einbezogen.

---

[3] Prengel/Lebschi/Hellbardt, in Günther, Kirchhoff (Hrsg.), Business Angel Leitfaden II, 1. Aufl. 2018, S. 109.
[4] Weitere Kriterien waren unter anderem die Möglichkeit eines IPOs oder die Größe des Portfoliounternehmens.

IV. Quantitative Bewertungsansätze
1. Wahl der Bewertungsmethoden in Abhängigkeit der Lebenszyklusphase sowie grundlegende Vorgehensweise bei Anwendung marktwertorientierter Ansätze

Die Studie zeigt, dass in allen Phasen Methodenpluralität vorherrschend ist und die Wahl der Bewertungsmethoden v.a. von der Lebenszyklusphase des Start-up-Unternehmens abhängt. Insbesondere die folgenden Verfahren (Abbildung 1) werden in besonderem Maße von den Probanden in Abhängigkeit der Lebenszyklusphase verwendet, (weitere Verfahren wie der Realoptionsansatz, EVA und MVA, Buchwert, Liquidationswerte und Scoringmodelle spielen nur eine untergeordnete Rolle).

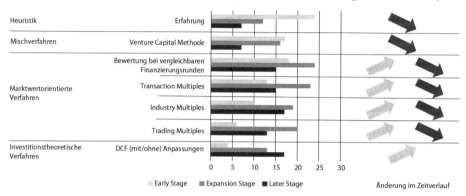

Abbildung 1: Bewertungsmethoden in Abhängigkeit der Lebenszyklusphase

Insbesondere in den frühen Phasen werden investitionstheoretische Verfahren kaum angewendet. Speziell wegen der vorherrschenden Unsicherheit und der sich daraus ergebenden erheblichen Bandbreiten einzelner Bewertungsparameter sind nach Einschätzung der Probanden kaum hinreichend sinnvolle Aussagen über den erreichten Unternehmenswert möglich. In der Early Stage wird stattdessen hauptsächlich auf Erfahrung, Bewertungen bei vergleichbaren Finanzierungsrunden, sowie auf die VC-Methode zurückgegriffen. Da auch bei der VC-Methode die Teilnehmer fast ausschließlich zur Bestimmung des Exitwerts auf Multiplikatoren zurückgreifen, ist der marktorientierte Ansatz insgesamt stark vorherrschend.

Die Auswahl der Vergleichsgruppe orientiert sich überwiegend an der Industrie/Branche des Portfoliounternehmens und an fundamentalen Werttreibern, wie das Wachstum, der Marktpositionierung und der Phase im Lebenszyklus. Als Kennzahlen für Multiplikatoren werden zunächst, bedingt durch häufig noch negative Ergebnisse, der Umsatz und erst nachgelagert das Jahresergebnis oder das EBITDA herangezogen.

Die erhobenen Multiples werden häufig insbesondere wegen Unterschieden bei allgemeinen Risikofaktoren und bei der Unternehmensgröße pauschal angepasst. Insofern hat implizit die Einstufung der Lebenszyklusphase einen wesentlichen

Einfluss auf die Höhe der Anpassung. Abweichungen bei Insolvenzrisiko und Illiquidität der Anteile spielen hingegen nur eine untergeordnete Rolle.

In der Expansion Stage sind ebenfalls marktorientierte Bewertungsansätze führend. Vor allem Bewertungen bei vergleichbaren Finanzierungsrunden, Transaction, Trading sowie Industry Multiples und die VC-Methode werden häufig verwendet.[5] Investitionstheoretische Bewertungsverfahren, wie das DCF-Verfahren nehmen zwar an Bedeutung zu, sind jedoch immer noch unterrepräsentiert.

In der Later Stage zeigt sich dagegen eine Angleichung an die vorherrschenden Vorgehensweisen zur Bewertung von Unternehmen, die bereits über einen längeren Zeitraum am Markt tätig sind. Demzufolge rücken insbesondere DCF-Verfahren sowie Transaction Multiples, Trading Multiples aber auch Industry Multiples in den Vordergrund. Darüber hinaus haben jedoch weiterhin auch Bewertungen bei vergleichbaren Finanzierungsrunden eine wesentliche Bedeutung.

2. Vorgehensweisen bei der Anwendung investitionstheoretischer Verfahren sowie bei der Ableitung der Kapitalkosten

Im Rahmen des DCF-Verfahrens verwendet die deutliche Mehrheit der Anwender (68%) das Zwei-Phasen Modell zur Berechnung des Unternehmenswertes. Wegen häufig noch nicht final realisierter Wachstumspotentiale werden folglich in der ewigen Rente mehrfach nachhaltige Wachstumsraten oberhalb der Inflationsraten angesetzt.

Eine weitere zentrale Herausforderung für den Anwender besteht darin das Chancen-Risikoprofil von Start-ups in das DCF-Modell zu integrieren.[6] Während nur ein geringer Teil der Studienteilnehmer den Business Plan der Gründer unverändert heranzieht, nimmt die Mehrheit Anpassungen am Business Plan über verschiedene Szenarien vor und berücksichtigt somit teilweise Cashflow relevante Risiken bereits in der Planungsrechnung. Darüber hinaus werden auch in den Kapitalkosten Start-up typische Risiken angesetzt, jedoch in einem geringeren Umfang. Tabelle 1 zeigt in Abhängigkeit der Behandlung des Businessplans Unterschiede bei den Kapitalkostenniveaus:[7]

---

[5] Vgl. zur VC-Methode auch Sahlman/Scherlis, Harvard Business School Background Note 288-006, July 1987 (Revised October 2009).
[6] Dies gilt analog für die VC-Methode, da auch bei diesem Vorgehen Renditeforderungen abgebildet werden.
[7] Die Aussagekraft der angegebenen Kapitalkosten bei Annahme des Businessplans ist jedoch durch die geringe Anzahl der Antworten und wegen der großen Bandbreite der genannten Renditen eingeschränkt und sollte nur als Tendenz betrachtet werden.

	ANPASSUNG DES GESCHÄFTSPLANS			ANNAHME DES GESCHÄFTSPLANS		
	Rendite	25% Quartil	75% Quartil	Rendite	25% Quartil	75% Quartil
Early Stage	26,6% (N=12)	16%	38%	55,0% (N=5)	20%	100%
Expansion Stage	21,2% (N=10)	14%	30%	28,8% (N=4)	9%	53%
Later Stage	14,0% (N=10)	6%	20%	n.a.	n.a.	n.a.

Tabelle 1: Kapitalkostenniveaus in Abhängigkeit des Businessplans

Die Ableitung der Kapitalkosten erfolgt in der Regel entweder pauschal oder über pauschale Zuschläge auf den risikolosen Zinssatz. Die Festlegung der Höhe des Kapitalisierungszinssatzes orientiert sich nahezu ausschließlich an eigenen Erfahrungen (92,3%).

Eine Orientierung an kapitalmarktorientierten Preisfindungsverfahren wie das Capital Asset Pricing Model (CAPM) findet hingegen kaum statt. Auch die in der Literatur für kleine und mittlere Unternehmen diskutierten[8] und zum Teil auch über empirische Studien oder heuristische Modelle quantifizierten wertmindernden Komponenten Illiquidität,[9] mangelnde Diversifikation[10], Insolvenzrisiken[11] und Größe[12] werden bereits dem Grunde nach nur nachgelagert oder zu einem geringen Teil bei der Ermittlung der Kapitalkosten als wertbildende Kriterien einbezogen. Dieser Aspekt und die nahezu ausschließlich pauschale Ermittlung der Kapitalkosten durch die Probanden lässt den Schluss zu, dass die in der Literatur vorgeschlagenen Quantifizierungen KMU spezifischer Risikoaspekte nicht zur Anwendung kommen.

Die letztendliche Bestimmung des Anteilskaufpreises ist hingegen von mehreren Faktoren abhängig. Speziell das Skalierungspotenzial, der Verhandlungsprozess, die Beziehung zu den Gründern und Markttrends haben nach den Angaben der Teilnehmer einen stärkeren Einfluss, als das Bewertungsverfahren. Hinsichtlich der Sonderrechte spielen speziell die Liquidationspräferenzen eine große Rolle bei der Ermittlung des Anteilskaufpreises.

---

8   Vgl. bspw. Ihlau/Duscha, WPg 2012 S.494 ff.; Gleißner/Ihlau, CFB 2012 S. 312 ff.; eine kritische Analyse zu den in Theorie und Praxis diskutierten Abschlägen findet sich bei Ballwieser, vgl. Ballwieser, CF 2018 S. 61 ff.
9   Einen Überblick über empirische Studien zur Quantifizierung von Fungibilitätsabschlägen gibt Langemann, vgl. Langemann, BewP 2014 S.125 ff.
10 Mangelnde Diversifikation kann bspw. über das sog. Total Beta in den Kapitalkosten berücksichtigt werden, vgl. hierzu bspw. Damodaran, Investment Valuation, 2. Aufl. 2002, S. 668.
11 Es wird zunehmend diskutiert Ausfallrisiken explizit in den Kapitalkosten abzubilden, sofern nicht bereits vorher die Cashflows über Insolvenzwahrscheinlichkeiten angepasst wurden, vgl. bspw. Arbeitskreis des IACVA e.V., BewP 2011 S.12 ff., Gleißner WPg 2010 S. 735 ff., Knabe, Die Berücksichtigung von Insolvenzrisiken in der Unternehmensbewertung, 1. Aufl. 2012; Gleißner, WPg 2015 S. 908 ff.
12 Vgl. hierzu bspw. Grabrowski/Nunes/Harrington, Duff & Phelps 2017 Valuation Handbook, 1. Aufl. 2017 mit Verweis auf empirische Studien von Duff & Phelps und Ibbotson.

V. Fazit

Während sich die Teilnehmer bei den Late Stage Bewertungsverfahren erwartungsgemäß mehrheitlich an bekannten Standards orientieren, erfolgt in früheren Phasen weiterhin häufiger eine erfahrungsbasierte Bewertung mit teilweise individuell angepassten Risikoabschlägen bei den Cashflows und mit pauschalen Kapitalkosten. Erfahrung und Marktkenntnis der Entscheider sind vor dem Hintergrund wichtige Erfolgsfaktoren bei der Bewertung von Start-ups.

Quelle: CORPORATE FINANCE 2018 S. 359

7. Bewertungskennzahlen

Multiples und Beta-Faktoren für deutsche Branchen 255

Multiples und Beta-Faktoren für deutsche Branchen

Dr. Benjamin Hammer, M.Sc. | Prof. Dr. Bernhard Schwetzler | Jun.-Prof. Dr. Alexander Lahmann

I. Einleitung

Der Lehrstuhl Finanzmanagement und Banken an der HHL Leipzig Graduate School of Management ermittelt seit 2006 vierteljährlich Multiplikatoren, Betafaktoren und Eigenkapitalkosten für den deutschen Kapitalmarkt. Die Berechnung der entsprechenden Größen erfüllt die nachfolgenden Anforderungen: (1) Die Quellen für die verwendeten Rohdaten (Aktienkurse, Unternehmenszahlen wie Gewinne etc.) werden offengelegt. (2) Die Definitionen von verwendeten Größen und die daraus berechneten Kennzahlen sind eindeutig und werden klar kommuniziert. (3) Wegen der vorhandenen Ermessensspielräume werden die Methoden zur Berechnung der Kennziffern so dargestellt, dass potenzielle Nutzer die Ermittlung der relevanten Größen nachvollziehen können. Weitere Details der Berechnung sind im Artikel „Multiples und Beta-Faktoren für deutsche Branchen – Erläuterungen zu den Kapitalmarktdaten von www.finexpert.info und CORPORATE FINANCE", CFB 2011 S. 430 – 434, nachzulesen. Hier finden Sie Daten für den deutschen Kapitalmarkt zum Stichtag 15.10.2018. Die Daten sind sorgfältig erhoben und ausgewertet, dennoch kann eine Haftung für die Richtigkeit nicht übernommen werden.

II. Hinweise zur Lesart der Tabellen

1. Beta Faktoren

In Tabelle 1 werden die aktuellen geschätzten Levered Betas (auch Equity Betas) zum Stichtag 15.10.2018 dargestellt. Die Levered Betas der einzelnen Branchenindizes messen die Kovariabilität der Indexveränderung mit derjenigen des gewählten Marktindex (Prime All Share Standard) und können somit als Maß für das systematische Risiko einer Branche interpretiert werden. Farbig hinterlegte Zellen zeigen dabei jeweils die Branchen mit dem höchsten und niedrigsten Betafaktor an. Tabelle 1 enthält zudem Informationen über die Veränderungen der Branchenbetas seit dem Vorjahr (Stichtag 15.10.2017). Hier wird zwischen der prozentualen Veränderung des jeweiligen Betafaktors im Vergleich zum Vorjahreswert und der durchschnittlichen Wachstumsrate („Compounded Annual Growth Rate", kurz CAGR) über alle Quartals-Stichtage[1] seit dem Vorjahr unterschieden.

---

1 Alle Daten werden quartalsweise ermittelt. Die durchschnittliche Wachstumsrate beinhaltet somit neben dem aktuellen- und dem Vorjahreswert, die Betafaktoren zum Stichtag 15.01.2018, 15.04.2018 und 15.07.2018 (4 Perioden).

Für eine genauere Beurteilung ist zudem die zugrunde liegende Datenbasis und die Qualität der Schätzung offenzulegen. Tabelle 1 bildet daher die Anzahl der für die Beta-Berechnung verfügbaren Wertpapiere der Sektorindizes und das Bestimmtheitsmaß für die jeweilige Schätzung R2 ab. R2 gibt den prozentualen Anteil der Streuung der Indexveränderung des jeweiligen Sektors an, welcher durch die Streuung des gesamten Marktindex erklärt wird. Beachtet werden muss zudem, dass die Verfügbarkeit von Wertpapierrenditen über verschiedene Branchen und Stichtage hinweg variiert. Gerade bei Branchen mit wenigen gelisteten Unternehmen, kann eine veränderte Datenverfügbarkeit zu einer geänderten Zusammensetzung des Indexes und daher zu mitunter erheblichen Schwankungen des Branchenbetas führen.

Neben dem Levered Beta bildet Tabelle 1 zudem die Unlevered Betas (auch Asset Betas) ab, welche durch „De-Leveraging" der Levered Betas mit Hilfe der ermittelten Verschuldungsgrade (D/E und Net D/E) der jeweiligen Branche gewonnen wurden. Beim „De-Leveraging" ist zwischen den Anpassungsformeln auf Basis der Modigliani/Miller (MM)- und Miles/Ezzell (ME) Annahmen zu unterscheiden: Während MM von einer autonomen Finanzierungspolitik mit deterministischen künftigen Fremdkapitalbeständen (und stochastischen Verschuldungsgraden) ausgehen, basiert die ME Anpassungsformel auf der Annahme einer wertorientierten Finanzierungspolitik mit deterministischen Verschuldungsgraden (und stochastischen künftigen Fremdkapitalbeständen).[2] Welches Annahmengerüst zutreffender ist, ist im Einzelfall zu prüfen. Tabelle 1 stellt die Unlevered Betas auf Basis beider Anpassungsformeln dar. Je nachdem ob das „De-Levering" auf Basis des Brutto- oder Netto-Verschuldungsgerades durchgeführt wird, lässt sich zudem unterscheiden zwischen dem Asset Beta (brutto), welches das Risiko aller Assets abbildet, und dem Operating Asset Beta (netto), welches lediglich das Risiko der operativen Assets misst. Welche der beiden Vorgehensweisen besser geeignet ist, hängt u.a. vom Risiko der Finanz-Assets (Wertpapiere, [Excess] Cash, at-Equity Beteiligungen) ab. Erzielen diese Vermögensgegenstände weitgehend risikolose Erträge, wirken sie wie „negatives" Fremdkapital. In diesem Fall ist der Netto-Verschuldungsgrad besser geeignet für das De- und Re-Levering.[3]

Die Beta-Zerlegung bildet den Ausgangspunkt für weitere Analysen: so können die Ursachen der Veränderungen näher beleuchtet werden. Insbesondere lässt sich feststellen, inwieweit diese auf ein verändertes „Financial Leverage"- Risiko durch Veränderungen des Verschuldungsgrades und/oder verändertes operatives Risiko zurückzuführen sind. Zusätzlich ermöglicht eine Zerlegung die Ermittlung von unternehmensspezifischen Beta-Faktoren durch ein „Re-Leveraging" der Branchen Asset Betas mit unternehmensindividuellen Verschuldungsgraden, für den Fall,

---

[2] Vgl. Hammer/Lahmann/Schwetzler, CFB 2013 S. 479 für eine ausführliche Diskussion der Vor- und Nachteile verschiedener Anpassungsformeln.
[3] Vgl. Schwetzler, BewP 2107 S. 34 ff.

dass diese vom Branchendurchschnitt abweichen und eine direkte Übertragung des Levered Betas daher schwierig machen.

2. Multiples

Analog zur Darstellung der Betafaktoren, bilden die Tabellen 2 und 3 die aktuellen Equity (P/E, P/Sales)- und Enterprise-Value (EV/EBIT, EV/Sales) Multiples für den Prime All Share Standard und seine Subindizes ab. Zur Eliminierung von Ausreißern wird ein standardisiertes Verfahren angewendet (siehe Abschnitt III.2). Die Tabellen 2 und 3 stellen die wichtigsten Aggregationsmethoden dar. Diese unterscheiden sich durch ihre Sensitivität ggü. evtl. verbleibenden „Ausreißern" in der Datenbasis. Das harmonische Mittel kann dabei als die konservativste Aggregationsmethode interpretiert werden. Die Unterschiede zwischen den Ergebnissen der einzelnen Aggregationsmethoden sind dabei umso größer, je höher die Streuung der Sektor – Multiples ausfällt. Der Median findet in der Praxis häufig Anwendung. Entsprechend basieren die Vorjahresvergleiche (prozentuale Veränderung und CAGR) in Tabelle 2 und 3 auf den Median Werten.

Aus dem Vergleich der Trailing- mit den Forward Multiples lassen sich zudem Rückschlüsse über die Ertrags- bzw. Umsatzprognosen der jeweiligen Branchen ziehen. Die Forward Multiples basieren auf Analystenschätzungen, die von I/B/E/S („Institutional Brokers' Estimation System") erhoben werden. Liegt das Forward Multiple unterhalb des aktuellen Trailing Multiples, lässt dies auf eine positive Ertrags- bzw. Umsatzentwicklung schließen und umgekehrt. Die Tabellen 2 und 3 bilden daher auch die prozentualen Unterschiede zwischen den entsprechenden Trailing und Forward Multiples ab.

III. Hinweise zu den Berechnungen

1. Betas

Die Ermittlung der Betas basiert auf den Returns der letzten 261 Handelstage. Als Marktindex dient der Prime All Share der Gruppe Deutsche Börse AG. Für die Branchen wurden D/E Verhältnisse gebildet und das Asset Beta berechnet. Operating Asset Beta basiert auf Net Debt (ohne Cash). Unterschiedliche Zeiträume zur Berechnung der Betas sind abrufbar unter „Capital Market Data" auf www.finexpert.info.

2. Multiples

Alle Daten stammen aus Thomson Reuters Datastream vom 15.10.2018. Für die Berechnung der Branchenmultiples wurden Unternehmen mit negativen P/E-Ratios bzw. mit negativen Enterprise-Value/EBIT-Multiples ausgeschlossen. Die Zusammensetzung der Branchen orientiert sich an der offiziellen Brancheneinteilung des Prime Standard der Deutschen Börse AG. Die Zuordnung der Firmen zu den jeweiligen Sektoren erfolgt gemäß dem Umsatzschwerpunkt des entsprechenden Unternehmens. Die Ergebnisschätzungen, welche den Forward Multiples zugrunde liegen, stammen von I/B/E/S für das laufende beziehungsweise vergangene Geschäftsjahr[4].

Um aussagefähige Branchenmultiples zu erhalten, wurden Ausreißer aus der Datenbasis eliminiert. Mittels des 5%-Quantils wurde eine Obergrenze von 69,59 für die Trailing P/E-Ratio, 62,78 für die 1 YR Forward P/E-Ratio, 12,07 für das Price/Sales-Multiple sowie 10,93 für das 1 YR Forward Price/Sales-Multiple ermittelt. Darauf basierend wurden bei den Trailing P/E-Ratios 13 von 242 Datensätzen, bei den 1 YR Forward P/E-Ratios 13 von 253 Datensätzen, bei den Price/Sales-Multiples 15 von 299 Datensätzen und bei den 1 YR Forward Price/Sales-Multiples 11 von 287 Datensätzen eliminiert.

Bei den Enterprise-Value-Multiples wurden die insgesamt kritischen Branchen Banks, Financial Services und Insurance vollständig aus den Berechnungen ausgeklammert, da hier alle verwendeten Multiples für diese Gruppen problembehaftet sind. Für die Extremwerteliminierung auf Basis des 5%-Quantils wurde eine Obergrenze von 97,80 für das Trailing EV/EBIT-Multiple, 43,83 für das 1 YR Forward EV/EBIT-Multiple, 10,85 für das EV/Sales-Multiple sowie 8,14 für das 1 YR Forward EV/Sales-Multiple ermittelt. Dies führte zum Herausfallen von 11 aus 216 Datensätzen bei den Trailing EV/EBIT-Multiples, 11 aus 214 Datensätzen bei den 1 YR Forward EV/EBIT-Multiples, 13 von 255 Datensätzen bei den EV/Sales-Multiples und 13 von 242 Datensätzen bei den 1 YR Forward EV/Sales-Multiples.

---

[4] Ergebnisschätzungen für das vergangene Geschäftsjahr wurden verwendet, falls die Ergebnisse des aktuellen Geschäftsjahres zum Stichtag noch nicht vorlagen.

Bewertungskennzahlen

Due Date: 15.10.2018		b^L	R^2	n	1YR LEVERED (EQUITY) BETA β^L			LEVERED COST OF EQUITY R^L			D/E (MARKET VALUES)			UNLEVERED (ASSET) BETA β^U (BASED ON MM)			UNLEVERED (ASSET) BETA β^U (BASED ON ME)			NET D/E (MARKET VALUES)			OPERATING UNLEVERED (ASSET) BETA β^U (BASED ON MM)			OPERATING UNLEVERED (ASSET) BETA β^U (BASED ON ME)		
						vs. Previous YR			vs. Previous YR			vs. Previous YR			vs. Previous YR			vs. Previous YR			vs. Previous YR			vs. Previous YR	
						%	CAGR		%	CAGR		%	CAGR		%	CAGR		%	CAGR		%	CAGR		%	CAGR		%	CAGR
Prime All Share Industries	Automobiles	1,08	0,64	18	10,1%	2,4%	2,06	11,2%	2,7%	0,46	21,4%	5,0%	0,53	-1,0%	-0,2%	1,63	1,3%	0,3%	21,1%	4,9%	0,53	0,2%	0,1%	0,57	1,9%	0,5%
	Banks	0,99	0,29	6	-44,9%	-13,9%	5,9%	-42,2%	-12,8%																		
	Basic Resources	1,20	0,43	4	20,0%	4,7%	7,1%	20,4%	4,7%	0,79	2,5%	0,6%	0,80	19,0%	4,5%	0,48	17,5%	4,1%	-3,2%	-0,8%	0,92	20,9%	4,9%	0,91	19,8%	4,6%
	Chemicals	1,13	0,79	15	1,6%	0,4%	6,7%	3,0%	0,8%	0,41	28,5%	6,5%	0,89	-3,2%	-0,8%	0,32	-2,7%	-0,7%	24,5%	5,6%	0,94	-1,8%	-0,5%	0,93	-1,5%	-0,4%
	Construction	0,85	0,47	3	-27,1%	-7,6%	5,2%	-24,0%	-6,6%	0,74	21,0%	4,9%	0,60	-31,3%	-8,9%	0,47	-27,5%	-7,7%	14,8%	3,5%	0,65	-29,3%	-8,3%	0,66	-26,9%	-7,5%
	Consumer	0,92	0,49	21	4,8%	1,2%	5,5%	6,4%	1,6%	0,05	-71,3%	-26,8%	0,89	12,9%	3,1%		12,9%	3,1%	-114,7%		0,92	10,0%	2,4%	0,92	10,1%	2,4%
	Financial Services	0,63	0,46	33	27,6%	6,3%	3,9%	27,3%	6,2%							-0,01											
	Food & Beverages	0,26	0,02	1	-64,8%	-23,0%	1,9%	-56,7%	-18,9%	1,20	55,7%	11,7%	0,15	-70,3%	-26,2%	0,24	-54,4%	-17,8%	0,89	65,8%	13,5%	0,17	-69,9%	-25,9%	0,24	-57,4%	-19,2%
	Industrial	1,10	0,82	66	-3,9%	-1,0%	6,5%	-2,2%	-0,6%	0,40	4,1%	1,0%	0,87	-4,7%	-1,2%	0,87	-4,0%	-1,0%	0,23	0,7%	0,2%	0,96	-4,0%	-1,0%	0,95	-3,6%	-0,9%
	Insurance	0,96	0,66	4	-0,8%	-0,2%	5,8%	1,0%	0,2%																		
	Media	0,68	0,37	13	-19,9%	-5,4%	4,2%	-16,3%	-4,3%	0,29	17,2%	4,0%	0,57	-21,7%	-5,9%	0,58	-20,1%	-5,4%	0,16	10,3%	2,5%	0,61	-20,6%	-5,6%	0,62	-19,7%	-5,3%
	Pharma & Healthcare	0,96	0,60	34	3,0%	0,7%	5,8%	4,6%	1,1%	0,28	-7,7%	-2,0%	0,81	4,3%	1,1%	0,82	4,5%	1,1%	0,21	-12,4%	-3,3%	0,85	4,7%	1,2%	0,85	4,8%	1,2%
	Retail	0,63	0,34	28	-16,5%	-4,4%	4,0%	-12,8%	-3,4%	0,25	-17,0%	-4,6%	0,54	-14,1%	-3,7%	0,55	-13,1%	-3,5%	0,02	-78,9%	-32,2%	0,62	-12,5%	-3,3%	0,62	-12,6%	-3,3%
	Software	1,16	0,63	34	33,6%	7,5%	6,9%	32,9%	7,4%	0,06	-12,8%	-3,4%	1,12	34,4%	7,7%	1,11	34,0%	7,6%	0,02	-40,6%	-12,2%	1,15	34,6%	7,7%	1,15	34,6%	7,7%
	Technology	1,51	0,54	20	23,6%	5,5%	8,8%	23,7%	5,5%	0,20	29,0%	6,6%	1,34	20,5%	4,8%	1,32	19,9%	4,6%	0,04	33,6%	7,5%	1,48	22,9%	5,3%	1,47	22,8%	5,3%
	Telco	0,68	0,36	8	-13,5%	-3,6%	4,3%	-10,3%	-2,7%	0,76	6,5%	1,6%	0,46	-15,3%	-4,1%	0,50	-12,1%	-3,2%	0,70	14,0%	3,3%	0,47	-16,9%	-4,5%	0,50	-13,6%	-3,6%
	Transport. & Logistics	0,97	0,54	10	-1,3%	-0,3%	5,8%	0,5%	0,1%	0,48	6,1%	1,5%	0,74	-2,7%	-0,7%	0,75	-1,9%	-0,5%	0,30	-6,2%	-1,6%	0,81	-0,3%	-0,1%	0,81	0,1%	0,0%
	Utilities	0,74	0,26	7	-1,7%	-0,4%	4,6%	0,7%	0,2%	1,23	21,7%	5,0%	0,41	-9,4%	-2,5%	0,47	-5,5%	-1,4%	0,83	54,6%	11,5%	0,48	-13,8%	-3,7%	0,52	-10,0%	-2,6%
Prime All Share		1,00	1,00	325	0,0%	0,0%	6,0%	1,7%	0,4%	0,59	0,3%	0,1%	0,72	-0,1%	0,0%	0,73	0,6%	0,1%	0,43	-0,3%	-0,1%	0,78	0,1%	0,0%	0,78	0,6%	0,1%
DAX30		1,03	0,98	30	-1,8%	-0,5%	6,2%	-0,1%	0,0%	0,54	-5,6%	-1,4%	0,76	-0,3%	-0,1%	0,77	0,3%	0,1%	0,41	-8,3%	-2,1%	0,81	0,0%	0,0%	0,81	0,6%	0,1%
TecDAX30		1,16	0,66	30	24,7%	5,7%	6,9%	24,7%	5,7%	0,25	178,6%	29,2%	1,00	13,6%	3,2%	0,99	13,0%	3,1%	0,20	1144,3%	87,8%	1,03	11,7%	2,8%	1,02	11,0%	2,6%
MDAX50		0,88	0,84	50	0,5%	0,1%	5,3%	2,4%	0,6%	0,31	-19,6%	-5,3%	0,73	4,7%	1,1%	0,74	4,6%	1,1%	0,18	-13,3%	-3,5%	0,79	2,2%	0,5%	0,79	2,3%	0,6%

Note:
[1] Compounded Annual Growth Rate (CAGR) calculated over the last quarterly due dates (starting with 15.10.2017);% Change calculated on the basis of the current and previous year figure
[2] MM (ME) refers to de-leveraging on the basis of the Modigliani/Miller (Miles/Ezzell) adjustment formula
[3] Debt beta assumed for Miles/Ezzell adjustment = 0,3
[4] Shaded cells denote highest and lowest value on industry level

Tabelle 1: Prime All Share Industries, DAX30, TecDAX30, MDAX50

Due Date: 15.10.2018		Trailing P/E					Vs. Previous YR		1YR Forward P/E						Vs. Trailing		Trailing P/Sales					Vs. Previous YR		1YR Forward P/Sales						Vs. Trailing
		Arithm. Mean	Medi-an	Harm. Mean	Vari-ance	n	%	CAGR	Arithm. Mean	Medi-an	Harm. Mean	Vari-ance	n	%		Arithm. Mean	Medi-an	Harm. Mean	Vari-ance	n	%	CAGR	Arithm. Mean	Medi-an	Harm. Mean	Vari-ance	n	%	
Prime All Share Indus-tries	Automobiles	9,57	8,70	8,40	15,00	13	-35,6%	-10,4%	9,53	8,40	8,57	11,36	15	-3,4%	0,49	0,48	0,40	0,05	15	-11,6%	-3,0%	1,07	0,48	0,40	6,29	16	0,2%
	Banks	9,92	9,90	9,64	3,45	5	3,7%	0,9%	11,98	11,35	11,21	13,73	6	14,6%	1,06	0,93	0,65	0,48	6	-1,3%	-0,3%	1,88	1,86	1,11	1,61	6	100,8%
	Basic Resources	9,00	9,10	8,79	2,48	4	-38,1%	-11,3%	10,27	9,50	10,13	2,26	3	4,4%	0,43	0,37	0,34	0,06	4	-20,3%	-5,5%	0,31	0,26	0,28	0,02	3	-30,1%
	Chemicals	17,63	14,70	12,08	117,61	11	-28,6%	-8,1%	18,84	13,50	13,09	174,72	10	-8,2%	1,92	0,94	0,07	9,52	13	-29,2%	-8,3%	2,06	0,95	0,84	9,25	11	1,0%
	Construction	27,47	18,30	16,93	567,02	3	-22,1%	-6,1%	11,70	9,70	10,97	15,25	3	-47,0%	0,41	0,37	0,29	0,08	3	-16,6%	-4,4%	0,40	0,36	0,28	0,07	3	-4,1%
	Consumer	22,00	15,30	4,06	307,44	13	-28,5%	-8,0%	18,65	17,00	14,94	66,75	13	11,1%	0,93	0,60	0,38	0,76	16	-40,0%	-12,0%	0,89	0,57	0,38	0,72	16	-5,8%
	Financial Services	14,56	10,65	9,67	139,80	30	17,7%	4,2%	19,48	16,55	15,09	115,35	30	55,4%	5,25	5,00	2,11	11,60	28	-21,8%	-6,0%	6,02	6,50	2,48	14,74	27	29,9%
	Food & Beverages	24,40	24,40	24,40		1	69,4%	14,1%	35,70	35,70	35,70		1	46,3%	0,37	0,37	0,37		1	-31,7%	-9,1%	0,36	0,36	0,36		1	-1,5%
	Industrial	20,63	18,10	7,91	120,64	49	-23,1%	-6,4%	19,91	16,50	17,21	77,93	55	-8,8%	1,43	0,88	0,60	2,94	64	-23,9%	-6,6%	1,25	0,83	0,57	1,64	63	-5,6%
	Insurance	19,68	13,25	15,22	195,94	4	18,8%	4,4%	10,90	10,50	10,68	3,47	4	-20,8%	0,54	0,57	0,43	0,07	4	-10,4%	-2,7%	0,53	0,58	0,42	0,05	4	2,4%
	Media	25,09	21,50	19,93	228,07	10	-4,9%	-1,2%	24,21	20,90	19,11	168,81	12	-2,8%	1,72	1,21	0,86	3,71	13	-30,4%	-8,7%	1,75	1,52	0,86	2,91	13	26,2%
	Pharma & Healthcare	29,46	25,35	19,53	290,59	18	-1,6%	-0,4%	22,72	19,40	17,48	133,99	17	-23,5%	3,46	2,49	1,64	8,44	22	-4,7%	-1,2%	2,96	2,42	1,49	5,67	20	-2,6%
	Retail	18,64	15,00	0,43	166,02	15	-20,2%	-5,5%	16,28	13,30	13,29	62,18	11	-11,3%	1,91	0,89	0,36	10,03	23	3,0%	0,7%	1,58	0,73	0,34	5,46	21	-18,6%
	Software	30,45	28,05	21,92	261,35	24	-16,3%	-4,3%	28,69	23,60	23,47	179,75	28	-15,9%	2,85	1,77	1,10	6,67	32	-47,0%	-14,7%	2,91	1,56	1,28	6,58	33	-11,9%
	Technology	22,70	19,80	16,51	211,86	15	-23,0%	-6,3%	24,64	21,90	18,70	165,85	16	10,6%	1,22	0,97	0,41	1,11	19	-31,0%	-8,9%	1,11	0,98	0,39	0,88	18	1,6%
	Telco	15,67	18,80	13,18	44,57	3	-59,7%	-20,3%	13,63	15,40	13,07	9,90	3	-18,1%	0,98	0,82	0,63	0,47	7	-22,9%	-6,3%	1,48	0,90	1,00	1,50	7	10,4%
	Transport. & Logistics	14,63	13,30	10,45	51,32	7	-27,5%	-7,7%	14,89	14,70	11,50	37,59	7	10,5%	0,98	0,84	0,61	0,42	8	3,1%	0,8%	0,92	0,83	0,59	0,35	8	-0,5%
	Utilities	20,95	20,60	14,17	163,93	4	68,9%	14,0%	15,08	15,15	14,68	7,29	6	-26,5%	0,87	0,45	0,32	1,62	6	0,1%	0,0%	0,82	0,44	0,32	1,33	6	-0,8%
Prime All Share		20,47	17,10	4,12	194,17	229	-20,1%	-5,5%	19,83	16,40	15,19	121,26	240	-4,1%	2,02	1,01	0,44	6,43	284	-20,9%	-5,7%	2,05	1,03	0,60	6,56	276	1,8%
DAX30		16,30	12,85	10,72	116,26	24	-30,9%	-8,8%	16,10	14,70	12,12	101,61	27	14,4%	1,73	0,90	0,70	4,26	26	-25,3%	-7,0%	2,17	0,90	0,74	8,77	27	0,2%
TecDAX30		28,00	21,80	20,47	238,85	23	-24,3%	-6,7%	26,19	22,30	19,55	218,70	25	2,3%	3,46	2,39	1,43	8,41	27	-15,1%	-4,0%	3,27	2,25	1,44	7,52	28	-5,8%
MDAX50		17,73	14,90	13,12	109,42	52	-20,7%	-5,6%	17,21	14,70	14,60	69,71	53	-1,3%	2,82	1,45	0,86	10,94	56	14,1%	3,4%	2,74	1,42	0,86	9,76	56	-1,9%

Note:
[1] Compounded Annual Growth Rate (CAGR) calculated over the last quarterly due dates (starting with 15.10.2017);% Change calculated on the basis of the current and previous year figure
[2] Comparison to previous year/trailing bases on median values
[3] Shaded cells denote highest and lowest value on industry level

Tabelle 2: Prime All Share Industries, DAX30, TecDAX30, MDAX50: P/E, Price/Sales

Bewertungskennzahlen

Due Date: 15.10.2018		Trailing EV/EBIT					vs. Previous YR			1YR Forward EV/EBIT					vs. Previous YR			vs. Trailing		Trailing EV/Sales					vs. Previous YR			1YR Forward EV/Sales					vs. Trailing
		Arithm. Mean	Medi-an	Harm. Mean	Vari-ance	N	%	CAGR	Arithm. Mean	Medi-an	Harm. Mean	Vari-ance	N	%	CAGR	%	Arithm. Mean	Medi-an	Harm. Mean	Vari-ance	N	%	CAGR	Arithm. Mean	Medi-an	Harm. Mean	Vari-ance	N	%
Prime All Share Industries	Automobiles	10,76	11,02	9,17	14,09	14	-13,0%	-3,4%	10,03	10,82	9,14	8,23	15	-1,8%	0,76	0,78	0,67	0,06	15	-18,4%	-5,0%	0,71	0,76	0,61	0,07	15	-2,3%
	Basic Resources	9,31	9,13	7,59	21,37	4	-39,4%	-11,8%	10,27	11,87	9,55	9,22	3	30,0%	0,55	0,61	0,43	0,06	4	-14,4%	-3,8%	0,49	0,51	0,37	0,07	3	-15,7%
	Chemicals	16,25	15,98	12,68	57,46	12	-9,4%	-2,4%	14,73	13,56	11,62	48,99	10	-15,2%	2,16	2,39	1,05	7,39	13	-24,4%	-6,7%	1,52	1,34	1,10	0,71	10	-3,2%
	Construction	10,80	10,54	10,26	8,92	3	-35,8%	-10,5%	9,48	10,20	9,36	1,66	3	-3,2%	0,73	0,57	0,55	0,23	3	-35,0%	-10,2%	0,71	0,57	0,54	0,22	3	0,7%
	Consumer	15,80	13,50	11,33	90,26	14	-28,5%	-8,0%	12,41	11,25	10,37	28,54	12	-16,7%	0,99	0,72	0,53	0,66	16	-24,5%	-6,8%	0,96	0,71	0,52	0,62	16	-2,5%
	Food & Beverages	10,46	10,46	10,46		1	-14,2%	-3,8%	24,71	24,71	24,71		1	136,2%	0,69	0,69	0,69		1	-16,1%	-4,3%	0,70	0,70	0,70		1	1,4%
	Industrial	16,11	13,46	12,51	111,21	53	-29,6%	-8,4%	15,23	12,63	12,34	64,79	57	-6,2%	1,44	1,03	0,69	2,01	64	-18,7%	-5,0%	1,15	0,94	0,65	0,55	61	-9,3%
	Media	18,98	14,74	12,19	278,01	12	-5,8%	-1,5%	16,74	14,06	11,47	113,35	12	-4,6%	2,06	1,58	0,91	5,02	13	-20,6%	-5,6%	2,09	1,63	0,88	3,94	13	2,9%
	Pharma & Healthcare	29,50	20,10	19,18	480,30	17	15,6%	3,7%	17,63	16,23	15,49	49,58	16	-19,3%	3,30	2,60	1,83	5,64	21	0,0%	0,0%	3,32	2,66	1,81	5,23	21	2,2%
	Retail	17,32	12,33	7,89	211,64	14	-41,0%	-12,3%	13,29	10,02	5,79	123,49	12	-18,8%	1,43	0,93	0,41	5,00	21	-2,7%	-0,7%	1,53	0,90	0,37	5,20	19	-3,5%
	Software	24,88	20,19	16,41	279,34	29	-17,3%	-4,6%	19,07	17,26	15,79	82,97	27	-14,5%	2,50	1,53	1,49	3,91	31	-53,0%	-17,2%	2,31	1,50	1,43	2,91	30	-1,7%
	Technology	23,37	15,05	15,03	461,87	15	-20,1%	-5,5%	17,24	15,41	13,04	73,67	18	2,4%	1,23	0,95	0,86	0,67	19	-33,1%	-9,5%	1,13	0,87	0,81	0,53	18	-7,9%
	Telecommunication	13,67	13,56	13,28	7,19	4	-25,3%	-7,0%	11,93	12,61	11,84	1,51	3	-7,0%	1,19	1,11	0,65	0,54	7	-34,6%	-10,1%	1,32	1,50	0,95	0,28	6	34,6%
	Transport. & Logistics	14,92	13,23	11,24	65,03	8	-18,1%	-4,9%	15,07	13,25	11,42	89,42	8	0,1%	1,64	1,36	0,82	1,56	8	18,1%	4,2%	1,54	1,31	0,80	1,34	8	-3,8%
	Utilities	11,75	9,33	8,84	49,61	5	-25,5%	-7,1%	12,47	11,42	11,55	17,84	6	22,3%	2,11	2,11	0,44	13,89	6	-1,1%	-0,3%	0,59	0,61	0,36	0,08	5	-13,4%
Prime All Share		18,43	14,34	12,17	207,05	205	-22,6%	-6,2%	15,26	12,90	11,49	66,71	203	-10,0%	1,71	1,07	0,74	3,46	242	-20,3%	-5,5%	1,55	1,03	0,71	2,31	229	-3,6%
DAX30		15,86	12,21	11,02	161,58	22	-28,0%	-7,9%	13,77	12,54	11,33	58,85	22	-2,7%	1,67	1,31	1,12	1,37	21	-27,9%	-7,8%	1,64	1,31	1,10	1,28	21	0,2%
TecDAX30		26,30	18,91	17,66	380,20	26	-3,3%	-0,8%	18,67	16,17	14,17	100,79	25	-14,5%	3,18	2,32	1,52	6,00	26	-22,0%	-6,0%	2,77	1,89	1,47	3,83	26	-18,6%
MDAX50		18,19	14,51	13,29	219,14	42	-16,8%	-4,5%	14,21	12,64	11,93	58,09	42	-12,9%	2,16	1,57	0,91	5,48	44	6,0%	1,5%	1,94	1,44	0,88	3,26	44	-8,0%

Note:
1) Compounded Annual Growth Rate (CAGR) calculated over the last quarterly due dates (starting with 15.10.2017); % Change calculated on the basis of the current and previous year figure
2) Comparison to previous year/trailing bases on median values
3) Shaded cells denote highest and lowest value on industry level

Tabelle 3: Prime All Share Industries, DAX30, TecDAX30, MDAX50: EV/EBIT, EV/Sales

Quelle: CORPORATE FINANCE 2018 S. 354

Autorenverzeichnis

Prof. Dr. Christian Aders, CEFA, CVA, Vorstandsvorsitzender von ValueTrust Financial Advisors SE, München, Honorarprofessor für Betriebswirtschaft, insbesondere Unternehmensbewertung, Ludwig-Maximilians-Universität München.

Prof. Dr. Carmen Bachmann, StB, Lehrstuhlinhaberin, Lehrstuhl für Betriebswirtschaftliche Steuerlehre, Universität Leipzig.

O.Univ.-Prof. Mag. Dr. Romuald Bertl, Institutsvorstand & Abteilungsleiter, Abteilung/Lehrstuhl für Unternehmensrechnung und Revision, Wirtschaftsuniversität Wien.

Dr. Marc Castedello, WP/StB, Partner Deal Advisory und Head of Valuation KPMG AG WPG, München, Vorsitzer des Fachausschusses für Unternehmensbewertung und Betriebswirtschaft (FAUB) des IDW.

Dipl.-Kfm. Andreas Creutzmann, WP/StB, CVA, Vorstandsvorsitzender der iVA VALUATION & ADVISORY AG Wirtschaftsprüfungsgesellschaft, Frankfurt.

Prof. Dr. Stefan Dierkes, Lehrstuhlinhaber, Lehrstuhl für Finanzen und Controlling, Georg-August-Universität Göttingen.

Prof. Dr. Martin Jonas, WP/StB, Senior Partner und Mitglied des Vorstands Warth & Klein Grant Thornton AG WPG, Düsseldorf, Mitglied im Fachausschuss für Unternehmensbewertung und Betriebswirtschaft (FAUB) des IDW.

Prof. Dr. Hans-Christian Gröger, Professur für ABWL, insbesondere Controlling/ Interne Unternehmensrechnung, Fachhochschule Erfurt.

Dr. Benjamin Hammer, Executive Director, Center for Corporate Transactions and Private Equity (CCTPE), Assistant Professor, Lehrstuhl Finanzmanagement und Banken, HHL Leipzig Graduate School of Management.

Ralf Hoffmann, RA, StB, Hoffmann Rechtsanwalt und Steuerberater, Berlin.

Prof. Dr. Dirk Honold, Professor für Unternehmensfinanzierung und allgemeine Betriebswirtschaftslehre, Technische Hochschule Nürnberg Georg Simon Ohm.

Patrick Hümmer, M.A., Geschäftsführer und Mitgründer, Ventury Analytics, Nürnberg.

Prof. Dr. Behzad Karami, Professor für Externes Rechnungswesen, Unternehmensbewertung und Bewertungsrecht, Hochschule Koblenz, Frankfurt am Main.

Autorenverzeichnis

Boris Kasapovic, M.Sc., wissenschaftlicher Mitarbeiter, Lehrstuhl für Unternehmensrechnung und Revision, Wirtschaftsuniversität Wien.

Prof. Dr. Leonhard Knoll, UB, apl. Professor, Lehrstuhl für BWL und Unternehmensfinanzierung, Julius-Maximilians-Universität Würzburg.

Dr. Torsten Kohl, WP/StB, Partner Flick Gocke Schaumburg, Bonn, Mitglied im Fachausschuss für Unternehmensbewertung und Betriebswirtschaft (FAUB) des IDW.

Prof. Dr. Alexander Lahmann, Lehrstuhlinhaber, Sparkassen-Finanzgruppe Juniorprofessur für M&A im Mittelstand, HHL Leipzig Graduate School of Management.

Stefan Lemper, Partner, Digital Transformation Partners, München.

Christian Lenckner, CA CFA, Senior Manager im Knowledge Center, Valuation & Business Modeling, Ernst & Young GmbH WPG, München.

Markus Patloch-Kofler, M.Sc., wissenschaftlicher Mitarbeiter, Lehrstuhl für Unternehmensrechnung und Revision, Wirtschaftsuniversität Wien, AFRAC-Assistent.

Cyril Prengel, EMBA (M&A), CVA, Partner, Rödl & Partner, Nürnberg.

Dr. Matthias Popp, WP/StB, Partner, Ebner Stolz, Stuttgart, Mitglied der Prüfungskommission für Wirtschaftsprüfer, und Lehrbeauftragter am Lehrstuhl für Rechnungswesen und Finanzierung, Universität Hohenheim, Mitglied des Fachausschusses Unternehmensbewertung und Betriebswirtschaft (FAUB) des IDW.

Dr. Konrad Richter, Hauptreferent Steuern, VNG AG, Leipzig.

Prof. Dr. Robert Risse, RA, FW, Leiter Steuer- und Zollabteilung sowie Corporate Vice President und Head of FTG – Finance, Tax & Trade Group der Henkel AG & Co KGaA, Honorarprofessor, Lehrstuhl für Betriebswirtschaftliche Steuerlehre, Universität Leipzig.

Nicole Rodzaj, M.Sc., wissenschaftliche Mitarbeiterin, Professur für Finanzen und Controlling, Georg-August-Universität Göttingen, Senior Consultant, PricewaterhouseCoopers GmbH WPG, Hannover.

Dr. Sven Schieszl, WP/StB, Partner im Knowledge Center, Valuation & Business Modeling, Ernst & Young GmbH WPG, Stuttgart, Mitglied im Fachausschuss für Unternehmensbewertung und Betriebswirtschaft (FAUB) des IDW.

Dipl.-Kff.(Univ.) Carolin Schuler, Steuerassistentin, Henzler & Schuler Treuhand Partnerschaft Steuerberatungsgesellschaft, Krumbach.

Dipl.-Inform.(FH) René Schuster, Chief Information Officer, Bewertung im Recht – Business Valuation Resource Germany, Frankfurt am Main.

Prof. Dr. Bernhard Schwetzler, CVA, Center for Corporate Transactions and Private Equity (CCT-PE), Lehrstuhlinhaber, Lehrstuhl Finanzmanagement und Banken, HHL Leipzig Graduate School of Management.

Alissa Spies, CVA, Consultant, iVA VALUATION & ADVISORY AG WPG, Landau.

Dr. Jörn Stellbrink, WP/StB, CVA, Vorstandsvorsitzender, iVA VALUATION & ADVISORY AG WPG, Frankfurt.

Johannes Sümpelmann, M.Sc., wissenschaftlicher Mitarbeiter, Professur für Finanzen und Controlling, Georg-August-Universität Göttingen.

Gregor Zimny, M.Sc., CVA, Dr. Kleeberg & Partner GmbH WPG STPG, München.

Prof. Dr. Christian Zwirner, WP/StB, Geschäftsführer, Dr. Kleeberg & Partner GmbH WPG STPG, München, und Honorarprofessor, Institut für Rechnungswesen und Wirtschaftsprüfung, Universität Ulm.

Für alle, die was von Finanzen verstehen

Finanzexperten müssen täglich komplexe Sachverhalte im Blick behalten. Ihre Entscheidungen beeinflussen direkt die finanzielle Lage und oft auch die strategische Ausrichtung der Unternehmen – eine hohe Verantwortung für die Entwicklung des Unternehmens sowie für dessen Shareholder und Stakeholder.

Alle zwei Monate berichtet CORPORATE FINANCE aktiv, verlässlich und unabhängig in den Ressorts **Finanzierung, Kapitalmarkt, Mergers & Acquisitions und Bewertung. Fachaufsätze und Kommentare** renommierter Autoren geben fundiertes und gleichzeitig praxisorientiertes Finance-Know-how, um sichere Entscheidungen zu treffen.

Unter **www.cf-fachportal.de** finden Sie tagesaktuelle Informationen und für Recherchen die gesamte **Artikel-Datenbank** von CORPORATE FINANCE (seit 1999). Außerdem erhalten Sie Zugang zur **Owlit-Datenbank** mit Urteilen, Gesetzen und zahlreichen Inhalten renommierter Verlagspartner.

>> **Testen Sie jetzt zwei Ausgaben:**
www.fachmedien.de/corporate-finance

Handelsblatt Fachmedien GmbH | Kundenservice | Postfach 103345 | 40024 Düsseldorf
Fon 0800 000-1637 | Fax 0800 000-2959 | Kundenservice@fachmedien.de

rwz.lexisnexis.at

RWZ
Recht und Rechnungswesen

Mit dem RWZ-Abo sind Sie immer und überall bestens informiert. Denn alle Inhalte des gedruckten Hefts stehen Ihnen ab sofort auch *digital* zur Verfügung. Dazu erhalten Sie die wichtigsten News zu Ihrem Fachgebiet und weitere Services wie z.B. Übersichten zu aktuellen Gesetzesvorhaben, Fristentabellen und autorenspezifische Artikelsammlungen – für PC, Tablet und Smartphone.

Die RWZ bietet 12-mal pro Jahr Wissenswertes für die Wirtschaftsprüferpraxis zu den Themen Revision und Kontrolle, Highlights aus dem Gesellschafts- und Steuerrecht, aktuelle Fragestellungen und Lösungen zu Bilanzanalyse und Business Reporting u.v.m.

30 Tage GRATIS lesen!

Weil Vorsprung entscheidet.

**Jetzt registrieren unter:
zeitschriften.lexisnexis.at**

ZURÜCK AUS DER ZUKUNFT
Die Zeitmaschine für Finanzmanager

Rethinking Finance
Schon heute wissen, was für das digitale Finanzmanagement von morgen wichtig ist.

Rethinking Finance hat die Antworten schon heute:

- Wie positionieren sich Finanzentscheider auch in Zukunft als erste Anlaufstelle für Management-Entscheidungen?
- Wie machen Sie Ihr Finanzmanagement durch digitale Technologien fit für die Zukunft?
- Wie erzielen Sie mit Financial Planning & Analysis-Tools bessere Unternehmensergebnisse als Ihr Wettbewerb?
- Wie diskutieren Sie digitale Transformation auf Augenhöhe mit IT-Beratern und -Abteilungen?
- Wie wappnen Sie sich und Ihre Mitarbeiter für die neuen Herausforderungen der Zukunft?

» Jetzt kostenlos anfordern:
www.rethinking-finance.com

Handelsblatt FACHMEDIEN